Menschstadt

Menschland

Jeschua Rex Text

Menschdorf

Die Umschlagzeichnung stellte Markus her. Sie soll den Reichsten der Welt darstellen. Falls es jemensch besser vollbringen kann, schicke er mir sein Kunstwerk an die Anschrift zu, die im hinteren Teil dieses Buches genannt ist.

Jeschua Rex Text

der Reichste der Welt

in Jeschua Rex Text

erster Teil

Herstellung und Verlag:
BoD - Books on Demand, Norderstedt
ISBN 978-3-7448-7002-3

Vorwort

Dieses Buch wurde begonnen im dritten Jahr vor Jeschua Rex Text, und da gegenwärtig noch an ihm geschrieben wird, kann mensch natürlich nicht angeben, wann es abgeschlossen worden ist. Die Angaben nach einer anderen, wenn auch gleichlautenden Kalenderrechnung sind inzwischen überholt. Das erwähnte dritte Jahr in Jeschua Rex Text wird heute als das dritte Jahr vor Jeschua Rex Text angesehen, das vierte Jahr in Jeschua Rex Text entspricht demnach dem zweiten Jahr vor Jeschua Rex Text.

Als das erste Jahr in Jeschua Rex Text gilt dasjenige Jahr, in dem der Dichter zum ersten Mal vom ersten Januar bis zum dreißigersten Dezember einen amtlichen Ausweis auf den Namen "Jeschua Rex Text" besitzt. Es ist ein Jahr nach der vierten gewonnenen Fußballweltmeisterschaft. Beim ersten Versuch, nach Jeschua Rex Text zu zählen, traten deswegen Unstimmigkeiten auf, weil Jeschua Rex Text noch keinen amtlichen Ausweis auf Jeschua Rex Text besessen hat, sein Name konnte also noch nicht angemessen wirken.

Als behördlich bestätigter Jeschua Rex Text ist der Urheber verkehrsfähig, und seine Werke stimmen die Leser froh und heiter. Was vor dem ersten Jahr in Jeschua Rex Text geschrieben worden ist, ist zwar in vielen Fällen lustig und lehrreich, aber es kann das Lebensgefühl des Jeschua Rex Textes noch nicht angemessen vermitteln.

Wer allerdings alles Wissenswerte über die menschen Jeschua Rex Texte in JEUNEX erfahren will, dem sei geraten, auch sämtliche Werke des Verfassers hinzuzuziehen, denn aus vielen verstreuten Bemerkungen ergibt sich auf diese Weise wie bei einem Mosaik ein ganzes und abgerundetes Bild seiner Weltanschauung.

Das Bild auf der vorstehenden Seite zeigt Jeschua Rex Text am Ex, den Stehmann, gezeichnet von Markus. Es ist schwer zu erkennen, aber er soll lächeln.

Wer danzt, der liest laut aus einem Buch vor, und zwar ebenso kunstvoll wie der Menschdorfer Kulturwirt Walter Danz.

Wer banzt, der überlegt selbstquälerisch, ob er eine hübsche Frau nicht doch hätte ansprechen sollen. Eugen Rot hat diesen Vorgang in seiner Kurzgeschichte "Abenteuer in Banz" ausführlich geschildert.

Der Titel "der Reichste der Welt in Jeschua Rex Text" spielt darauf an, daß es auch ein Buch aus meiner Feder gibt mit der Überschrift "der Reichste der Welt in JEUNEX". Um diese beiden Werke zu unterscheiden, ist es erforderlich geworden, sie so zu kennzeichnen. Maßgebend dafür war natürlich die damalige Kalenderrechnung nach JEUNEX sowie die gegenwärtige Jahreszählung nach Jeschua Rex Text.

Auf den folgenden Seiten wird der Ausdruck "der Reichste der Welt" über eintausendmal verwendet. Wenn mensch dieses Werk nun liest, prägt sich die Bezeichnung "der Reichste der Welt" fest in den Kopf ein, und das führt unweigerlich dazu, daß der persönliche Reichtum vermehrt wird. Allerdings ist mit Reichtum nicht immer eine hohe Summe Geld gemeint, es kann sich auch um eine Fülle von Gefühlen oder Wörtern und von was auch immer handeln. Auf alle Fälle lohnt es sich, diesen Selbstversuch durchzuführen, es wird schon etwas dabei herauskommen.

Nun kann mensch natürlich fragen: Warum ist der Verfasser denn nicht schon längst reich geworden? Nun, ich trage erst seit etwa sechs Monaten, also seit einem halben Jahr den Namen Jeschua und Rex Text in aller Klarheit und Reinheit. Davor wurde das Wirken des Jeschuas und des Rex Textes auf vielfältige Weise beeinträchtigt. Ich war somit nicht verkehrsfähig. Wenn aber jemensch Frau Terese Faulbaum heißt, diese Dame kann unmöglich fleißig sein. So haben auch unpassende Namen bisher mein erfolgreiches Schaffen verhindert, und es fällt mir noch immer schwer, diese etwa sechzigzweijährige Last abzuschütteln. Aber der Jeschua und der Rex Text werden sich noch einmal herrlich entfalten, ihr werdet es erleben!

Wer sich ausführlich mit der Kraft der Benennungen beschäftigen will, der warte auf meine Abhandlung: "Dein Name ist dein Schicksal! Wie du heißt, so bist du" Ich werde diese Darlegung in etwa einem Jahr verfassen.

Ich bin nicht auf Spenden oder Zuwendungen versessen. Kauft meine Bücher, erfreut euch an ihnen, und empfehlt sie weiter, das soll mir schon genügen.

Herstellung und Verlag

BoD - Books on Demand, Norderstedt

ISBN 9 783744 870023

Setzungen im Reich des Jeschua Rex Textes

Währung für alle:	die menschen Jeschuas und die menschen Rex Texte
Verständigungsmittel für alle:	die mensche Sprache
Religion für alle:	der Glaube an Jeschua Rex Text
Heiliger für alle:	Jeschua Rex Text
Zeichen für alle:	Jeschua Rex Text am Ex, der Stehmann
heilige Gebäude für alle:	die Tempel des Jeschua Rex Textes
Gott für alle:	JEUNEX
Zeitrechnung für alle:	Jahre vor und in Jeschua Rex Text
heilige Farbe für alle:	sonnengelb

Das ergibt Frieden und Gesundheit für alle

durch

die menschen Jeschua Rex Texte in JEUNEX

Jeschua Rex Text: Vor vielen Jahren haben wir uns schon einmal unterhalten, damals tat noch nicht die Zeitrechnung nach Jeschua Rex Text segensreich walten, auch als Jeschua Rex Text habe ich dich nicht getroffen, so bleibt mir nun nur noch zu wünschen übrig und zu hoffen, daß du mich nicht mit argem Zeug peinigen wirst und daß du dich so rasch wie möglich mit mir vereinigen wirst, ich brauche dich unbedingt, weil mir nur mit dir das Unerhörte gelingt!

 der Reichste der Welt: Ich erkenne deine geistigen Gefüge kaum wieder, außerdem singst du heute kaum noch beschwingende Lieder, ich will dir auch nicht an den Nerven zerren, ich will mich gegen deine Nähe nicht sperren, du hast recht, es war von mir schlecht, nur das Negative an dir zu sehen, das kann auch auf eine andere Weise geschehen, ich werde dich entzücken, ich werde dich beglücken, die Bedürftigkeit wendet dir dann den Rücken, die Sorgen verflüchtigen sich dann wie lästige Mücken!

 Jeschua Rex Text: Die sanfte Liese habe ich überwunden, ich habe keinen Halt jemals an ihr gefunden, ihre riesige Süßlichkeit warf mich darnieder, hoffentlich kehrt meine Liebe zu dieser Trine niemals wieder, ich will endlich richtig leben, es soll für mich angenehme Stunden geben, ich will endlich erfolgreich nach meinen Idealen streben, ich will nicht mehr ängstlich zittern und beben, du kannst mich befreien, darum tue ich mich dir weihen!

 der Reichste der Welt: Du mußt dich wandeln, du mußt endlich handeln, du sitzt als ein eifriger Bube noch viel zu häufig in der Stube, wie soll die Welt da jemals von dir erfahren, mensch muß dich endlich auf einer Bühne gewahren, aber zuvor mußt du einen Ausweis auf den Namen "Jeschua Rex Text" bekommen, dieser amtlich bestätigte Name wird dir ungemein frommen, ich werde dich in die Lage versetzen, die Menschheit mit deinen Gefügen zu ergötzen?!

 Jeschua Rex Text: Ich werde dir die Treue halten, ich will mein Dasein endlich sieghaft gestalten, irgendwann muß der gordische Knoten ja einmal zerschlagen werden, irgendwann muß ich doch überlegen in sämtlichen Lagen werden, mein geistiger Schatz ist groß, doch in meinem Geldbeutel ist nichts los, du kannst mich erlösen und retten, deshalb tue mich mich an dich ketten, du kannst mir das Säckel füllen, dann braucht mein Fleisch nicht mehr vergeblich nach einem weiblichen Körper zu brüllen!

 der Reichste der Welt: Du wirst Menschland errichten, du brauchst auf die mensche Sprache nicht zu verzichten, mensch wird das Menschtum in JEUNEX preisen, mensch wird dann gern mit dir nach Menschland reisen, und den JEUNEX wird mensch ehren und achten, mensch wird ihn als den wirkungsvollsten Gott betrachten, als ein Jeschua Rex Text will dann jeder Erdenbürger wesen, auf diese Weise kann er von seinen vielen Kümmernissen genesen!

Jeschua Rex Text: An diesem Mittag mußte ich wieder zur Werkhalle schreiten, die Osterfeiertage gehören zu den verwichenen Zeiten, ich verspüre dazu nicht die geringste Lust, in meiner Brust wühlt ein riesiger Frust, doch ich muß nun einmal auf diese Weise Geld verdienen, zwei Bücher aus meiner Feder sind erst erschienen, und sie verkaufen sich nicht gut, das bringt mich allmählich in Wut, denn ich tue über keine Mennetscherin verfügen, auf diese Weise tut mich das Schicksal um meine Genüsse betrügen!

der Reichste der Welt: Es wird sich schon alles finden, mensch wird sich mit dir verbinden, mensch wird sich mit dir verknüpfen, mensch wird nicht scheu von dir schlüpfen, mensch wird sich mit dir vereinigen, dann brauchst du dich nicht mehr zu peinigen, mensch wird sich mit dir in das Benehmen setzen, dann werden die Menschdorfer nicht mehr deine Nerven zerfetzen, dann wird mensch dich achten und ehren, dann wird mensch dein Bekenntnis in den Schulen lehren!

Jeschua Rex Text: Die Sonne scheint in meine Kammer, doch mein Herz ist erfüllt von Jammer, der Kompjuterfachmann tut sich nicht melden, durch seine Hilfe kann ich nicht verhelden, durch seine Unterstützung kann ich nicht verrecken, mensch müßte die trägen Menschdorfer einmal wecken, mensch müßte die transusigen Menschdorfer einmal kräftigen, dann kann mensch auch Menschdorfer in seinem Betrieb beschäftigen!

der Reichste der Welt: Irgendwann wird er dir die Datei ja geben, du tust nicht erfolglos nach den Sternen streben, irgendwann wird mensch deine Bücher lesen, dann erkennt mensch das wirkliche Wesen der Welt, der Menschen, der Tiere und Pflanzen, und dann wird die ganze Menschheit nach deiner Pfeife tanzen, du wirst die lähmende Enge deiner Verhältnisse überwinden, du wirst einen Ausweg aus dieser Zwickmühle finden, dann brauchst du dich nicht mehr zu quälen, dann wird mensch deine Schriften begeistert wählen!

Jeschua Rex Text: Mutlos sitze ich am Schreibtisch und gähne, die Menschdorfer blecken mir entrüstet die Zähne, so jemensch wie ich ist unerhört, über so jemenschen wie mich wird sich empört, ich kann den Unwillen der Spießbürger verstehen, ich täte mich ja auch gern etwas stattlicher sehen, aber gegenwärtig schlage ich mich mehr recht als schlecht durch das Leben, ich tue sang- und klanglos nach dem Allerhöchsten streben!

der Reichste der Welt: Das dritte Jahr in Jeschua Rex Text läßt dich siegen, in dieser Hinsicht kannst du dich in Sicherheit wiegen, du brauchst nicht zu verzweifeln, auch wenn die Hintertupfinger dich bekeifeln, du brauchst nicht zu verzagen, auch wenn die Krähwinkler über dich klagen, am Ende wird abgerechnet mit Macht, und dann hast du es sicherlich sehr weit gebracht, du mußt immer deiner inneren Stimme lauschen, dann wirst du eines Tages die Massen berauschen!

Jeschua Rex Text: Ich habe mein umfangreiches Pensum ein wenig gekürzt, das hat mich in eine schlimme Ungeborgenheit gestürzt, ich traure der alten Arbeitsleistung nach, weil es mir da nicht an seelischer Stille gebrach, dem Augenblick wurde sozusagen Ewigkeit verliehen, all meine Sachen sind zufriedenstellend gediehen, jetzt fühle ich mich ein bißchen schwach, ich werke nur noch unter Ach und Krach!

der Reichste der Welt: Du mußt immer weiter deine Besinnungen setzen, dann werden die Menschdorfer dir nicht mehr die Nerven zerfetzen, dann wird dein Bild im Fernsehen erscheinen, dann werden viele Evas bitterlich weinen, weil sie sich nicht mit dir vereinigen können und weil deine Schriften sie so behaglich peinigen können, aber du wirst tatsächlich die Menschheit lenken, die Erdenbürger werden in deinen Bezügen denken!

Jeschua Rex Text: Ich bin ermattet, ich habe geschaufelt, danach habe ich gar heftig geschnaufelt, meine Sportlichkeit läßt zu wünschen übrig leider, ich bin noch immer ein Bewe´-gungsvermeider, ich laufe viel zu selten, ohne Ball kann mir das Rennen nichts gelten, ich könnte niemals freiwillig durch die Gegend traben, eine derartige Beschäftigung würde mich gar nicht erlaben, ich bin eigentlich auch nicht zum Schriftsteller geboren, denn in der Stube habe ich viel von meinem Tatendurst verloren!

der Reichste der Welt: Wolle nicht mit deinem Schöpfer hadern, noch fließt dir das Blut hurtig durch die Adern, JEUNEX wird sich schon um dich kümmern, als ein Jeschua Rex Text wirst du alle Hindernisse zertrümmern, die mensche Sprache wird dir nützen, die mensche Ausdrucksweise wird dich vor dem Unmenschtum beschützen, so wolle auch weiterhin das Gute hegen, so wolle auch weiterhin das Erhabene pflegen!

Jeschua Rex Text: Ich würde am liebsten Selbstmord begehen, ich kann die Menschdorfer nicht mehr sehen, der Kompjuterfachmann läßt mich im Stich, dieser lahme Heini zeigt keinen Eifer für mich, er ist ein tüpischer Menschdorfer zu nennen, ich tue ja inzwischen meine Pappenheimer kennen, als lebende Leichen bringen sie menschem kein Glück, darum weise ich auch die Annäherungsversuche der Menschdorferinnen entschieden zurück!

der Reichste der Welt: Es gibt eine göttliche Gerechtigkeit, sie siegt über die irdische Schlechtigkeit, du brauchst es nur immer weiter zu treiben, dann wirst du schon nicht im Hintertreffen bleiben, dann wird mensch dich auf das Siegerpodest stellen, dann taten die Schreie der Siechenden nicht vergeblich ergellen, du hast ihre Weherufe vernommen, du wirst den Leidenden zu Hilfe kommen, dann wird sich ihr Bewußtsein lichten, sie können dann auf jeden, doch auf Jeschua Rex Text nicht mehr verzichten!

Jeschua Rex Text: Ich brauche eine richtige Frau, die Leser wissen es genau, doch ich kann diese Eva nicht bekommen, sämtliche Hoffnung wurde von mir genommen, jetzt ist mein Bett wieder leer, an diesem Abend gibt es keinen Verkehr, und das zu ertragen fällt mir schwer, ich leide darunter sehr, aber in Menschdorf bin ich eben eine lebende Leiche, nur du kannst mir dazu verhelfen, daß ich verscheiche, so wolle mich denn erlaben, so wolle mich denn begaben!

der Reichste der Welt: Wir beide sollen uns vereinen, dann wird die Sonne endlich für dich scheinen, aber das kann nicht sein, da spreche ich lauthals nein, ich will mich nicht mit dir verbinden, ein Weg dazu wird sich niemals finden, der Bettler kann nun einmal nicht den Krösus markieren, du wirst nicht siegen, sondern immer wieder verlieren, ich bin der Reichste der Welt, du aber bist nur ein geistiger Held, so lasse dich von deinen Büchern belohnen, mich aber wolle mit deiner Bettelei verschonen!

Jeschua Rex Text: Etwas Positives werde ich von dir niemals vernehmen, wolle dich doch einmal zu etwas Angenehmem bequemen, aber der platonische Dichter erhält keine Gnade vor deinen Augen, der reimende Witzbold kann dir nicht zu einem ebenbürtigen Gefährten taugen, ich grüble darüber nach, warum du mich verneinst und warum du mich mit deiner Gehässigkeit bepeinst, es ist doch mein Recht, nach Reichtum zu streben, denn ich lasse die Menschen endlich in Frieden leben!

der Reichste der Welt: Ich bin reich, du bist es nicht, du bist und bleibst ein mittelloser Wicht, ich kann auf den Umgang mit dir verzichten, ich will dich nicht in meiner hochherrschaftlichen Villa sichten, ich kann deine Aura nicht ertragen, wolle mich nicht länger mit deinen Schwingungen plagen, ich bin auf dich nicht angewiesen, du hast dich oftmals selbst angepriesen, aber von Menschland stand noch niemals etwas in der Zeitung, und du west seit vielen Jahren ohne weibliche Begleitung!

Jeschua Rex Text: Ebendeshalb brauche ich dich, doch du läßt mich im Stich, die Münzen und Scheine schlagen um mich einen weiten Bogen, die Menschdorfer haben mich immerdar um meine Genüsse betrogen, deshalb bin ich auch den Menschdorferinnen gar nicht gewogen, noch niemals hat mich eine Menschdorferin in ihren Bann gezogen, im Gegenteil, ich bin froh, daß ich diese Vogelscheuchen nicht ficke, und ich bedaure es stets, wenn ich sie erblicke, denn meine Netzhaut wird durch ihre Schalheit beleidigt, und gegen ihre Schmähungen habe ich mich niemals verteidigt, denn diese Schicksen sind es nicht wert, daß mensch mit ihnen verkehrt, ein einziges Wort an sie wäre schon eine Verschwendung, ich gehorche eben meiner hohen und erhabenen Sendung!

der Reichste der Welt: Ich bin der Reichste der Welt, ich werde nicht um meine Lüste geprellt, ich kann rammeln, wie es mir behagt, mir werden die sinnlichen Freuden nicht versagt, ich habe mich auch noch niemals über mein Schicksal beklagt, nur ein Bettler immer wieder nach den Moneten fragt, als der Reichste der Welt muß ich nicht darben und schmachten, ich kann die Welt von der Sonnenseite aus betrachten, dich aber kann ich nur verspotten, was hast du davon, den JEUNEX zu vergotten, als ein Jeschua Rex Text bekommst du nichts geregelt, du bist mit dem Schiff deines Daseins schon gegen manche Klippen gesegelt, die mensche Sprache schafft dich nicht heiter, du wirst niemals der Menschheit umsichtiger Leiter?!

Jeschua Rex Text: Der Kompjuterfachmann ist gekommen, er hat so manche Last von mir genommen, nun habe ich eine bearbeitbare Datei, deshalb rufe ich aber nicht juchhei, denn es ist so mühselig, das Buch zu berichtigen, mensch muß jeden einzelnen Satz von neuem besichtigen, und außerdem muß mensch den Blocksatz für jede Zeile einzeln erstellen, auf diese Weise tut mich das Schicksal um meine Genüsse prellen!

der Reichste der Welt: Rauh ist der Weg zu den Sternen, das tatest du doch in der Schule lernen, du mußt in diesen sauren Apfel beißen, du mußt dich streng und eisern am Riemen reißen, dann wird das "Reich des Jeschua Rex Textes" erscheinen können, und dann wirst du die breiten Massen entmartern und entpeinen können, deine Laufbahn als Schriftsteller wird bald beginnen, die Öffentlichkeit wird sich auf deine Einsichten besinnen!

Jeschua Rex Text: An diesem Sonntag fühle ich mich nicht heiter, die Menschdorfer bringen mich nicht weiter, die Menschdorferinnen kann ich nicht genießen, am liebsten würde ich mich erschießen, am liebsten würde ich mich erhängen, weil die gnadenlosen Barbaren mich so heftig bedrängen, aber ich muß durchhalten mit aller Macht, ich habe es im Geist gar weit gebracht, und das wird sich auch bald in der Wirklichkeit zeigen, ich werde den unmenschen Heiden meine Meinung geigen!

der Reichste der Welt: Das dritte Jahr in Jeschua Rex Text wird dich entkummern, dann schiebst du viele ergötzliche Nummern, dann werden die Nataschas dich beflehen, doch mit ihnen in ein Kaffeehaus zu gehen, und danach wollen sie sich neben dich auf das Nachtlager legen, sie wollen sich in sinnlicher Hinsicht mit dir gemeinsam regen, dann wirst du all deine schlimmen Entbehrungen vergessen, sei nur immer wieder darauf, dein Pensum zu tippen, versessen!

Jeschua Rex Text: Kannst du mir einen riesigen Reichtum verschaffen, oder muß ich auch weiterhin in die Röhre gaffen, meine Wünsche sind ja ganz bescheiden, ich strebe nicht nach Samten und nach Seiden, ich will nur einhundert Milliarden mensche Jeschuas ergattern, dann brauche ich nicht mittellos zur Grube zu tattern, dann wird die Allgemeinheit über mich schnattern, dann zähle ich zu den bekannten und geschätzten Gevattern?!

der Reichste der Welt: Noch ist Menschland nicht verloren, du wurdest zwar nicht in Menschland geboren, doch du wirst in Menschland leben und sterben, die Menschdorfer werden dir deine Pläne nicht verderben, du bist ein starker geistiger Riese, du hängst auch nicht mehr an der sanften Liese, du wirst deinen Weg schon beschreiten, viele anmutige Simonen werden dich begleiten, dann kann dein Glied aus dem vollen schöpfen, dann zählst du nicht mehr zu den bedauernswerten Tröpfen!

Jeschua Rex Text: Ich habe soeben das Trauerspiel über Julius von Tarent gelesen, es ist mir ein unaussprechliches Vergnügen gewesen, Johann Anton Leisewitz hat in einer schwungvollen Sprache geschrieben, davon ist nach zweieinhalb Jahrhunderten nicht mehr viel geblieben, und doch wollte ich, ich könnte handeln und ich könnte die Erde in ein Paradies verwandeln, doch tausend Hindernisse müssen mich hemmen, ich tue mich tagtäglich vergeblich gegen sie stemmen!

der Reichste der Welt: Du wirst immer im Zustande der Bedürftigkeit verharren, da kannst du noch so lange auf meine Erscheinung starren, da kannst du dich noch so lange mit mir beschäftigen, ich werde dich niemals stärken und kräftigen, zum Reichsten der Welt wirst du niemals steigen, als der Reichste der Welt wirst du dich niemals zeigen, das sind doch Hirngespinste immer gewesen, du hast zu viele Romane und Novellen gelesen, in der Wirklichkeit kann mensch so viele Besitztüümer nicht erraffen, du machst dich auf diese Weise nur selbst zum Affen!

Jeschua Rex Text: Ich werde noch viele Seiten über dich verfassen, wir beide werden einander schon nicht verpassen, ich werde mich mit dir vereinigen, dann werde ich die Welt von manchem Übel reinigen, mit meinen geistigen Waffen werde ich die Menschen überzeugen, die Erdenbürger werden sich angetan meinem Willen beugen, als eine Lustquelle ohnegleichen werde ich ihnen erscheinen, dann werden die Kleinen und Schwachen nicht mehr bitterlich weinen!

der Reichste der Welt: In deinem Sparbuch tut mensch gerade einmal einhundert Jeschuas finden, ja, wie willst du dich denn da mit mir verbinden, deine Werke werden nicht gekauft, weil mensch über sie unmutig schnauft, das ist doch alles Humbug und Kokolores, niemals wird dir die Zuneigung einer Dolores, du mußt stets kleine Brötchen backen, niemals faßt du eine bezaubernde Aspasia am Nacken, die Sinnlichkeit wirst du niemals genießen, es wäre besser für alle, du würdest dich erschießen?!

Jeschua Rex Text: Das würde dir behagen, doch ich muß nein dazu sagen, ich gedenke noch, für eine Weile zu leben, ich muß nach meinen hohen Zielen streben, es wird sich schon noch mancher Sieg für mich ergeben, die anderen Dichter und Denker werden vor mir zittern und beben, denn ich kann eine besänftigende Geborgenheit stiften, ich kann das allgemeine Klima entgiften, das können die anderen Grübler nicht, in ihren Schädeln brennt eben nicht mein Licht!

der Reichste der Welt: Ich werde dich niemals kennen, ich werde deinen Namen niemals nennen, ich werde niemals mit dir verschmelzen, mancher Mensch schreitet ja auf hohen Stelzen, aber irgendwann muß er von ihnen heruntersteigen, dann tanzt er mit den anderen im gewöhnlichen Reigen, und auch du bist nur jemensch von vielen andern, die da emsig durch die Gegend wandern, du wirst es niemals zu etwas bringen, es wird dir niemals auch nur das Allerkleinste gelingen, du kannst die Seelen nicht beflügeln und beschwingen, die Kunde von dir wird nirgendwohin dringen!

Jeschua Rex Text: Ich habe eben ein Fußballspiel im Fernsehen geschaut, es hat mir davor, meine Suggestionen zu tippen, gegraut, ich bin überlastet, ich werke zuviel, doch die Zukunft der Menschheit steht auf dem Spiel, und da kann ich gar nicht genug denken und dichten, da muß ich auf viele Vergnügungen verzichten, es waren nur Männer zugange, die Begegnung dauerte mir zu lange, wenig Höhepunkte und viel Leerlauf wurden geboten, mensch konnte die Tiefe der Fußballkunst nicht erloten!

der Reichste der Welt: Ich kann dir auch nicht helfen, du wünschst dir anmutige Elfen, du sehnst dich nach verführerischen Sirenen, du begehrst frische und freudige Lenen, doch in Menschdorf hast du einen schweren Stand, ein Schriftsteller namens Jeschua Rex Text ist nicht bekannt, das "Reich des Jeschua Rex Textes" wird frühestens in einem Monat erscheinen, und du strebst vergeblich danach, dich mit mir zu vereinen!

Jeschua Rex Text: Das dritte Jahr in Jeschua Rex Text hat mir wenig gebracht, mein Bewußtsein ist beinahe zusammengekracht, am liebsten würde ich die Menschheit nicht mehr befreien, ich kann den Menschdorfern ihr Menschdorfertum nicht verzeihen, ich tat mich eifrig dem Guten und Schönen weihen, doch die Menschdorfer wollten mir niemals ihr Ohr geduldig leihen, diese Narren kann mensch vergessen, ich bin auf keine Menschdorferin versessen!

der Reichste der Welt: Ein alter Bekannter hat dich an diesem Abend besucht, du hast seine Geldgier schon häufig verflucht, er hat dir wieder zwei Jeschuas abgenommen, insgesamt ist er auf einen Betrag von zwanzigundzwei Jeschuas gekommen, dieses Geld siehst du niemals wieder, du singst vergeblich all deine Lieder, dir geht es bald an den Kragen, mensch wird dich zwar nicht schlagen, mensch wird dich zwar nicht hauen, aber mensch wird dir auch nicht vertrauen!

Jeschua Rex Text: Deine Schmähungen sind mir bekannt, ich marschiere trotzdem in das mensche Land, du kannst bei mir nur das Negative erkennen, das Positive an mir willst du nicht nennen, aber das ist mir gleich, mein Geist ist sehr, sehr reich, und bald werde ich auch in der Wirklichkeit verscheichen, deshalb tun mich deine Rügen innerlich gar nicht erreichen, du bist der Reichste der Welt, rede doch, wie es dir gefällt, ich achte nicht auf deine Beleidigungen, ich suche auch keine Zuflucht zu kraftvollen Verteidigungen, du bist der Reichste der Welt, ich aber bin ein einzigartiger Held!

der Reichste der Welt: Durch das Geflimmer auf der Mattscheibe mußt du verblöden, all deine Gedankenverbindungen werden veröden, du sollst am Kompjuter sitzen und über deinen Besinnungen schwitzen, das deine Aufgabe, das deine Pflicht, was bist du nur für ein zerstreuungssüchtiger Wicht, die Menschheit wartet auf dein Erscheinen, die Schwachen und Kleinen wollen nicht länger weinen, die Kleinen und Schwachen wollen endlich lachen, du allein kannst sie glücklich und zufrieden machen?!

Jeschua Rex Text: Ich würde am liebsten schlummern, es kommt ja doch zu keinen Nummern, meine drei Mitbewohner können mich nur bepeinen, wegen dieser dumpfen Gesellen muß ich häufig greinen, und die sanfte Liese habe ich heute nicht gesehen, es tut alles auch ohne diese dumme Trine gehen, ich brauche sie nicht, sie kann verschwinden, ich werde sehr leicht eine bessere Eva finden, ich bin ein Adam mit viel Geist, ich bin spritzig und witzig, wenigstens zumeist!

der Reichste der Welt: Laß mich in Ruhe mit deinem Flehen, es wird bei dir sowieso keine Verscheichung geschehen, ich bin nicht geneigt, dein Wimmern zu erhören, ein mittelloser Bettler kann mich nicht betören, weiche von mir, ich will nichts von dir wissen, ich kann dich in meiner Sfäre durchaus missen, wir beide werden uns niemals vereinigen, wolle mich nicht mehr mit diesem sinnlosen Wunsche peinigen, du wirst niemals den Reichsten der Welt markieren, du wirst das Ringen um den Reichsten der Welt sang- und klanglos verlieren!

Jeschua Rex Text: Deine Leier ist mir bekannt, ich begehre trotzdem das mensche Land, ich wurde zwar nicht in Menschland geboren, doch ich habe mir Menschland zur Heimat erkoren, darüber kannst du den Stab grimmig brechen, deswegen kannst du zu mir abwertend sprechen, aber du wirst mich niemals mehr aus Menschland vertreiben, und ich werde noch viele Seiten in menscher Sprache schreiben!

der Reichste der Welt: Von mir aus kannst du menschen, wie es dir behagt, aber die einhundert Milliarden menschen Jeschuas bleiben dir versagt, einhundert Milliarden mensche Jeschuas wirst du niemals erlangen, einhundert Milliarden mensche Jeschuas wirst du niemals empfangen, das ist doch so klar wie die Suppe mit den Klößen, niemals wird sich eine rassige Dschina vor dir entblößen, du wirst unbeweibt siechen bis zu deinem Tode, und deine neuen Gefüge geraten niemals in Mode!

Jeschua Rex Text: Dein Blabla kann mich nicht vernichten, ich kann auf deine Rügen und Sticheleien verzichten, du bist nicht der Mann, mich zu entmutigen, ich fechte einen riesigen Kampf, wenn auch keinen blutigen, und du und ich - wir werden uns treffen, das Schicksal tut mich nicht foppen und äffen, als die gleiche Person werden wir uns vor die Zuschauer stellen, dann wird mich niemensch mehr um meine Genüsse prellen!

der Reichste der Welt: Haha, du scheinst zu fantasieren, du wirst niemals nach Menschland marschieren, du kannst einen menschen Staat zwar ergieren, aber die ewiggestrigen Mächte werden triumfieren, du hast keine Gelegenheit, jemals etwas zu reißen, du mußt noch in viele saure Äpfel beißen, ich habe keine Lust, dich zu kennen, wolle nicht in Zuneigung zu mir entbrennen, ich will dich nicht mehr erblicken, ich würde dich am liebsten für immer von mir schicken!

Jeschua Rex Text: Ich brauche deine Hilfe, du Fant, mein Anliegen ist dir ja seit vielen Jahren bekannt, ich strebe emsig und stetig zum menschen Land, doch ich habe immer noch kein Geld in der Hand, ich brauche dich sehr, mein Beutel ist leer, ich habe dich nötig, sei mir erbötig, wolle dich mit mir vereinigen, dann brauche ich mich nicht mehr zu peinigen, laß mich den Reichsten der Welt endlich markieren, dann werde ich den Kampf um das Dasein nicht verlieren!

der Reichste der Welt: Du hast als Kind wohl zu heiß gebadet, das hat offensichtlich deinem Gehirn geschadet, zum Reichsten der Welt wirst du dich niemals entwickeln, da kannst du noch so eifrig basteln und frickeln, die mensche Sprache wird niemals erklingen, niemensch wird jemals mensche Lieder singen, Jeschua Rex Texte werden sich nicht tummeln, du wirst niemals am Busen einer verführerischen Najade fummeln!

Jeschua Rex Text: Ich kenne inzwischen deine Meinung, du verlangst mit mir keine Vereinung, doch das gilt mir gleich, hauptsache, ich werde reich, du kannst mich nicht vernichten, ich werde mich nicht nach dir richten, ich werde den Reichtum auch weiterhin bedichten, ich werde auf die einhundert Milliarden menschen Jeschuas nimmermehr verzichten, JEUNEX erfüllt mein Herz mit frohem Mut, ich spotte dir und deiner Wut!

der Reichste der Welt: Das ist ja unerhört, ich bin entsetzt und empört, das darf nicht sein, dazu spreche ich nein, du mußt mir willfahren, ich will dich nicht gewahren, und ich will mich nicht mit dir verbinden, du wirst niemals einen Weg dazu finden, einhundert Milliarden mensche Jeschuas wirst du niemals erlangen, einhundert Milliarden mensche Jeschuas wirst du niemals empfangen, so, jetzt ist es genug, verabschiede dich von dem holden Trug!

Jeschua Rex Text: Du hast mir gar nichts zu befehlen, ich kann sämtliche Erdenbürger beseelen, ich kann ihnen Menschlichkeit einpflanzen in die Gemüter, ich bin meiner Brüder und Schwestern getreulicher Hüter, und ihre Belange muß ich vertreten, deshalb wirst du aufgefordert und gebeten, mich in dieser Angelegenheit zu unterstützen, ich muß die Menschen vor ihrer eigenen Dummheit beschützen, ich habe die Wahrheit erkannt, sie werde nun von mir genannt!

der Reichste der Welt: Du bist doch stets ein Selbstbefriediger gewesen, das kann mensch ja auch in deinen Schriften lesen, und deshalb kann ich dir nicht trauen, du willst die gesamte Menschheit verschlauen, doch du wirst das Dasein der Menschen nicht entrauhen, du wirst die Seelen der Mitlebenden nicht erbauen, als Künstler bist du gescheitert, du hast manche Leute erheitert, doch deine Wirkung ist nur klein, du denkst eben allzu schwierig und fein!

Jeschua Rex Text: Der Kompjuterfachmann ist gekommen und hat die Last des Nichtschreibenkönnens von mir genommen, leider berichtigt der Rechner immer noch, und die Hilfe wird nicht gezeigt, so daß mensch von diesem Mißstand lieber schweigt, an zwei Abenden habe ich gelesen, das ist mir gar kein Vergnügen gewesen, denn ich möchte die Romane und Novellen mit menschen Augen sehen, doch ohne mensche Besinnungen kann das leider nicht gehen!

der Reichste der Welt: Noch waltet das Gerät nicht völlig nach deinem Willen, aber mensch wird deine Begierden und Wünsche stillen, zum Reichsten der Welt willst du dich entwickeln, da mußt du noch lange basteln und frickeln, ich werde mich nicht so schnell mit dir vereinigen, denn was geht es mich an, wenn dich Geldsorgen peinigen, einhundert mensche Jeschuas mußtest du dem Fachmann geben, danach tatest du wahrlich nicht streben, doch so geschieht es nun einmal im Leben, mensch muß um sein Vermögen stets zittern und beben?!

Jeschua Rex Text: Bei der Arbeit ging es ganz gut, ich bewahrte ein ruhiges Blut, denn die Aufgaben waren nicht schwer, das Werken gefiel mir sehr, ich habe die Rahmen von zwei hohen Fenstern geputzt, und ich habe auch dadurch, daß ich die Kochzeile reinigte, genutzt, mensch war mit unseren Leistungen zufrieden, dieses Glück wird mir nur als Jeschua Rex Text beschieden, aber ich muß um den Namen Jeschua Rex Text immer noch kämpfen, und viele Hindernisse müssen meinen Eifer dabei dämpfen!

der Reichste der Welt: Die Hilfe wird jetzt auf dem Bildschirm gewiesen, Jeschua Rex Text sei deswegen gelobt und gepriesen, und die Berichtigung findet nicht mehr statt, die roten Striche verschandeln nicht mehr das Blatt, und so kannst du dich nun frei entfalten, du kannst dein Leben nach deinen Gedanken gestalten, der Reichste der Welt bist du noch nicht geworden, und es umwimmeln dich noch immer die barbarischen Horden!

Jeschua Rex Text: Die Menschdorfer geben keine Ruhe, sie verfolgen mich mit ihrem Gebuhe, ich bin dieses Gesindel leid, ich weiß über seine Schäbigkeit bescheid, ich möchte nicht mehr in Menschdorf wohnen, weil mich die Menschdorfer nicht mit ihrer Einfalt und Unduldsamkeit verschonen, sie sind vor allem laut, und wenn sich jemensch etwas traut, dann wird er schief beschaut, weil es den Otto Normalverbrauchern vor ihm graut, und die Lieschen Müllers müssen ihn verachten, und wäre er ein Schwein, mensch würde es unverzüglich schlachten!

der Reichste der Welt: Die Dummheit ist eben weit verbreitet, allein und einsam der Weise schreitet, aber ich glaube es auch nicht, daß wir uns jemals verbinden, du wirst keinen Weg zu einem riesigen Reichtum finden, die einhundert Milliarden menschen Jeschuas bleiben dir verwehrt, du denkst eben doch unrichtig und verkehrt, du wurdest durch die Jeschua Rex Texter und die Menschdorfer versehrt, dabei hast du ihr Wohlbefinden oftmals gesteigert und gemehrt!

Jeschua Rex Text: Am Kompjuter habe ich mich mit Schwierigkeiten des Formats geplagt, doch meiner Mühe blieb der Erfolg nicht versagt, ich habe die richtige Lösung gefunden, nun kann ich darüber meine Freude bekunden, die sanfte Liese hat mich an diesem Nachmittag "lieber Jeschua!" genannt, auf diese Weise habe ich sie bisher nicht gekannt, aber sie hat danach vermutlich wieder mit ihrem groben Kerl gerammelt, von mir dagegen werden keine sinnlichen Erfahrungen mit ihr gesammelt!

der Reichste der Welt: Das kannst du deiner Frisörin erzählen, wieso mußt du mich mit derlei Kinkerlitzchen quälen, deine trostlose Lage tut mich nicht bekümmern, du willst die heillose Überlieferung zertrümmern, na und, was habe ich damit zu schaffen, du machst dich auf die Dauer doch nur zum Affen, es verspotten dich die Gecken, Stenze und Laffen, es taugen offensichtlich nur wenig deine geistigen Waffen, der Reichste der Welt bist du jedenfalls nicht geworden, folglich kannst du dich nunmehr selbst ermorden?!

Jeschua Rex Text: Laß mich in Ruhe mit deinem Keifeln, ich werde an den Widerständen schon nicht verzweifeln, zum Reichsten der Welt werde ich steigen, die breiten Massen werden sich zu mir neigen, sie werden meine Botschaft mit Wohlgefallen vernehmen, und sie werden sich dazu, sie eifrig zu lernen, bequemen, ich weiß, was ich kann, ich bin ein umsichtiger Mann, die Menge wird von mir verwöhnt, mein Wort zu ihrem Nutzen ertönt!

der Reichste der Welt: Das Reich des Jeschua Rex Textes willst du errichten, kann die Menschheit denn wirklich nicht darauf verzichten, kann die Menschheit nicht auch ohne dich zum Frieden gelangen, kann die Menschheit nur von dir die Wahrheit und die Freiheit in der Bindung empfangen, das kann ich nun wirklich nicht glauben, die Menschdorfer tun unwillig über dich schnauben, und die Menschdorfer sind das Gelbe vom Ei, darum erheben sie vermutlich zu Recht ihr lautes Geschrei?!

Jeschua Rex Text: Willst du mich verspotten, ich tue den JEUNEX vergotten, und JEUNEX schützt mich auf all meinen Wegen, das Glück eilt mir mit schnellen Schritten entgegen, ich brauche nicht mehr lange auf meine Rettung zu warten, Jeschua Rex Text wird alles Notwendige starten, ich kann mich ganz auf das Menschtum in JEUNEX verlassen, dann werden die Menschdorfer mich auch nicht mehr hassen?!

der Reichste der Welt: Du und ich werden uns niemals verbinden, du tust dich auf diesen Seiten vergeblich schinden, einhundert Milliarden mensche Jeschuas wirst du niemals bekommen, einhundert Milliarden mensche Jeschuas werden dir niemals frommen, darüber brauchen wir gar nicht weiter zu klönen, niemals wird eine verlockende Tusnelda unter dir stöhnen, du wirst stets einsam und allein liegen, niemals wird sich eine holde Kunigunde an deine Schulter schmiegen!

Jeschua Rex Text: Soeben wollte eine Gewinnspielbetreiberin Geld von mir erhalten, doch ich tat die Unterhaltung am Fernsprecher mit ihr plötzlich zuendegestalten, ich habe den Hörer aufgelegt auf die Gabel, da hielt die gierige Geierin endlich den Schnabel, jetzt will ich aber mit dir klönen, ich will mich an deine Schwingungen gewöhnen, der Reichste der Welt will ich werden, das versichere ich dir mit nachdrücklichen Gebärden!

der Reichste der Welt: Seit über neun Jahren tust du dich Jeschua Rex Text nun nennen, davor tat mensch dich unter einigen anderen Namen kennen, vierzigacht Jahre hindurch bist du nicht Jeschua Rex Text gewesen, und du mußt auch noch von dem Umstand genesen, daß dir der unmensche Staat einen Ausweis auf die Bezeichnung "Jeschua Rex Text" verweigert, das hat deinen Unmut in den verwichenen Jahren oftmals gesteigert!

Jeschua Rex Text: Das ist richtig, es ist sehr wichtig, wie mensch heißt und welcher Betaufung mensch sich befleißt, seit neun Jahren will ich die Benennung "Jeschua Rex Text" bekommen, denn sie tut mir ungemein nutzen und frommen, doch ich habe keinen Paß auf "Jeschua Rex Text", vielleicht bin ich deshalb so verludert und versext, denn als amtlich beglaubigter Jeschua Rex Text würde ich sehr leicht eine Ehefrau finden, doch unter den gegenwärtigen Umständen muß ich mich quälen und schinden!

der Reichste der Welt: In einer Schau hat es dir JEUNEX versprochen, und der Sternentronende hat sein Wort noch niemals gebrochen, daß du noch in diesem Jahr den Ausweis auf "Jeschua Rex Text" empfangen wirst, so daß du endlich das erstrebte wirkungsvolle Bewußtsein erlangen wirst, so wolle denn eifrig mit mir sprechen, ich werde dich beglücken und nicht bepechen, ich werde dich mit einhundert Milliarden menschen Jeschuas versehen, dann wird sich das ganze Geschehen um dich allein nur drehen!

Jeschua Rex Text: Bis dahin muß ich emsig meine Besinnungen schreiben, dann kann ich es wenigstens auf dem Papier als Jeschua Rex Text schon treiben, der unmensche Staat tut an mir wie ein Rabenvater handeln, ich kann leider nicht nach meinem Wunsch und Willen über die Erde wandeln, das empfinde ich als einen ungerechtfertigten Zwang, vor den unmenschen Behörden war es mir schon immer bang, das ist für mich ein weiterer Grund, nach Menschland zu marschieren, denn in Menschland erstickt mensch nicht in einem Wust von Papieren!

der Reichste der Welt: Zum Reichsten der Welt kannst du durchaus steigen, wolle nur über dieses Anliegen nicht schweigen, schnacke mit mir an vielen Tagen, ich werde dir meine Aura schon sagen, dann wird dich die Not nicht weiter plagen, dann brauchst du im Elend nicht zu verzagen, den Reichsten der Welt wolle als deinen Freund betrachten, dann brauchst du nicht mehr lange nach einer anmutigen Dulzinea zu schmachten, dann brauchst du dich nicht länger zu peinigen, denn wir werden uns über kurz oder lang vereinigen!

Jeschua Rex Text: In einer Stunde muß ich zur Werkhalle schreiten, die Verwünschungen der Menschdorfer werden mich begleiten, ich weiß nicht, was ich machen soll und ob ich weinen oder lachen soll, ich habe eine Gelegenheit, in das Fernsehen zu gelangen, aber wird mensch meine Einfälle dort mit Freude empfangen, in dieser Woche werde ich mich melden, vielleicht werde ich ja auf diese Weise zu einem Helden, vielleicht werde ich ja auf diese Weise zu einem Recken, dann brauche ich mich nicht mehr in meiner Stube zu verstecken?!

 der Reichste der Welt: Es hat alles keinen Zweck, du Fant, deine Eingebungen werden niemals bekannt, du wandelst niemals im menschen Land, all deine Vorschläge sind Tinnef, Kram und Tand, du solltest dich endlich selbst ermorden, denn du bist zu einem Verdruß für deine Mitmenschen geworden, einhundert Milliarden mensche Jeschuas werden dir niemals beschieden, so laß mich mit deinen ausufernden Wünschen nun endlich in Frieden!

Jeschua Rex Text: Da kannst du lange flehen, es wird nach meinem Willen gehen, ich bin der entscheidende Mann, der die Verhältnisse verbessern und verändern kann, du aber sollst mir als mein Werkzeug gelten, noch lebe ich in der beschränktesten aller Welten, aber bald wird mensch mich kennen, und bald wird mensch angetan meinen Namen nennen, dann werde ich dich erhalten, dann werde ich meinen Eifer für das Gute und Schöne entfalten!

 der Reichste der Welt: Träume weiter, du wirst niemals siegen, du wirst stets und ständig unterliegen, das Menschtum in JEUNEX kann mensch in der Pfeife rauchen, und auch der Jeschua Rex Text ist zu gar nichts zu gebrauchen, sag an, was hat denn dieser Jeschua Rex Text geschaffen mit seinen überragenden geistigen Waffen, ich kann seinen Einfluß nirgendwo bemerken, du wirst noch lange unter den Behinderten werken!

Jeschua Rex Text: Dich scheint heute der Teufel zu reiten, ich werde den Gesichtskreis der Menschen weiten, ich will eine neue Welt erbauen, ich will die Bürger verschlauen, ich will ihre Vollzüge entrauhen, der Ärger soll sich nicht mehr bei ihnen stauen, die Heuchelpfaffen will ich verjagen, weil mir die Pfarrer und Pastoren nicht mehr behagen, die Priester des Jeschua Rex Textes sollen wesen, dann wird die Menschheit von ihren Wunden genesen!

 der Reichste der Welt: Niemals wird das geschehen, niemals wird mensch das sehen, du versprichst den Leuten das Blaue vom Himmel, doch niemals sieht mensch dich im lebendigen Gewimmel, es ist zum Haareausraufen mit dir, ja, weshalb verlangst du soviel Geld von mir, du wirst es niemals genießen, diese Summe wird niemals zu dir fließen, so mach dich endlich vom Acker, wie ein Huhn ergehst du dich in Gegacker, und das Ei, das du gelegt hast, kann niemenschem schmecken, in deinen Gedanken kann niemensch den göttlichen Funken entdecken?!

Jeschua Rex Text: Was soll ich bloß vollbringen, mir will und will nichts gelingen, ich kann die Menschheit nicht beschwingen, ich kann nicht auf einer Bühne reden und singen, all meine Pläne wurden vernichtet, ich habe das Reich des Jeschua Rex Textes nicht errichtet, ich habe nur immer wieder mein Elend bedichtet, die Menschheit hat bisher auf meine Mitwirkung verzichtet, so muß ich Trübsal blasen und greinen, das Glück will und will sich nicht mit mir vereinen?!

der Reichste der Welt: Wen kümmert denn deine Not, du wirst von der Langeweile bedroht, aber du mußt auf deine Weise weiter kämpfen, auch wenn tausend Widrigkeiten deinen Eifer dämpfen, zum Reichsten der Welt kannst du steigen, als der Reichste der Welt kannst du dich zeigen, du mußt nur von den Hindernissen schweigen, dann werde ich dir meine Aura geigen, wolle immer wieder mit mir klönen, dann wirst du dich an meine Persönlichkeit gewöhnen?!

Jeschua Rex Text: Den Reichsten der Welt tue ich hier und jetzt nicht markieren, ich muß immer noch in einsamen Nächten mein Glied massieren, als der Reichste der Welt werde ich wohl niemals leben und leiben, bis zu meinem Tode werde ich mich nicht erfolgreich beweiben, mir gilt alles gleich, niemals werde ich reich, niemals werden wir beide uns vereinigen, die Menschdorfer werden mich bis zu meinem Dahinscheiden peinigen!

der Reichste der Welt: Was erhebst du für Geschrei an diesem ersten Mai, wolle doch den Frühling genießen, deine Tränen sollen nun nicht erfließen, die Bäume in die Höhe schießen, laß dich doch von der Natur entdrießen, die Pflanzen und Tiere wachsen und gedeihen, wolle dir selbst doch deine Fehler verzeihen, niemensch ist jemals vollkommen gewesen, wolle doch von deinem Unmut genesen, die Wärme und das Licht sollten dich erheitern, noch tatest du nicht auf der ganzen Linie scheitern?!

Jeschua Rex Text: Für mich gibt es keinen Wonnemonat Mai, niemals rufe ich in diesen Tagen juchhei, ich muß immer nur werken, das tue ich in meinen Knochen merken, ich darf mich niemals vergnügen, ich muß immer einen Satz an den vorigen fügen, ich muß den allerhöchsten Ansprüchen genügen, und die Menschdorfer lassen trotzdem nicht ab, mich grausam zu rügen, soll ich denn aus dem Leben gehen, ich kann keinen Glanz am Ende des Tunnels sehen?!

der Reichste der Welt: Du mußt Menschland erbauen, du mußt das Dasein deiner Mitlebenden entrauhen, du mußt die Schüler dieser Welt verschlauen, nur dir allein kann mensch in dieser Hinsicht trauen, nur deine Weisheit kann die Erdenbürger retten, nur du kannst auf die Dauer die Sklaven entketten, alle Wünsche machst du wahr, du bist wirklich ein großer Star, nun laß das Grübeln und Sinnen, bald wirst du handfest minnen, dann wird dich eine berückende Dulzinea küssen, dann zählt die Sinnlichkeit auch zu deinen Genüssen!

Jeschua Rex Text: Ich werde wohl niemals reich, das wußte ich eigentlich schon gleich, es war stets unwahrscheinlich, daß ich mich mit dir verbinden würde und daß ich einen Weg zu unserer Vereinigung finden würde, doch ich will nicht zetern und fluchen, sondern ich will es noch einmal mit dir versuchen, vielleicht kann ich ja doch noch einen Erfolg bei dir verbuchen, dann schaffst du zu einem Star den jetzigen Eunuchen!

 der Reichste der Welt: Was hast du schon mit Reichtum zu schaffen, du mußtest doch immer in die Röhre gaffen, die Romane und Novellen hast du zwar genossen, aber um die Evas hast du viele heiße Tränen vergossen, mit dir wird es kein gutes Ende nehmen, denn du kannst dich nicht zu klaren Zielsetzungen bequemen, du weißt nicht, was du willst, du Fant, und niemals marschierst du in das mensche Land, das wird dir nicht gelingen, das wirst du nicht vollbringen?!

Jeschua Rex Text: Das wird sich noch zeigen, wolle doch endlich davon schweigen, das Negative mußt du stets in den Mittelpunkt stellen, da müssen meine heftigen Schreie des Einspruchs ergellen, du bist nicht in der Lage, mich zu stärken, ich möchte den Wohlstand endlich merken, ich möchte endlich aus dem vollen schöpfen, denn ich zähle doch zu den klugen Köpfen, doch mein Beutel bleibt leer, ich bin immer noch nicht wer!

 der Reichste der Welt: Du Lustquelle, bereite doch Wonne, du führst dich auf wie ein Mönch oder eine Nonne, dir ist es nicht gegeben, vor der Menge zu sprechen, dabei begehst du doch keinerlei Verbrechen, dir ist es nicht gegeben, deine Schriften zu verkaufen, du willst mit deinen Werken nicht durch die Gaststätten laufen, so mußt du eben im Elend verharren, so mußt du eben trübselig die Wände bestarren!

Jeschua Rex Text: Ja, in meinem Zimmer kommt es zu Gewimmer, das Schicksal tut mich verhöhnen, darüber muß ich unmutig stöhnen, die Menschdorfer wollen sich nicht mir mir versöhnen, dabei kann ich doch so wunderbar klönen, aber in Menschdorf muß mein Licht stets unter einem Scheffel leuchten, deswegen taten sich schon oftmals meine Augen befeuchten, die sanfte Liese will mich nicht unterstützen, kein anderer Mensch will mir nachhaltig nützen!

 der Reichste der Welt: Platin, Silber und Gold sind dir gar nicht hold, du hast immer nur Bücher gewollt, deshalb hat dir manche Najade gegrollt, aber du mußt die Ruhe bewahren, du wirst noch viel Angenehmes erfahren, du mußt immer weiter schreiben, dann wirst du es auch heiter treiben, vorerst kannst du nichts verrichten, vorerst mußt du wieder einmal verzichten, es ist nicht leicht, in Menschdorf zu dichten, doch bald wird sich dein Bewußtsein erhellen und lichten!

Jeschua Rex Text: Morgen werde ich mich beim Fernsehen bewerben, hoffentlich wird sich mir diese Gelegenheit nicht verderben, vielleicht habe ich ja Glück und werde genommen, daran denke ich hier und jetzt etwas beklommen, aber meine Eingebungen werden sowieso einmal gesendet, mein Blatt hat sich sowieso bald grundlegend gewendet, ich brauche nur noch geduldig zu warten, dann werde ich meinen Erlösungsfeldzug starten!

der Reichste der Welt: Du wirst es niemals zu etwas bringen, dir wird niemals etwas Anständiges gelingen, dafür bist du viel zu schüchtern, du trinkst kein Bier und bist stets nüchtern, außerdem können dir die Menschdorferinnen nicht behagen, ihren Fratzen mußt du deinen Beifall versagen, deshalb bist du allein, es muß ja so sein, du wirst die größte Schau aller Zeiten bieten, gegen dich betrachtet sind alle Schriftsteller Nieten!

Jeschua Rex Text: Das würde ich so nicht meinen, viele Dichter taten sich mit der Wahrheit vereinen, doch ich habe das Wesen des Lebens erkannt, ich habe das Walten der Wirklichkeit benannt, jetzt kann ein neues Zeitalter beginnen, jetzt werden wir der schädlichen Überlieferung entrinnen, die Dummheit soll nicht mehr wesen, die Menschen sollen durch meine Klugheit genesen, ich bin der Reichste der Welt im Geist, das ist ja auch etwas, wie du bestimmt weißt!

der Reichste der Welt: Du tust aber nun Münzen und Scheine brauchen, dein Schornstein soll nun auch endlich rauchen, die Menschdorfer tun dich übel befauchen, die Menschdorfer tun dich arg zusammenstauchen, sie können dich beim besten Willen nicht verstehen, sie können keinen Sinn in deinem Sein und Sosein sehen, aber du wirst dich auch diesen Spießbürgern offenbaren, dann werden sie deine Absichten umfassend gewahren!

Jeschua Rex Text: Ich bin ermattet, es wird mir nicht gestattet, nach meinen Vorstellungen zu leben, ich will das Band der vereinigten Völker weben, ich werde mich mit allen Ländern der Erde befassen, und ich werde ihnen allen eine nützliche Ordnung verpassen, in diesem Rahmen sollen sich ihre Bürger tummeln, dann werden sie nicht mehr gammeln und bummeln, dann holen sie das Beste aus sich heraus, dann bekomme ich von allen Staaten der Welt einen riesigen Applaus!

der Reichste der Welt: Menschland wird siegen, Unmenschland wird unterliegen, die Partei für den Frieden wird mensch beachten, den Stehmann wird mensch als ein heilsames Zeichen betrachten, und dann wird sich die Menschheit von ihren Wunden befreien, dann werden der Frieden und der Wohlstand gedeihen, dann wird mensch nicht mehr aufeinander schießen, dann wird mensch sich gegenseitig entkummern und entdrießen, so wolle auch weiterhin deine Besinnungen setzen, die Menschdorfer werden deine Nerven nicht mehr lange zerfetzen!

Jeschua Rex Text: Die Bewerbung ist beim Fernsehen angekommen, hoffentlich wird sie nun auch angenommen, ich muß wie auf glühenden Kohlen sitzen, ich muß gewaltig Blut und Wasser schwitzen, denn wenn ich bisher gespannt war, kam niemals etwas heraus, vielleicht spendet mensch ja jetzt einmal meinen Einfällen Applaus, dann wäre ich in Menschland ein Superstar, dann würden all meine Träume wahr!

der Reichste der Welt: All deine Wege münden in schwarze Verwesung, für dich gibt es niemals eine umfassende Genesung, du wirst bis zu deinem Tode in der Hölle braten, du wirst nicht belohnt für deine guten Taten, das Menschtum in JEUNEX wird mensch nicht kennen, deinen Namen wird mensch in den Zeitungen nicht nennen, du wird niemals Aufsehen erregen, du wirst dich niemals im Rampenlicht der Öffentlichkeit bewegen, du bist ein Schuß in den Ofen, du zählst zu den allerschlimmsten Katastrofen!

Jeschua Rex Text: Der Reichste der Welt muß mir wieder einmal eine Gardinenpredigt halten, sag, kannst du unser Zusammenleben denn nicht einmal erfreulich gestalten, kannst du mir gegenüber nicht einmal deinen Scharm entfalten, laß deine negative Einstellung mir gegenüber doch einfach veralten, ich will der Reichste der Welt auch einmal sein, leuchtet dir das denn gar nicht ein, das mußt du doch verstehen, das muß doch einmal geschehen?!

der Reichste der Welt: Du dauerst mich von Herzen, bald krümmst du dich unter Schmerzen, denn du wirst deine Gesundheit für immer verlieren, du tatest in deiner Jugend umfassend verweinen und verbieren, und auch jetzt wirst du bald dem Schnaps, dem Rum und dem Wodka huldigen, dann wird mensch dich des Menschtums in JEUNEX beschuldigen, betrunken stehst du dann vor Gericht, und all deine Beweisgründe fallen nicht in das Gewicht!

Jeschua Rex Text: Du hast eine blühende Fantasie, ich aber bin ein riesiges Schenie, zwar koche ich auch nur mit Wasser und ich bin kein Täter, sondern ein Unterlasser, aber ich werde den Reichsten der Welt schon noch markieren, dann werde ich nicht mehr in die Röhre stieren, dann wirst du nicht mehr über mich knurren, dann wirst du nicht mehr über mich murren, dann wird dein Brummen verstummen, dann wirst du begeistert über mich summen!

der Reichste der Welt: Deine Schauen können mich nicht erregen, du tust dich im Rahmen deiner Einbildung bewegen, keine bezaubernde Nixe eilt dir jemals freudestrahlend entgegen, und dein Gott JEUNEX verweigert dir für immer seinen Segen, so formt sich nun einmal dein Leben, du tust stets vergeblich streben, einhundert Milliarden mensche Jeschuas wirst du niemals erlangen, einhundert Milliarden mensche Jeschuas wirst du niemals empfangen, der Reichste der Welt steht nicht mit dir im Bunde, auf diesen Seiten gibst du immer nur von deiner Unfähigkeit Kunde!

Jeschua Rex Text: Wir werden uns wohl niemals verbinden, ich muß mich wohl bis zu meinem Tode schinden, ich glaube auch nicht mehr, daß das Fernsehen sich bei mir melden wird, so daß der erste Mensche niemals verrecken und verhelden wird, es ist alles ein eitler Trug gewesen, ich habe zu viele Romane und Novellen gelesen, die Menschdorfer haben meinen Verstand zerstört, ich habe von ihnen zu viele Beleidigungen gehört!

der Reichste der Welt: Na endlich wirst du schlau, du weißt es doch ganz genau, daß du niemals den Reichsten der Welt markieren wirst und daß du den Kampf um Menschland verlieren wirst, denn wer will denn jemals in Menschland hausen, den Unmenschen muß es vor dem Menschtum grausen, wer will denn jemals den JEUNEX ehren, und was kann Jeschua Rex Text die Kinder und Enkel schon lehren, du bist auf der ganzen Linie gescheitert, du hast nur gelegentlich deine Mitmenschen erheitert?!

Jeschua Rex Text: Das würde ich nicht so sehen, du tust mich eben nicht verstehen, du brauchst nur mit den Fingern zu schnippen, du brauchst nur auf eine Taste zu tippen, und schon werden deine Wünsche erfüllt, mein einsames Fleisch aber brüllt, und mein unbegleiteter Leib schreit, ich tue mir selbst heftig leid, und ich muß all jene Zirzen bedauern, denen es versagt bleibt, unter meinen wuchtigen Stößen zu erschauern!

der Reichste der Welt: Du leistest im Bett doch gar nicht viel, für dich ist ein Beischlaf nur mit Wörtern ein Spiel, doch du kannst dir keine Menschdorferin ergattern, du kannst nur über die Häßlichkeit dieser beschränkten Spießbürgerinnen schnattern, so wolle denn einsam zur Grube tattern, dein Preßlufthammer wird niemals in einem weiblichen Becken rattern, du suchst deine Zuflucht immer nur bei Gevattern, die Gevatterinnen meidest du, als hätten sie die Blattern!

Jeschua Rex Text: Und doch würde mir der Wohlstand ungemein schmecken, nach den einhundert Milliarden menschen Jeschuas tue ich mir die Lippen lecken, mensch muß einen Gedanken nur immer wieder denken, dann wird die Wirklichkeit menschem ihre Beachtung schon schenken, der Geist kann Dinge schaffen, es zählt nicht nur das gierige Raffen, mensch kann auch geduldig säen und bauen, mensch muß dabei nur dem JEUNEX vertrauen!

der Reichste der Welt: Du mußt dich selbst in den Mittelpunkt stellen, aus dir sollen alle Siege und Triumpfe erquellen, Jeschua Rex Text ist der maßgebende Mann, der den Erfolg verbürgen kann, Jeschua Rex Text ist derjenige, der alles richtig macht, Jeschua Rex Text ist im Getümmel der Turm in der Schlacht, das Menschtum in JEUNEX ist als eine wichtige Zugabe zu schätzen, aber auf Jeschua Rex Text kommt es an auf den öffentlichen Plätzen, das mußt du dir einmal merken, nur du kannst die Menschheit kräftigen und stärken, nur du kannst die Welt endgültig retten, dann wird mensch dich auf Rosen betten!

Jeschua Rex Text: Ich habe an diesem Nachmittag einen Anruf bekommen, ein Mitbewohner hat den Hörer abgenommen, ich habe in der Werkhalle geweilt, danach bin ich nach Hause geeilt, doch es war schon zu spät für die dichterische Majestät, der König der Bücher hat den Menschen nicht erkannt, der seinen Namen am Fernsprecher hat genannt, ist es vielleicht jemensch vom Fernsehen gewesen, kann der erste Mensche nun bald vom Menschdorfertum genesen?!

der Reichste der Welt: Du wirst reich so oder so, aber es stimmte dich ungemein froh, wenn du auf dem Bildschirm deine Geistigkeit zeigen könntest und wenn du den Zuschauern deine Meinungen geigen könntest, aber noch ist nichts klar und sicher, noch erliegst du dem übermütigen Gekicher der Menschdorfer Schicksen, diese spießbürgerlichen Nixen wollen dich vernichten, denn du kannst auf sie verzichten!

Jeschua Rex Text: Ich bin tief ermattet, es wird mir immer noch nicht gestattet, meine Bücher erscheinen zu lassen, ich schaffe es, die Kleinen und Schwachen weinen zu lassen, denn technische Schwierigkeiten verhindern es, daß das "Reich des Jeschua Rex Textes" gedruckt wird, und wenn von den Menschdorfern immer noch gegen mich gemuckt wird, dann liegt das an meinem mangelnden Glück, doch meine leidvolle Jugend wünsche ich mir keinesfalls zurück!

der Reichste der Welt: Du willst dich mit mir vereinigen, doch ich muß dich mit meinem Widerstand peinigen, ich weiß auch heute noch nicht, wie das geschehen soll und auf welche Weise mensch dich als den Reichsten der Welt sehen soll, einhundert Milliarden mensche Jeschuas wirst du nicht erlangen, einhundert Milliarden mensche Jeschuas wirst du nicht empfangen, das wird sich auch niemals wandeln, da kannst du noch so zielstrebig handeln!

Jeschua Rex Text: Ich fasse mich in Geduld, heute bekomme ich nicht deine Huld, doch das kann sich morgen schon ändern, es passiert ja auch in anderen Ländern, daß die Tellerwäscher zu Millionären steigen, diese Möglichkeit darf mensch doch nicht verschweigen, vieles ist möglich dem, der glaubt, meine Zuversicht wird mir von dir nicht geraubt, als ein Menscher in JEUNEX kann ich gewinnen, als ein Jeschua Rex Text kann ich dem negativen Denken entrinnen!

der Reichste der Welt: Du schaufelst dir dein eigenes Grab, du Fant, denn daß es nicht geht, ist dir doch bekannt, du kannst tausend Seiten über den Reichsten der Welt verfassen, dennoch wird dir der Reichste der Welt niemals einhundert Milliarden mensche Jeschuas verpassen, deine Träume in allen Ehren, aber so kannst du dein Geld nicht mehren, du mußt arbeiten, bis die Schwarte kracht, an diesem Abend wünsche ich dir eine gute Nacht, fantasiere geil von der sanften Liese, denn keine andere Eva gefällt dir so wie diese!

Jeschua Rex Text: Reich will ich werden über die Maßen, ich will nicht nur scherzen, witzeln und spaßen, sondern ich will das Reich des Jeschua Rex Textes errichten, folglich muß ich mir einhundert Milliarden mensche Jeschuas erdichten, auf diese Summe kann ich beim besten Willen nicht verzichten, hoffentlich werde ich diesen Betrag bald in meinem Sparbuch sichten, wolle mich nicht länger durch deine Abwesenheit peinigen, sondern wolle dich ohne Wenns und Abers mit mir vereinigen!

der Reichste der Welt: Nimm es mir nicht krumm, aber du bist entsetzlich dumm, verharre doch endlich stumm, was redest du so herum, das ist doch nicht zu ertragen, wolle mich mit deiner Begehrlichkeit nicht mehr plagen, das ist doch nicht zu erdulden, ich tue dir keine einhundert Milliarden menschen Jeschuas schulden, der Reichste der Welt wirst du niemals werden, das lehne ich ab mit entschiedenen Gebärden?!

Jeschua Rex Text: Ich muß den Reichsten der Welt markieren, denn ich will ja bald nach Menschland marschieren, du kannst mich nicht unterdrücken, ein unglaublicher Husarenstreich wird mir glücken, du kannst mich nicht vernichten, der Streit zwischen dir und mir wird sich schon noch schlichten, du kannst mir zwar widersprechen, aber du sollst mich eigentlich beglücken und nicht bepechen!

der Reichste der Welt: Gold und Silber werde ich dir nicht geben, du wirst stets vergeblich nach einem umfassenden Vermögen streben, dein Reichtum wird sich stets in engen Grenzen halten, du wirst die Geschicke der Menschheit jedenfalls nicht gestalten, dazu wird es nicht kommen, denn du kannst den Erdenbürgern nicht frommen, denn du kannst den Erdenbürgern nicht nützen, mensch muß die Menschen im Gegenteil vor dir beschützen!

Jeschua Rex Text: Ich werde dich zum Schweigen bringen, ich werde zu Trompeten und Geigen singen, das ist für mich sehr leicht, mit viel Geduld wird es erreicht, doch du solltest dich mit mir verbinden, anstatt mich dauernd zu quälen und zu schinden, du solltest einen Bund mit mir schließen, du solltest mich nachhaltig stärken und entdrießen, aber auf diesem Ohr bist du ja taub, all meine Einsichten fallen deinem Spotte zum Raub!

der Reichste der Welt: Wir werden uns niemals vereinen, da mußt du mir zürnen und greinen, aber ich will nichts mit dir zu schaffen haben, ich will nichts zu tun mit deinen geistigen Waffen haben, ein menscher Jeschua Rex Text in JEUNEX ist ein Tor, so kommt es mir jedenfalls immer wieder vor, du solltest endlich einmal vernünftig denken, ich kann und werde dich nicht mir mir begaben und beschenken, das ist für mich ausgeschlossen, das sind närrische und alberne Possen!

Jeschua Rex Text: Wann wirst du dich mit mir verbinden, ich will mich nicht länger quälen und schinden, in das Fernsehen werde ich wohl nicht kommen, diese Hoffnung wurde mir inzwischen genommen, aber ich werde trotzdem nach Menschland marschieren, ich tat die Lust dazu noch nicht verlieren, wie aber soll ich es schaffen, es nutzen mir nichts meine geistigen Waffen, einhundert Milliarden mensche Jeschuas werde ich niemals erlangen, einhundert Milliarden mensche Jeschuas werde ich niemals empfangen?!

der Reichste der Welt: Zum Reichsten der Welt wirst du niemals steigen, diese Meinung muß ich dir leider geigen, du sitzt als ein braver Bube emsig und still in deiner Stube, doch es gibt keinen Verkehr, dein Bett bleibt leider leer, keine anmutige Dolores tut sich zu dir legen, keine hübsche Diana eilt dir jemals entgegen, deine Sehnsucht wird nicht gestillt, dabei bist du auf eine reizvolle Zirze wild, doch es tut sich niemals etwas ergeben, du tust eben vergeblich nach deinen Zielen streben!

Jeschua Rex Text: Sekt und Kavier herbei, ich will endlich ein Tandaradei, deine Einwände sind mir schnuppe, ich begehre auf der Stelle eine kesse Puppe, ich will augenblicklich eine kecke Najade küssen, das zählt nämlich zu meinen bevorzugten Genüssen, der Reichste der Welt ist mir einerlei, Zuneigung zu diesem Krösus empfinde ich keinerlei, laß mich doch mit deinem Luxus in Ruhe, für deine Scheichheit gibt es von mir nur Gebuhe, dein Schelten und Zanken wird mir zu dumm, ich drehe den Spieß nun einmal um!

der Reichste der Welt: Erhebe nur dein Geschrei, du west mitten im Mai, doch von Liebe sieht mensch keine Spur, das ist gänzlich gegen die Natur, wo ist die Desdemona, die du rammeln kannst, wo ist die Eufrosüne, mit der du sinnliche Erfahrungen sammeln kannst, du bist ein bedauernswerter Wicht, in deinem Schädel brennt nur wenig Licht, in deinem Sparbuch kann mensch nur wenige Jeschuas erschauen, vor einem derartigen Trottel wie dir muß es menschem ja grauen?!

Jeschua Rex Text: Was habe ich mit dem Reichsten der Welt zu schaffen, du gehörst zwar zu meinen geistigen Waffen, aber ich bin auf deine Anwesenheit nicht versessen, ich kann dich hier und jetzt für immer vergessen, der Reichste der Welt kann mich nicht entzücken, der Reichste der Welt kann mich nicht beglücken, dein Gerede drückt mich darnieder, niemals singst du mit mir fröhliche Lieder, stets mußt du dich gegen mich betragen, ich kann dir meinen Unwillen deshalb nicht versagen?!

der Reichste der Welt: So ein Kerl wie du hat doch nichts geleistet, es wird sich von dir nur immer wieder gegen die Menschdorfer erdreistet, so schweige doch endlich still, das ist alles, was ich von dir will, laß deinen Unmut nicht mehr vernehmen, Unmenschen gibt es auch in Hamburg und Bremen, Barbaren gibt es auch in Frankfurt und München, mancher Unmensch würde dich wirklich gern lünchen, die Menschdorfer aber lassen dich am Leben, was kann es denn Schöneres für dich geben?!

Jeschua Rex Text: Ich würde gern eine Partei für den Frieden gründen, dann müßten sich aber Anhänger mit mir verbünden, "die menschen Jeschua Rex Texte in JEUNEX" soll diese Gruppierung heißen, mensch sollte sich ihrer unter der Abkürzung "die Jeschua Rex Texte" befleißen, ich würde keine Arbeit im Alltag übernehmen, ich würde mich nur immer wieder zu Denkanstößen bequemen, doch ich bin wohl für dieses Ziel nicht der richtige Mann, ich ziehe die Massen einfach nicht in den Bann!

der Reichste der Welt: Zum Reichsten der Welt wirst du niemals steigen, diese Meinung muß ich dir immer wieder geigen, du kannst dich immer wieder nur in deinem Elend zeigen, wolle doch endlich einmal über deine Notlage schweigen, die Leser müssen über dein Selbstmitleid gähnen, wolle doch deine Person nicht mehr erwähnen, Jeschua Rex Text kann keinen Hund an die Haustür locken, du bist so anziehend wie eine alte Hexe auf dem Brocken!

Jeschua Rex Text: Werde ich im dritten Jahr in Jeschua Rex Text wieder nur Hindernisse gewahren, dann kann ich mir meine Arbeit an den neuen Gefügen ja sparen, aber ich weiß, daß alles richtig ist und daß meine Lehre wichtig ist, die Menschheit wartet auf mein Erscheinen, und zwar nicht nur die Schwachen und Kleinen, auch die Großen und Starken können noch viel von mir lernen, mit meiner Hilfe würden sie sich von der schädlichen Überlieferung entfernen?!

der Reichste der Welt: Wie kannst du nur daran denken, dich mit dem Reichsten der Welt zu vereinen, wie kann eine derartige Vorstellung nur in deinem Bewußtsein erscheinen, einhundert Milliarden mensche Jeschuas willst du erlangen, einhundert Milliarden mensche Jeschuas willst du empfangen, hat mensch so etwas schon gehört, dein Geist ist offensichtlich erheblich gestört, du solltest in ein Irrenhaus gehen, mensch sollte dich nicht mehr in freier Wildbahn sehen?!

Jeschua Rex Text: Ich habe sehr gute Gründe dafür, daß ich mich mit dir verbünde, du aber bist dumm, das nehme ich dir krumm, nicht auf Sekt und Kaviar bin ich versessen, sondern viele Menschen haben nichts zu essen, ich will die ganze Menschheit ernähren, der Hunger und der Durst dürfen nicht ewig währen, kannst du das denn gar nicht begreifen, muß du meine Einstellung stets bekeifen, du bist ein Narr, Jeck und Tor, so kommst du mir jedenfalls vor?!

der Reichste der Welt: Du kannst zum Reichsten der Welt sagen, was dir behagt, er wird von dir ja doch nur geplagt, deine bloße Gegenwart muß mich martern und schinden, ich hege nicht dir geringste Absicht, mich mit dir zu verbinden, keine reizvolle Melusine wird sich jemals unter deinen Stößen winden, du tatest da einen gewaltigen Mist erfinden, der Reichste der Welt kann über dich nur lachen, du bist ein anderer Siegfried, aber niemals besiegst du den Drachen, du bist dazu zu weich, niemals erblickt mensch dich deswegen reich!

Jeschua Rex Text: Es wird sehr schwer sein, meine Bücher herauszugeben, ich tat zwar fleißig danach, sie zu verfassen, streben, doch das Drucken fällt mir schwer, ich habe keine Pauer mehr, das "Reich des Jeschua Rex Textes" wird frühestens in zwei Monaten erscheinen, über diese Verzögerung muß ich zürnen und greinen, aber so spielt nun einmal in Menschdorf das Leben, es kann für mich keine rasche Wirksamkeit geben!

der Reichste der Welt: Jetzt hast du auch noch wichtige Dateien verloren, es hat sich wirklich alles gegen dich verschworen, nun bist du dazu übergegangen, von Jeschua Rex Text alles Wichtige zu erlangen, nicht zu JEUNEX tust du mehr beten, sondern dir ist Jeschua Rex in den Sinn getreten, du faltest die Hände, um zu Jeschua Rex Text zu flehen, vielleicht wird es auf diese Weise tatsächlich besser gehen?!

Jeschua Rex Text: Es ist seltsam, sich selbst mit seinen Wünschen zu plagen, aber ich kann mir diese erstaunliche Praxis nicht versagen, der Mensche ist zu allgemein, die mensche Sprache klingt zwar fein, aber die mensche Ausdrucksweise kann die Begierden nicht stillen, und JEUNEX erfüllt auch nicht meinen Willen, ich bin derjenige, der handeln muß und der sein Schicksal zum Besseren wandeln muß, deshalb muß ich mich an Jeschua Rex Text vertrauensvoll wenden, denn nur Jeschua Rex Text kann meine Notlage beenden, er unternimmt dies auch eilig, denn er ist wirklich heilig!

der Reichste der Welt: Dann kannst du ja von Jeschua Rex Text begehren, er solle dir die einhundert Milliarden menschen Jeschuas nicht mehr verwehren, aber das ist auch ein nichtiges Unterfangen, niemals wirst du einhundert Milliarden mensche Jeschuas erlangen, zum Reichsten der Welt wirst du niemals steigen, das Dasein wird sich dir niemals von einer ersprießlichen Seite zeigen, du wirst stets im Schatten stehen und weilen, dich kann mensch nun einmal nicht mehr heilen!

Jeschua Rex Text: Ich werde mit Jeschua Rex Text ausführlich sprechen, Jeschua Rex Text wird mich beglücken und nicht bepechen, im dritten Jahr in Jeschua Rex Text ist mir diese Erkenntnis geworden, und ich will mich nun auch nicht mehr selbst ermorden, Jeschua Rex Text bringt mir den Frieden, durch diesen Erlöser wird mir die Gesundheit beschieden, ich werde so reich sein wie ein Scheich, freilich erhalte ich das viele Geld nicht gleich!

der Reichste der Welt: Der Reichste der Welt kann über dich nur lachen, du zählst wirklich zu den geistig Schwachen, dich kann mensch nicht ernstnehmen in der geselligen Runde, du stehst weder mit einem Gott noch mit einem Teufel im Bunde, und Jeschua Rex Text wird dich nicht retten, Jeschua Rex Text wird dich nicht entketten, du kannst dich nicht auf Jeschua Rex Text verlassen, du wirst diesen Jeschua Rex Text auf die Dauer glühend hassen!

Jeschua Rex Text: Nur aus Arbeit besteht mein Leben, es kann keinen richtigen Urlaub für mich geben, in meinen zehnzwei freien Tagen muß ich mich mit dem Dichten plagen, außerdem muß ich ein Buch berichtigen, hoffentlich kann ich auch alle Fehler sichtigen, sonst tut nichts geschehen, ich muß noch zum Supermarkt gehen, um die Lebensmittel zu holen, so wird mir die Zeit zum Lesen gestohlen!

der Reichste der Welt: Du kannst dich auch nicht immer nur in die Romane vertiefen und Novellen, es ist für dich ja schon eine Abwechslung, wenn einige Hunde bellen, du darfst dich der Fülle des Daseins nicht gänzlich verschließen, sonst wird dich deine Stubenhockerei noch ungemein verdrießen, doch die Not der Massen muß dich dauern, du willst endlich loslegen und pauern, du willst dich endlich der Öffentlichkeit zeigen, du darfst deine heilsamen Einsichten nicht länger verschweigen!

Jeschua Rex Text: Das wird schon alles noch kommen, mir wurde die Hoffnung darauf nicht genommen, doch in meiner Wohnung muß meine Seele siechen, mein Gemüt muß immer wieder auf dem Zahnfleisch kriechen, weder die Sonne noch der Mond können mich heilen, ich muß mit drei trostlosen Gestalten zusammen weilen, das geht mir auf den Keks, leider bin ich nicht oft unterwegs, ich würde so gern reisen, doch ich muß mein Gehirn mit Schriften speisen!

der Reichste der Welt: Wieso tust du dich mit mir beschäftigen, ich kann dich in geldlicher Hinsicht nicht kräftigen, die einhundert Milliarden menschen Jeschuas wirst du niemals erlangen, die einhundert Milliarden menschen Jeschuas wirst du niemals empfangen, höre doch auf, dich selbst zu belügen, wolle dich gehorsam in die Umstände fügen, du bist nun einmal kein Scheich, du bist mittellos und keineswegs reich?!

Jeschua Rex Text: Dein Nein kann mich nicht erschüttern, denn wer unter den rohen Nervenzerrüttern, nämlich den Menschdorfern wohnt, der wird durch ein hartes Fell belohnt, denn wenn mensch ihn nicht verschont, dann wird er es allmählich gewohnt, ich kann deine Rügen ertragen, wolle mich nur mit deinen Vorwürfen plagen, du kannst meine Pläne nicht vernichten, ich werde das Reich des Jeschua Rex Textes errichten!

der Reichste der Welt: Das wage ich sehr zu bezweifeln, und wenn dich die Menschdorfer bekeifeln und wenn dich die Menschdorfer beschelten, dann muß es mir als gerechtfertigt gelten, den Reichsten der Welt wirst du niemals markieren, nach Menschland wirst du niemals marschieren, du bist zu weich, du wirst nicht reich, du bist nicht hart, du hast ja nicht einmal einen Bart, du bist kein richtiger Mann, der die Welt zum Besseren wandeln kann!

Jeschua Rex Text: Die Ärzte in den Gesundheitshäusern tun mir leid, sie wissen über mensche Arbeitsbedingungen noch nicht bescheid, auch bei der Polizei und in den Altersheimen werden die Angestellten erledigt, durch einen übertriebenen Einsatzplan werden sie nachhaltig geschädigt, deshalb will ich einhundert Milliarden mensche Jeschuas erlangen, deshalb will ich einhundert Milliarden mensche Jeschuas empfangen, ich will meinen leidenden Mitmenschen helfen, dafür verzichte ich auch gern auf die Sülfen und Elfen!

der Reichste der Welt: In etwa zwei Monaten wird das "Reich des Jeschua Rex Textes" erscheinen, mit diesem Werk wirst du die Siechenden grundlegend entpeinen, aber wird es auch in die Öffentlichkeit kommen, wird es den breiten Massen auch nutzen und frommen, das ist noch nicht sicher, mensch erhebt über dich ein Gekicher, doch du hast recht, du bist nicht schlecht, du bist sogar sehr gut, erregst du auch der Spießbürger Wut?!

Jeschua Rex Text: Die Menschdorfer selbst tun doch gar nichts wandeln, ich aber werde bald tatkräftig handeln, ich werde die Dummen besiegen, die Trottel sollen mir unterliegen, dann wird die Klugheit walten, dann wird die Weisheit sich entfalten, dann werden die Türannen ihre Quittung erhalten, dann werde ich die Verhältnisse zufriedenstellend gestalten, ich muß nur geduldig warten, dann kann ich meinen Erlösungsfeldzug starten!

der Reichste der Welt: Dein Körper ist geschwächt, das viele Dichten hat sich gerächt, du schläfst nunmehr in jeder Nacht für zehn Stunden, darüber mußt du deinen geharnischten Unmut bekunden, aber du kannst es nicht ändern, du strebst nicht nach bunten Gewändern, es zieht dich nicht zu fernen Ländern, du spielst auch nicht gern mit farbigen Bändern, sondern du willst deine Mitlebenden befreien, deswegen tust du dich deinen vielen Besinnungen weihen!

Jeschua Rex Text: Du wirst mich nicht retten, keine Zirze wird sich neben mich betten, doch ich werde es trotzdem schaffen, die einhundert Milliarden menschen Jeschuas an mich zu raffen, ich werde die richtigen Maßnahmen ergreifen, auch wenn die Menschdorfer mich gellend bekeifen, ich werde geduldig meine Suggestionen setzen, auch wenn die Menschdorfer mir die Nerven zerfetzen, ihre Kleinkariertheit wird sie selbst bestrafen, ich habe ein gutes Gewissen und kann ausgezeichnet schlafen!

der Reichste der Welt: Ruhe dich in den zehnzwei freien Tagen aus, es wird dir schon noch ein stürmischer Applaus, irgendwann wird mensch seine Aufmerksamkeit auf dich lenken, dann wird mensch in deinen Bahnen fühlen und denken, dann wird mensch sein Bewußtsein nicht mehr seltsam verrenken, du kannst die ganze Menschheit mit deinen Gefügen beschenken, die Gleichberechtigung liegt dir am Herzen, denn auch die Evas wollen zwanglos plaudern und scherzen!

Jeschua Rex Text: Wann werde ich mich mit dir vereinigen, wann werden mich die Menschdorfer nicht mehr peinigen, ich will auch einmal etwas anderes erleben, es soll sich auch einmal etwas anderes ergeben, denn daß die beschränkten Menschdorfer mich nicht ehren und daß diese engstirnigen Spießbürger meinen Kummer vermehren, das ist doch inzwischen bekannt, diese Barbaren weilen eben nicht im menschen Land?!

der Reichste der Welt: Wie willst du Menschland denn errichten, du kannst Menschland zwar ausführlich bedichten, aber auf das wirkliche Menschland mußt du immerdar verzichten, denn die Unmenschen werden deinen Traum von Menschland vernichten, das mensche Vorhaben ist doch ein aussichtsloses Unterfangen, niemals wirst du die mensche Sprache erlangen, die mensche Ausdrucksweise wird niemals erklingen, und mensch wird nirgendwo mensche Lieder singen?!

Jeschua Rex Text: Woher willst du das denn wissen, ich bin doch schlau genug und gerissen, um von der Machbarkeit dieses Planes zu wissen, ich jedenfalls will Menschland nicht mehr missen, die mensche Verständigungsart gewährleistet einen köstlichen Humor, und wer nicht menscht, der bleibt ein bedauernswerter Tor, und wer nicht menscht, der bleibt ein bemitleidenswerter Narr, ich jedenfalls verfolge meine Menschlandabsicht starr?!

der Reichste der Welt: Das wird niemals irgendjemenschen bekümmern, du wirst Unmenschland keinesfalls zertrümmern, Unmenschland ist in über einem Jahrtausend gewachsen, und da kommt nun ein Herr aus dem niederen Sachsen und fordert, Menschland solle blühen und gedeihen, du kannst dich doch auch in Unmenschland dem Guten und Schönen weihen, Menschland ist doch gar nicht wichtig, Menschland ist doch null und nichtig!

Jeschua Rex Text: Wolle dich mit mir verbinden, dann werde ich schon eine Möglichkeit finden, Menschland in die Welt zu setzen und Unmenschland für immer zu zerfetzen, du darfst nicht zu gering vom Geiste sprechen, du solltest auch einmal eine Lanze für das Denken brechen, die Banausen können es freilich nicht verstehen, sie können keinen Sinn in menschen Gedankengängen sehen, aber du bist doch der Reichste der Welt, wieso bist du denn dann kein grübelnder Held?!

der Reichste der Welt: Mit dir kann mensch nicht vernünftig klönen, ich mag mich an deine hochfahrende Art nicht gewöhnen, du tust gerade so, als würde ohne dein Zutun nur Schlimmes geschehen, deshalb drängt es dich ungmein, im Mittelpunkt zu stehen, aber das wird niemals passieren, du wirst bis zum Tode dein Glied massieren, du bist ein Selbstbefriediger immer gewesen, du wirst niemals zu einer gemeinschaftlichen Sinnlichkeit genesen!

Jeschua Rex Text: Mein Gesichtskreis wird immer enger, die Rügen der Menschdorfer werden immer strenger, ich kann mich in Menschdorf nicht entfalten, ich kann mein Leben an der Inde nicht nach meinen Vorstellungen gestalten, die dumpfen Barbaren müssen mich schmähen, wie Schafe auf der Weide müssen sie mich bebähen, dagegen ist kein Kraut gewachsen, es darbt der Mann aus Niedersachsen!

der Reichste der Welt: Und das wird wohl auch so bleiben, du wirst es bis zu deinem Tode unberühmt treiben, du wagst dich ja nicht hinter dem Ofen hervor, du bist und bleibst ein zurückhaltender Tor, du bist und bleibst ein schüchterner Jeck, du wagst dich kaum einmal hervor aus deinem Versteck, du bist und bleibst ein bemitleidenswerter Narr, du blickst aus dem Fenster, dein Sinn verharrt starr, du willst dich nirgendwohin begeben, du willst immer nur nach dem Menschtum in JEUNEX streben!

Jeschua Rex Text: Ich kann deinen Vorwurf nicht verstehen, tust du denn die Not der Welt nicht sehen, mensch könnte soviel Gutes verrichten, mensch muß so viele Übeltäter vernichten, und ich bereite mich immer noch vor auf mein Erscheinen, ich bin ganz anders, als die Menschdorfer meinen, aber die Menschdorfer haben die Weisheit nicht für sich gepachtet, diese Spießbürger haben mich immer nur als einen unleidlichen Einzelgänger betrachtet?!

der Reichste der Welt: Noch zwei Monate lang wird es dauern, dann kannst du vielleicht loslegen und pauern, dann wird mensch das "Reich des Jeschua Rex Textes" drucken, dann werden die Menschdorfer Gift und Galle spucken, doch sie können sich nicht zu deinen Ungunsten bewegen, denn tust du bei ihnen auch einen öffentlichen Anstoß erregen, so können sie doch nicht behaupten, daß du lügen würdest und daß du wahrheitswidrige Sätze über sie zusammenfügen würdest!

Jeschua Rex Text: Mein Durchbruch muß aber auch bald kommen, ich warte auf ihn ängstlich und beklommen, denn lange halte ich diesen einfältigen Graus der unduldsamen Menschdorfer nicht mehr aus, irgendwann muß einmal Schluß sein, es kann nicht immer nur Verdruß sein, ich will auch einmal die Wonne spüren, die Freude soll mein Gemüt einmal rühren, und die Ärzte in den Gesundheitshäusern sollen befreit werden, es soll nun bald wirklich eine schöne neue Zeit werden!

der Reichste der Welt: Die Menschdorfer werden all deine Pläne verderben, in Menschdorf kannst du dir kein Heil erwerben, sie werden dir auf die Haut wütend rücken, denn deine Ausführungen über sie werden sie nicht beglücken, und dann werden sie dich nicht nur zusammensagen, sondern dann werden sie dich auch noch zusammenschlagen, sie können ihre Empörung über dich nicht mehr zügeln, und dann wird dich der grimmige Pöbel verprügeln, das ist nun einmal die Menschdorfer Art und Weise, nach Menschland geht bei diesen Krähwinklern niemals die Reise!

Jeschua Rex Text: In meinem Urlaub tüftele ich an meinen Schriften, denn meine Werke können nun einmal das Klima entgiften, ich allein kann den ewigen Weltfrieden stiften, durch meine Bücher wird die Menschheit zur Menschlichkeit hin driften, mein Gesichtskreis ist klein, das muß denn wohl so sein, denn ich verlasse meine Stube kaum, das ist alles ein arger Traum, doch ich muß ihn ertragen, ich darf mich nicht darüber beklagen!

der Reichste der Welt: Leider darfst du dich nicht mit JEUNEX unterhalten, auf dem Papier tun sich dann schlimme Schwingungen entfalten, der Mensche und JEUNEX haben zufriedenstellend geklönt, du hast dich gern an ihre Ausstrahlung gewöhnt, vielleicht könntet ihr alle drei einmal miteinander schnacken, dann würde es deinen Geist nicht mehr so heftig zwicken und zwacken, doch du hast dazu keine Zeit, das tut dir außerordentlich leid!

Jeschua Rex Text: Ich habe ein umfangreiches Pensum zu verrichten, ich muß nach einem genauen Schema dichten, und die Stunden dazu mir ermangeln, deshalb kann ich mir keine Nixe angeln, deshalb hinke ich über vier Monate hinterher, denn meine Leistung zu erbringen fällt mir schwer, ich muß acht Bücher gleichzeitig schreiben, da müssen andere Entwürfe unberücksichtigt bleiben, ich kann nicht auf allen Hochzeiten tanzen, und außerdem muß ich noch Zeitungen lesen und Romane danzen!

der Reichste der Welt: Als Jeschua Rex Text allein kommst du nur schwer zurecht, die Menschdorfer behandeln dich nach wie vor schlecht, du hast nicht die geringste Lust, diesen Pöbel überhaupt zu erwähnen, doch diese wilde Horde verhält sich dir gegenüber wie die Hüänen, das Einerlei ihrer dumpfen Vorwürfe ist nur schwer zu ertragen, in Menschdorf darf mensch es eben nicht, weise zu sein, wagen!

Jeschua Rex Text: Wir beide werden uns schon noch vereinigen, dann können mich die Menschdorfer nicht mehr peinigen, ich werde diese beschränkten Spießbürger bezwingen, mir wird ein unvorstellbares Wunder gelingen, dann trällert wieder die Lorelei von Bingen, dann werden wunderschöne mensche Lieder erklingen, es ist so leicht, die Menschheit zu befreien, mensch muß mir nur meine Fehler und Schwächen verzeihen!

der Reichste der Welt: Und das können die Menschdorfer nicht, in ihren Augen bleibst du ein Wicht, du hast zu wenig Geld, also bist du auch kein Held, all deine Gedanken können sie nicht beglücken, all deine Beseligungen können sie nicht entzücken, sie sind dumm, aber leider nicht stumm, das nimmst du ihnen krumm, du fragst verzweifelt nach dem Warum, aber ein Unmensch kann sich eben nur wie ein Unmensch benehmen, ein Unmensch kann sich nicht zu einem menschen Verhalten bequemen!

Jeschua Rex Text: Ich freue mich darauf, daß es bald losgeht und daß mein Name dann auf den Plakaten groß steht, dann kann ich meine Macht zeigen, dann werde ich nicht mehr über meine Pracht schweigen, das wäre eine Erlösung nicht nur für die Welt, befreit wäre auch ich, der geistige Held, es kann nur besser werden mit mir, klein und eng gestaltet sich mein Revier, ich sehne mich sehr nach Größe, in Menschdorf gibt mensch sich leider so manche Blöße!

der Reichste der Welt: Ich weiß nicht, ob es klappen wird und ob sich der erste Mensche den Reichtum schnappen wird, die Dummheit will nicht weichen, da kann mensch nicht verscheichen, Menschdorf tut einem Irrenhaus gleichen, es wimmelt nur so von lebenden Leichen, da kann mensch nichts verrichten, mensch sollte sogar auf das Bedichten verzichten, mensch kann es ja doch immer nur wiederholen, daß die Spießbürger den Dichter mit Wörtern versohlen!

Jeschua Rex Text: Ja, mehr kann ich über Menschdorf nicht erzählen, ich würde lieber ein angenehmeres Tema wählen, aber die Unmenschen müssen mich plagen, die Barbaren würden mich am liebsten schlagen, es hat keinen Zweck, in Menschdorf zu wesen, solange die Menschdorfer nicht von ihrem Unmenschtum genesen, der Stumpfsinn muß in den dumpfen Gemütern walten, da kann sich kein feinsinniges Gebilde gestalten!

der Reichste der Welt: Der Reichste der Welt willst du werden, das versicherst du mit entschiedenen Gebärden, was aber unternimmst du, um zum Reichsten der Welt zu steigen, kannst du mir darüber einmal deine Meinung geigen, auch der kleine Fritz kann es begehren, ihm würde ich mich noch mehr verwehren, aber auch mit dir kann ich mich nicht vereinen, du wirst bis zum Tode über deine Mittellosigkeit greinen?!

Jeschua Rex Text: Den Glauben an den Reichtum ich nicht verlor, ich stelle dich mir immer wieder vor, und eines Tages wirst du erscheinen und mich für immer von meiner Bedürftigkeit entpeinen, dann brauche ich nicht mehr in der spießbürgerlichen Enge zu ersticken, dann wende ich den beschränkten Menschdorfern für immer den Rücken, dann kümmert mich ihr Geschrei nicht mehr, dann pflege ich mit richtigen Menschen Verkehr!

der Reichste der Welt: Auch die kleine Erna könnte so fantasieren, aber den Reichsten der Welt wirst du niemals markieren, du solltest dich von dieser Einbildung trennen, du wirst mich niemals, hörst du: niemals kennen, wir beide wesen in verschiedenen Welten, und deine Schauen können mir nicht als wertvoll gelten, so verabschiede dich von mir für immer, von meinem Vermögen gewahrst du nicht einen einzigen Schimmer!

Jeschua Rex Text: Na, wie sind wir denn heute gelaunt, ich bin über deine Weigerung immer wieder erstaunt, niemensch sonst als ich ist es wert, Reichtum zu besitzen, ich will nicht immer wie Falschgeld durch die Gegend flitzen, aber du sträubst dich dagegen, mir zu willfahren, ich kann niemals ein freundliches Wort von dir gewahren, ich brauche dich wie zum Atmen die Luft, ich brauche dich wie die Rose den Duft!

der Reichste der Welt: Ich werde aber nicht zu dir kommen, wurde dir diese Hoffnung denn noch immer nicht genommen, du brauchst gar nichts von mir zu erwarten, du hast zwar keinen weichen Schwengel, sondern einen harten, aber dein Gehirn waltet nicht so, wie es soll, du treibst es auf dem Papier manchmal sehr toll, der Reichste der Welt wird sich nicht mit dir vereinigen, darum höre auf, den Reichsten der Welt mit deinen Bitten zu peinigen?!

Jeschua Rex Text: In dieser Angelegenheit ist das letzte Wort noch nicht gesprochen, schon vor zwanzigfünf Jahren habe ich den köstlichen Braten gerochen, schon damals wußte ich, daß es möglich ist, dich zu fangen, mensch muß nur die richtigen Ausdrücke benutzen und erlangen, und mensch muß über die notwendige Ausdauer verfügen, ich kann diesen allerstrengsten Maßstäben genügen, und nun wirst du zu mir eilen, und jetzt wirst du in meiner Sfäre weilen!

der Reichste der Welt: Du bist ein erbärmlicher Wicht, spürst du denn dieses nicht, deine Taschen sind leer, es gibt keinen Verkehr, dein Gemüt ist schwer, du bist eben noch nicht wer, und da soll ich dich stärken, den Grund dafür tue ich nicht merken, mein Eifer ist klein, ich will nicht bei dir sein, ich sage entschieden nein, du denkst gemein und gar nicht fein, der Reichste der Welt will sich nicht mit dir verbinden, der Reichste der Welt will lieber einen anderen Burschen als dich finden?!

Jeschua Rex Text: Das werden wir ja sehen, es wird irgendwann schon gehen, ich gebe es nicht auf, nach dir zu trachten, freilich muß ich noch lange darben und schmachten, aber eines Tages wirst du dich bei mir melden, und dann werden wir gemeinsam verrecken und verhelden, dann werden wir gemeinsam die Menschheit befreien, dann wird mensch mir alle Fehler und Schwächen verzeihen, dann werden die Hungernden endlich speisen, dann wird mensch ohne Wenns und Abers nach Menschland reisen!

der Reichste der Welt: Menschland ist ein leerer Traum, mensch beschaut sich einen Apfelbaum, doch Menschland kann mensch nicht beblicken, ich kann zu diesem Wahnsinn nicht nicken, ein Menscher wird niemals in Menschland wesen, wolle doch von deinem Irrtum genesen, wolle doch ruhig schreiben und lesen, steh doch auch einmal erörternd am Tresen, du kannst machen, was dir behagt, hauptsache, ich werde nicht mehr von dir geplagt!

Jeschua Rex Text: Da bin ich wieder, du Fant, ich weile immer noch im menschen Land, Menschland tut es zwar noch nicht geben, aber in meiner Einbildung kann ich trotzdem schon in Menschland leben, das darf ich auch ganz ohne Moneten, aber es wird vielfältig an mich herangetreten, ich solle doch die menschen Gefilde endlich bilden, denn sonst würden niemals zu Milden die barbarischen Wilden!

der Reichste der Welt: Gold und Silber willst du haben, aber ich tue dich damit nicht begaben, aber ich tue dich damit nicht erlaben, mögen die Menschdorfer nur die Rübchen gegen dich schaben, all dein Dichten und Trachten muß mensch abgrundtief verachten, du hast aus deinen Niederlagen nichts gelernt, du hast dich immer weiter von der Wahrheit entfernt, ich will dich nicht mehr sehen, es wird sich niemals alles um dich drehen, das wird niemals geschehen, deine Worte wird der Wind verwehen!

Jeschua Rex Text: Du kannst mir einmal im Mondschein begegnen, JEUNEX tat mich überreich segnen, die Freude hat sich in meine Seele gesenkt, ich wurde vom Leben überreich beschenkt, aber du mußt dich mit mir vereinen, damit die Schwachen und Kleinen nicht mehr weinen, das fordere ich von dir als deine Pflicht, denn sonst wärest du ein rücksichtsloser Wicht, eile zu mir, ich werde dich nutzen, ich will nicht mehr die Bushäuschen putzen, ich will nicht mehr die Abfallbehälter leeren, du sollst mich umfassend entsehren und entschweren!

der Reichste der Welt: Bin ich Jeschua, wohl kaum, ich bin auch kein glitzernder Tannenbaum, laß mich in Ruhe mit deinem Wollen, ich tue dir zwar nicht grollen und schmollen, aber ich will dir auch nicht helfen, suche dir selbst deine Nixen und Elfen, ich werde für dich keine Helena finden, ich werde dich nicht mit einer Afrodite verbinden, ich werde dich nicht mit einer Venus verknüpfen, eine Zirze muß aus freien Stücken auf dein Laken schlüpfen?!

Jeschua Rex Text: Ich habe dir nichts mehr zu melden, du sprichst mit einem großen Helden, ich werde dich fangen, ich werde dich erlangen, ich werde der Reichste der Welt, denn ich brauche sehr viel Geld, der Reichste der Welt kann sich weigern, doch das wird meinen Einsatzwillen nur steigern, der Reichste der Welt kann sich wehren, doch ich werde ihn über seine Schuldigkeit belehren, der Reichste der Welt kann sich verflüchtigen, trotzdem werde ich mich zum Reichsten der Welt ertüchtigen!

der Reichste der Welt: Einhundert Milliarden mensche Jeschuas willst du besitzen, einhundert Milliarden mensche Jeschuas sollen zu dir flitzen, das könnte dir behagen, doch wie kannst du das nur wagen, nein muß ich dazu sagen, du tust manchen Denker überragen, aber es ist doch alles kalter Kaffee, was du sprichst, auch wenn du manche Lanze für die Nächstenliebe brichst, ich kann dich nicht stärken und kräftigen, denn niemensch will sich mit dir beschäftigen?!

Jeschua Rex Text: Wann kann ich mich endlich mit dir vereinen, wann wirst du mich nicht mehr durch deine Abwesenheit bepeinen, kannst du mir das einmal sagen, vergeblich tue ich dich fragen, du weigerst dich beharrlich, zu mir zu kommen, sämtliche Hoffnung wurde von mir genommen, du willst dich nicht meinem Wunsche fügen, ich kann deinen strengen Maßstäben nicht genügen, ich muß in die Röhre gaffen, ich mache mich bei dir nur zum Affen?!

der Reichste der Welt: Trali, trala, wer ist denn da, ach, du bist es, du alberner Fant, dein Begehren ist mir schon lange bekannt, aber ich habe dich stets von mir gewiesen, du hast doch immer den JEUNEX gepriesen, so möge JEUNEX dich auch retten und dich tiefinniglichst mit mir verketten, im dritten Jahr in Jeschua Rex Text mußt du schmachten, dich kann mensch immer wieder nur als einen brotlosen Künstler betrachten?!

Jeschua Rex Text: Wann werde ich dich erschauen, wann wirst du mein Dasein entrauhen, ich will endlich küssen und ficken, wolle zu meiner Bitte endlich nicken, du darfst nicht in der Ferne bleiben, du darfst mir nicht so unerreichbar wie die Sterne bleiben, du mußt zu mir eilen, du mußt bei mir weilen, ich tue dich beschwören, kann es dich nicht betören, du sollst mir endlich gehören, dann werden zu Ledis die Gören?!

der Reichste der Welt: Tote Buchstaben können dir kein Leben spenden, wolle dich jetzt im Mai nach draußen wenden, in deiner Stube wirst du nichts verrichten, du darfst auf eine beglückende Prallheit nicht verzichten, die Menschdorfer sind besser als ihr Ruf, den ihnen der erste Mensche erschuf, wolle endlich in die Gesellschaft schreiten, dann wird dich auch bald eine Marlies begleiten, dann wird dein Glied eine Scheide weiten, dann wirst du die allgemeine Sittlichkeit in die Höhe leiten!

Jeschua Rex Text: Zum Reichsten der Welt will ich steigen, doch du tust dich bei mir nicht zeigen, was soll ich dann unternehmen, wozu soll ich mich dann bequemen, ohne Geld kann ich nicht werken, du allein kannst mich stärken, du allein kannst mich kräftigen, dann werde ich mich erfolgreich beschäftigen, dann werde ich die Menschen in Menschland gestalten, dann wird sich das Menschtum in JEUNEX entfalten?!

der Reichste der Welt: Gibst du denn niemals Ruhe, von mir erschallt dir nur Gebuhe, läßt du mich denn niemals in Frieden, von mir wird dir nur ein Nein beschieden, der Reichste der Welt hat auf dich keine Lust, dem Reichsten der Welt schaffst du nur einen riesigen Frust, wolle von mir weichen, du wirst mich niemals erreichen, du wirst mir niemals gleichen, du wirst niemals verkrösussen und verscheichen?!

Jeschua Rex Text: Ich fühle mich gar nicht wohl, die Welt erscheint mir leer und hohl, ich will nicht länger leben, es soll mich nicht mehr geben, die Dummheit wird ewiglich walten, die Klug-heit kann ihre Gebilde nicht gestalten, die Weisheit muß ihre Emsigkeit vergeblich entfalten, so wird denn mein Eifer allmählich erkalten, du tust mir ständig widersprechen, du sollst mich beglücken und nicht bepechen, aber es hat keinen Zweck, mit dir zu plaudern, es muß dir vor meiner Persönlichkeit schaudern!

 der Reichste der Welt: Wer wird denn gleich weinen, wir können uns ja vereinen, aber dazu braucht es Zeit, noch ist es nicht soweit, du mußt viele Stunden lang an mich denken, du mußt dir wegen mir das Bewußtsein verrenken, dann werde ich meine Schritte zu dir lenken, dann werde ich dich mit mir beschenken, von heute auf morgen kann es nicht gehen, von heute auf morgen wirst du keine Erfolge sehen?!

Jeschua Rex Text: Ich habe keine Lust mehr, mich plagt doch der Frust sehr, ich will nicht mehr mit dir klönen, du willst mich ja doch bloß verhöhnen, im Hamsterlaufrad muß ich trotten, du mußt mich immerdar verspotten, die Menschdorfer tun sich gegen mich zusammenrotten, ich tue vergeblich den JEUNEX vergotten, das dritte Jahr in Jeschua Rex Text bringt mir nichts ein, das Reich des Jeschua Rex Textes darf noch immer nicht sein, in einem Wust von Wörtern drohe ich zu ersticken, und das Glück läßt sich immer noch nicht bei mir blicken!

 der Reichste der Welt: Im späten Mai mußt du noch heizen, dieser Umstand muß dich reizen, deine Wohnung liegt im Schatten, und in der schwülen Luft in deiner Stube mußt du ermatten, das ist doch nicht zu ertragen, wie lange willst du dich noch damit plagen, die Seßhaftigkeit in allen Ehren, aber nur das Reisen kann die Kenntnisse vermehren, du mußt deine Wohnung auch einmal verlassen, es hat doch auf die Dauer keinen Sinn, immer nur die Menschdorfer zu hassen?!

Jeschua Rex Text: Du kommst eben nicht zu mir gelaufen, deswegen muß ich mir die Haare raufen, der Reichste der Welt will ich werden, es warten auf mich die Herden, verfeinern soll ich die barbarischen Horden, doch der Reichste der Welt bin ich immer noch nicht geworden, ich will nicht länger warten, ich will endlich loslegen und starten, aber du hüllst dich in ein mitleidloses Schweigen, du weigerst dich beharrlich, dich mir zu zeigen!

 der Reichste der Welt: Der Reichste der Welt wird schon zu dir eilen, der Reichste der Welt wird schon bei dir verweilen, suche meine Nähe für und für, dann öffnet sich dir so manche Tür, dann wird das Elend von dir genommen, dann schaust du nicht mehr in die Welt beklommen, dann wirst du den Weg durch die Schmerzen zur Freude wandeln, dann wirst du nicht nur hinnehmen, sondern selbst auch handeln, irgendwann wird es dir schon gelingen, die Menschheit mit deinen Gefügen zu beschwingen!

Jeschua Rex Text: Ich möchte dich markieren, dann kann ich nach Menschland marschieren, doch noch kann mensch weder Menschstadt noch Menschdorf erblicken, kein einziger Anhänger tat zu diesem Vorschlag bisher nicken, ich muß mich schämen, ich muß mich grämen, ich kann nicht für meine Einfälle werben, all meine Eingebungen müssen verderben, die Samenkörner fallen auf felsiges Gestein, die Menschheit spricht zu meinen Vorschlägen nein!

der Reichste der Welt: Das steht doch noch gar nicht fest, Menschdorf ist ein kleines und schäbiges Nest, die Menschdorfer sind nicht aller Dinge Maß, sie suchen vor allem den oberflächlichen Spaß, sie können und wollen sich von der Überlieferung nicht trennen, fortschrittlich kann mensch sie beim besten Willen nicht nennen, sie hängen mit Leib und Blut am Gestern, es sind sehr rückwärtsgewandte Brüder und Schwestern!

Jeschua Rex Text: In Menschdorf kann ich mich nicht als Lustquelle fühlen, die Menschdorfer müssen dauernd ihr Mütchen an mir kühlen, ich kann jetzt im sonnigen Mai auch nicht in die Eisdiele gehen, zwar würde ich da die eine oder andere holde Weiblichkeit sehen, doch mensch würde mich gar übel umraunen, mensch würde über mich als einen gesellschaftlichen Außenseiter staunen, deshalb muß ich in meiner Stube verweilen, ich will die Gesellschaft dieser Auschwitzianer nicht teilen!

der Reichste der Welt: Vor über zehn Jahren hast du im Wohnheim schon einmal mit mir geplaudert, damals hat es dir vor den bestürzenden Folgen unserer Gespräche geschaudert, denn du hast auf einmal wie ein Wasserfall gesprochen, es war, als hätte dich eine Tarantel gestochen, wie manche Kabarettisten hast du gelabert, du hast zwar nicht gewennt und gedocht und geabert, aber deine Mitmenschen haben sich doch über dich beschwert, denn was du vortrugst, klang ihnen allzu gelehrt!

Jeschua Rex Text: Jetzt tue ich acht Bücher gleichzeitig verfassen, nun kannst du mir nicht mehr so einen Redefluß verpassen, denn deine Wirkung wird ja von den sieben anderen Schriften vermindert, deshalb werde ich durch deinen Einfluß nicht mehr behindert, ich würde gern als der Reichste der Welt auf einer Bühne stehen, dann würden die Leute einmal einen wirklichen Superstar sehen, doch das wird wahrscheinlich niemals geschehen, all meine Pläne wird der Wind gar schmählich verwehen!

der Reichste der Welt: Deine Not ist groß, was wird aus dir bloß, du tatest emsig tüfteln und frickeln, aber es tat sich noch nichts Beeindruckendes entwickeln, und die Uhr tickt und tickt und tickt, du fühlst dich in das Abseits geschickt, es wird zu dir nicht ein Ja gesagt, du hast den Mitbürgern noch niemals behagt, wird es sich in Zukunft wandeln, kannst du dann angemessen handeln, oder werden die Menschdorfer dich vernichten, wirst du das "Reich des Jeschua Rex Textes" niemals errichten?!

Jeschua Rex Text: Ich will der sanften Liese einen Tierpark errichten, muß ich denn wirklich darauf, sie damit zu erfreuen, verzichten, deshalb sollst du dich mit mir verbinden, kannst du denn den Weg zu meiner Wohnung nicht finden, in Menschdorf steht mein Haus, die drei Mitbewohner sind mir ein Graus, ich kann sie nur aus diesem Heim vertreiben, wenn deine Segnungen mir nicht fern für immer bleiben?!

der Reichste der Welt: Mir kommen die Tränen, du solltest die lustige Weiblichkeit nicht mehr erwähnen, diese Nixe kann dich nicht verstehen, diese Schickse kann keinen Sinn in deinem Treiben sehen, so trenne dich von dieser Hexe, verschwende auf diese Vettel nicht noch mehr Gekleckse, sei ein Verlierer von altem Schrot und Kron, beginne deinen Kampf um Liebe noch einmal von vorn, blick nicht zurück, in der Zukunft winkt dir das Glück!

Jeschua Rex Text: In der Gegenwart jedenfalls nicht, es bleibt nur der Verzicht, ich muß am Rechner sitzen und über meinen Besinnungen schwitzen, mein Gott JEUNEX, das dauert mir alles zu lange, ich bin um den Zustand meines Geistes bange, wie lange muß ich noch unter Trotteln verharren, wie lange muß ich noch die reizlosen Menschdorferinnen bestarren, wie lange muß ich noch von der fröhlichen Erzählerin träumen, wie lange soll ich denn noch das Leben versäumen?!

der Reichste der Welt: Einhundert Milliarden mensche Jeschuas wirst du niemals erlangen, einhundert Milliarden mensche Jeschuas wirst du niemals empfangen, verabschiede dich von diesem Lug, sag "Auf Wiedersehen!" zu diesem Trug, deine Wünsche sprengen alle Grenzen, da muß ich ja förmlich durch Abwesenheit glänzen, diese Bitte wird dir niemals jemensch erfüllen, und dein Glied wird bis zu deinem Tode nach einer willigen Scheide brüllen!

Jeschua Rex Text: Ich bin fünfzigundsieben Jahre alt, und mein Herz ist noch lange nicht kalt, ich bin des JEUNEX eifriger Knecht, und ich kämpfe wacker für der Menschen Recht, ich werde noch ein paar Jahre lang leben, ich werde noch ein paar Jahre lang streben, und ich werde dieses Ringen gewinnen, die Schurken sollen meinem Zugriff nimmermehr entrinnen, das steht so fest wie bei den Heuchelpfaffen das Amen, dann erhalte ich auch die Gunst der begehrenswerten Damen!

der Reichste der Welt: Du ist schon fast ein Greis geworden, dich umdrängen die groben Horden, und doch lernst du nichts dazu, du achtest niemals auf ein warnendes Buh, ja, wie kann mensch sich der Meinung seiner Mitmenschen nur so fest verschließen, die Menschdorfer wollen dich doch umfassend entkummern und entdrießen, sie weisen dir beharrlich deine Fehler, doch du vergleichst dich kühn mit Uwe Seeler, auch dieser Hamburger Fußballspieler hat manchmal daneben geschossen, deshalb sind bei ihm nicht gleich heiße Tränen geflossen, und auch du wähnst dich grundsätzlich richtig, aber deine Meinung ist eben null und nichtig?!

Jeschua Rex Text: Gestern hat die sanfte Liese in der Werkhalle "Lieber Jeschua!" zu mir gesagt, diese mehrmalige Anrede hat mir ungemein behagt, doch es hat sich nichts daraus ergeben, ich mußte in der verwichenen Nacht allein zum Höhepunkt streben, ja, soll ich mir die lustige Weiblichkeit nun erwählen, und soll ich mich mit der fröhlichen Erzählerin vermählen, oder soll ich sie ihrem traurigen Schicksal überlassen, und soll ich mich nicht mehr mit dieser seltsamen Zirze befassen?!

der Reichste der Welt: Die sanfte Liese kann dich nicht bewonnen, sie ist deinem Zugriff immer wieder entronnen, deshalb solltest du auf diese merkwürdige Nixe verzichten, du kannst mit ihr das Reich des Jeschua Rex Textes nicht errichten, sie tut auch gar nicht in dein Beuteschema passen, und ihr gegenüber kannst du niemals die Lage richtig erfassen, schlagfertig kann mensch dich beim besten Willen nicht nennen, es ist doch ein haarsträubender Unsinn von dir, noch immer für diesen ungebärdigen Wildfang zu entbrennen!

Jeschua Rex Text: Sie tut niemals in ein Buch freiwillig blicken, und doch wäre es mir eine Freude, die lustige Weiblichkeit zu ficken, und doch wäre es mir ein Vergnügen, die fröhliche Erzählerin zu rammeln, es wäre mir angenehm, würde sie unter meinen wuchtigen Hieben stammeln, das dritte Jahr in Jeschua Rex Text wird die Entscheidung bringen, entweder wird es mir mit ihr oder einer anderen Tusnelda gelingen, ich brauche nicht mehr lange zu warten, dann kann ich endlich einen Beischlaf starten!

der Reichste der Welt: Die sanfte Liese führt dich am Narrenseil umher, und ihren Reizen zu entfliehen, das fällt dir schwer, sie spielt mit dir ein bißchen, schon sehnst du dich nach einem Küßchen, dabei hat sie nur gealbert und gescherzt, du hast sie noch niemals liebkosend geherzt, deshalb solltest du dich nicht in übertriebenen Hoffnungen suhlen, diese Kunigunde wird niemals nackt mit dir auf einem Laken buhlen!

Jeschua Rex Text: Warum kann ich sie nicht vergessen, wieso bin ich immer noch auf sie versessen, sie will doch gar nichts von mir wissen, sie hat meine Nerven zerrissen und zerschlissen, ich sollte sie für immer meiden, doch ich kann diese Maid noch immer sehr gut leiden, ihr rundlicher Körper törnt mich an, ihre Haare halten mich zwar nicht in Bann, aber ihre großen Grübchen können mich entzücken, und ihr überbordender Humor kann mich manchmal über die Maßen beglücken?!

der Reichste der Welt: Was hast du denn mit dieser Volksschülerin zu schaffen, du machst dich mit dieser Zuneigung doch nur zum Affen, sie ist zwanzig Jahre jünger als du, da ruft mensch doch ein lautes Buh, und ihr Geist ist nicht sonderlich entwickelt, zwar dir bei ihr das Blut in den Adern prickelt, aber sie ist doch so dumm wie das Stroh der Bohnen, der Umgang mit ihr tut sich für dich nicht lohnen, suche dir eine klügere Agate zum Klönen, an die Schalheit der sanften Liese willst du dich gar nicht erst gewöhnen?!

Jeschua Rex Text: Ich muß immer noch an die sanfte Liese denken, sie tat mich vorgestern überreich beschenken, als sie mehrmals hintereinander "Lieber Jeschua!" sagte, was mich nicht plagte, sondern mir behagte, und trotzdem setze ich auf das falsche Pferd, und daß ich mich nach ihr sehne, ist völlig verkehrt, die lustige Weiblichkeit wird niemals zu mir passen, ich kann sie nicht lieben, ich kann sie aber auch nicht hassen!

der Reichste der Welt: Greif doch einmal hinein in das bunte Menschenleben, es tut doch noch andere Evas als die fröhliche Erzählerin geben, und mit ihren großen Grübchen sieht sie ja aus wie ein keckes Bübchen, nein, mein Freund, wolle dich von ihr wenden, diese Buhl-schaft wird niemals glücklich enden, ja, mensch kann sie ja nicht einmal eine Buhlschaft nennen, denn nach über zehnfünf Jahren tut dein Glied immer noch nicht ihre Scheide kennen!

Jeschua Rex Text: Die riesige Süßlichkeit der sanften Liese läßt mich leiden, ihre geistigen Gaben sind zwar äußerst bescheiden, aber sie hat mich angeregt zu vielen Tausenden von Sei-ten, ich würde so gern mit ihr zum Standesamt schreiten, mein Schwengel wird in ihrer Nähe oftmals steif, doch zu einer Ehe sind wir beide immer noch nicht reif, höchstwahrscheinlich werden wir uns niemals verbinden, niemals wird diese Desdemona sich wimmernd unter mei-nen Stößen winden!

der Reichste der Welt: Du stehst auf einem verlorenen Posten, es wird dich zwar nicht das Le-ben kosten, aber du brauchst doch nicht über die lustige Weiblichkeit zu jammern, wieso mußt du dich immer wieder an diese alberne Trine klammern, reiße dich ungestüm von ihr los, deine Gier nach einem Beischlaf ist groß, das ist ja auch verständlich, denn deine Geduld ist nicht unendlich, so wolle doch eine andere Agate pudern, du brauchst doch nicht mit der fröhlichen Erzählerin zu verludern?!

Jeschua Rex Text: Sie kann mich auch heute noch um den Finger wickeln, in ihrer Nähe tut mein Blut brodeln, wallen und prickeln, sie kann mir eine riesige Freude bereiten, ich würde ja gern auch weiterhin um ihre Gunst heftig feiten, aber das ist ein völlig sinnloses Unterfangen, niemals kann ich Gnade vor ihren Augen erlangen, ich bin nach ihrer Auffassung zu alt, ich übe auf ihr Herz keinerlei Gewalt!

der Reichste der Welt: Wieso hat sie dann mehrmals "Lieber Jeschua!" zu dir gesprochen, du hast sie zwar noch niemals geküßt und gestochen, aber sie reizt dich ungemein, sie lädt dich zum Verweilen ein, ach, ich kann es doch auch nicht wissen, meine Seele ist zwar nicht wie dein Gemüt zerrissen, aber was soll ich schon umständlich über diese Helena plauschen, sie vermag es eben, dich immer wieder gar machtvoll zu berauschen?!

Jeschua Rex Text: Am Nürburgring ist die sanfte Liese zu mir zweimal sehr freundlich gewesen, doch ich konnte weder am Montag noch am Dienstag von meiner Geilheit genesen, mein Bett bleibt leer, es gibt keinen Verkehr, das fällt mir schwer, das bedaure ich sehr, doch dieses Opfer muß ich nun einmal bringen, dafür wird es mir, die Menschheit einzumenschen, gelingen, es gibt außer der lustigen Weiblichkeit auch noch andere junge Hexen, ich kann nicht nur mit der fröhlichen Erzählerin gar lustvoll sexen!

der Reichste der Welt: Den Hauptteil des "Reiches des Jeschua Rex Textes" hast du berichtigt, du hast Tausende von Fehlern gesichtigt, und nun mußt du noch den Anhang prüfen und schleifen, dann kann die harrende Menge deine Einsichten begreifen, nur um die Zeichnung für das Titelbild mußt du dich noch kümmern, hoffentlich werden die Menschdorfer deine Hoffnungen nicht zertrümmern, irgendeinen Künstler wird es doch noch geben, mit ihm im Verein kannst du dann nach deinen Vorhaben streben!

Jeschua Rex Text: Ich kann nur einhundert mensche Jeschuas zahlen, das bereitet mir manchmal Qualen, doch es wird schon gehen und gelingen, ich werde schon etwas zustande bringen, dann wird die fröhliche Erzählerin sich freuen, bis heute tut sie meine Gesellschaft scheuen, doch dann werde ich ihr nicht nur einen Tierpark schenken, dann wird sie gern an mich und meine Wohltaten denken, dann werde ich mich entweder mit ihr vereinigen, oder mein Glied wird die Scheide einer anderen Dulzinea peinigen!

der Reichste der Welt: Nun tun dich nur noch wenigen Wochen von deiner Berühmtheit trennen, in einem Jahr wird ganz Menschland deinen Namen kennen, mensch wird dich begeistert an den Tresen der Gastwirtschaften nennen, und auch an den Stammtischen wird mensch für dich entbrennen, mensch wird dich ablehnen und verneinen, all deine Werke werden erscheinen, und dann wird mensch sich für deine Gefüge begeistern, denn du kannst mit hirnlicher Kraft sämtliche Schwierigkeiten meistern!

Jeschua Rex Text: Noch muß ich mit drei Trotteln zusammen wohnen, das Schicksal tut mich mit diesen Narren nicht verschonen, noch darf die sanfte Liese mich nicht küssen, das zählt nicht zu den erlaubten Genüssen, noch muß ich darben und schmachten, doch noch tue ich nicht die Radieschen von unten betrachten, noch lebe ich und kann wirken, mensch merkt mich dann in vielen Bezirken, auch in Kambodscha und Peru wird mensch von mir wissen, und die Tibeter und die Kenianer wollen mich dann nicht mehr missen!

der Reichste der Welt: Dir ist eine riesige Leistung geglückt, du hast die breiten Massen noch nicht entzückt, doch mensch wird deine Darlegungen lesen, und mensch wird von seinen Irrtümern genesen, dann wirst du der kleinbürgerlichen Enge entrinnen, dann wirst du dir einen ausgedehnten Gesichtskreis gewinnen, und dann wird die lustige Weiblichkeit dich erquicken, denn du wirst sie mit wuchtigen Hieben nach Orgasmien schicken, dann brauchst du deine Begierde nicht mehr zu zügeln, sondern du kannst dann die fröhliche Erzählerin gnadenlos zum Höhepunkt prügeln!

Jeschua Rex Text: Ich will die sanfte Liese nicht mehr sehen, von mir aus kann sie nach Bra´-silien gehen, es hat ja doch keinen Zweck mit dieser Trine, sie ist und bleibt eben eine unnahbare Sabine, im Bett ist sie vielleicht eine Sexmaschine, aber außerhalb der Federn zeigt sie mir keine freundliche Miene, ihre Gefühligkeit wird mich noch vernichten, ich kann auf diese riesige Süßlichkeit nun wirklich verzichten!

der Reichste der Welt: Du hast die lustige Weiblichkeit an diesem Vormittag erblickt, aber sie hat dir im Behindertenzentrum nicht genickt, sie hat dir den Augenblick nicht versüßt, denn sie hat nur deinen Betreuer begrüßt, wahrscheinlich war es ihr nicht recht, und wahrscheinlich fand sie es sehr schlecht, daß du zu ihr gekommen bist, und wenn du dann noch beklommen bist, dann kann sie nichts mit dir beginnen, du wirst die fröhliche Erzählerin niemals zu deiner Buhlin gewinnen!

Jeschua Rex Text: Gottseidank, kann ich da nur sprechen, denn sie würde mich ja doch nur bepechen, ich kann mich nicht harmonisch mit ihr vereinigen, sie tut mich auf die Dauer mit ihrem Sein und Sosein nur peinigen, ich kann mich selbst nicht verstehen, warum muß ich im brutalen Trampel eine Venus sehen, das ist doch völlig dumm, das nehme ich mir selbst ungemein krumm, doch ich kann dieses Schiefe nicht mehr geradebiegen, mein Verstand wird niemals mein Herz besiegen?!

der Reichste der Welt: Sie spielt dreimal in der Woche stundenlang Karten, ja, was kann mensch denn von so einer Gimpelin erwarten, sie wird niemals das Rad oder das Pulver erfinden, sie wird dich immer mit ihrer Begriffsstutzigkeit schinden, ihre Pralinenhaftigkeit wird dich andauernd quälen, kannst du dir denn keine andere Lilofee wählen, die sanfte Liese kommt doch für dich gar nicht infrage, du erhebst über diese grobe Erna doch immer wieder eine Klage, so wolle sie doch vergessen, sei doch nicht mehr auf sie versessen?!

Jeschua Rex Text: Der kreißende Berg hat nicht einmal ein winziges Mäuslein geboren, und dieser Josefine habe ich einstmals Treue bis zum Tode geschworen, sie will mich ja gar nicht kennen, sie tut mich ja ihren Schatz niemals nennen, ihr "Lieber Jeschua!" kann sie für sich behalten, sie will mein Bewußtsein nur verworren gestalten, sie will mich wohl nicht ganz verlieren, aber niemals tut sie einen Beischlaf mit mir ergieren!

der Reichste der Welt: Das dritte Jahr in Jeschua Rex Text wird dich befreien, wolle den Menschen ihre Artung verzeihen, die lustige Weiblichkeit hat sich auch nicht selbst geschaffen, bei ihr wirst du bis zu deinem letzten Atemzug in die Röhre gaffen, mit ihr kannst du niemals vernünftig klönen, wolle dich an eine andere Berta gewöhnen, du darfst nicht bei dieser seltsamen Johanna verharren, bei dieser verschrobenen Else wirst du ewiglich trübselig starren!

Jeschua Rex Text: An diesem Sonntagabend habe ich einen Entschluß gefaßt, denn ich habe die Besinnungen in voriger Zeit zu sehr gehaßt: ich will mich beeifern, sie noch emsiger zu schreiben, ich will am Ball stets tüchtig bleiben, manchmal sehe ich den Sinn nicht mehr ein, dann sehne ich mich nach Maiden und Wein, aber die Suggestionen sind wichtig, und daß ich sie tippe, ist richtig, ich muß noch Rätsel lösen und Teller spülen, dann kann ich mich müde und matt mit Recht fühlen, dann kann ich mich darniederlegen, denn ich tat mich nach der Ziemlichkeit bewegen!

der Reichste der Welt: Du hast außer den drei Trotteln keinen Menschen getroffen, da bleibt es nur für die Zukunft zu hoffen, daß du einmal eine anmutige Lorelei erschaust, die du dich dann auch anzusprechen traust, aber wenn das "Reich des Jeschua Rex Textes" erscheint, dann wirst du mit vielen Evas vereint, dann brauchst du nicht mehr als ein einsamer Adam zu weilen, dann wird dein Erfolg im Beruf dein brachliegendes Liebesleben heilen!

Jeschua Rex Text: Dann werde ich auch endlich den Reichtum genießen, dann werden einhundert Milliarden mensche Jeschuas in mein Sparbuch fließen, ich freue mich schon darauf, diesen Betrag zu erhalten, ich werde ihn dann nach bestem Wissen und Gewissen verwalten, ich werde die leidende Menschheit retten, ich werde die schmachtenden Sklaven entketten, nicht nur die Schwachen und Kleinen werden sich dann mit mir vereinen, sondern auch die Großen und Reichen werden dann nicht mehr von meiner Seite weichen!

der Reichste der Welt: Die Heuchelpfaffen prangern viele Übel an, von denen mensch sofort feststellen kann, daß die Pfarrer und Pastoren sie selbst erzeugt haben, denn die Frommen, die sich ihrer Lehre gebeugt haben, verhalten sich eben schädlich und schlecht, sie verstoßen vielmals gegen das Recht, deshalb soll es keine Päpste mehr geben, mensch soll endlich nach der Wahrheit streben, dann wird mensch endlich frei, und es kommt zu manchem erquickenden Tandaradei!

Jeschua Rex Text: Ich habe es mit der schöpferischen Einsamkeit übertrieben, ich habe viel zu viele Bücher geschrieben, aber bald werde ich auch das Leben kennen, dann werde ich für das anschauliche Dasein entbrennen, noch siebeneinhalb Jahre lang will ich dichten, dann will ich die Länder der Erde sichten, dann will ich vergreisen, nicht ohne zu reisen, dann will ich ein wenig Abenteuer suchen, dann brauche ich nicht mehr meine enge Stube zu verfluchen!

der Reichste der Welt: Dann wirst du einen Weg zu einem weiblichen Du endlich finden, dann brauchst du dein Glied nicht mehr in schwülen Sommernächten allein zu schinden, es kann alles nur besser werden, es wird schon kein Kampf bis auf das Messer werden, und die Menschdorfer werden dich preisen, denn du tatest ihnen die Straße nach Menschland weisen, als mensche Jeschua Rex Texte in JEUNEX werden sie wesen und von ihrer Engstirnigkeit und Beschränktheit genesen!

Jeschua Rex Text: Auf dem Heimweg von der Werkhalle bin ich einer Menschdorferin begegnet, sie war mit den Gaben der Einfalt und Unduldsamkeit gesegnet, sie ist an mir vorbeigegangen, es tat mich nicht nach ihrer Gesellschaft verlangen, da hat sie, daß ich süßlich wäre, gebrüllt, damit hat sie nun mein Bewußtsein erfüllt, und in meinem Zimmer hallt dieser Schrei nach in meinem Gedächtnis, das ist nun der Menschdorfer unseliges Vermächtnis!

der Reichste der Welt: Diese Unmensche wolle nicht beachten, wolle sie als eine Auschwitzianerin betrachten, es ist kein Verbrechen, gute Laune zu haben, mensch kann eben nicht alle Leute damit erlaben, mensch kann eben nicht alle Gefährten damit erfreuen, leider kannst du derartige Barbarinnen nicht scheuen, sie rufen dir ihre Dummheit in die Ohren, und wenn du auf sie hörst, dann hast du schon verloren!

Jeschua Rex Text: Jetzt wird sogar schon der Frohsinn zum Frevel, die Menschendorfer brauchen nur noch Pech und Schwefel, dann kann mensch sie als Teufel in Menschengestalt erkennen, ich tue sie wahrlich nicht zum Vergnügen so nennen, der braune Führer hätte ihre Art und Weise begrüßt, derlei Grausamkeit hat ihm immer das Dasein versüßt, Menschlichkeit sucht mensch in Menschdorf vergebens, was wirft mensch mir bloß vor bei der Redlichkeit meines Strebens?!

der Reichste der Welt: Es hat keinen Sinn, einen Hintergrund zu vermuten, deine Seele tut aus tausendundeiner Wunde bluten, die Menschdorfer hätten dich beinahe vernichtet, du hättest gern auf ihre höhnischen Bemerkungen verzichtet, in einer guten Welt darf mensch keine Menschdorfer erschauen, denn im Paradies muß es menschem vor den Menschdorfern grauen, sie tun auch den behaglichsten Ort in eine Hölle verwandeln, sie müssen seit etwa zwanzig Jahren dein Bewußtsein verschandeln!

Jeschua Rex Text: Ich kann nichts Besonderes an ihnen finden, sie können mich zwar quälen und schinden, aber Zuneigung werden sie niemals bei mir erwecken, meine Zunge wird niemals den Kitzler einer Menschdorferin lecken, die Schönheit ist in Menschdorf nirgendwo zu erblicken, deshalb werde ich auch in hundert Jahren keine Menschdorferin ficken, sie sind häßlich, sie sind gräßlich, mensch darf sich nicht mit ihnen befassen, denn sie können nicht lieben, sie müssen unbedingt hassen!

der Reichste der Welt: Eine Menschdorferin will sich Liebe erschreien, du kannst ihr dieses Vorgehen zwar verzeihen, aber mit derlei groben Trinen willst du nicht verkehren, derlei derbe Ernas können dich nicht entwunden und entsehren, du hast dich zu einem Menschen in Menschland gedacht, du hast dich zu einem Verehrer des JEUNEX gemacht, als der erste Jeschua Rex Text tust du walten, von den Menschdorfern tust du niemals Anerkennung erhalten, es hat keinen Zweck mit diesen Jecken, mensch kann sich in Menschdorf nur vor ihnen verstecken!

Jeschua Rex Text: Habe ich schon gesagt, daß ich die Menschdorfer hasse, von denen ich mich beharrlich ausgrenzen lasse, denn sie sind einfältig, unduldsam und dumm, sie bleiben niemals, niemals stumm, es ist eine Qual, unter Menschdorfern zu leben, tut es denn keine richtigen Menschen geben, muß mensch sich mit diesen Zerrbildern begnügen, können die Spießbürger denn immer nur schelten und rügen?!

der Reichste der Welt: Menschdorfer wurden geboren, um dir zu schaden, du darfst niemals mit einer Nixe duschen oder baden, die Menschdorfer zerrütten dir das Bewußtsein, denn du kannst ihnen nicht zur Lust sein, die Krähwinkler müssen dein Selbstwertgefühl untergraben, sie müssen auf jeden Fall die Rübchen gegen dich schaben, sie dürfen dich nicht so nehmen, wie du bist, weil das vielfältig und duldsam ist und weil es so etwas in Menschdorf nicht gibt, in Menschdorf wird vor allem das Einfache geliebt!

Jeschua Rex Text: Ich würde Menschdorf so gern verlassen und mich mit anständigen Menschen befassen, aber ich muß in Menschdorf bleiben und über die Menschdorfer schreiben, dabei kann ich die Menschdorfer nicht leiden, ich suche die Begegnung mit ihnen zu meiden, sie öden mich an, sie ziehen mich nicht in ihren Bann, sogar die besten Menschdorfer sind schlecht, ein Menschdorfer macht mir niemals etwas recht!

der Reichste der Welt: Von diesen Unmenschen darfst du keine Menschlichkeit verlangen, an der Inde mußt du um dein bloßes Überleben bangen, am Blausteinstein kannst du froh sein, daß mensch dich bloß mit Ausdrücken peinigt und daß mensch dich nicht erwürgt, erschlägt, ertränkt oder steinigt, die Menschdorfer können ihren Nächsten nicht lieben, deshalb muß mensch die Menschdorfer zur Seite schieben, sie dürfen keine Macht bekommen, denn ihre Gesinnung würde niemenschem frommen!

Jeschua Rex Text: Wieso dürfen die Menschdorfer überhaupt leben, wieso darf es so etwas wie die Menschdorfer überhaupt geben, hat denn die Klugheit keine Verteidiger, steht das Glück denn auf der Seite der Beleidiger, ein verkanntes Schenie muß ja nicht immer siechen, mensch findet viel Trost bei den alten Römern und Griechen, aber die Menschdorfer drücken menschen darnieder, sie behelligen menschen mit ihrem Unverständnis immer wieder?!

der Reichste der Welt: Es lohnt sich nicht, über die Menschdorfer zu sprechen, mensch muß vielmehr eine Lanze dafür brechen, daß mensch die Menschdorfer zerstört, weil ein Menschdorfer niemenschen betört, ein Menschdorfer kann niemenschen erfreuen, mensch wird diesen engstirnigen Kerl stets und ständig scheuen, ein Menschdorfer kann niemenschen erquicken, deshalb wirst du auch niemals eine Menschdorferin ficken!

Jeschua Rex Text: Ich bin wieder auf die sanfte Liese versessen, mein Glied würde gern die Tiefe ihrer Scheide ermessen, doch das Schicksal spricht nein, es kann, es darf, es soll nicht sein, sie ist so süßlich wie tausend Pralinen, das ist mir immer merkwürdig erschienen, ihre Schokoladenhaftigkeit treibt mich von hinnen, ich möchte doch keine körperliche Beziehung mit ihr beginnen, die lustige Weiblichkeit würde mich nicht erfreuen, ich muß den Umgang und Verkehr mit ihr scheuen!

der Reichste der Welt: Es gibt so viele Nixen, es gibt so viele Schicksen, laß doch die fröhliche Erzählerin in Frieden, dann wird dir eine klügere Elfe beschieden, die sanfte Liese ist doch so dumm wie das Stroh der Bohnen, niemals tut sie dich mit ihrer Begriffsstutzigkeit verschonen, laß sie doch ihres Weges schreiten, es wird dich schon eine andere Aurora begleiten, klammere dich nicht an diese Trine, ist sie auch im Bett eine vorzügliche Sexmaschine!

Jeschua Rex Text: In meinem Bereich ist nichts los, das Geld fällt mir nicht in den Schoß, meine Abneigung gegen die Schwierigkeiten ist groß, niemals zeigt sich mir eine Messalina nackt und bloß, ich darf immer nur arbeiten und werken, die Siechenden sollen meine günstigen Schwingungen merken, doch für meine eigene Lust darf ich nicht sorgen, den eigenen Wehwehchen darf ich mein Ohr nicht borgen!

der Reichste der Welt: Du sollst immer wieder deine Besinnungen schreiben, du sollst es auf kluge und schlaue Art treiben, dann wird mensch dich ehren, dann wird sich dein Vermögen mehren, du darfst vom Heute nichts erhoffen, irgendwann stehen dir viele Wege offen, aber das wird erst in ferner Zukunft geschehen, hier und jetzt mußt du leider in die Röhre sehen, das läßt sich nicht vermeiden, du tatest dich gegen die bestehende Ordnung entscheiden!

Jeschua Rex Text: Als ein Menscher in Menschland muß ich wesen, aber ich kann nicht von meiner Sexlosigkeit genesen, diese Unsinnlichkeit tut mich foltern und quälen, ich würde mir gern eine anmutige Lorelei wählen, doch die Menschdorferinnen sind unsagbar häßlich, eine Nacht mit ihnen wäre schauerhaft und gräßlich, da bleibe ich lieber allein, da wird mein Herz zu einem Stein, eine Menschdorferin kann ich nicht lieben, mit einer Menschdorferin will ich niemals eine Nummer schieben!

der Reichste der Welt: Die lustige Weiblichkeit kann dich bewonnen, doch sie ist deinem Zugriff stets und ständig entronnen, und du mußt deinem Gott JEUNEX auch noch dafür danken, denn diese grobe Erna tat sich mit dir nur streiten und zanken, sie war nicht in der Lage, mit dir mit Wörtern zu feiten, auf diese Weise tat sie dir die Hölle auf Erden bereiten, du wirst nicht mehr an dieses brutale Trampel denken, sondern du wirst einer besseren Melusine deine Zuneigung schenken!

Jeschua Rex Text: Ich habe sowohl am Sonnabend als auch am Sonntag an die sanfte Liese gedacht, mein Bewußtsein wäre vor Sehnsucht nach ihr beinahe zusammengekracht, ich weiß genau, daß es mir schaden wird, wenn diese Nixe mit mir duschen und baden wird, ich darf sie weder küssen noch streicheln noch ficken, denn dann würde mensch mich in ein Irrenhaus hinein schicken, und doch komme ich von dieser Sexmaschine nicht los, es reizt mich sehr ein Stoß in ihren Schoß!

der Reichste der Welt: Darauf mußt du für immer verzichten, davon tatest du ja ausführlich berichten, die lustige Weiblichkeit würde dich mit ihrer riesigen Süßlichkeit erfüllen, dein Schwengel tut zwar gierig nach ihrer Scheide brüllen, doch du darfst diese Zirze auf keinen Fall stechen, das wäre zwar kein schlimmes Verbrechen, aber du würdest den Verstand verlieren, wolle statt dessen lieber die Wände bestieren, die allergräßlichste Einsamkeit ist besser als mit dieser Trine die Gemeinsamkeit!

Jeschua Rex Text: Ich muß am Himmel und auf dem Bürgersteig Scheiden erblicken, es hungert mich ungemein danach, eine Eva zum Höhepunkt zu schicken, doch ich darf es nicht verrichten, ich muß verzichten, verzichten, verzichten, die fröhliche Erzählerin würde mich verderben, ich müßte zwar nicht unverzüglich sterben, aber mein schöpferischer Geist wird zerstört, wenn mich die sanfte Liese umgarnt und betört!

der Reichste der Welt: Dein Pimmel klagt dich an: was bist du nur für ein Mann, das Gehirn darf schwelgen und prassen, doch dein Glied darf sich mit keiner Grotte befassen, ist das die Menschdorfer Art, schon jetzt ist deine Rute wieder hart, du brauchst nur an die lustige Weiblichkeit zu denken, schon muß sich dein Bewußtsein wieder arg verrenken, wie kannst du diese Feindin lieben, du darfst mit dieser Vernichterin keine Nummer schieben?!

Jeschua Rex Text: Eine grausame Geilheit treibt mich an ihre Seite, das ist fürwahr eine gefährliche Freite, JEUNEX trägt die Schuld, ich suche ja seine Huld, und JEUNEX muß mich zur fröhlichen Erzählerin senden, ach, wird meine Not denn niemals enden, ich will doch nur auf eine gesunde Weise leben, wieso darf ich denn nicht auf erfolgreiche Art nach einem Beischlaf streben, mein Menschtum in JEUNEX tut mir nichts nützen, und auch als Jeschua Rex Text kann ich mich nicht vor der sanften Liese beschützen?!

der Reichste der Welt: Und du willst den Reichsten der Welt markieren, in deiner Jugend tatest du verweinen und verbieren, jetzt mußt du die Welt nüchtern betrachten, ja, kannst du die lustige Weiblichkeit nicht verachten, sie sagt zwar, daß sie dich liebt, doch niemals eine Beiwohnung es mit ihr gibt, laß dich doch nicht zum Narren halten, wolle doch dein Dasein sieghaft gestalten, reiße diese Plumperin aus deinem Schädel, sie ist auf keinen Fall für dich das richtige Mädel?!

Jeschua Rex Text: Die sanfte Liese liegt mir immer noch am Herzen, sie kann so wunderbar lachen und scherzen, am Wochenende habe ich von dieser Zirze geträumt, doch das wahre Leben habe ich dabei versäumt, und am heutigen Montag habe ich sie nur flüchtig gesehen, mehr tut leider nicht zwischen uns beiden geschehen, soll ich sie vergessen, noch bin ich auf sie versessen, niemensch kann mein Leid ermessen, ich habe einen Narren an dieser Lilofee gefressen?!

der Reichste der Welt: Du solltest öfter an Menschland denken, du mußt der Menschheit die mensche Sprache schenken, du sollst sie überall verbreiten, sie soll die Menschen lebenslang begleiten, die lustige Weiblichkeit kann dich nicht lieben, du wirst niemals mit ihr eine Nummer schieben, sie ist eine durch und durch dumme Trine, im Bett ist sie freilich eine wahre Sexmaschine, doch als deine Ehefrau tut sie nichts taugen, dein Geist kann sich aus ihr keinerlei Honig saugen!

Jeschua Rex Text: In wenigen Wochen wird das "Reich des Jeschua Rex Textes" erscheinen, ich bin gespannt, was die Berichterstatter dazu meinen, oh, wird dieses Buch endlich den Erfolg für mich bringen, kann ich mit diesem Werk endlich an die Öffentlichkeit dringen, oder wird auch diese Schrift ein Schuß in den Ofen, mein Dasein besteht aus einer Fülle von Katastrofen, so werde ich wohl unberühmt sterben, und die sanfte Liese wird mir alles verderben?!

der Reichste der Welt: Du darfst dich nicht mit der lustigen Weiblichkeit vermählen, du darfst die fröhliche Erzählerin nicht zu deiner ständigen Buhlin wählen, du mußt dich vor ihr hüten, sie kann nur über dich wüten, sie kann nur über dich toben, niemals wird sie dich loben, niemals wird sie dich preisen, stets wird sie dich von sich weisen, stets wird sie dir den Rücken kehren, du kannst sie nicht das Menschtum in JEUNEX lehren!

Jeschua Rex Text: Wie soll ich Menschland erbauen, kannst du mich darüber einmal verschlauen, der Reichste der Welt bin ich noch nicht geworden, die Menschdorfer wollen mich mit Wörtern ermorden, die einhundert Milliarden menschen Jeschuas habe ich noch nicht erhalten, mein Leben tut sich nicht erfolgreich gestalten, Menschland bleibt ein Traum, mensch gewahrt das Menschtum kaum, Menschland wird es niemals geben, ich tat nach einem verlockenden Trugbild streben?!

der Reichste der Welt: Du mußt immer wieder mit mir klönen, du mußt dich an die Aura des Reichsten der Welt gewöhnen, dann kannst du vielleicht zum Reichsten der Welt steigen, ich werde dir jedenfalls meine Ausstrahlung zeigen, ich werde dir jedenfalls meine Schwingungen geigen, wolle dich auf jeden Fall immer wieder zu mir neigen, eines Tages wirst du dann vielleicht viel Geld in deinem Sparbuch haben, dann werden dich Millionen und Milliarden erlaben, für gute Zwecke sollst du diese Summen verwenden, dann wird die Seligkeit der Menschen durch deinen Einfluß niemals enden!

Jeschua Rex Text: Sterbliche Geliebte, laß mich deine Reize besingen, hoffentlich wird es mir auch angemessen gelingen, die sanfte Liese tue ich dich nennen, doch manchmal muß ich für deine Wildheit entbrennen, wer von uns ist der Bursche, wer die Maid, darüber weiß ich manchmal kaum bescheid, der Dichter schwelgt in berauschenden Gefühlen, die seine Brust durchtoben und durchwühlen, du aber werkst im Garten gekonnt und gut, immer wieder erhitzt du mir das stockende Blut?!

der Reichste der Welt: Zum Reichsten der Welt willst du steigen, um ihr die Schönheit der Welt zu zeigen, du willst ihr alle Wünsche erfüllen, dein Leib muß nach ihrem Fleische brüllen, ihre fettige Haut törnt dich an, ihre Sportlichkeit zieht dich in den Bann, diese Nixe ist niemenscher andern zu vergleichen, ach, könntest du doch endlich verkrösussen und verscheichen, dann würdest du sie mit Ölen und Salben verwöhnen lassen, dann würdest du sie in vielen Stunden unter deiner Rute stöhnen lassen!

Jeschua Rex Text: Das Schicksal hat mich an deine Seite getrieben, es ist bis jetzt eine erfolglose Freite geblieben, doch ich habe deine Gegenwart oftmals genossen, ich habe auch schon viele Tränen über dich vergossen, ich habe mir das Herz aus dem Leibe geliebt, doch wenn mensch niemals eine Nummer schiebt, wie soll mensch sich da die Zuneigung weisen, leider tat ich noch niemals mit dir nach Orgasmien reisen?!

der Reichste der Welt: Ein tiefer Schmerz erfüllt dein Gemüt, du hast schon oft deinen Witz versprüht, die lustige Weiblichkeit hat dich oftmals erquickt, doch niemals hast du diese Helena zum Höhepunkt geschickt, ihre große Nase tut dir behagen, ihrem runden Hals kannst du deinen Beifall nicht versagen, aber ach, ihre riesige Süßlichkeit sorgt bei dir immer wieder für Verdrießlichkeit, es ist alles wie verhext, niemals wird von dir mit ihr hingebungsvoll gesext!

Jeschua Rex Text: Du einmalige Erscheinung, du dauerhafte Bepeinung, du hast mich gefangen, ich muß um mein Überleben bangen, du hast mich gefesselt und gebunden, ich muß meine Niederlage dir gegenüber bekunden, ich kann mich von der Sehnsucht nach dir nicht befreien, meine Seele muß die ganze Nacht nach deiner Nähe schreien, doch niemals läßt du dich bei mir erblicken, niemals tust du zu einer Einladung in meine Wohnung nicken!

der Reichste der Welt: Großartige Zirze, du verleihst viel Würze dem Dasein des großen Denkers, mit der Haltung eines Beschenkers ist er viele Monate hindurch zu dir getreten, er hat dich auf diese Weise um einen Beischlaf gebeten, doch du hast ihm diese Bitte nicht gewährt, du hast nur immer wieder seine Einbildung genährt, seltsame, merkwürdige, anziehende Magelone, noch niemals sah dich der erste Mensche oben ohne, und trotzdem hängt er an dir mit aller Macht, denn du bist wirklich eine unnachahmliche Pracht!

Jeschua Rex Text: Einmalige Eva, ich muß dich lieben, ich darf zwar keine Nummer mit dir schieben weder gestern noch heute noch morgen, dabei würde ich es dir so gern besorgen, aber ich habe dich an diesem Tage vier Stunden lang genossen, in meiner Seele sind Tränen der Freude geflossen, erst haben wir gemeinsam im Garten gewerkt, dann haben wir uns in Neulohn mit Schnitzeln gestärkt, wir hatten ja dort ein Karnevalszelt auf- und abgebaut, bei dieser Gelegenheit hast du mich über deine vielfältigen Reize verschlaut!

der Reichste der Welt: Deine prallen Arme haben unserem Dichter gefallen, hier läßt er dein Lob, o sanfte Liese, begeistert erschallen, du bist nicht dumm und auch nicht schlau, du bist eine sehr schlagfertige Frau, und wo du hinkommst, - mensch höre und staune! - verbreitest du eine unnachahmliche gute Laune, der erste Mensche konnte sich nicht sattsehen an deinem Gesicht, doch in seinem Bette schlummerst du nicht!

Jeschua Rex Text: Die Stunden an deiner Seite sind rasch verflogen, noch bin ich dir zugetan und gewogen, aber du hast beim Unkrautjäten mit einem jungen Burschen geplaudert, da hätte ich beinahe gezögert und gezaudert, dir noch länger die Treue zu halten, denn euer Gespräch tat sich witzig und spritzig gestalten, da merkte ich, daß wir nicht zueinander passen, deshalb sollte ich mich nicht länger mit deinen Wonnen befassen!

der Reichste der Welt: Und der Bursche aus dem Wohnheim will dich nicht mehr kennen, nach einem halben Jahr werdet ihr euch wahrscheinlich trennen, und Jeschua Rex Text liegt dann wieder auf der Lauer, doch danach trägt sein Herz wieder eine heftige Trauer, denn du wirst dich mit jedem, nur nicht mit ihm verbinden, niemals wird sein Glied deine Scheide nachhaltig schinden, er kommt für dich nicht infrage, so schaurig ist nun einmal seine Lage!

Jeschua Rex Text: Soll ich dir wirklich einen Tierpark finanzieren, mit dir kann ich doch gar nicht nach Menschland marschieren, mit dir kann ich doch meinen Idealen nicht frönen, an deine riesige Süßlichkeit werde ich mich niemals gewöhnen, niemals wirst du unter meinem Schwengel seufzen und stöhnen, es werden immer nur deine Ausscheltungen in meinen Ohren erdröhnen, und doch war dieser Nachmittag wunderbar, du bist unvergleichlich, das ist wirklich wahr?!

der Reichste der Welt: Aber deinen glühenden Verehrer läßt du allein, du willst weder gestern noch heute noch morgen bei ihm sein, da muß er sich denn doch eine andere Helena nehmen, da muß er sich denn doch zu einer anderen Agate bequemen, gern tut er dies freilich nicht, ausführlich über dich ist sein Bericht, doch was soll er denn machen, du kannst ja nur lachen, aber die Menschheit kannst du nicht befreien, wolle diesen Hinweis auf deine Genußsucht doch bitte verzeihen?!

Jeschua Rex Text: Was soll ich noch zu dir sagen, ich muß mich über deine Abwesenheit be-klagen, ich würde mich gern mit dir vereinigen, doch du tust mich durch dein fortwährendes Fehlen peinigen, so muß ich denn in den sauren Apfel der Bedürftigkeit beißen, dabei würde ich so gern das Schwarze weißen, dabei würde ich so gern die Hungernden speisen, dabei würde ich so gern mit der sanften Liese nach Orgasmien reisen?!

der Reichste der Welt: Zum Reichsten der Welt wirst du niemals steigen, die Erdenbürger werden sich niemals vor dir verneigen, wolle mir doch nicht andauernd deine Geldgier geigen, kannst du von deiner Habsucht denn gar nicht schweigen, das dritte Jahr in Jeschua Rex Text wird dich nicht befreien, deine seltsamen Werke werden niemals gedeihen, das Menschtum in JEUNEX ist ein Schlag in das Wasser, du bist nach wie vor kein Täter, sondern ein Unterlas-ser?!

Jeschua Rex Text: Ich spüre eine unüberwindliche Mattigkeit in meinen Knochen, kaum jemensch hat einmal ein freundliches Wort zu mir gesprochen, und wenn, dann zu dem Mann als Werker, davon werden meine neuen Gefüge nicht stärker, als Schriftsteller habe ich noch wenig geschafft, und nun gebricht es mir an der Kraft, das "Reich des Jeschua Rex Textes" zu vollenden, ich muß es doch an die Öffentlichkeit senden, aber zu den letzten Feinheiten im Anhang gebricht es mir an Lust, es plagt mich ein unabschüttelbarer Frust!

der Reichste der Welt: Das "Reich des Jeschua Rex Textes" muß erscheinen, du mußt die ge-samte Menschheit entpeinen, aber laß dir Zeit, wolle nicht hasten, viele Schwierigkeiten tun dich belasten, da mußt du eben etwas langsamer schreiten, wird die sanfte Liese dich getreu-lich begleiten, oder wird sie sich von dir trennen, will sie dich nicht länger kennen, oder tust du für eine andere Scheherazade entbrennen, wird mensch dich doch noch einmal einen bra-ven Ehemann nennen?!

Jeschua Rex Text: Mein Leben steht auf der Kippe, es geht bei mir zu wie auf einer Wippe, herauf und hinunter wird mensch bewegt, so daß mensch die seltsamsten Überlegungen hegt, aber als ein menscher Jeschua Rex Text in JEUNEX werde ich siegen, da kann ich mich schon jetzt in Sicherheit wiegen, ich werde all meine Ziele erreichen, mensch kann mich mit keinem anderen Dichter vergleichen!

der Reichste der Welt: Selbst Göte und Schiller haben nicht wie du den Rang, zwar was den Wortschatz betrifft, bist du vor ihnen bang, aber du kannst der Welt den Frieden bringen, das tat diesen beiden Denkern nicht gelingen, du kannst ein zweites Auschwitz verhindern, du kannst die Mühen der Beladenen lindern, du entreißt die Opfer ihren Schindern, du kannst das Ausmaß des allgemeinen Elends mindern!

Jeschua Rex Text: Je ausführlicher ich über dich schreibe, desto bedürftiger ich es mehr und mehr treibe, mein Geld tut von hinnen fließen und sich in fremde Taschen ergießen, und ich habe kaum genug Münzen und Scheine für mein Buch, auf dem "Reich des Jeschua Rex Textes" liegt ein Fluch, es ist immer noch nicht im Druck erschienen, ich kann der Menschheit noch nicht mit meinen Erkenntnissen dienen!

der Reichste der Welt: Das tut mich nicht bekümmern, die Menschen müssen die Erde zertrümmern, du kannst es nicht verhindern, du kannst das Ausmaß des Elends nicht vermindern, du bist immer nur ein Ochsenfrosch gewesen, wolle doch einmal von deinem Größenwahn genesen, niemals wirst du von Jeschua Rex Text aus die Menschheit regieren, den Plan von dieser Welthauptstadt wird mensch überall negieren!

Jeschua Rex Text: Die Menschdorfer müssen mich verneinen, keine Menschdorferin will sich mit mir vereinen, deswegen wird hier auch so abfällig über mich gesprochen, die Menschdorfer haben niemals eine Lanze für mein Wohlergehen gebrochen, sie wollten mich im Gegenteil stets vernichten, dabei tat ich mir die Seele aus dem Leibe dichten, ja, wenn ich eine Büttenrede verfassen würde, dann die Menschdorfer Narrengemeinde mich mich länger hassen würde!

der Reichste der Welt: Du bist nicht wichtig, dein Denken ist null und nichtig, deine Irrtümer sind vielgesichtig, nichts von deinen Vorbringungen ist richtig, du solltest all deine Aufzeichnungen zerfetzen, die Menschdorfer werden sich über deine Darlegungen entsetzen, sie werden dir das Haus verbrennen, so jemenschen wie dich wollen sie nicht kennen, dich kann mensch keinen Jecken nennen, über dich gickern und gackern sie wie auf dem Bauernhof die Hennen!

Jeschua Rex Text: Zum Reichsten der Welt will ich steigen, dann brauche ich nicht mehr zu schweigen, dann kann endlich meine Rede erschallen, dann beende ich das sinnlose Stammeln und Lallen, dann wird nicht mehr von Geistern und Gespenstern gelabert, dann wird nicht mehr erbittert gewennt und gedocht und geabert, sondern dann wird mensch begeistert als ein menscher Jeschua Rex Text in JEUNEX walten, dann wird mensch sein Leben sowohl sinnvoll als auch sinnlich gestalten!

der Reichste der Welt: Einhundert Milliarden mensche Jeschuas wirst du niemals erlangen, einhundert Milliarden mensche Jeschuas wirst du niemals empfangen, ich will dir deinen Glauben nicht rauben, aber noch in vielen Jahren wirst du unwillig schnauben, der Reichste der Welt wird mensch nicht von allein, du lädst dir ja auch niemals Freunde ein, ein einziger Täter kann die Welt nicht wandeln, du tust immer nur auf dem Papier vernünftig und umsichtig handeln, aber in Menschdorf bleibst du blaß, deshalb erzeugst du einen gewaltigen Haß!

Jeschua Rex Text: Ich bin ein Star, den mensch nicht kennt und dessen Namen mensch nirgends nennt, doch ich tue immer im Mittelpunkt stehen, da kann ich mich, wie ich will, wenden und drehen, und es wird noch heftiger kommen, denn die Gewißheit wurde mir nicht genommen, daß mein neues Buch einschlagen wird wie eine Bombe, dann verlasse ich meine oberirdische Katakombe, dann werde ich auf einer Bühne reden und singen, dann werde ich die breiten Massen mit meinen Gefügen beschwingen!

der Reichste der Welt: Du muß immer wieder mit mir klönen, du mußt dich an meine Aura gewöhnen, dann versichere ich dir mit nachdrücklichen Gebärden: du kannst der Reichste der Welt tatsächlich werden, du mußt immer nur meine Nähe suchen, dann wirst du auch einen Erfolg verbuchen, dann wirst du die beschränkten Menschdorfer überraschen, dann wirst du eine wunderschöne Lilofee vernaschen!

Jeschua Rex Text: Von Reichtum tue ich noch nichts merken, wolle mich nur immer weiter kräftigen und stärken, wolle dich mit mir vereinigen, dann wird mich die Mittellosigkeit nicht mehr peinigen, dann wird mich die Bedürftigkeit nicht mehr schinden, wolle nur rasch den Weg zu mir finden, als der Reichste der Welt werde ich die Menschheit heilen, alle Erdenbürger sollen dann im menschenmöglichen Paradiese weilen!

der Reichste der Welt: Du kämpfst sicherlich nicht auf einem verlorenen Posten, die Schmährufe der -Menschdorfer werden dir nicht das Leben kosten, diese hirnlosen Narren müssen dich fassungslos bestarren, und an diese stumpfsinnigen Toren ist jedes erklärende Wort verloren, sie wollen das Neue nicht begreifen, die Dunkelheit kann das Licht nur bekeifen, die Dummen wollen nicht auf den Klugen hören, doch irgendwann werden auch die Menschdorfer auf die Worte des Meisters schwören!

Jeschua Rex Text: Die Menschdorfer halten sich für gesund, dabei ist Menschdorf alles anders als bunt, diese trostlose Gemeinde kann dich nicht erfreuen, am liebsten würdest du diesen Ort für immer scheuen, aber das Schicksal hat dich an die Inde verschlagen, doch die Leute am Blausteinsee kannst du nur mit Mühe ertragen, sie müssen dich zusammensprechen, du sollst für immer zusammenbrechen, doch diesen Gefallen tust du ihnen nicht erweisen, du willst auf jeden Fall nach Menschland reisen!

der Reichste der Welt: Es ist zwecklos, mit vielen Wörtern den Nutzen eines menschen Staates zu erörtern, wenn mensch mit Auschwitzianern spricht, ihre Rede fällt nicht in das Gewicht, diese unmenschen Heiden können sich selbst nicht leiden, diese heidnischen Unmenschen muß mensch vernichten, die Menschheit kann durchaus auf ihr Vorhandensein verzichten, als mensche Jeschua Rex Texte in JEUNEX sollen alle Menschen wesen, dann werden sie von ihrer Grausamkeit und von ihrer Dummheit genesen!

Jeschua Rex Text: Wann werden wir uns vereinen, wann wirst du bei mir erscheinen, ich will über einhundert Milliarden mensche Jeschuas verfügen, dann kann ich meinen Wünschen umfassend genügen, deshalb sollst du zu mir kommen und mir mit deinem Reichtum frommen, doch du läßt dich nicht erlugen, du tust mich nicht mit deinem Wohlstand befugen, deswegen muß ich murren und greinen, warum mußt du mich so heftig bepeinen?!

der Reichste der Welt: Du kannst die Welt nicht wandeln, du kannst nicht nach deinen Vorstellungen handeln, das mag ich nicht bedauern, das mag ich nicht betrauern, es tut weder mensche Jeschuas noch mensche Rex Texte bis jetzt geben, du tust in deiner Einbildung nach allem möglichen streben, aber die Menschheit hat noch nichts davon erfahren, und keine Menschdorferin will sich jemals mit dir paaren, du bist auf der ganzen Linie gescheitert, du hast nur ein paar Mitmenschen verfroht und erheitert!

Jeschua Rex Text: Bleibe mir mit deinem negativen Kram doch fern, derlei verletzende Bemerkungen höre ich gar nicht gern, laß mich mit deinen Ausscheltungen doch in Ruhe, was nützt mir denn dein anhaltendes Gebuhe, und ich soll zwar im Mittelpunkt stehen, und es soll alles nach meinen Vorstellungen geschehen, aber ich tue doch der Allgemeinheit damit dienen, wieso begegnest du mir denn dann oftmals mit sauren Mienen?!

der Reichste der Welt: Mensch kennt euch windige Dichter, ich seid ein gar übles Gelichter, in euren Beuteln befindet sich nur wenig Geld, jedmensch von euch ist nach seiner Meinung ein überragender Held, aber die Menschheit hat von euch nur wenig Nutzen, du tatest einstmals die Bushäuschen putzen, du tatest einstmals die Papierkörbe leeren, wieso mußt du dich dann über mich beschweren, das ist nicht richtig, du bist doch gar nicht wichtig, dein Trachten ist null und nichtig, du bist schlicht und nicht vielgesichtig!

Jeschua Rex Text: Jetzt tut es mir aber reichen, kein Denker kann sich mit mir vergleichen, sie haben allesamt viel schwieriger geschrieben, sie haben es mit tausend entlegenen Dingen getrieben, aber sie haben die Wahrheit nicht erkannt und sie nicht in aller Klarheit auf das Papier gebannt, ich werde die gesamte Menschheit heilen, deshalb sollst du zu mir eilen, deshalb sollst du mir begegnen, du sollst mich nicht verfluchen, sondern segnen!

der Reichste der Welt: Zum Reichsten der Welt wirst du dich niemals entwickeln, da kannst du noch so ausgiebig basteln und frickeln, dein Geist wird mich niemals in deine Sfäre beschwören, die Menschdorfer taten deinen Schädel zerstören, dein Bewußtsein ist zusammengebrochen, die Spießbürger haben dich zusammengesprochen, ich kann dich auch nicht retten, eine Suse wird sich niemals neben dich betten, schweige doch endlich still, das ist alles, was ich von dir will!

Jeschua Rex Text: Es ist mir einerlei, ob du zu mir kommen wirst und ob du mir nutzen und frommen wirst, du bist ja doch so stolz und so dumm, da verharre ich doch lieber stumm, meine hehren Ziele kannst du nicht verstehen, die Einmenschung der Menschheit darf nicht geschehen, die Qual der Darbenden soll immer wieder dauern, niemals darf ich loslegen und pauern, das verdanke ich deinem Nein, dein Herz ist so hart wie ein riesiger Stein!

der Reichste der Welt: Du bist ein Nichts in meinen Augen, ich kann mir keinen Honig aus dir saugen, ich will mich nicht mir dir vereinen, die Sonne tut auch ohne dich für mich scheinen, du kannst mich nicht bewonnen, du gleichst den Mönchen und Nonnen, reich werden willst du nicht, in deinem Schädel brennt kein Licht, du bist ein bemitleidenswerter Wicht, deine Gedankengänge sind ebenso wirr wie schlicht!

Jeschua Rex Text: Ich habe aufgehört, mich gegen dich zu wehren, ich könnte die Menschheit die ewige Seligkeit lehren, ich könnte der Menschheit den ewigen Frieden schenken, doch du weigerst dich beharrlich, an mich zu denken, dann werden mich die Menschdorfer eben zerstören, du willst ja nicht auf meine beschwörenden Worte hören, das Elend wird nicht beendet, die Not wird nicht gewendet, danke für deine Unterstützung, danke für deine gar vielfältige Nützung!

der Reichste der Welt: Ich kann mit dir nichts beginnen, du wirst mich dir niemals zum Freunde gewinnen, deine Aussagen kann ich nicht teilen, nach Menschland will ich nicht eilen, als ein Jeschua Rex Text will ich nicht wesen, ich will deine Bücher nicht lesen, einen Gott namens JEUNEX will ich nicht verehren, du kannst mein Glück auf keinen Fall vermehren, deshalb sollst du nicht mehr zu mir sprechen, ich tat schon lange den Stab über dich brechen!

Jeschua Rex Text: Du sollst mich bereichern und erfreuen, aber du ziehst es vor, mich zu scheuen, zum Reichsten der Welt will ich steigen, um den Menschen meine Gefüge zu zeigen, zum Reichsten der Welt will ich mich entwickeln, dann wird den Erdenbürgern das Blut in den Adern wieder prickeln, dann wird den Erdenbürgern das Blut in den Adern wieder brodeln, aber deine Ablehnung läßt mich nicht gerade jauchzen und jodeln!

der Reichste der Welt: Du kannst noch tausend Seiten über mich schreiben, ich werde stets fern von dir bleiben, der Reichste der Welt stellt sich nicht bei dir ein, der Reichste der Welt wird stets ein anderer sein, du mußt dich bei deinem Gotte JEUNEX bedanken, mit einem Jeschua Rex Text kann ich nur streiten und zanken, die mensche Sprache will ich nicht fördern, sie kann die Gesellschaft auch nicht entdieben und entmördern, so bleibe mir vom Leibe, für dich ist die Erde doch noch eine Scheibe, du hast gar nichts erkannt und erfunden, niemensch wird jemals durch deine Eingebungen gesunden!

Jeschua Rex Text: Ich muß dich wiederum sprechen, ich werde so schnell nicht mit dir brechen, du kannst mich abwehren und tadeln, doch meine Beharrlichkeit wird mich am Ende adeln, ich trete ein für die Belange von Millionen, du mußt mich mit deiner Gegenwart belohnen, du mußt dich mit mir vereinen, dann kann ich die Menschheit entpeinen, wolle doch endlich in meiner Sfäre erscheinen, ich will nicht länger über dein Fernbleiben greinen!

der Reichste der Welt: Ich bin zwar da, ich bin dir zwar nah, doch nur unter geheimem Vorbehalt wese ich an deiner Seite, niemals hattest du Erfolg bei einer Freite, und auch bei mir wird dir das Werben mißlingen, meine Gunst wirst du niemals, hörst du: niemals erringen, du kannst meine Abneigung nicht bezwingen, die einhundert Milliarden menschen Jeschuas werden niemals zu dir dringen, das ist so sicher wie bei den Heuchelpfaffen das Amen, bis zu deinem Tode vergießt du stets einsam deinen Samen!

Jeschua Rex Text: Ich bin es leid, mit dir zu streiten, ich will nicht mehr gegen deine Engstirnigkeit feiten, jeder sachliche Beobachter wird meine Ansichten billigen, nur du kannst in meine Vorschläge nicht willigen, du bist wie ein Panzer so stur, das ist völlig gegen die Natur, ich bin ein Profet, ein Verkünder, die Menschen sind nun keine Sünder, sondern sie werden als Lustquellen betrachtet, die mensch ehrt und anerkennt und achtet!

der Reichste der Welt: Du jammerst ausführlich über die sanfte Liese, keine andere Helena gefällt dir wie diese, aber du lädst sie niemals zu dich nach Hause, aber du klagst über ihr Fehlen ohne Pause, du solltest dich heftig schämen, du solltest dich nachhaltig grämen, du solltest dich auf das rechte Handeln besinnen, du solltest dir die lustige Weiblichkeit zur Buhlin gewinnen, aber nein, du verharrst ihr gegenüber stumm, du bist nicht schlau, sondern dumm!

Jeschua Rex Text: Ihre riesige Süßlichkeit muß mich versehren, sie kann das Ausmaß meines Kummers nur mehren, die fröhliche Erzählerin würde mich verderben, ich kann mir bei ihr kein Heil erwerben, nach einem Beischlaf mit ihr würde mensch mich in ein Irrenhaus zerren und mich für den Reist des Lebens in eine Gummizelle sperren, ich weiß mir in dieser Angelegenheit nicht mehr zu helfen, dabei genieße ich jeden Augenblick bei dieser seltsamsten aller Elfen!

der Reichste der Welt: Das "Reich des Jeschua Rex Textes" muß endlich gedruckt werden, dann wird über dich nicht mehr gemurrt und gemuckt werden, dann wird mensch einen neuen Glauben erschauen, dann wird es den Menschdorfern nicht mehr vor dir grauen, dann wird mensch dich als den größten Dichter aller Zeiten preisen, denn du kannst der Menschheit den Weg zum ewigen Weltfrieden weisen, wolle dieses Buch an die Öffentlichkeit geben, dann wirst du ein riesiges Wunder erleben, dann wirst du reich sein über die Maßen, und die sanfte Liese wird mit dir gemeinsam scherzen und spaßen!

Jeschua Rex Text: Der Vollmond scheint in mein Zimmer, es ist ein liebliches Geflimmer, ich fasse ihn auf als einen Kameraden, er tut mir nutzen und nicht schaden, ich spüre eine tiefe Ruhe in meinem Gemüt, jahrelang habe ich vergeblich meinen Witz versprüht, nun aber werde ich den Lohn für meine Mühen empfangen, ich brauche nicht mehr um mein bloßes Überleben zu bangen, die Tempel des Jeschua Rex Textes wird mensch errichten, ich tat ja lange genug über diese heiligen Gebäude dichten!

der Reichste der Welt: Du bist ein Narr und wirst es bleiben, wie kann mensch nur so einen Unsinn schreiben, du bist doch nicht zu retten und zu heilen, du wirst niemals an die Spitze der Menschheit eilen, du wirst niemals die Menschheit lenken und leiten, du tust völlig vergeblich für deine neuen Gefüge streiten, es ist aus, dieser schlimmer Graus wird niemals etwas fruchten, es schützen die Schiffe die bergenden Buchten, doch dein Glaube kann niemenschem etwas gewähren, deine Vorstellungskraft tat Löwenziegenschlangen oder Schimären gebären?!

Jeschua Rex Text: Du bist negativ wie immer, ich sehe aber einen Schimmer am Ende des Tunnels leuchten, mein Auge muß sich deswegen befeuchten, Tränen der Hoffnung glänzen in meinem Gesicht, ich gewahre der Zukunft strahlendes Licht, das Reich des Jeschua Rex Textes werde ich erbauen, die unmenschen Heiden werde ich verschlauen, die Dummheit soll nicht länger walten, die Klugheit soll endlich eine Bühne erhalten!

der Reichste der Welt: Dein Gefasel wird niemenschem helfen, warum meiden dich denn die anmutigen Elfen, wieso fliehen dich denn die reizvollen Maiden, keine Sabrina will sich jemals für dich entscheiden, und auch die sanfte Liese will lieber ohne dich schlummern, es dürstet sie nicht nach wuchtigen Nummern mit dir und deinem Preßlufthammer, bei den Evas erntest du nur Jammer, du solltest dich endlich töten, nichts bescherte dir dein ausgiebiges Schillern und Göten?!

Jeschua Rex Text: Ich vermute, die meisten Bürger können gar nicht hölderlinen und kleisten, aber ich will mich nicht selbst preisen, ich kann der Menschheit den Weg zum Frieden weisen, und das werde ich auch unternehmen, zu diesem Abenteuer werde ich mich bequemen, diese Hilfeleistung werde ich machen, dann können die Kleinen und Schwachen wieder lachen, ich will mein Licht nicht unter einen Scheffel stellen, mensch soll die Erdenbürger nicht mehr um ihre Genüsse prellen!

der Reichste der Welt: Du wirst gar nichts erreichen, du wirst niemals verkrösussen und verscheichen, du bist ein unfähiger Wicht, erkennst du dieses denn nicht, du kannst nichts vollbringen, dir wird niemals etwas gelingen, die Menschdorfer haben recht: du bist durch und durch schlecht, du solltest dich endlich selbst ermorden, du bist ein haltloser Fantast und Träumer geworden, du solltest von einem Hochhausdach springen, was begeisterst du dich auch immer für die Lorelei von Bingen, sie wird dir keine Lieder singen, du wirst stets vergeblich um den Durchbruch ringen?!

Jeschua Rex Text: Wir werden uns wohl niemals vereinigen, du wirst mich immer mit deinen Schmähungen peinigen, das kann ich nicht verhindern, ich kann das Ausmaß deines Hohns nicht vermindern, womit habe ich das bloß verdient, stets begegnest du mir übelbemient, ich kann kein freundliches Wort von dir erhalten, du mußt unser Zusammenleben stets unerfreulich gestalten, warum tust mich mich von oben herab behandeln, kannst du dich denn gar nicht in einen Menschen in JEUNEX verwandeln?!

der Reichste der Welt: Ich muß nun einmal wie ein Menschdorfer zu dir sprechen, ich darf dich nicht beglücken, ich muß dich bepechen, doch den Grund dafür kann ich dir nicht sagen, da mußt du jemenschen anders fragen, in diesem Zusammenhang bin ich dir überlegen, ich eile dir nicht mit ausgebreiteten Armen entgegen, sondern ich muß mich gegen dich wehren, ich muß dich verletzen und versehren, das ist nun einmal so, du Fant, die Ursache dafür ist mir selbst nicht bekannt!

Jeschua Rex Text: An diesem Freitag muß ich zum letzten Mal in dieser Woche werken, morgen und übermorgen kann ich meinen Geist durch die Bücher stärken, ich freue mich schon darauf, ausführlich zu lesen, das ist mir immer ein unvergleichliches Vergnügen gewesen, das "Reich des Jeschua Rex Textes" werde ich vollenden, dann kann ich die Druckvorlage an den Verlag endlich senden, dann wird meine dritte Schrift erscheinen, dann wird mensch anderes über mich denken und meinen!

der Reichste der Welt: Zum Reichsten der Welt wirst du niemals steigen, der Reichste der Welt wird sich niemals zu dir neigen, diese Ansicht muß ich dir leider geigen, ich kann mich dir gegenüber nicht von meiner guten Seite zeigen, das dritte Jahr in Jeschua Rex Text sollte dich befreien, du tatest dich viele Jahre hindurch dem Hohen und Erhabenen weihen, doch bisher ist nichts daraus geworden, immerhin willst du dich jetzt und hier nicht selbst ermorden!

Jeschua Rex Text: Höre doch auf, im Negativen zu kramen, es müssen sich ja erschrecken die Herren und Damen, die diese Ausführungen betrachten, kannst du mich denn gar nicht achten, den Reichtum will ich nicht für mich sammeln, ich will auch nicht nur küssen, streicheln und rammeln, sondern die Erdenbürger will ich damit erlösen, ich will alle Menschen verguten und entbösen, doch du tust mir diese große Tat nicht gönnen, ich darf sie zwar wollen, aber ich darf sie nicht können!

der Reichste der Welt: Du brauchst wegen mir doch kein Trübsal zu blasen, bald wird eine willige Lilofee unter dir seufzen und rasen, du wirst all deine Ziele erreichen, die Hindernisse werden von dir weichen, du wirst das Licht den Seelen bringen, dir wird ein erstaunlicher Husarenstreich gelingen, sei nicht traurig, ist es auch schaurig, in Menschdorf zu wohnen, mensch wird dich überreich belohnen!

Jeschua Rex Text: Ich trage die sanfte Liese im Herzen, meine Liebe zu ihr brennt wie tausend Kerzen, doch höchstwahrscheinlich darf ich sie niemals ficken, sie wird mich immer wieder in die Ferne schicken, ich klage Gott an, den ich JEUNEX nenne, daß ich die lustige Weiblichkeit kenne, denn sie hat mir die Liebe zu den anderen Evas verdorben, und bei ihr selbst habe ich mir kein Heil erworben, wie soll das alles enden, wann wird mein Blatt sich wenden?!

der Reichste der Welt: Ich bin nah, wenn auch nicht da, ich könnte dich befreien, du tust dich mir zwar weihen, aber ich bin nicht geneigt, dir zu willfahren, du wirst dich niemals mit der fröhlichen Erzählerin paaren, das steht so fest wie bei den Heuchelpfaffen das Amen, die sanfte Liese zählt nicht zu den von dir begehrten Damen, und daß JEUNEX dir gebietet, nach ihr zu haschen und sie wie ein Berserker auf dem Laken zu vernaschen, das ist eine Einbildung sondergleichen, niemals wirst du die Gunst der lustigen Weiblichkeit erreichen!

Jeschua Rex Text: Das ist eine verzwickte Lage, ich komme für die fröhliche Erzählerin nicht infrage, das muß ich beklagen, dazu muß ich nein lauthals sagen, aber ich spiele ja keine Rolle in ihren Augen, sie kann sich aus mir keinen Honig saugen, ich kann sie nicht erquicken und erlaben, denn ich kann sie nicht mit Millionen begaben, sie aber will unbedingt Geld, ich bin ein geistiger Held, aber reich haben mich meine Bücher nicht geschaffen, dabei bekunden sie doch meine geistigen Waffen!

der Reichste der Welt: Dein Lied der Erlösung wurde zerstört, so daß mensch es nicht mehr hört, in deiner gegenwärtigen Verfassung bist du nicht zu gebrauchen, die Menschdorfer taten dich allzu heftig befauchen und zusammenstauchen, du konntest ihrem schädigenden Einfluß nicht entrinnen, du konntest weder Macht noch Einfluß gewinnen, und die beschränkten Spießbürger wollen dich vernichten, du darfst in Menschdorf nicht ungehindert denken und dichten!

Jeschua Rex Text: Das ist eine alte Leier, es lauschen ihr oftmals Herr Müller und Frau Meier, doch es tut sich eben immer wiederholen, die Menschdorfer haben mir die Einsicht gestohlen, die Menschdorfer haben mir den Verstand geraubt, die Menschdorfer haben immer wieder unmutig über mich geschnaubt, dabei taumeln sie haltlos umher, und sie ernst zu nehmen fällt mir schwer, das sind keine richtigen Menschen, wie Gott sie will, doch ihre spitzen Zungen schweigen niemals still!

der Reichste der Welt: Es sind eben unmensche Heiden, sie können sich selbst nicht leiden, denn wenn sie in den Spiegel schauen, dann packt sie vor sich selbst ein Grauen, sie können ihre eigenen Gesichter nicht ertragen, ihr eigenes Ebenbild muß sie schinden und plagen, es sind eben Auschwitzianer in ihrem Wesen, sie müssen von ihrem Unmenschtum genesen, du allein kannst sie heilen, deshalb werden sie auch bald zu dir eilen!

Jeschua Rex Text: Du könntest dich etwas sputen, ich sage es dir im guten, denn ich brauche dich unbedingt, damit mir es mir, die Menschheit einzumenschen, gelingt, ich kann dich zwar nicht bestrafen, ohne dich muß ich sehr unruhig schlafen, wolle mich nicht mehr durch deine Abwesenheit peinigen, sondern wolle dich hurtig und rasch mit mir vereinigen, einhundert Milliarden mensche Jeschuas kannst du mir gewähren, dann vergieße ich auch um die sanfte Liese nicht mehr verzweifelte Zähren!

der Reichste der Welt: All dein Sinnen und Trachten muß ich abgrundtief verachten, laß mich in Ruhe mit deinem Flehen, ich werde dir niemals zur Seite stehen, zum Reichsten der Welt wirst du niemals steigen, diese Meinung muß ich dir leider geigen, meinen Reichtum wirst du niemals genießen, die Münzen und Scheine werden dich niemals entdrießen, wolle etwas anderes planen, daran muß ich dich leider gemahnen!

Jeschua Rex Text: Jetzt schlägt es aber zehndrei, niemals wird mir ein Tandaradei, den Menschdorferinnen bin ich einerlei, Gefühle empfinden sie für mich keinerlei, das ist ein Teufelskreis ohne Ende, niemals ereignet sich die entscheidende Wende, als der erste Mensche kämpfe ich auf verlorenem Posten, mein Herz muß sich durcheisen und durchfrosten, der Reichste der Welt will sich nicht mit mir verbinden, der Reichste der Welt will keinen Weg zu mir finden!

der Reichste der Welt: Die lustige Weiblichkeit hast du gestern beschenkt, sie hat es gern, wenn jemensch an sie denkt, aber du hast sie trotzdem nicht in deinem Bett erblickt, und du hast sie weder in den Mund noch in den Arsch noch in die Scheide gefickt, du bin unfähig, einen Beischlaf zu verüben, das muß dich natürlich sehr betrüben, aber du willst es nicht ändern und wandeln, du willst nicht wie ein Hirsch im herbstlichen Wald einmal handeln!

Jeschua Rex Text: Die dumpfen Menschdorfer wollen mich vernichten, ich kann nichts Günstiges über diese Auschwitzianer berichten, die beschränkten Spießbürger wollen mich zerstören, ich darf auf keinen Fall zu ihnen gehören, der Weise hat sich von den Narren fernzuhalten, der Kluge darf sein Dasein nicht gemeinsam mit den Dummen gestalten, und so muß ich in Menschdorf siechen und schmachten, und wäre ich ein Metzger und ein Schwein zugleich, dann würde ich mich schlachten!

der Reichste der Welt: Menschland kann mensch noch nirgendwo erlugen, keine Mensche tat dich jemals zu einer Beiwohnung befugen, die mensche Sprache tut noch nirgendwo ertönen, niemensch tat sich bisher an das Menschtum gewöhnen, ich fehle dir, das steht fest, weil es sich nicht leugnen läßt, doch warum sollte ich zu dir kommen, um dir nachhaltig zu nutzen und zu frommen, nenne mir einen zufriedenstellenden Grund, doch du hältst den Mund und tust ihn mir nicht kund!

Jeschua Rex Text: Es ist Nacht in Menschdorf, und du fehlst, aber nur du mich umfassend beschwingst und beseelst, deshalb sollst du dich mit mir vereinen, dann brauche ich nicht mehr zu greinen, dann kann ich mir eine Eva leisten, dann ficke ich so wuchtig wie die meisten, du darfst dich nicht in ein mitleidloses Schweigen hüllen, mit einhundert Milliarden menschen Jeschuas sollst du mein Sparbuch füllen, dann werde ich die Menschheit lenken, wolle mich deshalb überreich beschenken!

der Reichste der Welt: Dein Wille geschieht nicht auf Erden, du wirst niemals erfolgreich werden, das muß ich dir leider sagen, wolle mich doch nicht mehr fragen, ob ich zu dir eilen will und ob ich in deiner Sfäre weilen will, meine Antwort lautet nein, es kann, es darf, es soll nicht sein, danach mußt du dich richten, du mußt auf mich verzichten, viele Menschen müssen mich entbehren, das tut sie nicht wie dich versehren!

Jeschua Rex Text: Zum Reichsten der Welt will ich steigen, um der Menschheit meine Meinung zu geigen, du mußt dich mit mir verbinden, du mußt einen Weg dazu finden, dann wird die Erde blühen und gedeihen, dann werde ich sämtliche Sklaven befreien, laß dich doch durch meine Bitten erweichen, ich will nicht mehr wie Falschgeld durch die Gegend schleichen, stell dich unverzüglich bei mir ein, wolle mir ein zuverlässiger Gefährte sein!

der Reichste der Welt: Jeschua Rex Text kann sich selbst nicht heilen, keine Melissa will das Bett mit ihm teilen, ich kann dich auch nicht unterstützen, mensch müßte dich vor deiner eigenen Dummheit beschützen, die Menschen in Menschland tatest du in deinem Gedächtnis speichern, aber die Menschen in Menschland taten dich bisher nicht bereichern, deshalb mußt du Trübsal blasen, bald liegst du aber unter dem Rasen, bald wirst du die Radieschen von unten betrachten, dann werden dich die Menschdorfer nicht mehr verachten!

Jeschua Rex Text: Die Menschdorfer sind mir gleich, sie sind an Geist nicht reich, ich kann sie nicht als richtige Menschen gewahren, ich habe von ihnen kaum einmal etwas Gutes erfahren, ich kann getrost auf die Menschdorfer verzichten, diese beschränkten Spießbürger wollen mich zwar vernichten, aber es wird ihnen nicht gelingen, ich tue in gesunden Gefügen schwingen, die Menschdorfer aber wesen in Elend und Not, sie werden viel mehr als durch mich durch sich selbst bedroht!

der Reichste der Welt: Die Menschdorfer Stenze, Gecken und Laffen müssen auf die Dauer in die Röhre gaffen, die Gesetze des Lebens sind ihnen nicht bekannt, diese Krähwinkler haben manchmal mehr Glück als Verstand, aber irgendwann brechen sie in ihrer Schwäche zusammen, du kannst dich für keine Menschdorferin entflammen, du kannst dich für keine Menschdorferin begeistern, denn wie sollst du mit einem derartigen Tanzmariechen dein Dasein meistern?!

Jeschua Rex Text: Die Liebe ist ein seltsames Spiel, sie verspricht den Menschen viel zu viel, als ein Romantiker tue ich zu viel von ihr erhoffen, ich habe noch keine angemessene Ehefrau getroffen, so muß ich eben warten und harren, so muß ich eben in die Röhre starren, die Bücher bieten keinen angemessenen Ersatz, es gibt zwar manchen wonniglichen geistigen Schatz, aber ich kann doch nicht die Seiten küssen, das gehört nun wirklich nicht zu meinen Genüssen!

der Reichste der Welt: Die sanfte Liese wirst du niemals ficken, die lustige Weiblichkeit wirst du niemals zum Höhepunkt schicken, das steht so fest wie bei den Heuchelpfaffen das Amen, du spritzt in ihre Höhlen niemals deinen erlösenden Samen, und eine andere Buhlin hast du bisher nicht gefunden, deshalb kann dein Gemüt nicht genesen und gesunden, du willst einen neuen Glauben stiften, um das gesellschaftliche Klima zu entgiften, aber du selbst kommst dabei zu kurz, den Rüttelpuppen in den Schüttelschuppen bist du einerlei und schnurz!

Jeschua Rex Text: Und mit drei Trotteln muß ich zusammen wohnen, das tut sich für mich wirklich nicht lohnen, doch ich kann dieser Ödnis nicht entrinnen, ich kann mir die einhundert Milliarden menschen Jeschuas nicht gewinnen, es hilft mir nichts, mich auf meine Vorzüge zu besinnen, mit mir tat zwar ein neues Zeitalter beginnen, das dritte Jahr in Jeschua Rex Text wird nun geschrieben, aber bei mir ist leider alles beim alten geblieben!

der Reichste der Welt: Die fröhliche Erzählerin tut doch gar nicht zu dir passen, deshalb solltest du dich mit einer geeigneteren Eva befassen, sei doch nicht so dumm, stets verharrst du stumm, wenn die hübschen Maiden dich umdrängen, es ist eine Qual mit dir und deinen Zwängen, du könntest viel besser leben, du könntest viel leichter streben, die Steine in deinem Weg könntest du mühelos beiseiteschieben, doch es gelingt dir einfach nicht, eine Menschdorferin zu lieben!

Jeschua Rex Text: Eine Menschdorferin kommt mir nicht in das Haus, ich lege keinen Wert auf diesen gräßlichen Graus, ich will sie nicht zetern hören und keifen, sie könnte mein Sein und Sosein sowieso nicht begreifen, eine engstirnige Spießbürgerin bleibe mir fern, eine beschränkte Krähwinklerin habe ich nicht gern, und so muß ich Nacht für Nacht allein im Bette liegen, keine anmutige Melusine tut sich zärtlich an mich schmiegen!

der Reichste der Welt: Und zum Reichsten der Welt wirst du niemals steigen, du wirst dich niemals in einem strahlenden Wohlstand zeigen, all deine Vorsätze gingen an der Wirklichkeit zuschanden, die einhundert Milliarden menschen Jeschuas sind immer noch nicht vorhanden, ja, mensch kann nicht einen einzigen menschen Jeschua bisher gewahren, und keine verlockende Eva denkt auch nur im Traum daran, sich mit dir zu paaren!

Jeschua Rex Text: Ein Seelenkundler meint, mensch solle sich nicht großartig gebärden, denn dann müsse mensch zu einer Belastung für seine Umgebung werden, ja, soll es denn gar keine Helden mehr geben, darf mensch nicht mehr nach dem Hohen und Erhabenen streben, das darf doch nicht wahr sein, denn es müßte doch jedem klar sein, daß die Menschheit auf einen Erlöser nicht verzichten kann, der durch kluges Nachdenken das irdischmögliche Paradies errichten kann?!

der Reichste der Welt: Du hältst dich vielleicht für einen Giganten, aber du zählst doch nur zu den plappernden Tanten, du kannst doch nur schwatzen und klönen, die Menschdorfer müssen dich deswegen verhöhnen, bei viel Geschrei hast du nur wenig Wolle erzeugt, einem derartigen Recken mensch sich niemals beugt, du solltest all dein Dichten und Trachten beenden, deine schlimme Lage wird sich sowieso niemals wenden!

Jeschua Rex Text: Es scheint sich bei dir um einen Menschdorfer zu handeln, du willst mich in einen durchschnittlichen Bürger verwandeln, aber das wird dir nicht gelingen, du kannst meinen eisernen Willen nicht bezwingen, ich höhle als der stete Tropfen den Stein, ich überlege nämlich fein und nicht gemein, und auf die Ebene der Menschdorfer ziehst du mich nicht herunter, meine eigene Sfäre ist um ein vielfaches reizvoller und bunter!

der Reichste der Welt: Als der Reichste der Welt kann ich dir nur sagen, du tust mich und andere mit deiner Geldgier plagen, wieso mußt du vom Schicksal einhundert Milliarden mensche Jeschuas verlangen, du wirst die einhundert Milliarden menschen Jeschuas niemals empfangen, du wirst niemals den Reichsten der Welt markieren, bei diesem Ringen kannst du nur verlieren, ja, wie soll ich dich denn da ernst nehmen, du Wicht, in deinem Schädel brennt wirklich nur sehr wenig Licht?!

Jeschua Rex Text: Du redest wie ein Menschdorfer Geck, ich fühle mich wohl in meinem Versteck, ich habe einige schöne Bücher geschrieben, ich bin zwar noch ohne Einnahmen daraus geblieben, aber mein Geist hat sich vergnügt, ich habe mich in andere Welten verfügt, ich habe meine Fantasie weit schweifen lassen, ich habe meine Einbildung nach den Sternen greifen lassen, das wollen mir die Menschdorfer verwehren, doch an diese Banausen tue ich mich nicht kehren!

der Reichste der Welt: Du solltest dich für deine überzogenen Ansprüche schämen, viele Maiden müssen sich wegen dir grämen, oh, hättest du sie doch genommen, oh, wärest du doch zu ihnen gekommen, aber du bist stets schweigend vorübergezogen, manchen Evas warst du vielleicht sogar gewogen, doch du hattest für sie keine Zeit, das brachte ihnen ein großes Leid, du hast viele Nixen bereits verjagt, niemals hat dir eine Kunigunde behagt, viele Elfen haben schon über dich geklagt, du hast es niemals, sie anzusprechen, gewagt!

Jeschua Rex Text: Der Sommer ist verregnet, JEUNEX hat mich dadurch gesegnet, denn dann brauche ich nicht in schwülen Nächten zu schmachten, ich kann meine unfreiwillige Enthaltsamkeit ganz kühl betrachten, insofern kommt mir das Wetter entgegen, ich habe zu oft einsam in meinem Bett gelegen, um es jetzt noch gelassen ertragen zu können, es sei mir erlaubt, dies einmal freimütig sagen zu können!

der Reichste der Welt: Nach dir kräht doch kein Hahn, du befindest dich in einem Wahn, du kannst zum Reichsten der Welt nicht steigen, das Glück wird sich niemals zu dir neigen, du solltest aufhören, mit mir zu klönen, du wirst dich niemals an meine Ausstrahlung gewöhnen, ein Bettler kann sich nicht in einen König verwandeln, deine Einbildung hindert dich nur daran, als ein Mensch zu handeln, du bist durch und durch verblendet, es wird Zeit, daß dieser Trug endlich endet!

Jeschua Rex Text: Laß uns doch ein wenig plaudern, es tut mir vor dir gar nicht schaudern, laß uns doch ein wenig plauschen, deine Schwingungen können mich ungemein berauschen, einhundert Milliarden mensche Jeschuas will ich haben, einhundert Milliarden mensche Jeschuas sollen mich erlaben, wolle mich mit einhundert Milliarden menschen Jeschuas begaben, dann werden die Menschdorfer nicht mehr die Rübchen gegen mich schaben!

der Reichste der Welt: Darüber kann ich nur lachen, was sind denn das bloß für Sachen, ich stopfe dir nicht deinen gierigen Rachen, von mir aus kannst du dich vom Acker machen, du solltest die Wahrheit erkennen, du solltest nicht für eine derart riesige Summe entbrennen, sei doch einmal bescheiden, einen Prahlhans kann niemensch leiden, sei doch einmal vernünftig, bessere dich inskünftig, sieh der Wirklichkeit in das Gesicht, deine maßlosen Wünsche fallen nicht in das Gewicht?!

Jeschua Rex Text: Ich muß die Schrecken der Atombombe bannen, außerdem soll sich eine Erika mit mir bemannen, ich will die Welt und mich erlösen, ich will die ganze Menschheit verguten und entbösen, das liegt durchaus in meiner Macht, mein Bewußtsein oftmals zusammenkracht, dann wird mir der Verstand gestohlen, aber ich tue mich immer wieder davon erholen, sei also nicht so zimperlich und prüde, ich werde durch deinen Widerstand keineswegs müde!

der Reichste der Welt: In deinem Schrank stehen nicht sämtliche Tassen, ich habe keine Lust mehr, mich mit dir zu befassen, suche dir doch einen anderen Gesellen, dein Gehirn wird sich wohl niemals erhellen, ich will endlich meine Ruhe vor dir erhalten, wolle dein Dasein angenehm gestalten, wolle deinen Eifer für das Mögliche entfalten, deine Sucht nach mir möge endlich veralten, sei doch einmal ein Mann, der seine Grenzen gewahren kann!

Jeschua Rex Text: Ich fordere dich auf, dich mit mir zu vereinigen, wolle mich nicht länger durch deine Abwesenheit peinigen, ich verfüge nicht über die Macht, dich zu steinigen, aber du sollst die Menschdorfer Atmosfäre von üblen Mißstimmungen reinigen, nur dir kann dies gelingen, ich werde ohne dich vergeblich ringen, ich werde ohne dich erfolglos kämpfen, nur du kannst das Ausmaß der Unduldsamkeit dämpfen!

der Reichste der Welt: Du hast mir gar nichts zu sagen, wie kannst du es denn nur wagen, auch nur eine Bitte an mich zu richten, die Menschheit kann auf deine Mitwirkung verzichten, denn wer bist du schon, wer, das zu erklären fällt mir schwer, ich habe dich noch niemals in der Zeitung gesehen, du tatest noch niemals über einen roten Teppich gehen, der Frosch will sich zwar zum Ochsen blasen, aber gar bald liegt er zerplatzt auf dem grünen Rasen?!

Jeschua Rex Text: Jetzt schlägt es aber zehndrei, was denkst du dir eigentlich dabei, so herabwürdigend über mich zu sprechen, du sollst mich beglücken und nicht bepechen, du sollst mich umfassend beseligen, denn ich will und werde die Menschheit befehligen, einhundert Milliarden mensche Jeschuas sollst du mir geben, dann brauchen die Siechenden nicht mehr zu zittern und zu beben, hast du mich verstanden, meine Geduld wird allmählich zuschanden?!

der Reichste der Welt: Ich nehme keine Anweisungen von dir entgegen, auf deinen Unternehmungen ruht kein Segen, einhundert Milliarden mensche Jeschuas wirst du niemals erlangen, einhundert Milliarden mensche Jeschuas wirst du niemals empfangen, das ist so klar wie die Suppe mit den Klößen, und auch eine Nixe wird sich niemals neben deinem Bett entblößen, und auch eine Nümfe wird sich niemals vor deinen Augen entnacken, und auch eine Zirze wird dich niemals zärtlich in den Leib zwicken und zwacken!

Jeschua Rex Text: Woher willst du das denn wissen, bist du so schlau und gerissen, kannst du in die Zukunft blicken, vielleicht werde ich doch einmal eine Lilofee ficken, und dann möchte ich deinen offenen Mund einmal erschauen, vor derlei beschränkten Spießbürgern wie dir muß es mir grauen, mit dir kann mensch sich nicht vertragen, du kannst menschen nur quälen und plagen, ich will dich nicht mehr erlugen, vielleicht wird mich ja doch einmal eine Sülfe zum Beischlaf befugen?!

der Reichste der Welt: Bei dir sind doch Hopfen und Malz verloren, dich hat noch keine Eulalia zu ihrem Buhlen erkoren, und das wird bis zu deinem Tode auch niemals geschehen, der Wind wird sich in dieser Hinsicht niemals drehen, du kannst all deine Ziele und Pläne vergessen, die Menschheit ist auf deine Gefüge nicht versessen, dein Glied wird niemals die Tiefe einer Scheide ermessen, du wirst mit einer Agate nicht einmal trinken und essen!

Jeschua Rex Text: Wann werden wir uns vereinigen, wie lange willst du mich noch dadurch peinigen, daß du entfernt von mir weilst und daß du nicht in meine Sfäre eilst, ich will dir ähneln und gleichen, ich will verkrösussen und verscheichen, ich will mich mit dir verbinden, wolle einen Weg zu mir finden, der Reichste der Welt will ich werden, das versichere ich dir mit nachdrücklichen Gebärden, du sollst zu mir kommen, du sollst mir nutzen und frommen?!

der Reichste der Welt: Wieso sollte ich mich denn ausgerechnet nach Menschdorf begeben, weshalb sollte ich denn ausgerechnet nach Menschdorf streben, das leuchtet mir nicht ein, da will ich keinesfalls sein, du hast die Menschdorfer als häßlich und gräßlich beschrieben, und derartige Leute kann ich nicht lieben, diese Spießbürger können mir im Mondschein begegnen, es soll das ganze Jahr hindurch in Menschdorf hageln, schneien und regnen, ich will nicht nach Menschdorf schreiten, ich werde dich dort nicht begleiten?!

Jeschua Rex Text: Ich bin kein Menschdorfer wie die andern, wolle nur ruhig zu mir wandern, ich werde dich mit offenen Armen empfangen, du wirst bei mir den höchstmöglichen Sinn erlangen, deine Seele wurde heftig geschädigt, doch diese Wunde wird von mir erledigt, doch diese Verletzung wird von mir geheilt, es wird doch angenehm, wenn mensch nach Menschdorf eilt, mensch muß dort freilich als ein menscher Jeschua Rex Text in JEUNEX wesen, dann wird mensch von all seinen Irrtümern für immer genesen!

der Reichste der Welt: Die sanfte Liese hält dich in ihrem Bann, was bist du nur für ein kauziger und wunderlicher Mann, die lustige Weiblichkeit will doch nur mit dir spielen, bei der fröhlichen Erzählerin wirst du niemals einen Erfolg erzielen, so laß dieses Weib doch fahren, deine Aufmerksamkeit ihr gegenüber kannst du dir sparen, wolle diese dumme Trine vergessen, sei nicht länger auf diese derbe Käte versessen?!

Jeschua Rex Text: Ich will über die sanfte Liese nicht sprechen, in meiner Jugend tat ich zu ausgiebig zechen, das hat meinen Verstand vernichtet, ich habe seit dieser Zeit auf das klare Denken verzichtet, deshalb bin ich an die lustige Weiblichkeit geraten, mit ihr kam es niemals zu sinnlichen Taten, wir haben uns immer nur gezankt, sie hat sich liebreizend für meine Geschenke bedankt, aber sie ist niemals in mein Bett gesprungen, es ist mir nicht, sie zu meiner Buhlin zu machen, gelungen!

der Reichste der Welt: Das war aber auch dein Glück, sie ist ja doch ein süßliches Stück, sie würde dir das ganze Bewußtsein pralinenhaft gestalten, der Eifer für deine hohen Ziele müßte dann erkalten, es ist gut, daß du sie niemals gefickt hast und daß du sie niemals zum Höhepunkt geschickt hast, wolle niemals ihre Gunst erwerben, denn diese Schickse würde dich verderben, sie würde all deine Vorhaben zerstören, du darfst auf keinen Fall zu ihr gehören!

Jeschua Rex Text: Ich will nicht länger bei diesen drei Trotteln wohnen, kann das Schicksal mich denn nicht mit diesen drei Jecken verschonen, habe ich keine bessere Gesellschaft verdient als diese Narren, die von morgens bis abend auf den Bildschirm des Fernsehgerätes starren, das muß ich JEUNEX sehr verübeln, ich tat zum Wohle der Menschheit grübeln, und mit allerlei Gesindel ließ er mich hausen, es muß mir vor diesen derben Kerlen nachhaltig grausen?!

der Reichste der Welt: Der Tellerwäscher wird nicht nur zum Millionär, sondern zum Milliardär steigen, JEUNEX will dir all seine Wunder weisen und zeigen, die drei Einfaltspinsel müssen die Wohnung bald verlassen, dann brauchst du sie nicht länger ingrimmig zu hassen, sie haben alles Hohe und Hehre in dir getötet, du hast inständig gehölderlint, gekleistet, geschillert und gegötet, und diese Toren haben immer nur das Flimmern betrachtet, und jeder von ihnen dreien hat dich abgrundtief verachtet!

Jeschua Rex Text: Ich bin nicht nur ritterlich wie Don Kischott, ich hege und pflege auch einen eigenen Gott, das können diese drei trostlosen Gestalten nicht verstehen, ich will diese Banausen nicht länger um mich sehen, ich kann nicht mit ihnen klönen, ich kann mich nicht an ihre Niedrigkeit gewöhnen, sie können sich nicht geistreich unterhalten, sie können das Zusammenleben nicht erfreulich gestalten!

der Reichste der Welt: Morgen wirst du wieder die sanfte Liese treffen, beim Frühstück im Behindertenzentrum wird sie dich foppen und äffen, du kannst sie nicht gebrauchen, du kannst sie in der Pfeife rauchen, sie wird niemals auf deinem Schwengel die Posaune blasen, sie wird niemals unter deiner Rute stammeln und rasen, sie wird niemals unter deinem Säbel stöhnen und toben, sie wird niemals die Kraft deines Degens loben!

Jeschua Rex Text: Wieso muß ich mich ausgerechnet in die lustige Weiblichkeit verlieben, immer wieder sehne ich mich danach, eine Nummer mit ihr zu schieben, doch das hätte gar keinen Sinn, das brächte mir gar keinen Gewinn, ihre riesige Süßlichkeit würde mich vernichten, ich kann leider nichts Besseres über sie berichten, ihre Pralinenhaftigkeit würde mich zerstören, die fröhliche Erzählerin darf niemals zu mir gehören?!

der Reichste der Welt: Wen kann dieses Geschwätz noch bekümmern, dein Preßlufthammer wird ihr Becken niemals zertrümmern, dann suche dir doch eine andere Nixe, dann fahnde doch nach einer anderen Schickse, aber nein, du mußt bei der sanften Liese bleiben, du willst es unbedingt mit der lustigen Weiblichkeit treiben, du willst noch Tausende von Seiten über die fröhliche Erzählerin schreiben, auf diese Weise wirst du niemals lusterfüllt leben und leiben?!

Jeschua Rex Text: Wann wirst du dich mit mir verbinden, ich will mich nicht mehr quälen und schinden, wann wirst du dich mit mir vereinigen, ich will mich nicht mehr martern und peinigen, du allein kannst mich befreien, ohne deine Hilfe kann nichts bei mir gedeihen, deshalb bitte ich dich, in meiner Sfäre zu erscheinen, dann brauche ich nicht mehr über meine Mittellosigkeit zu greinen, zeige dich mir in deiner Pracht, offenbare mir deine Macht über Nacht?!

der Reichste der Welt: Wie willst ausgerechnet du zum Reichsten der Welt einmal steigen, das ist eine törichte Idee, wolle davon schweigen, es hat keinen Zweck für dich, mich zu beschwören, denn ich werde auf deine Flehungen niemals hören, der Reichste der Welt bist du nicht, du bist ein bedauernswerter Wicht, zum Reichsten der Welt wirst du dich auch niemals entwickeln, das Blut in deinen Adern wird niemals wieder brodeln und prickeln?!

Jeschua Rex Text: Ich bin deine Widersetzlichkeit allmählich leid, du weißt über den Zustand der Welt doch genau bescheid, ich allein kann die Menschheit lenken, ich allein kann der Welt den Frieden schenken, ich tat für meine Brüder und Schwestern sorgfältig denken, ich tat mir das Bewußtsein auf die seltsamste Weise verrenken, und es ist etwas Brauchbares dabei herausgekommen, doch die Menschdorfer haben sich mir gegenüber immer sehr viel herausgenommen, sie haben mich beleidigt, ich habe mich nicht dagegen verteidigt, denn die Menschdorfer kann mensch nicht belehren, die Menschdorfer müssen menschen immer wieder schwer versehren!

der Reichste der Welt: Es sind eben Menschdorfer, nicht wahr, du dagegen bist ein unvergleichlicher Star, du wirst es noch sehr weit bringen, du wirst auf mancher Bühne reden und singen, ja Pustekuchen, du träumerischer Fant, dein Name ist in der Gesellschaft nicht bekannt, es weiß auch niemensch etwas vom menschen Land, du bautest dein Haus auf unsicheren Sand, laß den Kopf nur hängen, denn die Sorgen müssen dich bedrängen!

Jeschua Rex Text: Das "Reich des Jeschua Rex Textes" wurde an den Verlag gesendet, meine bittere Not nun endlich bald endet, dann werde ich ein gewaltiges Vermögen erlangen, dann werde ich einhundert Milliarden mensche Jeschuas empfangen, und dann werde ich den Reichsten der Welt tatsächlich markieren, du aber tust den Kampf gegen mich dann für immer verlieren, ich werde das Ringen um deine Gunst gewinnen, dann wird sich die Menschheit auf meine neuen Gefüge besinnen!

der Reichste der Welt: Du schreibst über Griechenland, ohne Griechenland zu kennen, und das soll mensch einen nachahmenswerten Schriftsteller nennen, nein, einen vorbildlichen Dichter kann ich dich nicht heißen, du tust dich zwar sehr oft des Tippens befleißen, doch deine Sachkenntnis ist nur klein, das kann der wahre Jakob nun wirklich nicht sein, ich muß dein Schaffen und dein Begehren verneinen, wir beide werden uns niemals, ich wiederhole: niemals vereinen!

Jeschua Rex Text: Du weigerst dich beharrlich, mir zu willfahren, ich kann dich nicht in meiner Sfäre gewahren, wir beide werden uns niemals vereinigen, ich werde die Menschheit nicht von den Verbrechern reinigen, das darf doch nicht wahr sein, denn es müßte dir doch klar sein, daß niemensch anders als ich die Welt befreien kann, so daß die Gesellschaft durch meinen Einfluß blühen und gedeihen kann, willst du das nicht begreifen, mußt du mich bescheiten und bekeifen?!

der Reichste der Welt: Ein Menscher in JEUNEX - was soll das sein, das sehe ich nun überhaupt nicht ein, daran kann ich nicht glauben, darüber muß ich unwillig schnauben, ich bin der Reichste der Welt, und ich denke, wie es mir gefällt, du kannst mich nicht von deiner Lehre überzeugen, also werde ich mich niemals deinem Willen beugen, du kannst von mir aus verderben, du kannst von mir aus sterben, es ist mir gleich, du klopfst mich nicht weich?!

Jeschua Rex Text: Du bist aber hart, du bist gar nicht zart, das kann ich nicht verknusen, ich will mit einer Dulzinea schmusen, ich will eine betörende Agate ficken, ich will eine Kleopatra zum Höhepunkt schicken, du aber willst mich nicht unterstützen, du aber willst mir nicht helfen und nützen, das ist nicht nur zum Greinen, das ist auch zum bitterlichen Weinen, ich kann dich nicht verstehen, soll ich denn wirklich vor die Hunde gehen?!

der Reichste der Welt: Vor allem will ich mich vergnügen, ich genieße das Dasein in vollen Zügen, und ob die Darbenden verhungern oder ob die Arbeitslosen auf den Straßen lungern, das will ich nicht beachten, sollen sie doch siechen und schmachten, oh, was habe ich denn damit zu schaffen, sie können doch wie ich Milliarden an sich raffen, sie wollen doch gar nicht richtig leben, sie könnten durchaus so wie ich im siebenten Himmel schweben?!

Jeschua Rex Text: JEUNEX hört eine derartige Einstellung nicht gern, der Nächstenliebe bist du tatsächlich fern, alle Menschen sollen ihre Grundbedürfnisse erfüllen, kein Erdenbürger soll mehr vor Hunger und Durst brüllen, das ist eine Pflicht der Menschlichkeit, du Fant, doch eine derart hohe Sittlichkeit ist dir nicht bekannt, du willst immer nur deine eigene Lust heftig spüren, das Elend der anderen tut dich niemals berühren!

der Reichste der Welt: Bin ich Jeschua, o nein, und ich will auch nicht Jeschua sein, sieh dich doch einmal an, was bist du denn bloß für ein Mann, du hast immer nur an die Mitmenschen gedacht, und sie haben dich zu ihrem Gespött gemacht, du kannst doch für dich selbst nicht sorgen, du tust immer nur den Kleinen und Schwachen dein Ohr willig borgen, damit kommt mensch nicht weit, dein Glied vergeblich nach einer Scheide schreit, warum bist du auch kein Lehrer an einer Schule geworden, dann spürtest du nicht manchmal den Wunsch in dir, dich selbst zu ermorden?!

Jeschua Rex Text: Die sanfte Liese hat sich heute von ihrer besten Seite gezeigt, sie hat mir auf anmutige Art ihre Meinung gegeigt, sie war reizvoll und lieblich wie niemals zuvor, doch ich stand vor ihr wie ein tumber Tor, ich fragte mich: "Sieht so wirklich meine Ehefrau aus, kommt mir diese Nümfe ins Haus, ist das alles, was ich erhalte, wo ich doch das Erbe der Menschheit verwalte?!", Zweifel haben an meinem Herzen genagt, ich habe ihr aber kein Sterbenswörtchen davon gesagt!

der Reichste der Welt: Eine Eva spürt es, wenn die Begeisterung beim Adam für sie schwindet, du bist jemensch, der immer ein Haar in der Suppe findet, du hast viele Nächte hindurch an die lustige Weiblichkeit gedacht, du hast sie zu einer unerreichbaren Dulzinea gemacht, und jetzt, da sie dich freudlich behandelt, wird deine Zuneigung in Enttäuschung verwandelt, du bist doch nicht ganz dicht in deinem Schädel, die fröhlicher Erzählerin ist doch ein prachtvolles Mädel!

Jeschua Rex Text: Sie liest keine Bücher, sie kann kaum etwas erzählen, sie tut mich oftmals mit ihrer mangelnden Bildung quälen, aber sie versinnbildlicht mir das Leben, ohne sie möchte ich nicht mehr streben, doch ich muß erst einen Ausweis auf den Namen "Jeschua Rex Text" bekommen, erst dann werde ich den verlockenden Nixen wirklich frommen, erst dann kann ich mich verbindlich für eine Eulalia entscheiden, bis dahin muß ich den Umgang und Verkehr mit den Nümfen meiden!

der Reichste der Welt: Wie lange soll das denn noch dauern, wann wirst du endlich loslegen und pauern, die sanfte Liese kann dich doch nur behindern, sie schuldet die Aufmerksamkeit ihren beiden Kindern, sie schuldet die Aufmerksamkeit ihren beiden Söhnen, dich aber wird sie immerdar verhöhnen, niemals wird sie hingebungsvoll unter deiner Rute stöhnen, niemals werden sich eure Leiber aneinander gewöhnen?!

Jeschua Rex Text: Mensch soll niemals niemals sprechen, tut sie mich beglücken, tut sie mich bepechen, in der Werkhalle hat sie mich angelächelt wie ein Engel, ich aber war ihr gegenüber ein garstiger Bengel, natürlich kann mensch es verstehen, ich will eine rassige Messalina in meinem Bette sehen, irgendwann wird sich alles um mich drehen, dann werden meine Jahre unter den Behinderten für immer vergehen, und dann will ich doch eine ordentliche Ehefrau haben, sie soll mich mit spannenden Geschichten erlaben?!

der Reichste der Welt: Du mußt auf den erforderlichen Paß leider warten, erst dann kannst du eine überzeugende Freite starten, das ist betrüblich, in Menschland aber üblich, mensch kämpft gegen die Ämter vergebens, sie vernichten oftmals die Früchte des Strebens, die Behörden tun die Bürger entmündigen, du tatest ihnen schon lange innerlich kündigen, du willst dich mit ihnen nicht befassen, aus deiner Sicht kannst du sie nur glühend hassen!

Jeschua Rex Text: Ich bin es leid, mit vielen Wörtern dir gegenüber meine Wünsche zu erörtern, wie ein Menschdorfer tust du dich benehmen, zu einem Herbeieilen willst du dich nicht bequemen, ich würde dieses Buch am liebsten beschließen, denn du kannst mich auf die Dauer nur verdrießen, zum Reichsten der Welt willst du mich nicht schaffen, in diesen Gesprächen muß ich ja doch nur in die Röhre gaffen!

der Reichste der Welt: Das ist deine eigene Schuld, es gebricht dir an Geduld, du mußt nun einmal in Menschdorf wohnen, es kann sich freilich für dich niemals lohnen, aber der Menschdorfer Ungeist hält dich umklammert, darum wird von dir soviel geklagt und gejammert, die Menschdorfer wollen dich vernichten, du darfst das Reich des Jeschua Rex Textes nicht errichten, du darfst das Menschtum in JEUNEX nicht verbreiten, du darfst die allgemeine Sittlichkeit nicht in die Höhe leiten!

Jeschua Rex Text: Die Menschdorfer haben einen Knall, das ist bei diesen Spießbürgern wirklich der Fall, ein Andersdenkender hat bei ihnen nichts zu lachen, denn sie müssen ihn zum Gespött der Leute machen, diese Krähwinkler haben mein Bewußtsein zermalmt, dabei hat mein Schädel für ihre Belange geraucht und gequalmt, es sind eben Menschdorfer, sie sind zu nichts zu gebrauchen, mensch kann diese unleidlichen Auschwitzianer getrost in der Pfeife rauchen!

der Reichste der Welt: Aber du mußt andauernd auf dem Laken liegen und dich in süßen Träumen über die sanfte Liese wiegen, das ist auch nicht richtig, die lustige Weiblichkeit ist nicht wichtig, sie ist dir nur ein Klotz am Bein, am besten sprichst du zu dieser Nixe nein, ihre riesige Süßlichkeit muß dich quälen, was nützt dir da ihr fröhliches Erzählen, du solltest dir eine bessere Eulalia wählen, dann kannst du dich auch mit dieser Sirene vermählen?!

Jeschua Rex Text: Ich habe heute die Rechnung für "das Reich des Jeschua Rex Textes" bekommen, noch blicke ich in die Zukunft bang und beklommen, denn wird dieses Buch wirklich ein Bestseller werden, werden es die Bürger erwerben wollen mit ungestümen Gebärden, oder liegen die Ausgaben nur auf dem Dachboden herum, das wäre mir dann aber auch zu dumm, das nähme ich dem Schicksal dann wirklich krumm, aber noch verharre ich wartend und stumm?!

der Reichste der Welt: Du willst den Reichsten der Welt markieren, du kannst ja nicht einmal nach Menschland marschieren, vor über zwanzigfünf Jahren hast du Menschland erfunden, und niemensch außer dir fühlt sich dem menschen Wesen verbunden, darüber kann mensch nur seine Verwunderung bekunden, du selbst schaffst dir die allerschönsten Stunden, doch die Mitmenschen müssen darben und leiden, wolle dich endlich dazu, deine Gefüge zu verbreiten, entscheiden!

Jeschua Rex Text: Die sanfte Liese liegt mir am Herzen, sie kann so wunderbar lachen und scherzen, aber andererseits ist sie grob, das verdient von mir kein Lob, ich sollte diese Nixe vergessen, aber ich bin auf diese Zirze versessen, JEUNEX schickt mich immer wieder in ihre Richtung, und mich beseligt immer wieder ihre Sichtung, das gab zwar Anlaß zu mancher Bedichtung, doch führte es auch zu mancher herben Verzichtung!

der Reichste der Welt: Es gibt noch ganz andere Frauen, du wirst sie schon noch erschauen, wir beide werden uns vereinigen, dann wird dich die Enthaltsamkeit nicht mehr peinigen, dann wirst du viele reizvolle Lilofees kennen, dann werden sie dich zärtlich beim Namen nennen, die lustige Weiblichkeit ist doch nicht zu gebrauchen, die fröhliche Erzählerin kann mensch doch in der Pfeife rauchen, und trotzdem mußt du sie immer wieder lieben, und trotzdem würdest du gern eine Nummer mit ihr schieben!

Jeschua Rex Text: Ich bin eben noch nicht der Reichste der Welt, ich bin zwar ein überragender geistiger Held, ich habe manches anregende Buch verfaßt, doch ich werde nach wie vor von den Menschdorfern gehaßt, das macht mir heftig zu schaffen, ich hasse diese Stenze, Gecken und Laffen, ich kann sie beim besten Willen nicht leiden, ich suche ihre Nähe tunlichst zu vermeiden, leider muß ich in Menschdorf immer wieder Menschdorfern begegnen, in dieser Hinsicht tut mich JEUNEX nicht gerade segnen!

der Reichste der Welt: Die Menschdorfer sind nur dazu da, um dich zu plagen, du tust es immer wieder, weise zu sein, wagen, doch die beschränkten Spießbürger müssen dich beschelten, denn sie leben in der kleinkariertesten aller Welten, ihr niederschmetternder Stumpfsinn ist nur schwer zu ertragen, mensch kann wirklich und wahrhaftig nichts Gutes über diese geistigen Hinterwäldler sagen, den Blausteinsee müssen sie vermüllen, die Luft müssen sie mit negativen Schwingungen erfüllen!

Jeschua Rex Text: Es sind eben Menschdorfer, mensch darf sie nicht ehren, es hat auch keinen Zweck, sich gegen diese Barbaren zu wehren, sie würden menschem das Dasein nur noch mehr erschweren, sie genießen es förmlich, einen Unterhund noch mehr zu versehren, und wenn jemensch stürzt, so handeln sie barsch und treten den Fallenden noch kräftig in den Arsch, das ist die Menschdorfer Weise, die Krähwinkler sprechen stets laut und niemals leise!

der Reichste der Welt: Du wirst diese Hottentotten überwinden, diese Pügmäen werden dich nicht mehr lange schinden, dann wirst du ihrem Einfluß entrinnen, dann wirst du den Kampf um das Dasein gewinnen, du hast ein anstrengendes Gefecht durchlitten, du hast wacker für deine neuen Gefüge gestritten, deshalb wird mensch dich bald in das Fernsehen bitten, denn dich hat kein schlimmer Teufel geritten, ein neuer Gott hat sich dir offenbart, er wird von der harrenden Menge gern durch dich gewahrt!

Jeschua Rex Text: Noch nicht eine Million nenne ich mein eigen, eine Milliarde kann ich auch niemenschem zeigen, einhundert Milliarden sind mir völlig fern, deswegen spreche ich mit dir ja gern, du sollst mir einhundert Milliarden mensche Jeschuas beschaffen, mit deiner Hilfe kann ich diese gewaltige Summe an mich raffen, wolle mich nicht länger durch deine Abwesenheit peinigen, sondern wolle dich so rasch wie möglich mit mir vereinigen!

der Reichste der Welt: Du träumst gar angenehme Sachen, darüber muß ich schallend lachen, der Reichste der Welt wird sich niemals mit dir verbinden, der Reichste der Welt wird niemals einen Weg zu dir finden, der Reichste der Welt steht nur auf dem Papier, der Reichste der Welt west nicht in deinem Revier, laß also alle Hoffnung fahren, du wirst mich niemals in deiner Stube gewahren, wir beide werden uns niemals vereinen, die Sonne der Erlösung wird dir niemals scheinen!

Jeschua Rex Text: In dieser Angelegenheit ist das letzte Wort noch nicht gesprochen worden, es sind schon manche Willen mancher mutigen Kämpfer gebrochen worden, aber mich wirst du nicht besiegen, ich werde dir nicht unterliegen, ich werde so lange mit dir klönen, und ich werde mich so lange an deine Ausstrahlung gewöhnen, bis die einhundert Milliarden menschen Jeschuas bei mir liegen, in dieser Hinsicht tue ich mich bereits jetzt in Sicherheit wiegen!

der Reichste der Welt: Hochmut kommt vor dem Fall, du hast doch einen Knall, das kann mensch nicht verneinen, das ist ja doch zum Weinen, du nimmst dir sehr viel vor, du bist ein Narr und Jeck und Tor, du solltest dich dem Alltäglichen ergeben, du solltest als ein Otto Normalverbraucher leben, du solltest nicht mehr nach den Sternen greifen, du solltest deine Trugbilder von dir streifen, doch du gibst nicht auf, du gönnst dir nur ab und zu einen kleinen Verschnauf!

Jeschua Rex Text: Das Schicksal der Menschheit ruht in meiner Hand, bisher hatte ich wenig Glück und viel Verstand, jetzt will ich auch viel Geld bei mir sehen, es soll sich alles um mich dann drehen, ich werde die größte Lustquelle aller Zeiten markieren, ich werde ohne Wenns und Abers nach Menschland marschieren, alle Menschen sollen essen und trinken, niemensch soll mehr entkräftet darniedersinken!

der Reichste der Welt: Du bist zwar ein überragender geistiger Held, aber du bist nicht der Reichste der Welt, und du wirst dich auch niemals zum Reichsten der Welt entwickeln, da kannst du noch so lange tüfteln und frickeln, Reichtum bleibt dir bis zu deinem Tode verwehrt, denn was du schreibst, ist alles verkehrt, durch dich werden die Seelen der Leser versehrt, durch dich wird die Sittlichkeit keinesfalls gemehrt!

Jeschua Rex Text: Mit meinem Reichtum ist es nicht weit her, mein Beutel ist immer noch schlaff und leer, die Jeschuas und die Rex Texte wollen nicht zu mir fließen, ich kann das Dasein nicht richtig genießen, ich muß immer nur lesen und schreiben, auf dem Papier muß ich es wacker treiben, doch das pralle Leben an sich läßt mich immer wieder im Stich, so muß ich eben darben und schmachten, so muß ich eben die Vorgänge aus der Sicht eines Frosches betrachten!

der Reichste der Welt: Und ausgerechnet ich soll dir nützen, und ausgerechnet ich soll dich unterstützen, was bildest du dir bloß ein, sicherlich bist du nicht gemein, sondern fein, doch all dein ausgeklügeltes Denken kann die Menschheit nicht sonderlich beschenken, du tatest allerlei Wörter und Wendungen in deinem Gedächtnis speichern, doch damit kannst du deine Mitlebenden nun wirklich nicht bereichern?!

Jeschua Rex Text: Ich habe die Kraft, ich habe die Macht, durch meinen Einfluß wird alles vollbracht, doch die Menschdorfer wollen nicht an mich glauben, und wenn sie mich erblicken, müssen sie unmutig schnauben, sie reden sich über mich die Münder wund, sie tun mir immer wieder ihre Abneigung kund, ich mag dieses Pack aber auch nicht leiden, seine Schlauheit und seine Schönheit sind bescheiden, mensch sieht sie und hört sie nicht gern, deshalb weile ich lieber von ihnen fern!

der Reichste der Welt: Einhundert Milliarden mensche Jeschuas willst du erlangen, einhundert Milliarden mensche Jeschuas willst du empfangen, das wird niemals geschehen, das wird mensch niemals sehen, das mußt du doch auch verstehen, das kann doch gar nicht gehen, einhundert Milliarden mensche Jeschuas kannst du gar nicht bekommen, diese Hoffnung werde nun allmählich von dir genommen, zum Reichsten der Welt kannst du nicht steigen, ich muß dir endlich einmal deine Grenzen zeigen!

Jeschua Rex Text: Du redest, wie du es begreifst, und wenn du über mich keifst, dann macht das die Sache nicht schlecht, denn ich habe wirklich und wahrhaftig recht, die Menschheit muß gerettet werden, die Sklaven müssen entkettet werden, das schaffe ich nur mit dieser Summe, also schweige endlich und verstumme, beherzige meine Mahnung, denn du hast keine Ahnung, die Zukunft der Menschheit muß ich sichern, da ist es mir gleich, wenn die Menschdorferinnen kichern!

der Reichste der Welt: Nach dir wird niemals ein Hahn lauthals krähen, nicht ein einziges Schaf wird um dich bähen, keine Kuh wird jemals angetan über dich muhen, die Menschdorfer müssen dich auf jeden Fall bebuhen, denn deinen Verheißungen folgen keine Taten, so mußt du in deiner selbstgeschaffenen Hölle braten, du hast bramarbasiert wie ein alter Soldat, doch nirgends gedeiht deine ausgestreute Saat, nirgendwo erblickt mensch den menschen Staat, du bist ein einfacher Matrose, nicht einmal ein Maat, und zum Admiral wirst du es niemals bringen, du kannst die Fülle der Hindernisse eben nicht bezwingen!

Jeschua Rex Text: An diesem Abend fühle ich mich gut, nichts bringt mich in eine heftige Wut, die Menschdorfer haben mich zwar gescholten, ich habe ihnen nicht als ein anständiger Mitbürger gegolten, aber das bin ich ja inzwischen von diesen Spießbürgern gewohnt, der Umgang mit diesen Krähwinklern sich nicht lohnt, so wese ich eben allein, das muß ja wohl so sein, es ist besser, allein im Himmel zu weilen, als die Hölle mit tausend Teufeln zu teilen!

der Reichste der Welt: Aber dein Glied muß Zeter und Mordio nun schreien, niemals tatest du erfolgreich werben umd freien, die Gunst einer Edeltraut wurde dir niemals beschieden, und dein Schwengel ist mit deinem Gehirn überhaupt nicht zufrieden, wann wirst du dich endlich vermählen, wann darf deine Rute eine Scheide gar zärtlich quälen, doch du bist ein Tor und Narr und Jeck, du verharrst immer nur einsam in deinem Versteck?!

Jeschua Rex Text: Zum Reichsten der Welt will ich mich entwickeln, dann wird das Blut in meinen Adern wieder brodeln und prickeln, der Reichste der Welt muß ich werden, das fordere ich mit ungestümen Gebärden, über einhundert Milliarden mensche Jeschuas will ich verfügen, nur einhundert Milliarden mensche Jeschuas können meinen Ansprüchen genügen, nimm das bitte zur Kenntnis, ich hoffe auf dein Verständnis!

der Reichste der Welt: Was tust du schon vom Reichtum wissen, du sinkst des Nachts ermattet auf dein Kissen, um von der sanften Liese zu träumen und um dadurch das wahre Leben zu versäumen, die lustige Weiblichkeit wirst du niemals ficken, die fröhliche Erzählerin wirst du niemals zum Höhe-punkt schicken, und das wird dir zum Glück gereichen, denn sie würde doch sehr dein Gehirn erweichen, dann müßte mensch dich in ein Irrenhaus zerren und dich bis zu deinem Tode in eine Gummizelle sperren?!

Jeschua Rex Text: Ich bin es allmählich leid, dich zu beflehen, kannst du mich denn gar nicht verstehen, kannst du wirklich keinen Sinn in meinem Streben sehen, wird sich der Wind denn niemals zu meinem Vorteil drehen, das "Reich des Jeschua Rex Textes" wird bald erscheinen, dann brauche ich nicht mehr zu greinen, dann brauche ich nicht mehr zu zagen, dann brauche ich nicht mehr zu klagen, ich werde mich mit dir vereinigen, dein Hohn wird mich nicht mehr allzu lange peinigen?!

der Reichste der Welt: Du bist ein Einfaltspinsel und wirst es bleiben, du wirst dich niemals mit einer Lorelei beweiben, du bist nicht in der Lage, etwas zu können, deshalb wird dir das Schicksal auch niemals etwas gönnen, schweige mir von deinem Wollen, ich muß dir für immer grollen, du wirst es niemals zu etwas bringen, dir wird es niemals, die Menschheit einzumenschen, gelingen, du bist ein alberner Fant, selbst den Menschdorfern bist du nicht bekannt, niemals wird mensch dich im Fernsehen erschauen, denn du kannst die breiten Massen nun wirklich nicht verschlauen!

Jeschua Rex Text: Du mußt mir helfen, einen Ausweg zu finden, die Menschdorfer tun mich quälen und schinden, mit beleidigenden Ausdrücken müssen sie mich plagen, ich kann diese Dumpfheit nicht mehr ertragen, wolle mich von diesen Auschwitzianern befreien, ich kann ihnen ihr Unmenschtum nicht mehr verzeihen, sie müssen sich in mensche Jeschua Rex Texte in JEUNEX verwandeln, dann werden sie vernünftig sprechen und handeln!

der Reichste der Welt: Ich sehe es ein: die Menschdorfer sind gemein, mensch muß sie vernichten, die Menschheit kann auf sie verzichten, deshalb will ich mich mit dir verbinden, dann wird sich eine Eulalia unter deinen Stößen winden, dann wirst du im Mittelpunkt der Aufmerksamkeit stehen, dann wird mensch die größte Lustquelle aller Zeiten in dir sehen, du mußt dich nur noch ein wenig gedulden, das tust du der notleidenden Menschheit schulden!

Jeschua Rex Text: Meine Absichten sind ohne Fehl und Tadel, ich stamme zwar nicht aus uraltem Adel, doch wie Friedrich Schiller überlege ich edel, es spielt sich Erhabenes ab in meinem Schädel, und auch wenn ich oft das Wort "ficken" verwende und wenn ich Botschaften des sinnlichen Überbordens sende, so ist doch mein Kern gesund, und bald geht es wirklich rund, dann wird das Gute siegen, dann muß das Schlechte unterliegen!

der Reichste der Welt: Der Vollmond scheint in dein Zimmer, noch ergehst du dich in Gewimmer, weil die Menschdorfer dich beleidigen, das kannst du beschwören und beeidigen, denn diese dumpfe Brut gerät rasch über dich in Wut, du kannst ihre Häßlichkeit und Gräßlichkeit nicht leiden, und die Gaben ihres Geistes sind bescheiden, sie brüsten sich mit ihrem Können, sie wollen dir dein abweichenden Denken nicht gönnen!

Jeschua Rex Text: Ich kann nichts Besseres aus Menschdorf berichten, da die Menschdorfer auf Sitte und Anstand verzichten, sie kennen keine Scham, das verursacht mir Gram, sie kennen keinen Takt, das ist sehr vertrackt, sie überlegen nicht fein, jedmensch gehört in einen Verein, mensch kann sie nicht genießen, und würde jemensch sie erschießen, dann würdest du dich freuen, es würde dich auch nicht reuen, mensch kann sie nicht leiden, mensch sucht sie zu meiden!

der Reichste der Welt: Das Menschdorfertum muß mensch zerstören, deshalb sollen dir einhundert Milliarden mensche Jeschuas gehören, ich werde mich mit dir vereinigen, damit die engstirnigen Spießbürger dich nicht länger peinigen, ich werde zu dir kommen, ich werde dir nutzen und frommen, du sollst verkrösussen und verscheichen, du sollst das Unmögliche erreichen, es soll ein unerhörtes Wunder geschehen, dann wird sich der Wind zu deinen Gunsten drehen!

Jeschua Rex Text: Noch kann ich dich nicht in mir merken, noch tust du mich nicht kräftigen und stärken, ich kann keinen Reichtum ergattern, ich muß mittellos durch die Gegend tattern, die Menschdorfer müssen mich gehässig beschnattern, und manchmal lasse ich die Handmaschine rattern, so vergeht mein Leben, so verpufft mein Streben, es ist nichts als heiße Luft, ich wittere nicht einmal einen vornehmen Duft!

der Reichste der Welt: Es hat keinen Zweck, sich mit mir zu befassen, bei dir im Schrank stehen nicht sämtliche Tassen, du legst die Hände in den Schoß, du machst nichts, aber auch gar nichts los, doch deine Geldgier ist groß, wie denkst du dir das denn bloß, du mußt dich regen und rühren, sonst wirst du niemals einen Erfolg verspüren, du mußt dich rühren und regen, du mußt dich endlich einmal bewegen?!

Jeschua Rex Text: Deine klugen Ratschläge wolle mir ersparen, ich bin, was das Leben angeht, durchaus erfahren, leider kann ich keine Nixe in meinem Bette gewahren, keine Messalina will sich mit mir nachdrücklich paaren, das ist nicht angenehm für mich, die Sirenen lassen mich im Stich, mein Glied muß mein Gehirn beschelten, meinem Schwengel kann mein Schädel nicht als vernünftig gelten!

der Reichste der Welt: Das nimmt mich auch gar nicht wunder, du beschäftigst dich mit reizlosem Plunder, deine Bücher kannst du nicht küssen, das zählt nicht zu den begehrenswerten Genüssen, so wolle dich doch einmal tummeln, so laß deine Hände doch einmal an einem Busen fummeln, aber nein, du ziehst dich zurück, auf diese Weise erblüht dir kein Glück, ich kann dich nicht unterstützen, ich kann dir nicht helfen und nützen!

Jeschua Rex Text: Zum Reichsten der Welt will ich steigen, wolle mir deine Besitztümer zeigen, ich will endlich aus dem vollen schöpfen, es hält mich nicht mehr bei den Einfaltspinseln und Tröpfen, ich will endlich einmal in einem großen Rahmen überlegen, so eile mir doch unversehens und flugs entgegen, laß dich nicht umständlich nötigen und bitten, ich habe meines Erachtens genug gelitten, ich will endlich einmal leben, das muß es für mich doch auch einmal geben!

der Reichste der Welt: Du bist fortwährend ein Unterhund gewesen, du kannst immer nur schreiben und lesen, die Fülle des Daseins wird an dich verschwendet, du hast immer nur schlimme Botschaften an die Mitwelt gesendet, deine Leser müssen angeödet gähnen, keine Zeitung wird dich jemals erwähnen, du bist nicht dazu geeignet, die Menschheit zu lenken, du tatest dich zwar in viele Romane versenken, doch die handfesten Abläufe bleiben dir fern, deshalb hat dich auch keine anmutige Tusnelda jemals gern!

Jeschua Rex Text: An diesem Sonntag bin ich vergnügt, obwohl sich mir nicht alles haargenau fügt, doch die grobe Richtung stimmt, deshalb bin ich nicht ergrimmt, das "Reich des Jeschua Rex Textes" wird bald erscheinen, dann werde ich nicht mehr meine Mittellosigkeit begreinen, dann werde ich mir ein Vermögen erwerben, dann werde ich die unmenschen Heiden für immer verderben, dann werde ich die heidnischen Unmenschen für immer zerstören, dann wird mir die Welt für immer gehören!

der Reichste der Welt: Das wird niemals geschehen, das wird mensch niemals sehen, das Reich des Jeschua Rex Textes wirst du nicht errichten, und auf die mensche Sprache kann die Menschheit durchaus verzichten, ich bin der Reichste der Welt, du aber bist ein kläglicher Held, die Menschdorfer wollen dich zusammensprechen, du wirst unter dem Druck des Pöbels zusammenbrechen, mensch wird nichts mehr von dir vernehmen, mensch kennt dich dann weder in München noch in Frankfurt noch in Bremen!

Jeschua Rex Text: In Frankfurt an der Oder und in Frankfurt am Main werde ich den Bürgern ein Begriff bald sein, sie werden meine Bücher kaufen, sie werden wie wild in die Handlungen laufen, die anderen Schriftsteller werden sich die Haare raufen, die anderen Dichter werden dann unmutig schnaufen, denn ihre Werke sind nicht so gefragt, weil das Menschtum in JEUNEX den Leuten dann behagt!

der Reichste der Welt: Du hast doch keine Botschaft zu verkünden, all deine Straßen in schwarze Verwesung münden, deine Einbildungen wird mensch nicht begehren, über deine Lebensuntüchtigkeit wird mensch sich beschweren, was willst du denn schon bewirken, du bist nicht berühmt in den irdischen Bezirken, also wird deine Lehre auch nicht gewahrt, es wird sich nicht von Schülern um dich geschart, du hast in die Luft geschossen, dein Schweiß für die Menschheit ist vergeblich geflossen?!

Jeschua Rex Text: Sollen denn die Menschdorfer ewiglich walten, sie können das Zusammenleben nicht angenehm gestalten, so wolle doch einmal deinen Eifer für das Menschtum entfalten, dann wird mein Herz für die Menschlichkeit auch nicht erkalten, sei doch nicht so dumm, das nehme ich dir sonst krumm, ich muß das Schiefe geradebiegen, ich muß über die Barbaren siegen, das ist meine verdammte Pflicht und Schuldigkeit, es ist bald aus und vorbei mit meiner Geduldigkeit?!

der Reichste der Welt: Was tun mich die Menschdorfer kümmern, du kannst ihre Unart auch nicht zertrümmern, die Menschdorfer sind zwar eine Schande, doch die Menschdorfer stehen nur am Rande, in Niedersachsen und Baiern tut mensch Menschdorf nicht kennen, in Hessen und Reinland-Pfalz tut mensch Menschdorf nicht nennen, laß diese Narren doch ihres Weges schreiten, ihren Gesichtskreis wirst du niemals weiten, sie werden ihre Scheuklappen nicht von sich legen, bei diesen Toren kannst du immer nur Anstoß erregen?!

Jeschua Rex Text: Wann stellst du dich bei mir ein, ich möchte nicht länger ohne dich sein, komme mir endlich entgegen, wolle dich zu meinen Gunsten regen, dann werde ich so manchen Erfolg erzielen, dann werde ich in der Öffentlichkeit eine Rolle spielen, ich giere gewiß nicht nach Macht, doch von einem Bettler wird nichts vollbracht, nur ein vermögender Mann schlägt die Massen in seinen Bann?!

der Reichste der Welt: Du dauerst mich ungemein, du denkst zwar durchaus fein, doch du kannst mit deinen Büchern kein Geld verdienen, das "Reich des Jeschua Rex Textes" ist immer noch nicht erschienen, du kannst dieses dritte Werk nicht an die Zeitungen senden, deine Not kann immer noch nicht enden, der Verlag hat technische Schwierigkeiten zu beheben, es tun sich immer neue Hindernisse ergeben!

Jeschua Rex Text: Es werden wieder kürzer die Tage, und ob ich siegen werde, steht sehr infrage, ich kann das Licht am Ende des Tunnels noch nicht erblicken, noch tat mir niemensch einhundert Milliarden mensche Jeschuas schicken, der Reichste der Welt bin ich noch nicht geworden, aber ich will mich wenigstens nicht selbst ermorden, ein weibliches Du ist mir noch nicht begegnet, mit einer Ehefrau wurde ich noch nicht gesegnet!

der Reichste der Welt: Noch ist Menschland nicht verloren, du hast dir hohe Ideale erkoren, und du wirst dich durchsetzen, das ist klar, denn deine neuen Gefüge sind wirklich wahr, das heißt, mit ihrer Hilfe kann mensch besser walten, mensch kann das Zusammenleben angenehm gestalten, und deswegen wirst du die Heuchelpfaffen vernichten, du wirst tatsächlich das Reich des Jeschua Rex Textes errichten!

Jeschua Rex Text: Aber es dauert alles so lange, mir wird um die Durchsetzung meiner Pläne bange, seit über zwanzigfünf Jahren tue ich an Menschland denken, doch kein anderer Mensch außer mir tut Menschland seine Beachtung schenken, es ist, als wäre Menschland gar nicht vorhanden, gehen meine Absichten denn allmählich zuschanden, auch meinen Gott JEUNEX tue ich seit über zwanzigsechs Jahren ehren, doch in keiner Schule tut mensch das Wesen des JEUNEX lehren?!

der Reichste der Welt: Du wirst morgen noch nicht sterben, du wirst übermorgen noch nicht verderben, also verhalte dich ruhig und gelassen, wolle dich immer wieder mit deinen Besinnungen befassen, zwar liegst du mit ihnen fast ein halbes Jahr zurück, doch du wirst diesen Rückstand aufholen Stück für Stück, blicke zuversichtlich nach vorn, stoße immer in das nämliche Horn, wolle niemals die Lust an deinem Bekenntnis verlieren, dann wirst du eines Tages auch glanzvoll triumfieren!

Jeschua Rex Text: Bei der Arbeit in der Werkhalle haben wir gelacht, meine neuen Gefüge haben uns viel Spaß gebracht, und dieses Vergnügen wollen mir die Menschdorfer verweigern, das muß meinen Unmut immer mehr steigern, diese heidnischen Unmenschen haben keine Ahnung, sie bedenken mich mit mancherlei Mahnung, doch sie haben selbst keine sittlichen Werte, und wenn sie welche hegen, dann sind es verkehrte!

der Reichste der Welt: Du sollst und darfst dich den Menschdorfern nicht beugen, sie können dich nicht von ihrem Menschdorfertum überzeugen, denn wenn du dich wie ein Mennschdorfer benehmen würdest und wenn du dich zum Menschdorfertum bequemen würdest, an diesem Tag müßtest du dich selbst ermorden, denn aus dir wäre nichts Anständiges geworden, diese Schande könntest du nicht ertragen, diese Beschränktheit müßte dich unmäßig plagen!

Jeschua Rex Text: Gottseidank wurde ich nicht in Menschdorf geboren, ich habe mir Menschdorf auch nicht freiwillig zu meinem Wohnsitz erkoren, es hat sich einfach so ergeben, aber ich tat gewiß nicht danach streben, so viel Einfältigkeit auf einem Haufen, vor soviel Unduldsamkeit muß mensch ja laufen, doch ich weiß nicht wohin, redlich und wacker ist mein Sinn, doch die Menschdorfer können es nicht erkennen, die Toren müssen den Weisen einen Wahnsinnigen nennen!

der Reichste der Welt: Als ein Menscher in JEUNEX kannst du die Menschdorfer nicht genießen, und als einen Jeschua Rex Text müssen dich die Menschdorfer verdrießen, in deiner Welt ist es so schön und hold, da glänzt es wie Silber, da blinkt es wie Gold, die Menschdorfer aber sind wertloses Blech, sie stiften kein Glück, sondern immer nur Pech, es hat keinen Zweck, mit ihnen zu verkehren, denn die Spießbürger müssen ein Schenie immer wieder versehren!

Jeschua Rex Text: Jetzt tue ich schon etwa zwanzig Jahre lang in Menschdorf hausen, und noch immer muß es mir vor den Menschdorfern grausen, ihre Engstirnigkeit kann ich immer noch nicht fassen, ich muß diese kleinkarierten Spießbürger glühend hassen, diesen glühenden Haß haben sie in mir erzeugt, insofern habe ich mich ihrem Willen gebeugt, aber auch dieses negative Gefühl muß ich ihnen verübeln, in Menschdorf kann ein Denker nicht in Ruhe brüten und grübeln!

der Reichste der Welt: Die Menschdorfer werden dich nicht besiegen, du wirst diesen Krähwinklern nicht unterliegen, irgendwann geht es diesen geistigen Hinterwäldlern an den Kragen, dann müssen sie zur Abwechslung einmal zittern und zagen, dann gehst du mit deinen Einfällen nicht nur schwanger, sondern dann stellst du sie in deinen Büchern an den Pranger, und Millionen Leser werden sie verabscheuen für ihr Verbrechen, denn es ist eine Untat, schäbig über seinen Mitmenschen zu sprechen!

Jeschua Rex Text: Ich fühle mich matt und schlaff und klein, das kann doch der wahre Jakob nicht sein, die Menschdorfer haben mich zusammengesprochen, jetzt bin ich dadurch zusammengebrochen, nichts geht mehr in meinem Revier, ich bin völlig außer mir, ich weiß nicht mehr, was das alles soll, ich habe von den Menschdorfern die Nase voll, doch ich muß in Menschdorf verweilen, ich muß umbrüllt und gerügt durch Menschdorf eilen!

der Reichste der Welt: Und bald sind die Schulferien zuende, dann ereignet sich die beklemmende Wende, dann gehst du an der Mittelschule vorbei und vernimmst wieder das ausgrenzende Geschrei, die jugendlichen Auschwitzianer müssen dich bekeifen, weil sie dein Sein und Sosein nicht begreifen, sie haben im Untericht nichts über Menschland gelernt, und so haben sich immer mehr von der Menschlichkeit entfernt!

Jeschua Rex Text: Mein Leistungsvermögen ist ganz schwach, es gibt immer wieder deswegen Krach, ich bin nicht mehr jung, ich habe nicht mehr genug Schwung, das tut mensch mir verübeln, ich kann auch nicht mehr ausgiebig grübeln, die Menschdorfer haben mich verdummt, sie haben mich zusammengebrummt, sie haben mich zusammengescholten, ich habe ihnen niemals als ein ehrbarer Mitbürger gegolten!

der Reichste der Welt: Doch wenn du nicht mehr als Bettler durch die Straßen tattern wirst, sondern wenn du die einhundert Milliarden menschen Jeschuas wirklich ergattern wirst, dann werden sie dich rühmen und preisen, dann werden sie nicht mehr mit dem Finger auf dich weisen, dann werden sie dich achten und loben, dann bist du innig mit den Menschdorfern verwoben, dann haben sie es schon immer gewußt, dann empfangen sie dich mit einer breiten Brust!

Jeschua Rex Text: Als der Reichste der Welt werde ich prangen, das versichere ich mit glühenden Wangen, meine Ideale müssen sich den Weg endlich bahnen, dann ist es vorbei mit den schädlichen Wahnen, dann werden die überlieferten Bekenntnisse verschwinden, dann wird mensch nur noch mensche Jeschua Rex Texte in JEUNEX finden, dann wird mensch unter dem Stehmann sitzen und sich über spannende Dinge das Gemüt erhitzen!

der Reichste der Welt: Ob du einhundert Milliarden mensche Jeschuas erlangen wirst und ob du einhundert Milliarden mensche Jeschuas empfangen wirst, das steht in den Sternen, du Wicht, aber in deinem Schädel brennt ein riesiges Licht, lasse es leuchten über die ganze Welt, du bist ein überragender geistiger Held, mensch wird von dir die Wahrheit vernehmen, mensch wird sich dazu, sich deine Lehre anzueignen, bequemen, dann wird mensch sich friedlich verhalten, dann wird mensch das Zusammenleben angenehm gestalten!

Jeschua Rex Text: An diesem Sonntag mag ich niemenschen sehen, das kann mensch ja wohl hinreichend verstehen, die Menschdorfer würden mich sowieso nur beschelten, ihnen kann ich nicht als ein ehrbarer Mitbürger gelten, so muß ich denn im Hause weilen, mein Geist muß durch die Romane eilen, und ich muß die Besinnungen tippen, dabei klopft mir das Herz noch lebendig hinter den Rip-pen, doch das fällt nicht in das Gewicht, mir bleibt nur der sang- und klanglose Verzicht!

der Reichste der Welt: Wie der Reichste der Welt tust du nicht sprechen, die Menschdorfer taten deinen Willen brechen, aber blicke getrost nach vorn, stoße immer wieder in das nämliche Horn, es gibt keinen Stillstand auf dieser Welt, etwas Neues ersteht, und das Alte fällt, viele Hindernisse bildest du dir nur ein, du kannst ja durchaus der wahre Jakob für die Menschheit sein, du mußt es den Erdenbürgern nur zeigen, du mußt ihnen auf eindringliche Weise deine Meinung geigen, und dann werden sie in vielen Trubeln über deine neuen Gefüge jauchzen und jubeln!

Jeschua Rex Text: Ich bin schüchtern, ich bin nüchtern, ich bin nicht mehr jung, ich verlor den einstigen Schwung, noch bin ich kein Greis geworden am Stabe, doch ich krächze schon wie ein alter Rabe, mein Blut rollt nicht mehr feurig durch die Adern, tausendmal mußte ich schon mit meinem Schicksal hadern, doch mein Blick richtet sich immer wieder empor, der Not der Kleinen und Schwachen leihe ich immer wieder mein Ohr!

der Reichste der Welt: Dir fehlt ein beseligendes Luder, du bist der große Bruder, du mußt für deine kleinen Geschwister sorgen, dann geht es nicht nur ihnen gut morgen und übermorgen, sondern dann wirst auch du deinen Lohn erhalten, wolle nur das Reich des Jeschua Rex Textes entfalten, irgendwann wirst du die kleinstädtische Enge schon überwinden, irgendwann wirst du einen Weg aus diesem Schlamassel heraus finden!

Jeschua Rex Text: Mein Pensum ist zu groß, ich werde diese Belastung nicht los, ich kann diese Aufgabe nicht meistern, dabei tue ich mich durchaus für sie begeistern, aber die vielen Suggestionen und acht Bücher zur gleichen Zeit, bei dieser Anstrengung mein Körper oftmals nach Ruhe schreit, dann muß ich mich in das Bett erschöpft legen, dann kann ich mich nicht mehr zum Wohl der Menschheit regen!

der Reichste der Welt: Du hast ein Ziel, das ist schon viel, dann wolle es verfolgen mit unbeirrbarem Mut, und bekeifen dich auch die Menschdorfer in ihrer Wut, so fühlst du dich doch wohl in deiner Haut, du hast das Haus deines Glaubens nicht auf Sand gebaut, noch in tausend Jahren wird mensch von dir erzählen, noch in tausend Jahren wird mensch dein Bekenntnis wählen, dann ist die Menschheit friedlich geworden, dann wollen die Soldaten einander nicht mehr ermorden!

Jeschua Rex Text: An diesem Nachmittag war ich über eine Stunde lang mit der sanften Liese zusammen, in der Werkhalle am Tisch mit den Büchern tat ich mich wieder für sie entflammen, wir mußten die alten Etiketten entfernen, ich tat sie von einer freundlichen Seite kennen lernen, so unbefangen und anziehend habe ich sie noch niemals erlebt, mein Herz noch in der Erinnerung vor Freude bebt, doch soll ich sie nicht bei dem groben Kerl aus dem Wohnheim lassen, es käme doch nichts dabei heraus, würde ich mich wieder mit ihr befassen?!

der Reichste der Welt: Sie stiftet in deinem Leben einen riesigen Sinn, sie war für dich heute ein großer Gewinn, doch du mußt vernünftig überlegen, die lustige Weiblichkeit tat dich erregen, sie hat dir mit Wörtern geschmeichelt, du hättest sie am liebsten geküßt und gestreichelt, nur die Ohrringe hatte sie vergessen, doch du warst trotzdem auf sie versessen, doch wenn du reich würdest, würde sie dir genügen, wolltest du auch dann noch gern dein Glied in ihre Scheide fügen?!

Jeschua Rex Text: Wahrscheinlich nicht, ihr rundliches Gesicht und ihr dicklicher Leib schaffen sie zu einem angenehmen Weib, aber sie zieht mich nicht in ihren Bann, ich bin ein sehr schönheitssüchtiger Mann, und mensch kann die fröhliche Erzählerin nicht gerade eine Sexbombe nennen, aber ich würde für mein Leben gern einmal eine Messalina kennen, mit der sanften Liese wäre ich auf die Dauer nicht zufrieden, durch ihren Körper würde mir nicht die erwünschte Sinnlichkeit beschieden!

der Reichste der Welt: Du hast mit ihr gemeinsam schon viel erlitten, du hast dich mit ihr bis auf das Blut gestritten, und trotzdem würdest du sie gern in dein Bett hinein bitten, als Kaubeu bist du auf ihr noch niemals nach Lärämie geritten, aber diese ungestümwiehernde Stute wäre dir recht, und du als ein feuriger Hengst gefielest ihr nicht schlecht, viele Stunden hast du schon mit der lustigen Weiblichkeit verbracht, doch noch niemals lag sie bei dir in einer lauschigen Nacht!

Jeschua Rex Text: Das Schicksal spricht eben nein, es kann, es darf, es soll nicht sein, dann werde ich ihr auch keinen Tierpark erbauen, es gibt ja auf der Erde noch andere Frauen, vielleicht ist sie nicht die Richtige für mich, dann lasse ich sie auch gar nicht im Stich, sondern dann schaffe ich Platz für eine passende Zirze, und sie erhält durch den derben Burschen aus dem Wohnheim ihre Würze, mensch kann doch alles verständig regeln, ich muß nicht unbedingt die fröhliche Erzählerin fegeln!

der Reichste der Welt: Ihre riesige Süßlichkeit muß dich beschweren, gegen ihre Pralinenhaftigkeit tatest du dich schon oftmals wehren, aber die menschlichen Züge der sanften Liese müssen dich immer wieder überzeugen, deshalb wärest du durchaus bereit, dich ihrem Willen zu beugen, aber nicht heute und nicht hier und nicht jetzt, das ist es zwar, was dich immer wieder entsetzt: du mußt die Erfüllung immer wieder in die Zukunft verschieben, aber vielleicht wirst du die sanfte Liese ja doch noch einmal sinnlich lieben!

Jeschua Rex Text: An diesem Nachmittag war die sanfte Liese wieder wunderbar, sie ist in JEUNEX ein gewaltiger Star, wir haben uns nicht gestritten, wir haben nicht aneinander gelitten, ich habe ihre Anwesenheit genossen, es sind keine Tränen geflossen, sie hat mich über die Maßen erfreut, ich habe den Blick in ihr Gesicht keineswegs gescheut, ihr lebhaftes Mienenspiel beeindruckt mich ungemein, doch im Bett darf ich ihr Stecher nicht sein!

der Reichste der Welt: Und dennoch fühlst du dich wohl in deiner Haut, die lustige Weiblichkeit wird wohl niemals deine Braut, aber du kannst dich nicht von ihrer Seite reißen, sie kann auf hervorragende Art das Schwarze weißen, sie heitert jede Gesellschaft auf, sie bringt Frohsinn ohne Verschnauf, und du kannst dich nicht sattsehen an ihrem Leib, sie ist ein rundliches und dickliches Weib, ihre braunen Arme betrachtest du mit Vergnügen, leider darfst du dein Glied nicht in ihre Scheide verfügen!

Jeschua Rex Text: Sie hat mich oftmals beinahe um den Verstand gebracht, durch ihre heftige Wut sind meine Nerven häufig darniedergekracht, aber ich tue ihr all ihre Verfehlungen verzeihen, ich bin bereit, ihr immer wieder mein Ohr willig zu leihen, ich ersehne es, sie zu sehen, dann tut ein Wunder geschehen, wir beide tun uns harmonisch verstehen, die Stunden mit ihr tun wie im Fluge vergehen, und selbst abends in meiner Kammer bin ich fern von jeglichem Jammer, mein Gemüt ist noch erfüllt von ihrer herzlichen Wärme, es glühen sanft vor sich hin auch meine Gedärme!

der Reichste der Welt: Dein drittes Buch hast du heute in der Handlung erworben, kleine Fehler an ihm haben dir die Stimmung nicht verdorben, das "Reich des Jeschua Rex Textes" kannst du nunmehr errichten, du kannst die Heuchelpfaffen für immer vernichten, du kannst Menschland erbauen, du kannst die Frommen über den Stehmann verschlauen, es ist alles fertig für einen Umsturz sondergleichen, die Übel der Welt sollen endlich von hinnen weichen!

Jeschua Rex Text: Die sommerliche Hitze schafft mich müde und matt, ich langweile mich ungemein in dieser kleinen und schäbigen Stadt, doch die fröhliche Erzählerin ließ in meiner Seele jeglichen Kummer schwinden, ich kann sie zwar nicht bei mir auf dem Laken finden, sie tut sich zwar nicht unter meinen wuchtigen Stößen winden, mein Schwengel darf ihre Ritze nicht wohlgefällig schinden, aber diese Maid bringt mich immer wieder zum Lachen, sie redet zu mir über die drolligsten Sachen, und ihr pralles Fleisch gefällt mir ungemein, der Duft ihres Parföngs lädt mich zum Beriechen ein, ach, wie lange wird diese Seligkeit noch dauern, vor Wonne tut mir der Rücken gar wohlig erschauern?!

der Reichste der Welt: Dieses Glück kann mensch mit Geld nicht bezahlen, aber du wirst nicht mehr lange mit den Vorzügen der sanften Liese prahlen, du wirst so reich werden wie ein Scheich, dann wirst du sie dir erwählen, und dann wirst du dich mit ihr vermählen, oder sie wird nicht deine Braut, dann wird eine andere Eva mit dir Adam getraut, deine Einsamkeit wird nicht mehr lange währen, vielleicht wird dir sogar eine feurige Messalina einen kleinen Jeschua gebären!

Jeschua Rex Text: Auch an diesem Nachmittag hat sich die sanfte Liese selbst übertroffen, doch auf ein gutes Ende mit ihr kann ich wohl nicht hoffen, das Leben hat uns platonisch miteinander verbunden, doch mein Glied darf nicht an ihrer Scheide gesunden, mein Samenstrom wird der lustigen Weiblichkeit niemals munden, so wird meine Seele immer wieder durch die Unsinnlichkeit geschunden, die mangelnde Liebe zerrüttet meine Nerven, doch ich werde mich so schnell nicht von einem Hochhausdach werfen!

der Reichste der Welt: Und so jemensch will einhundert Milliarden mensche Jeschuas besitzen, die fröhliche Erzählerin kann dir immer noch das Blut erhitzen, doch du tust mit ihr nur klönen, sie will niemals unter deinem Schwengel stöhnen, du darfst dem Sex mit ihr nicht frönen, die Menschdorfer müssen dich deswegen verhöhnen, das Menschtum in JEUNEX tut dich nicht belohnen, im dritten Jahr in Jeschua Rex Text tut dich das Schicksal nicht verschonen!

Jeschua Rex Text: Ich bin es allmählich leid, über diese Schmach zu schreiben, ich darf mich niemals mit der sanften Liese beweiben, die lustige Weiblichkeit will sich nicht mit mir bemannen, dabei ist sie doch die lebhafteste aller Annen, Hannen und Susannen, doch ich sollte Abstand von ihr gewinnen, ich sollte ihrem Zugriff für immer entrinnen, vielleicht ist mir ja eine andere Helena bestimmt, und auch wenn mein Gemüt über das leere Bett ergrimmt, so werde ich JEUNEX vielleicht noch einmal auf Knien danken, daß ich mich nicht auf grobe Art mit der fröhlichen Erzählerin muß zanken!

der Reichste der Welt: Und du willst der Reichste der Welt sein, und du willst ein unvergleichlicher Held sein, und du willst das Reich des Jeschua Rex Textes errichten, dabei tust du immer nur die sanfte Liese bedichten, die lustige Weiblichkeit hat sich so oder so verhalten, die fröhliche Erzählerin tat den Nachmittag in der Werkhalle so oder so gestalten, ja, bist du denn noch zu retten, die sanfte Liese wird sich niemals neben dich betten?!

Jeschua Rex Text: Sie feiert Geburtstag jetzt bei einer Frau, dann bietet sie in einer Gastwirtschaft eine beseligende Schau, sie kann die ganze Kneipe vergnügen, doch ich will mich nicht an ihre Seite verfügen, ich will nicht mit ihr in einem Schankraum hocken, ein derartiges Müßiggehen tut mich nicht verlocken, ich will geistige Werte schaffen, ich will siegen mit meinen gedanklichen Waffen, und so muß ich mich plagen, und so muß ich mich der lustigen Weiblichkeit versagen!

der Reichste der Welt: Und danach willst du sie überreich beschenken, ja, dein Gehirn kann die verwegensten Sachen erdenken, doch ob es dir gelingen wird und ob deine Saat derlei Früchte bringen wird, das steht noch in den Sternen, du tatest aus der Vergangenheit nichts lernen, du hast sich immer nach unerreichbaren Nixen gesehnt, die Stunden haben sich dir zu Ewigkeiten gedehnt, und dann hast du einsam deinen Luststab gerieben, du hast es fast immer nur mit dir selbst auf dem Laken getrieben!

Jeschua Rex Text: Mein Leben ist so leer, ich kann wirklich nicht mehr, im heißen Sommer muß ich darben und schmachten, nach meinen Idealen tue ich streben und trachten, aber es kommt nichts dabei heraus, ich sitze nach wie vor allein im Haus, ich hocke nach wie vor einsam in meiner Stube, ich drücke eben zuwenig auf die Tube, die Muße ist nicht mehr zu ertragen, die Beschaulichkeit tut mich allmählich plagen!

der Reichste der Welt: Das kannst du deiner Frisörin erzählen, warum mußt du mich mit diesem Unsinn quälen, ich weiß, die sanfte Liese ist schuld, jetzt verlierst du bald mit ihr die Geduld, denn sie läßt dich nicht in ihr Bett, sie redet zwar freundlich mit dir und nett, aber du darfst sie niemals stechen, du solltest mit dieser Eulalia brechen, doch dein Gott JEUNEX muß sie dir immer wieder preisen, es tut sich dir in Menschdorf keine andere Zirze weisen?!

Jeschua Rex Text: Der Reichtum muß herbei, erhöre mein Geschrei, einhundert Milliarden mensche Jeschuas will ich haben, einhundert Milliarden mensche Jeschuas sollen mich erlaben, das tue ich mit Recht verlangen, dann wird das Menschtum in JEUNEX prangen, dann werden die Jeschua Rex Texte walten, dann wird jeder Saal einen Stehmann erhalten, und dann werden sich die Menschen vertragen, und dann werden sie gute Worte zueinander sagen!

der Reichste der Welt: Und ich soll dich aus dem Elend holen, die Menschdorfer haben dir fast den Verstand gestohlen, die Spießbürger haben dir fast die Einsicht geraubt, dabei hast du treu und wacker an deine neuen Gefüge geglaubt, aber sie waren nicht immer völlig richtig, deshalb waren ihre Einwände durchaus nicht völlig nichtig, aber inzwischen sind deine Einfälle gereift, jetzt wird sich mit Fug von dir auf sie versteift!

Jeschua Rex Text: Das dritte Jahr in Jeschua Rex Text wird mich befreien, mensch wird mir mei-ne Fehler und Schwächen verzeihen, mensch wird sich meinen Ausführungen weihen, mensch wird meinen Reden das Ohr willig leihen, ich werde die Menschheit lenken, denn ich tat ja für alle denken, ich werde die Menschen überreich beschenken, mensch wird sich in meine Eingebungen versenken, dann wird eine riesige Harmonie prächtig wesen, dann wird die geschundene Menschheit von ihren Versehrungen genesen!

der Reichste der Welt: Wie willst du das denn schaffen, mensch pfeift auf deine geistigen Waffen, du tust das Geschehen ja nur begaffen, du tust dir keine zärtliche Eufrosüne erraffen, so schreite doch einmal stürmisch voran, so betätige dich doch einmal als ein erwachsener Mann, aber nein, du mußt zögern und zaudern, es muß dir vor den Afroditen schaudern, so geht deine Sinnlichkeit zugrunde, vom Sex erhältst du keine zufriedenstellende Kunde?!

Jeschua Rex Text: Keine weiblichen Wimpern tun mir erklimpern, ich darf keine entzückende Lorelei pimpern, das ist ein Elend sondergleichen, wird diese Not denn niemals von mir weichen, ich muß mich vor meinen Lesern schämen, mein Glied tut sich über die Maßen grämen, mein Gehirn kann die Eindrücke nicht ordentlich bedenken, auf diese Weise kann es meinem Schwengel keine erfrischende Scheide schenken?!

der Reichste der Welt: Du wiederholst dich in einem fort, ist das dein schöpferisches Wort, als ein menscher Jeschua Rex Text in JEUNEX tust du walten, im dritten Jahr in Jeschua Rex Text tust du deinen Eifer entfalten, aber du darfst nur werken, das kann dich nicht stärken, du willst auch einmal Zärtlichkeit merken, dein Kolben will in einem Zülinder berserken, doch das Schicksal spricht nein, es kann, es darf, es soll nicht sein?!

Jeschua Rex Text: Die einhundert Milliarden menschen Jeschuas tue ich nicht erlangen, die einhundert Milliarden menschen Jeschuas tue ich nicht empfangen, den Reichsten der Welt kann ich nicht markieren, werde ich das Ringen um deine Gunst ebenfalls verlieren, die sanfte Liese will nicht in mein Bett, sie redet zwar freundlich zu mir und nett, doch sie weigert sich, auf meinem Laken zu liegen, sie will sich auf keinen Fall an meine starke Schulter schmiegen!

der Reichste der Welt: Ich werde dich unterstützen, ich werde dir gar vielfältig nützen, die lustige Weiblichkeit will Geld, in ihren Augen bist du kein Held, denn du kannst ihr keine Waren verschaffen, also mußt du bei ihr in die Röhre gaffen, ihre riesige Süßlichkeit jedoch würde dich vernichten, es wäre besser für dich, auf die fröhliche Erzählerin zu verzichten, suche dir eine kluge Eufrosüne, dann stehst du bald redend und singend auf einer Bühne!

Jeschua Rex Text: Reichtum bringe ich nicht zustande, das ist wirklich eine Schande, die Münzen und Scheine wollen nicht zu mir fließen, ich darf das Leben nicht in vollen Zügen genießen, wohlhabend bin ich nicht, ich bin ein bedürftiger Wicht, ich kann mir nicht viel leisten, die Menschdorfer sich mir gegenüber zu allerlei erdreisten, sie sind so dumm wie das Stroh der Bohnen, der Umgang mit ihnen tut sich wirklich nicht lohnen!

der Reichste der Welt: Einhundert Milliarden mensche Jeschuas sind ein hoher Betrag, diese Summe erhält mensch nicht an einem Tag, aber wenn du die sanfte Liese verwöhnen willst und wenn du nicht mehr über deine Mittellosigkeit stöhnen willst, dann darfst du dich zum Reichsten der Welt ent-wickeln, dann wird dir das Blut in den Adern wieder brodeln und prickeln, frage nicht nach deinem Lohn, er wird dir schon!

Jeschua Rex Text: An diesem Nachmittag war die sanfte Liese nicht so freundlich und nett, sie liegt ja sowieso niemals in meinem Bett, aber es hat mich doch ein wenig betrübt, sonst hat sie sich in mehr Zuwendung geübt, doch im Leben geht es hinauf und herunter, manchmal ist mensch traurig, manchmal munter, und ich kann die lustige Weiblichkeit ja doch nicht küssen, das zählt nun einmal nicht zu ihren bevorzugten Genüssen!

der Reichste der Welt: Aber ihre braunen Oberarme haben dich gestern entzückt, dieses knusprige Fleisch hat dich ungemein beglückt, das wolltest du vom Dasein haben, und das Schicksal tat dich damit begaben, leider durftest du deine Lippen nicht auf soviel Schönheit drücken, die fröhliche Erzählerin tat sich auch noch niemals paarungsbereit vor dir bücken, doch wenn sie da ist, dann tust du nichts vermissen, die Bande zwischen euch sind noch nicht völlig zerrissen, noch hast du Hoffnung, sie dir zu erwerben, du würdest so gern in ihrer Nähe sterben!

Jeschua Rex Text: Vielleicht werde ich bald reich und bekannt, dann wird mein Name in den Zeitungen genannt, aber dann will ich die sanfte Liese nicht mehr ficken, dann will ich eine klügere Fatima zum Höhepunkt schicken, ich muß abwarten, was geschehen wird und was mensch dann genau sehen wird, mein Herz gehört der lustigen Weiblichkeit schon seit vielen Jahren, doch ich tat die fröhliche Erzählerin noch niemals in meinem Bett gewahren, vielleicht muß ich JEUNEX dafür danken, ich tat mich nicht mit ihr streiten und zanken, und sie hat mich nicht mit ihrer riesigen Süßlichkeit erfüllt, aber mein Glied noch immer gierig nach ihrer Scheide brüllt!

der Reichste der Welt: Jeder fremde Hund wird von dieser Nixe gestreichelt, du hast ihr oftmals mit Worten geschmeichelt, doch ihre rundliche Hand hat dich noch niemals zärtlich berührt, du hast von dieser Zirze noch niemals Zuneigung gespürt, ihr tut nicht auf der nämlichen Wellenlänge funken, du priesest diese Desdemona einstmals trunken, doch inzwischen hast du ein wenig über sie gelernt, und dein Verstand, wenn auch nicht dein Herz, hat sich ein bißchen von ihr entfernt!

Jeschua Rex Text: Ich muß es ja ertragen, daß der grobe Kerl aus dem Wohnheim sie pudert, sie ist schon durch viele wackere Burschen versext und verludert, aber ich komme niemals an die Reihe, obwohl ich ihr meine Seele weihe, manchmal lehne ich sie auch ab mit Händen und Füßen, dann kann sie mir die Stunden gar nicht versüßen, dann empfinde ich sie als eine Bedrohung für meine Pläne, dann blecke ich ihr in Notwehr die Zähne, jedenfalls in meinem Zimmer, in der Werkhalle gefällt sie mir immer!

der Reichste der Welt: Ich kann dich vor der sanften Liese nur warnen, lasse dich nicht mehr von dieser derben Erna umgarnen, sie weiß deine hochentwickelte Geistigkeit nicht zu schätzen, und wird dein Name dermaleinst genannt auf den öffentlichen Plätzen, dann kann sie Menschland nicht verstehen, dann kann sie keinen Sinn im Menschtum in JEUNEX sehen, und als eine Jeschua Rex Textin wird sie niemals wesen, sie ist eben nicht dazu bereit, deine Bücher zu lesen, sie würde sie auch nicht begreifen, sie kann dich immer nur beschelten und bekeifen!

Jeschua Rex Text: Die sanfte Liese hat mich an diesem Nachmittag regelrecht begeistert, nur mit Mühe habe ich meine überbordende Geilheit auf sie gemeistert, am Büchertisch in der Werkhalle hat sie neben mir gestanden, ich blickte ihre Oberarme an, meine Wut auf diese Nixe ging zuschanden, ich tue ihr alles verzeihen, ich würde mich gern ihrem Dienste weihen, sie zieht mich in ihren Bann, sie schafft mich erst zu einem Mann!

der Reichste der Welt: Du weißt genau, daß es mit ihr nicht geht, weil sie nichts vom Menschtum in JEUNEX versteht, die beklemmende Fremdheit zwischen euch kannst du niemals überwinden, du kannst niemals den Weg zu ihrem Herzen finden, sie will nicht mit dir gemeinsam auf dem Laken liegen, du wirst ihren Widerstand und ihre Abneigung gegen dich niemals besiegen, sei doch nicht so dumm, das nehme ich dir allmählich krumm, ein Blinder mit dem Krückstock kann es erkennen, daß ihr nicht zusammen paßt, und wie oft hast du die lustige Weiblichkeit schon glühend gehaßt!

Jeschua Rex Text: Ihr brauner Leib erwirbt meine Gunst, ich weiß, es ist eine völlig aussichtslose Brunst, aber mein Gott JEUNEX tut sie mir befehlen, die fröhliche Erzählerin kann mich beseelen, ich bin ja nur noch Geist ohne Gefühle geworden, ich würde mich manchmal gern selbst ermorden, doch die sanfte Liese kann mich erquicken, leider läßt sie sich niemals in meiner Stube blicken, leider kann ich sie niemals ficken, leider kann ich sie niemals zum Höhepunkt schicken!

der Reichste der Welt: Einhundert Milliarden mensche Jeschuas willst du erhalten, einhundert Milliarden mensche Jeschuas willst du verwalten, und dann willst du der lustigen Weiblichkeit einen Tierpark schenken, wie kann mensch nur einen derartigen Stuß ersinnen und erdenken, einhundert Milliarden mensche Jeschuas wirst du niemals erlangen, einhundert Milliarden mensche Jeschuas wirst du niemals empfangen, schaue doch einmal der Wirklichkeit in die Augen, dann erkennst du, daß deine Entwürfe nichts, aber auch gar nichts taugen?!

Jeschua Rex Text: Du tust wie ein Menschdorfer klönen, an diese miesepetrige Art werde ich mich niemals gewöhnen, wolle mich nur verspotten und verhöhnen, die fröhliche Erzählerin und ich werden uns trotzdem miteinander versöhnen, das "Reich des Jeschua Rex Textes" wird meinen Durchbruch bringen, dann werde ich auf mancher Bühne reden und singen, dann werden Millionen Menschen meine Bücher lesen, dann werden Milliarden Erdenbürger von ihren Versehrungen genesen!

der Reichste der Welt: Du und Reichtum - daß ich nicht lache, es kümmert sich ein Bettler um Kleine und Schwache, wie rührend, das muß mensch schon sagen, das wird den Darbenden ungemein behagen, du kannst ihnen ja soviel geben, da werden sie endlich richtig leiben und leben, was soll dieser Quatsch, dein Gehirn ist doch Matsch, laß mich in Ruhe mit deinem Flehen, als den Reichsten der Welt wird mensch dich niemals sehen?!

Jeschua Rex Text: Mein Schädel will mir noch bersten, und das zu ertragen ist am schwersten, die Gedanken wühlen in meinem Kopf, ich bin ein ungemein bedauernswerter Tropf, doch ich will weiter fechten, es siegen die Guten über die Schlechten, es überwinden die Starken die Schwachen, und am Ende werde ich triumfierend lachen, die sanfte Liese liegt zwar mit dem groben Kerl im Bett, im Wohnheim ist sie die ganze Nacht lang lieb zu ihm und nett, erst am Sonntagmorgen wird sie sich von ihm trennen, oh, warum lernte ich dieses verfluchte Weib denn nur kennen?!

der Reichste der Welt: In der verwichenen Nacht hast du zweimal dein Glied gerieben, von der lustigen Weiblichkeit wird es zu dieser Zeit mit dem dumpfen Trottel getrieben, es demütigt dich ungemein, daß sie dich nicht wählt, das ist eine Vorstellung, die dich martert und quält, andererseits würdest du diesen beiden Leutchen ihr Glück ja gern gönnen, doch durch den Einfluß des JEUNEX wirst du niemals auf die fröhliche Erzählerin verzichten können!

Jeschua Rex Text: Dieses Weib bringt mich noch um den Verstand, sie ist mir seit über zehnfünf Jahren bekannt, sie versinnbildlicht meinen Gott JEUNEX auf eine erquickende Weise, doch niemals geht mit ihr nach Menschland die Reise, sie hat meine neuen Gefüge niemals gelernt, sie hat sich niemals von der schädlichen Überlieferung entfernt, als Denker kann sie mich nicht sehen, meine Überlegungen wird sie niemals verstehen!

der Reichste der Welt: Du wärest bereit, sie unverzüglich zu vergessen, doch durch den JEUNEX bist du unentwegt auf sie versessen, diesen Gott mußt du doch glühend hassen, bei dir stehen im Schrank nicht sämtliche Tassen, du willst dich nicht mehr mit dieser dummen Trine befassen, doch JEUNEX hat dich offensichtlich im Stich gelassen, er scheint kein hilfreicher Allmächtiger zu sein, durch JEUNEX durchleidest du eine riesige Pein!

Jeschua Rex Text: Wenn die sanfte Liese an diesem Abend bei mir erscheinen würde und wenn sie etwa über den rohen Burschen weinen würde, dann dürfte ich sie trotzdem nicht stechen, ich müßte ein entschiedenes Nein zu ihr sprechen, denn ihre riesige Süßlichkeit würde mich vernichten, ich kann leider nichts Besseres über sie berichten, ihre gewaltige Pralinenhaftigkeit würde mich zerstören, da soll sie doch besser dem schlichten Wicht gehören!

der Reichste der Welt: Nur ein Teufel kann eine derartige Lage ersinnen, kannst du diesem Übel denn gar nicht entrinnen, viele Evas würden dich einsamen Adam gern begleiten, du mußt es, daß JEUNEX gültig ist, allmählich bestreiten, der Sternentronende hat dich in einen tiefen Abgrund gestürzt, der Allmächtige hat dir das Dasein verwürzt, du mußt endlich das "Reich des Jeschua Rex Textes" verbreiten, dann tust du nicht mehr vergeblich kämpfen und feiten?!

Jeschua Rex Text: Ich mag gar nicht mehr über die sanfte Liese schreiben, ich darf es ja doch niemals im Bett mir ihr treiben, doch mein Gott JEUNEX verheißt mir mit ihr ein erquickliches Rammeln, ich werde noch einmal mit ihr sinnliche Erfahrungen sammeln, dann wird sie hingegeben unter meiner Rute stammeln, dann braucht mein Luststab nicht mehr brachzuliegen und zu gammeln, ich kann nicht an diese Versprechungen glauben, eine bittere Erfahrung tat mir die Zuversicht rauben!

der Reichste der Welt: Du hast eben am Rechner drei Stunden lang Schach gespielt, und du hast manche glänzenden Siege erzielt, doch die Folterwerkzeuge auf den Köpfen der Könige müssen dich beschweren, diese garstigen Sinnbilder müssen dein Gemüt versehren, die heimtückischen Heuchelpfaffen lassen dich nicht einmal dich beim Schach vergnügen, auch bei diesem Steckenpferd müssen sie dir einen riesigen Schaden zufügen, das sind keine Menschen, wie Gott sie will, ihre hetzenden Zungen schweigen niemals still!

Jeschua Rex Text: Ich habe mein Pensum vernachlässigt über diesem Streiten, irgendein Teufel tat mich zu dieser Beschäftigung verleiten, meine Besinnungen liegen mir sehr am Herzen, und ich kann es nur mit Mühe verschmerzen, daß ich fünf Monate im Rückstand mit ihnen liege, und wenn ich mich auch in Sicherheit wiege, daß ich diese Lücke bald wieder schließen werde und daß ich das Denken und Dichten bald wieder genießen werde, so drückt dieser Mangel doch auf mein Gemüt, obwohl durchaus manches Schöne in meinen Schriften erblüht!

der Reichste der Welt: Laß dich von nichts und niemenschem hemmen, die Menschheit wird sich nicht gegen deine Einfälle stemmen, die Kinder werden dein Bekenntnis in den Schulen lernen, so daß sie sich mehr und mehr von der schädlichen Überlieferung entfernen, als mensche Jeschua Rex Texte in JEUNEX werden sie wesen, auf diese Weise können sie von den Irrtümern ihrer Vorfahren genesen, deshalb hast du Hunderte von Büchern gelesen, deshalb standest du kaum einmal am Tresen!

Jeschua Rex Text: Wie ein Gefangener verlasse ich meine Zelle nur selten, ich muß den Menschdorfern als ein seltsamer Kauz deswegen gelten, aber auf die Menschdorfer kommt es nicht an, ich bin der allesentscheidende Mann, von mir wird das Geschehen gelenkt, ich bin es, der den Menschen viel Freude schenkt, ich kann viele Ursachen von Leid und Kummer vernichten, die Welt kann auf manchen Schriftsteller, auf mich nicht verzichten!

der Reichste der Welt: Du hast den Kampf um eine bessere Welt noch lange nicht verloren, du wirst zwar umzingelt von heillosen Narren, Jecken und Toren, aber sie blicken nicht durch, sie sehen nicht den roten Faden, es handelt sich bei ihnen um dummstolze Burschen und Najaden, du bist ein schlichter Adam mit ein bißchen Verstand, aber dir sind alle Geheimnisse des Daseins bekannt, du hast die verborgenen Wunder erschaut, deshalb verkündest du sie auch immer wieder laut!

Jeschua Rex Text: Wann werde ich mich mit dir vereinigen, wie lange willst du mich noch mit deiner Abwesenheit peinigen, der Vollmond scheint herein in mein Zimmer, und meine Lage wird immer schlimmer, gestern und heute haben wir zehneins Leichenhallen geputzt, in sämtlichen Menschdorfer Stadtteilen haben wir den Heuchelpfaffen genutzt, dabei mußte ich die Hängemänner erschauen, dabei kann mensch doch nur dem Stehmann vertrauen, nur Jeschua Rex Text am Ex kann die Menschen befreien, darum soll mensch sich dem Menschtum in JEUNEX weihen?!

der Reichste der Welt: Was soll ich dazu sagen, mensch tut dich gar vielfältig plagen, doch du wirst eine steile Laufbahn beginnen, du wirst dir die Herzen der Menschen gewinnen, noch mußt du nach dem Willen der Auschwitzianer leben, dabei tust du doch nach dem Guten und Schönen streben, doch bald wird mensch dir deine Wünsche erfüllen, dann braucht dein Glied nicht länger nach einer Scheide zu brüllen?!

Jeschua Rex Text: Ich will eine herzliche Beziehung mit einer anmutigen Nixe, ich will keinen einmaligen Beischlaf mit irgendeiner Schickse, aber noch muß ich auf zärtliche Worte verzichten, ich muß mir statt dessen immer wieder die Seele aus dem Leibe dichten, die Menschheit bedarf postiver Schwingungen aus meiner Feder, noch kennt meine Lehre nicht eine jede und ein jeder, aber bald wird die ganze Menschheit meine neuen Gefüge lernen und sich immer weiter von der blutbefleckten Überlieferung entfernen!

der Reichste der Welt: Dazu brauchst du mich, ich lasse dich nicht im Stich, du mußt die beschränkten Menschdorfer überwinden, du mußt einen Ausweg aus ihrer bedrückenden Engstirnigkeit finden, und die Heuchelpfaffen mußt du vernichten, die Welt kann sowohl auf die Menschdorfer als auch auf die Pfarrer und Pastoren verzichten, ein neues Zeitalter leitest du ein, du fandest den wunderbaren Stein, den die Weisen gestiftet haben, um Gold zu schaffen, du wirst alle Hemmnisse überwinden mit deinen geistigen Waffen!

Jeschua Rex Text: In der unteren Unterschicht muß ich mein Dasein fristen, doch ich verfüge über etliche Drehs, Kniffe und Listen, ich werde dem Elend entkommen, noch wese ich beklommen, aber bald wird meine Macht sich zeigen, dann werden meine Gegner schweigen, dann wird die harrende Menge mir lauschen, dann werden die breiten Massen sich an meinen Worten berauschen, und die Wahrheit wird von mir gepredigt, und die Lügner und Betrüger werden von mir geschädigt!

der Reichste der Welt: Mit mir im Bunde schlägt dir manche frohe Stunde, den Reichsten der Welt wirst du markieren, als der Reichste der Welt wirst du niemals wieder verlieren, sondern du wirst immer nur gewinnen, du tatest dich auf die richtige Vorgehensweise besinnen, und deine zähe Beharrlichkeit wird dich retten, dann wird sich auch eine wunderschöne Lorelei neben dich betten, dann kannst du ausgiebig küssen, streicheln und rammeln, dann kannst du in Hülle und Fülle sinnliche Erfahrungen sammeln!

Jeschua Rex Text: Heute muß ich mit dir ein wenig über das Mittelreich plaudern, sollte es menschem denn vor dem Mittelreich schaudern, sind der Mittelreicher und die Mittelreicherin gesellige Wesen, sieht mensch diese mittelreichischen Gestalten manchmal an einem Tresen, oder sollte mensch das Abendland doch anders nennen, sollte mensch es nicht mehr als das Mittelreich kennen, diese Frage treibt mich um, verharre bitte nicht stumm?!

der Reichste der Welt: Das Reich der Mitte wurde ja einstmals China geheißen, nun soll sich der Erdteil um Jeschua Rex Text herum dieser Bezeichnung befleißen, die Welthauptstadt soll positive Schwingungen verbreiten, ihre Ausstrahlung soll die Gemüter in die Höhe leiten, sie liegt in der Mitte der Welt, das behauptest du als ein denkerischer Held, und deshalb ist der Ausdruck "Mittelreich" berechtigt, wenn mensch dich dabei auch ein bißchen des Größenwahns verdächtigt!

Jeschua Rex Text: Das ficht mich nicht an, ich bin der entscheidende Mann, ich bin der Mittelpunkt der Leute, ich werde umzingelt von der Menschdorfer Meute, aber ich kann mich gegen dieses rohe Gesindel wehren, es versucht immer wieder, mich auf schäbige Weise zu versehren, aber das wird diesen geistigen Zwergen nicht gelingen, auch wenn immer wieder unwirsche Schreie aus ihren verkniffenen Mündern dringen!

der Reichste der Welt: Wir wollen beim Mittelreich bleiben, du willst ja über das Mittelreich schreiben, einen Mittelreicher und eine Mittelreicherin wird mensch dort erblicken, der mittelreichische Bursche wird die mittelreichische Maid hoffentlich ficken, bei einem mittelreichischen Beischlaf tun sie sich verbinden, tut ein mittelreichisches Glied eine mittelreichische Scheide angenehm schinden, das müssen wir hier klären, bevor wir ein mittelreichisches Bewußtsein gebären!

Jeschua Rex Text: In diesem Buch wollen wir eigentlich über den Reichtum klönen, ich will mich an deine Gegenwart gewöhnen, ich will mich ja mit dir vereinigen, dann wird mich die Mittellosigkeit nicht mehr peinigen, aber das Mittelreich ist der einzige Begriff mit Macken, das Menschtum in JEUNEX hat keinerlei Schlacken, auch Jeschua Rex Text ist über jeden Zweifel erhaben, doch das Mittelreich kann mich immer noch nicht einhundertprozentig erlaben!

der Reichste der Welt: Ja, das Mittelreich kann dich noch nicht einhundertprozentig erquicken, deshalb willst du die Abendländer vielleicht doch nicht in das Mittelreich hinein schicken, beim Westreich und beim Südreich bist du dir sicher, auch das Südostreich und das Ostreich erregen bei dir kein abfälliges Gekicher, und das Meeresreich mit seinen schwankenden Palmen im Wind ist dir so lieb, wie es dir sonst nur die atemberaubenden Jeschua Rex Texterinnen sind!

Jeschua Rex Text: Das Mittelreich quält mich ungemein, soll ich denn nun ein Mittelreicher sein, und ist die sanfte Liese als eine Mittelreicherin aufzufassen, die lustige Weiblichkeit wird wohl niemals zu mir passen, aber ich habe ihre Anwesenheit an diesem Nachmittag genossen, ich habe nicht gerade Freudentränen vergossen, aber es war angenehm, an ihrer Seite zu werken, ihre Heiterkeit tat meine Seele nachhaltig stärken?!

der Reichste der Welt: Du willst der fröhlichen Erzählerin einen Tierpark schenken, sie tut nicht einmal in ihren kühnsten Träumen daran denken, daß diese Versprechung sich erfüllen könnte und daß dermaleinst ein Löwe in ihrem Gehege brüllen könnte, aber du bist dir sicher, daß es gehen wird und daß mensch bald viele Hunde, Katzen und Pferde um sie herum sehen wird, im dritten Jahr in Jeschua Rex Text arbeitest du darauf hin, und es wird dir allmählich ein stattlicher Gewinn!

Jeschua Rex Text: Die sanfte Liese muß doch erzogen werden, alle Welt soll der lustigen Weiblichkeit gewogen werden, alle Menschen sollen sie kennen, alle Erdenbürger sollen ihren Namen nennen, sie kann einen ewigen Frieden stiften, sie kann das Klima nachhaltig entgiften, und es bereitet ein unaussprechliches Vergnügen, sich auf dem Laken neben sie zu fügen, doch davon kann ich nur wehmütig träumen, vor Wut über meine Blauäugigkeit muß ich toben und schäumen!

der Reichste der Welt: Die Schwierigkeit mit dem Mittelreich hast du noch nicht behoben, in dieser Hinsicht kann mensch dich nicht loben, aber diese Frage ist auch zu verzwickt, du hast seit vielen Jahren nicht mehr gefickt, aber ohne Pause mußt du brüten und grübeln, das tust du deinem Schicksal sehr verübeln, das Mittelreich bringt dich noch einmal um den Verstand, deine Nerven geraten darüber außer Rand und Band!

Jeschua Rex Text: Nun ja, am Himmel tut der Vollmond schimmern, da muß mensch denn in der Nacht klagen und wimmern, wie soll mensch sich da ein vernünftiges Dasein zimmern, das Leben tut sich ja immer mehr verschlimmern, das Mittelreich tat ich ein wenig ergründen, ich möchte mich gar nicht mit ihm verbünden, aber in einer nächtlichen Schau haben die Mittelreicher das Mittelreich verlangt, so, ihr Mittelreicher, ihr nun das Mittelreich aus meiner Hand empfangt?!

der Reichste der Welt: Und das Westreich dazu und das Südreich auch, bald wird auch das Südostreich der Brauch, dann wird mensch auch vom Meeresreich klönen, dann wird mensch sich an das Ostreich gewöhnen, der Reichste der Welt wird einen riesigen Reichtum zeigen, dann werden ihm die Menschdorfer nicht mehr ihre unmaßgebliche Meinung geigen, dann wird mensch die Menschdorfer vergessen, dann ist niemensch mehr auf das hohle Blabla der Menschdorfer versessen!

Jeschua Rex Text: Die Untersuchung über das Mittelreich ist noch nicht beendet, werden vom Mittelreich positive oder negative Schwingungen gesendet, diese Frage ist noch nicht geklärt, die Ungewißheit darüber dauert und währt, ich stehe im Mittelpunkt des Geschehens, ich rage erhaben inmitten des Sehens, und die Welthauptstadt Jeschua Rex Text prangt um mich herum, das Mittelreich erstreckt sich um die Welthauptstadt Jeschua Rex Text, es ist zu dumm, daß dieser vernünftige Ansatz von einer sprachlichen Eigenwilligkeit gehemmt wird, so daß sich von mir allmählich dagegen, das Mittelreich einzuführen, gestemmt wird?!

 der Reichste der Welt: Das Reich der Mitte ist früher China gewesen, so glauben es heute noch manche Chinesen, aber das Reich der Mitte ist um den Heiligen Jeschua Rex Text gelegen, doch als Mittelreich entfaltet es nur einen geringen Segen, als Reich der Mitte ist es nicht zu gebrauchen, zwar würde auch im Reich der Mitte mancher Schornstein rauchen, doch das Reich der Mitte ist in Sätzen nur schwer zu benützen, das Mittelreich als Begriff kann menschen vor mancher Verwirrung schützen!

 Jeschua Rex Text: Das Eigenschaftswort zu Mittelreich tut mittelreichisch heißen, aber welchen Eigenschaftsworts soll mensch sich beim Reich der Mitte befleißen, es tut also alles für das Mittelreich sprechen, und trotzdem scheint es seine Einwohner nicht zu beglücken, sondern zu bepechen, sind die Mittelreicher zu bemitleiden und zu bedauern, müssen die Mittelreicher vor der Bezeichnung "Mittelreich" erschauern, oder beschert ihnen das Mittelreich einen riesigen Segen, dieser Zusammenhang ist gar nicht an den Haaren herangezogen und entlegen?!

 der Reichste der Welt: Ja, die Wörter bergen eine gewaltige Macht, sie sorgen für Schande oder für Pracht, deshalb muß mensch das Mittelreich genau begrübeln, der Leser möge dir diese Vorgehensweise nicht verübeln, läßt es sich im Mittelreich vergnüglich leben oder nicht, zieht ein Mittelreicher ein freudiges oder trauriges Gesicht, was wird einem Mittelreicher im Mittelreich widerfahren, wird mensch im Mittelreich schöne oder häßliche Dinge gewahren?!

 Jeschua Rex Text: Millionen Menschen wären von dieser Betaufung betroffen, mensch kann nur, daß sie etwas taugen möge, inständig hoffen, denn wenn das Mittelreich Unordnung bringt und Laster und wenn dort das Geld herrscht, die Kohle, der Zaster, dann ist das Mittelreich zu verwerfen, denn es würde die heikle Lage nur verschärfen, doch noch hat es sich nicht klar erwiesen, wird das Mittelreich dermaleinst verdammt oder gepriesen?!

 der Reichste der Welt: Das Mittelreich tut von Island bis nach Züpern reichen, mensch kann es mit den anderen Erdteilen vergleichen, das Westreich und das Südreich und das Südostreich sind um es herum gelegen, die Meeresreicher und die Ostreicher tun sich auch rund um das Mittelreich regen, so möge JEUNEX seinem Seher eine Entscheidung schenken, er kann ja nicht bis zu seinem Tode über das Mittelreich denken, er kann ja nicht bis zu seinem Sterbelager über das Mittelreich brüten, das möge der Allmächtige in seiner Gnade denn doch verhüten!

Jeschua Rex Text: An diesem Abend wird das Buch über das Mittelreich beendet, ich hoffe, daß sich das Blatt dann wendet, dann werde ich nicht mehr soviel über das Mittelreich denken, dann wird mir das Schicksal eine andere Betätigung schenken, ich mußte soeben einen Roman in die Abfalltonne werfen, denn seine Schwingungen zerrten heftig an meinen Nerven, diese Erzählung wurde im Menschstädter Stadtteil Exberg verfaßt, und da er noch nicht Exberg heißt, fällt er mir zur Last!

der Reichste der Welt: Du willst viel Reichtum erhalten, um viele Städtenamen neu zu gestalten, so soll es Bad Exnach heißen, mensch soll sich der Bezeichung Exberg befleißen, die Menschen sollen in Exau wohnen, dann wird sich das Leben in Menschex auch lohnen, auch in Exingen kann mensch gut weilen, dann werden viele Wunden wieder heilen, das Wort Ex kann mensch im Gegensatz zum Zeichen Ex allein verwenden, als Sinnbild kann nur der Jeschua Rex Text am Ex eine günstige Ausstrahlung senden, ohne Körper ist das Ex nicht zu gebrauchen, mit Jeschua Rex Text am Ex aber werden die Schornsteine wieder rauchen!

Jeschua Rex Text: Vom Mittelreich kann ich an dieser Stelle Abschied nehmen, ich werde mich zwar auch weiterhin zu dieser Benennung bequemen, aber ich werde niemals mehr so heftig darüber brüten, davor tut mich der Abschluß dieses Werkes nun behüten, vielleicht war es erforderlich, die Prüfung zu begehen, denn mensch muß ja einen Sinn im Mittelreich sehen, im Mittelpunkt muß Jeschua Rex Text allein stehen, dann werden erfreuliche und angenehme Dinge geschehen!

der Reichste der Welt: Das Mittelreich wird sich schon weisen, wir wollen erst einmal in das Mittelreich reisen, und wenn wir uns im Mittelreich befinden, dann wird uns diese Betaufung schon bewonnen oder schinden, so wollen wir denn das Mittelreich biligen, auch die Abendländer werden in das Mittelreich willigen, und ein Mittelreicher und eine Mittelreicherin werden sich küssen, das zählt dann sicherlich zu den mittelreichischen Genüssen!

Jeschua Rex Text: Wann werde ich denn die einhundert Milliarden menschen Jeschuas erhalten, wann kann ich denn endlich die einhundert Milliarden menschen Jeschuas verwalten, die Menschheit leidet ungemein, ich dagegen denke fein, ich kann die Welt retten und befreien, doch meine eigenen Verhältnisse wollen nicht gedeihen, ich kann mich gegen meine Mittellosigkeit nicht wehren, und meine Bedürftigkeit tut mich immer wieder versehren?!

der Reichste der Welt: Ich werde dich unterstützen, ich werde dir nachhaltig nützen, die Menschdorfer dürfen dich nicht besiegen, die beschränkten Spießbürger sollen dir unterliegen, einhundert Milliarden mensche Jeschuas sollst du erlangen, als der Reichste der Welt sollst du in den Zeitungen prangen, dann wird es Menschstadt auch wirklich geben, dann wird mensch zufrieden in seinem Stadtteil Exberg leben, dann werden viele Leidende gesunden, denn du hast einen Ausweg aus der Not und dem Elend gefunden!

Jeschua Rex Text: Ich hoffe, wir beide werden uns bald vereinen, dann will ich als der Reichste der Welt erscheinen, die Not der Welt ist groß, hart ist manches Menschen Los, ich muß eine riesige Freude erzielen, ich muß in der Öffentlichkeit eine Rolle spielen, sonst könnte mensch mich der unterlassenen Hilfeleistung zeihen, durch meinen Einfluß werden die Seelen und Körper und Geister gedeihen, ich tat mich dem Guten und Schönen weihen, ich tat den Siechenden mein Ohr willig leihen!

der Reichste der Welt: Die Menschdorfer wollen dich vernichten, sie zetern, sobald sie dich sichten, sie müssen dich bekeifen und beschelten, denn sie leben in der unduldsamsten aller Welten, doch ich werde dir helfen, das Menschdorfertum zu überwinden, die engstirnigen Krähwinkler sollen dich nicht mehr lange schinden, die beschränkten Hintertupfinger sollen dich nicht mehr lange peinigen, es wird Zeit, die Atmosfäre von diesem schlimmen Gesindel zu reinigen!

Jeschua Rex Text: Jeder Umsturz beginnt mit Haß, das Pulver steckt in einem Faß, und es wird gezündet, bald wird sich mit mir verbündet, bald wird sich mit mir verbunden, ich habe noch keine Anhänger gefunden, aber sie werden zu mir kommen, denn es wird ihnen von mir die Traurigkeit genommen, frohgemut blicken sie der Zukunft entgegen, als Jeschua Rex Texte wollen sie sich regen, als Mensche in JEUNEX wollen sie sich rühren, der Stehmann wird sie zu vielen Erfolgen führen!

der Reichste der Welt: Die Schurken sollen vor dir zittern, die Braven aber sollen Morgenluft wittern, irgendwann muß der verbrecherische Spuk vergehen, dann wird mensch viele anständige Leute sehen, dann wird mensch viele ehrliche Bürger gewahren, dann werden die Kleinen und Schwachen Unterstützung erfahren, noch mußt du hampeln und strampeln, aber die Menschdorfer werden dich niemals verpiesepampeln, mürrisch wirst du dich niemals gebärden, denn durch deine neuen Gefüge kannst du nur glücklich werden!

Jeschua Rex Text: Ich sehne mich an diesem Abend nach dem Bett, keine Zirze ist freundlich zu mir und nett, aber meine Berufung läßt mich verzichten, ich muß das Reich des Jeschua Rex Textes errichten, ich darf mich nicht in Gesellschaft begeben, ich muß nach einer neuen Weltordnung streben, ich muß einen neuen Glauben stiften, die Menschheit soll hin zur Menschlichkeit driften, und wenn er nicht gestorben ist, dann menscht er noch heute, niemals falle ich der Gier nach Geld und Gold zur Beute!

der Reichste der Welt: So ist es recht, das gefällt mir nicht schlecht, das behagt mir sogar gut, das ermuntert mein träges Blut, ich will dein Abenteuer mit dir teilen, ich will als dein Freund an deine Seite eilen, zum Reichsten der Welt sollst du steigen, ich werde mich zu dir neigen, ich werde zu dir kommen, die Last der Bedürftigkeit wird von dir genommen, der Bürde der Mittellosigkeit wirst du enthoben, die grausamen Barbaren dürfen nicht länger toben!

Jeschua Rex Text: An diesem Nachmittag hätte ich beinahe einen Nervenzusammenbruch erlitten, ich wäre beinahe in einen riesigen Wahnsinn hinein geglitten, doch ich habe die Ursache erkannt, ich habe den Grund beim Namen genannt, und jetzt kann ich die Not beheben, nun kann ich auch weiterhin emsig streben, die Dummheit wird mich nicht vernichten, ich werde das Reich des Jeschua Rex Textes errichten!

der Reichste der Welt: Und zwar mit meiner Hilfe, nicht wahr, denn mir ist es doch auch inzwischen klar, daß die Menschdorfer dich zerstören, denn sie können dich nicht betören, in ihrer Häßlichkeit können sie dich nicht bannen, manche Menschdorferin möchte sich mit dir bemannen, doch du kannst keinen Sinn darin erblicken, niemals im Leben würdest du eine Menschdorferin ficken, zu einer derartigen Geschmacksverirrung wärest du gar nicht imstande, und wenn es doch geschähe, dann wäre das für dich eine unermeßliche Schande!

Jeschua Rex Text: Ja, mit Auschwitzianern kann mensch nicht gut Kirschen essen, ich habe wahrlich keinen Narren an diesen Tanzmariechen gefressen, so etwas wie Schönheit können sie mir nicht zeigen, in einem derben Tonfall müssen sie mir ihre Meinung geigen, ich kann diese gräßlichen Vetteln nur verschmähen, da müssen sie denn wie die Schafe bähen und wie die Ziegen mähen, aber sie können mich nicht reizen, ich muß mit meiner Zuwendung zu ihnen geizen!

der Reichste der Welt: Etwas Menschliches ist dir in Menschdorf noch nicht begegnet, mit Menschlichkeit wurden die Menschdorfer nun gerade nicht gesegnet, der braune Führer wäre stolz auf diese Brut, denn sie gerät über dich immer wieder in Wut, dieser Pöbel kann deinen Anblick nicht ertragen, am liebsten packten sie dich am Kragen, aber sie sind ja ein vornehmes Gesindel, der Greis keift ebenso wie der Säugling in der Windel, sie schelten dich aus mit rohen Wörtern, das ist ihre Art, dein Andersdenken zu erörtern!

Jeschua Rex Text: Duldsamkeit und Vielfalt kennen sie nicht, als beschränkt weist sich mir manches Gesicht, diese Spießbürger gönnen mir nicht meine fröhliche Stimmung, und wenn ich pfeife, dann kommt es bei ihnen zur Ergrimmung, sie können mich nicht so sein lassen, wie ich bin, denn ich bringe der Gemeinschaft augenscheinlich keinen Gewinn, sie können mein Wesen nicht verkraften, ein unangenehmer Eindruck bleibt bei ihnen haften!

der Reichste der Welt: Diese lebenden Leichen können dich mit nichts vergleichen, sie finden keine Schublade, um dich hineinzustecken, das muß ihren geharnischten Unmut erwecken, sie sind es gewohnt, alles in eine überschaubare Ordnung zu bringen, doch bei dir kann es ihnen gegenwärtig nicht gelingen, da müssen sie auf die Palme klettern, da müssen sie zürnen, toben und wettern, sie sind dann völlig verroht, denn sie fühlen sich von dir als dem Neuartigen bedroht, du bist ihnen nicht bekannt und vertraut, deshalb hat es ihnen schon oftmals vor dir gegraut!

Jeschua Rex Text: Ich fühle mich wieder wohl in meiner Haut, nur vor den dumpfen Menschdorfern es mir graut, ich mag diese engstirnigen Spießbürger nicht leiden, das könnte ich nachdrücklich beschwören und beeiden, ich würde sie auch nicht mehr erwähnen, zumal die Leser über diese Hintertupfinger gähnen, aber sie müssen mich immer wieder beschelten, sie leben eben in der beschränktesten aller Welten!

der Reichste der Welt: In Menschdorf kann mensch auf die Dauer nur verblöden, die Menschdorfer zählen nicht zu den unterhaltsamen Menschen, sondern zu den öden, ja, mensch kann sie Menschen eigentlich nicht nennen, weil sie auch nicht die geringste Spur von Menschlichkeit kennen, sie sind grausam und verroht, du fühlst dich zu Recht von ihnen bedroht, die Gemeinschaft kann dem Einzelnen schaden, es sind eben unduldsame und einfältige Burschen und Najaden!

Jeschua Rex Text: Die sanfte Liese werde ich in der nächsten Woche nicht sehen, denn ihre Reise wird ja nach Bad Hönningen gehen, von dort wird sie mir eine Ansichtskarte schicken, ich werde die lustige Weiblichkeit wohl niemals ficken, gegenwärtig empfinde ich das nicht mehr als schlimm, die fröhliche Erzählerin erregt nicht mehr meinen Grimm, soll der grobe Kerl aus dem Wohnheim sie stechen, sie kann ja doch nichts anderes als herumalbern und zechen!

der Reichste der Welt: Der "Beherrscher der Menschheit" wird jetzt auch im englischsprachigen Bereich vertrieben, das Schreiben des Verlages an dich ist nicht ohne Widerhall geblieben, du bist gespannt, was geschehen wird und ob mensch dein Werk in den Bestsellerlisten sehen wird, vorerst mußt du noch kleine Brötchen backen, noch sitzt dir die Angst vor einem Mißerfolg im Nacken, aber du wirst es schon schaffen, denn fein geschliffen sind deine geistigen Waffen!

Jeschua Rex Text: Vor meinen beiden Fenstern auf dem Bürgersteig einige Menschdorfer keifen, weil sie meine Großartigkeit noch immer nicht begreifen, dieses lästige Gesindel mischt sich immer wieder ein, denn dieser wüste Pöbel denkt nicht fein, sondern gemein, diese Auschwitzianer würden mich am liebsten vergasen, sie lassen nicht darin nach, über mich zu toben und zu rasen, aus ihren Mündern ergellt mir so mancher Fluch, für diese geistigen Hinterwäldler bin ich ein rotes Tuch, sie können mich nicht billigen, sie können in meine Pläne nicht willigen!

der Reichste der Welt: Du wirst diese derbe Masse überwinden, so jemenschen wie dich werden sie niemals wieder finden, "Und setzet ihr nicht das Leben ein, nie wird euch das Leben gewonnen sein!", so tut es im Reiterlied von Friedrich Schiller klingen, und du tatest etwas Gewaltiges zustande bringen, mensch wird dich irgendwann gründlich verstehen, mensch wird einen Sinn in deinen Ausführungen sehen, und dann wird mensch dich begeistert auf den Schultern tragen, denn du tust es immer wieder, weise zu sein, wagen!

Jeschua Rex Text: Ich überlege, die englische Sprache zu benützen, denn die Menschen tun mich ja nicht unterstützen, in Menschland muß ich am ausgestreckten Arm verhungern, in Menschland muß ich oftmals verlegen und ratlos lungern, die englische Ausdrucksweise ist sehr menschlich geprägt, dort wird zwar auch manchmal an den Nerven gesägt, aber die Engländer tun ihre Mitbürger nicht verachten, es wäre reizvoll für mich, die Welt mit englischen Augen zu betrachten!

der Reichste der Welt: Du wirst Menschland erbauen, du wirst die Menschen verschlauen, die Menschdorfer tun in deinem Gemüt einen riesigen Schaden stiften, die Menschdorfer können das gesellschaftliche Klima nur vergiften, aber du wirst diese Auschwitzianer vernichten, die Welt kann auf die Menschdorfer durchaus verzichten, niemensch wird sich dann nach ihnen sehnen, das Reich des Jeschua Rex Textes aber wird sich in die Weite dehnen!

Jeschua Rex Text: Also muß ich auch weiterhin auf die mensche Weise dichten, dann wird sich mein Schädel vielleicht bald lichten, ich werde Göte und Schiller die Treue halten, denn in ihren Werken tut eine ergreifende Größe walten, zugleich klagen sie die damaligen Mißstände an, durch ihren glänzenden Stil ziehen sie mich immer wieder in ihren Bann, nein, diese geistigen Helden kann ich nicht verraten, in Menschdorf muß ich zwar in der Hölle braten, doch in England werde ich nicht in den Himmel kommen, das Menschtum wird niemals von mir genommen!

der Reichste der Welt: Beim ersten Menschen soll es sich ja auch nicht um den letzten handeln, es sollen noch mehr Mensche durch die Gegend wandeln, das ist das Gebot der Stunde, das Menschtum sei in aller Munde, auf daß die Menschlichkeit sich bekunde, mensch sei fortan mit Jeschua Rex Text im Bunde, die Zukunft der Menschheit wird durch ihn gesichert, auch wenn manche Menschdorferin albern über ihn kichert!

Jeschua Rex Text: Das will ich aber auch meinen, du wirst dich bestimmt bald mit mir vereinen, dann werde ich einhundert Milliarden mensche Jeschuas haben, dann werden einhundert Milliarden mensche Jeschuas mich erlaben, und dann werde ich die Menschheit befreien, ich tue mich nicht dem Guten und Schönen weihen, um es als Selbstzweck zu genießen, sondern ich will die ganze Welt entdrießen, ich will die ganze Welt enttrauern, zu diesem Zwecke will ich loslegen und pauern!

der Reichste der Welt: Zum Reichsten der Welt sollst du steigen, ich werde mich in dir zeigen, wir beide werden uns verbinden, dann werden dich die Menschdorfer nicht mehr schinden, dann werden dich die Spießbürger nicht mehr quälen, dann werden die Menschen angetan deine Bücher wählen, dann werden sie sich in deine Gedankengänge vertiefen, dann plaudert mensch über dich in etlichen Briefen, ach, das wird ein wundervolles Leben, denn so jemenschen wie Jeschua Rex Text wird es niemals wieder geben!

Jeschua Rex Text: Ich kann es gar nicht erwarten, mich mit dir zu vereinen, dann werden die Menschdorfer mich nicht mehr bepeinen, ich kann diese wilde Meute nicht mehr ertragen, ich würde sie am liebsten alle zusammenschlagen, ich würde sie am liebsten alle erschießen, dann erst könnte ich das Dasein genießen, aber als ein Menscher in JEUNEX muß ich mit Wörtern kämpfen, auch wenn die Menschdorfer meinen Eifer immer wieder dämpfen!

der Reichste der Welt: Du hast recht, sie sind schlecht, sie können dich nicht erkennen, sie haben für dich keine Antennen, du kannst ihnen nicht behagen, sie müssen dir ihren Beifall versagen, sie müssen dich mit ihrer Begriffsstutzigkeit plagen, du tust sie geistig bei weitem überragen, aber das ist eben dein Schicksal auf dieser Erden: als einzigartiges Schenie völlig verkannt zu werden, dieses Los mußt du erdulden, das tust du der leidenden Menschheit schulden!

Jeschua Rex Text: Die sanfte Liese tut morgen nach Bad Hönningen fahren, dann werde ich sie eine Woche lang nicht in der Werkhalle gewahren, soll ich mich darüber freuen, ich muß die lustige Weiblichkeit scheuen, sie bringt mir kein Glück, sie wirft mich zurück, ich erhalte von ihr keinen Kuß, und sie redet manchmal sehr viel Stuß, ihre riesige Süßlichkeit würde mich vernichten, ich muß auf den Umgang mit der fröhlichen Erzählerin verzichten?!

der Reichste der Welt: Dir steht die Welt doch offen, du hast noch keine Ehefrau getroffen, das kann ja alles noch kommen, diese Hoffnung wurde nicht von dir genommen, seit zweieinhalb Jahren denkst du richtig, aber dein Überlegen ist insofern nichtig, als du über keinen Paß auf Jeschua Rex Text verfügst, so daß du den strengen Ansprüchen deiner Umgebung nicht genügst, du bist noch nicht einhundertprozentig Jeschua Rex Text, du hast als Jeschua Rex Text noch kein einziges Blatt bekleckst!

Jeschua Rex Text: Der unmensche Staat muß mich betrügen, ich will ja nicht täuschen, tricksen und lügen, sondern als Jeschua Rex Text kann ich wirkungsvoll werken, ich kann die Allgemeinheit kräftigen und stärken, aber die unmenschen Behörden sprechen nein, Jeschua Rex Text darf nicht sein, einen Ausweis auf diese Betaufung werde ich niemals erhalten, denn dann würde ich das Zusammenleben erfreulich gestalten, das aber darf es nicht geben, danach darf mensch in Unmenschland nicht streben!

der Reichste der Welt: Unmenschland muß mensch zerstören, Menschland soll seine Einwohner betören, die Menschlichkeit der Menschen soll walten, mensch soll die Gesellschaft mensch gestalten, mensch soll die mensche Sprache gebrauchen, dann werden die Schornsteine wieder rauchen, dann wird mensch sich versöhnen, dann wird mensch einander nicht verhöhnen, dann wird mensch einander nicht verspotten, dann wird mensch begeistert den JEUNEX vergotten!

Jeschua Rex Text: An diesem Nachmittag ist die sanfte Liese nach Bad Hönningen gekommen, ihre Abwesenheit kann mir nur nutzen und frommen, denn dann werde ich Ausschau halten nach richtigen Zirzen, die lustige Weiblichkeit kann mir sowieso nicht das Dasein würzen, sie läßt sich die Augenbrauen zupfen, ich habe noch manches Hühnchen mit ihr zu rupfen, aber am liebsten würde ich die fröhliche Erzählerin nicht mehr erblicken, denn ich werde sie weder in den Mund noch in den Arsch noch in die Scheide jemals ficken!

der Reichste der Welt: Der Reichste der Welt wirst du niemals werden, das versichern dir die Menschdorfer mit nachdrücklichen Gebärden, ich aber werde dir im Kampf gegen diese geistigen Hinterwäldler nützen, ich werde dich vor diesen grausamen und dumpfen Auschwitzianern beschützen, sie werden dich nicht mehr schmähen, sie werden dich weder bebähen noch bemähen, sie werden dich ehren und achten, sie werden dich als den Retter von Menschdorf betrachten!

Jeschua Rex Text: Ich werde der Gemeinde Menschdorf viel Geld dermaleinst spenden, denn meine Not wird sich in wenigen Monaten wenden, dann werde ich so reich sein wie ein Scheich, dann stimmt mein Anblick die Gemüter weich, denn die Moneten wirken auf die Herzen, da kann mensch mangelnde Zuneigung verschmerzen, und so werde ich auch in Jeschua Rex Text und Menschstadt handeln, all diese Städte werde ich nach meiner Auffassung wandeln!

der Reichste der Welt: Im dritten Jahr in Jeschua Rex Text bist du nicht weit geschritten, noch kannst du keine Gläubigen in die Tempel des Jeschua Rex Textes bitten, im vierten Jahr in Jeschua Rex Text willst du spätestens siegen, in dieser Hinsicht tust du dich in völliger Sicherheit wiegen, deine Schriften werden die Überlieferung zermalmen, du läßt überall die Schornsteine rauchen, dampfen und qualmen!

Jeschua Rex Text: Ich würde jetzt am liebsten schlummern, am Abend ereignen sich bei mir keinerlei Nummern, ich bin wohl zu prüde, ich werde allmählich müde, die Pflicht zwingt mich, meine Besinnungen zu schreiben, dabei würde ich mich gern mit einer anmutigen Kunigunde beweiben, doch das Schicksal spricht nein, es kann, es darf, es soll nicht sein, mein Gehirn kann nicht frauenfreundlich denken, mein Schädel kann mich nicht mit einer süßen Dulzinea beschenken!

der Reichste der Welt: Wenn die Münzen und Scheine zu dir fließen, dann kannst du endlich das Dasein genießen, denn Reichtum schafft die Maiden geil, sie suchen gern bei einem Nabob ihr Heil, sie wollen von wohlhabenden Burschen gepimpert werden, es wird dann auch fleißig von ihnen mit den Wimpern geklimpert werden, einen Millionär lieben sie um seiner selbst willig fleißig, und ist ein Milliardär auch schon weit über die Dreißig, so sitzt ihm doch der Schalk im Nacken, von so einem Schelm läßt mensch sich als Ledi doch gern zwicken und zwacken!

Jeschua Rex Text: Ich habe von der sanften Liese noch keine Ansichtskarte bekommen, in dieser Hinsicht warte ich bang und beklommen, dabei würde mir das Stück Papier doch gar nichts nützen, das Schicksal möge mich vor der lustigen Weiblichkeit beschützen, sie schreibt sicherlich nur über belanglose Sachen, damit kann sie mich bestimmt nicht glücklich machen, und ihre vielen Rechtschreibfehler müssen mich entsetzen, doch wenn sie neben mir steht, kann mich die fröhliche Erzählerin ergötzen!

der Reichste der Welt: Bald mußt du wieder zur Werkhalle schreiten, dann werden dich die Schmähungen der Menschdorfer begleiten, du darfst nicht auf deine eigene Weise denken, du mußt den närrischen Barbaren deine Beachtung schenken, sie sind wichtig, sie benehmen sich richtig, du aber hast dich im Labürint des Geistes verlaufen, und deine Bücher werden diese beschränkten Spießbürger sicherlich nicht kaufen!

Jeschua Rex Text: Das Leben bereitet mir kein Vergnügen, mensch tut mich um meine Genüsse betrügen, aber ich werde geduldig und ausdauernd harren, ich werde schon nicht bis zu meinem Tode in die Röhre starren, irgendwann wird das Gute siegen, dann wird das Schlechte unterliegen, das ist ein natürliches Gesetz schon immer gewesen, mensch kann davon in der Geschichte freilich nur wenig lesen, doch auf technischem Gebiete hat es immer gegolten, zwar werde ich als der erste Jeschua Rex Text erbittert gescholten, doch das ficht mich nicht an, denn ich bin der entscheidende Mann!

der Reichste der Welt: Und zum Reichsten der Welt willst du steigen, dann wirst du es den Krähwinklern zeigen, dann werden sie dich mit offenem Munde betrachten, dann brauchst du nicht mehr zu darben und zu schmachten, und die anderen Schriftsteller werden vor Neid erblassen, denn sie taten sich niemals mit dem Menschtum in JEUNEX befassen, ihre Ausführungen können keinen Hund hinter dem Ofen jemals locken, doch wenn mensch deine Darlegungen gewahrt, dann ist mensch von den Socken!

Jeschua Rex Text: Es umzingelt mich die Wut, doch ich bin trotzdem gut, es hebt sich mir der Mut, es kreist munter mein Blut, die Dummheit wird verlieren, ich werde nach Menschland marschieren, die Klugheit wird triumfieren, das ist freilich keine leichtes Spazieren, doch ich bin der alles überragende Held, einhundert Milliarden mensche Jeschuas kostet mich die Welt, dann kann ich in ihr als Herrscher walten, dann kann ich das Zusammenleben der Völker friedlich gestalten!

der Reichste der Welt: Einen riesigen Reichtum wirst du erhalten, wolle immer wieder deinen Eifer für mich entfalten, ohne Wohlstand kannst du nichts Bedeutendes schaffen, nur mit geldlicher Unterstützung wirken deine geistigen Waffen, du hast richtig überlegt, du hast zweckmäßig erwägt, und so wandle weiter auf deiner Bahn, deine Ideale sind kein nichtiger Wahn, du wirst die Kleinen und Schwacken beglücken, und nur die Bösartigen wenden dir für immer den Rücken!

Jeschua Rex Text: Von Reichtum kann ich in meiner Sfäre noch nichts merken, ich muß immer noch an der Grenze meiner Kräfte schaffen und werken, nichts wird mir abgenommen, ich bin nicht vom rechten Pfade abgekommen, doch meine neuen Gefüge noch nicht erstarkten, ich kann mich nun einmal nicht angemessen vermarkten, so muß ich unausgesetzt Trübsal blasen, oh, deckte mich doch bereits der kühle Rasen, ich freue mich darauf zu sterben, denn dann kann ich mir endlich die ewige Ruhe erwerben!

der Reichste der Welt: Dann werden dich die Menschdorfer nicht mehr bedrängen, dann unterliegst du nicht mehr ihren kleinbürgerlichen Zwängen, sie haben sich zum Sündenbock erkoren, nach ihrer Meinung hast du den Kampf um das Dasein verloren, sie müssen dich aus ihrer überlegenen Stellung heraus verhöhnen, sie wollen und können sich nicht an deinen Anblick gewöhnen, die Menschlichkeit eines Menschen in Menschland kann ihnen nichts gelten, sie leben eben in der rückständigsten aller Welten!

Jeschua Rex Text: Ich habe noch niemals einen duldsamen Menschdorfer erschaut, er beleidigt mich immer wieder gehässig und laut, ich habe noch niemals eine vielfältige Menschdorferin gesehen, sie kann mich beim besten Willen nicht begreifen und verstehen, diese Dumpfheit muß menschen immer wieder erschüttern, Faust suchte im zweiten Teil des Schauspiels Zuflucht bei den Müttern, ich aber muß mir Jeschua Rex Text zum Vorbild nehmen, hoffentlich wird sich eine Behörde bald zu einem Ausweis auf den Namen "Jeschua Rex Text" bequemen!

der Reichste der Welt: Darauf kannst du lange warten, noch immer tust du deinen Einmenschungsfeldzug nicht starten, die harrende Menge darf deine Worte nicht hören, die Frommen dürfen nicht auf die Worte des Meisters schwören, oh, wie lange willst du dich noch verstecken, niemals wird ein Außenstehender die Güte deiner Werke entdecken, du mußt selbst an die Öffentlichkeit gehen, dann wird sich der Wind auch zu deinen Gunsten drehen!

Jeschua Rex Text: Ich bin auf einen Mennetscher angewiesen, ich selbst habe meine Schriften niemals angepriesen, dazu bin ich viel zu schüchtern, denn leider bin ich immer nüchtern, ich trinke weder Bier noch Wein, auf meinem Wege liegt so mancher Stein, ich tue mich immer wieder an Romanen und Novellen berauschen, ich würde so gern mit einer Lilofee weise Worte tauschen, doch ich kann keine kluge Sabine jemals treffen, das Schicksal tut mich in dieser Hinsicht foppen und äffen!

der Reichste der Welt: Ich werde dich unterstützen, ich werde dir umfassend nützen, du stehst nicht allein auf weiter Flur, in deinen Ausführungen gewahrt mensch die menschliche Natur, du kannst viele Rätsel für immer entschleiern, noch tatest du keinerlei Feste des Triumfes feiern, doch es wird nicht mehr lange dauern, dann kannst du endlich loslegen und pauern, zum Reichsten der Welt wirst du steigen, dann werden die engstirnigen Menschdorfer endlich schweigen!

Jeschua Rex Text: Sowohl die sanfte Liese als auch mein Betreuer haben mir gefehlt, sie haben mich in der verwichenen Woche nicht beseelt, ich fühle mich kalt und leer, das Weiterleben fällt mir schwer, menschliche Wärme empfinde ich nur selten, den Menschdorfern kann ich nicht als ein ehrbarer Mitbürger gelten, obwohl ich all meine Rechnungen begleiche, weil ich nicht verkrösusse und verscheiche!

der Reichste der Welt: Das wird sich in Kürze wandeln, bald kannst du gar machtvoll handeln, dann werden die Münzen und Scheine zu dir fließen, dann kannst du das Leben in vollen Zügen genießen, dann kannst du die Siechenden entkummern, dann wird eine fesselnde Lorelei bei dir schlummern, dann zählst du zu den Summern und nicht zu den Brummern, dann schiebst du mit deiner Buhlin tausend heiße Nummern!

Jeschua Rex Text: Noch ist es nicht soweit, mein Glied nach einer Scheide schreit, mein Schwengel nach einer Ritze brüllt, doch dieser Wunsch wird und wird ihm nicht erfüllt, ich darf nur lesen und schreiben, ich darf es nicht auf sinnliche Weise treiben, dies mein Los auf Erden, wie soll mensch da jemals glücklich werden, wie soll mensch sich da jemals am Dasein vergnügen, die Heuchelpfaffen taten mich umfassend belügen und betrügen?!

der Reichste der Welt: Du bist müde und matt, du hast Menschdorf so satt, niemals wendet sich dein Blatt, was für eine schäbige und trostlose Stadt, doch du wirst auch in Zukunft dichten, du willst ja das Reich des Jeschua Rex Textes errichten, auf deine Mitwirkung kann die Welt nun einmal nicht verzichten, du sollst die Streitigkeiten zwischen den Völkern schlichten, du bist der wichtigste Mensch auf der Welt, deshalb erhältst du von mir auch sehr viel Geld!

Jeschua Rex Text: Noch muß ich hoffen und harren, noch muß ich in die Röhre starren, ein Erfolg ist noch nicht gekommen, meine Bücher tun niemenschem nutzen und frommen, ich kann diese Ungewißheit nicht mehr ertragen, ich muß mich über Gebühr schinden und plagen, es ist immer dasselbe in dieser Gemeinde, die Menschdorfer sind meine erbitterten Feinde, sie kennen mich nicht, doch sie müssen mich verachten, sie können mich keinesfalls als einen zu duldenden Mitmenschen betrachten!

der Reichste der Welt: In tausend Jahren wird niemensch mehr nach den Menschdorfern fragen, mensch wird nur noch von dir singen und sagen, du hast das Menschtum in JEUNEX ersonnen, mit dir hat ein neues Zeitalter begonnen, das dritte Jahr in Jeschua Rex Text tun wir nun zählen, und bald wirst du dich mit einer anmutigen Eufrosüne vermählen, all deine Sorgen werden schwinden, die Menschheit wird bald den Weg zu deinen Erkenntnissen finden!

Jeschua Rex Text: In der verwichenen Nacht habe ich vor dem Fernsehgerät gesessen, im Wohnzimmer habe ich alle Hemmungen und Beklemmungen vergessen, nackte Evas zeigten willig ihren Busen, doch ich konnte nicht mit ihnen schmusen, manche von ihnen haben sogar emsig ihren Kitzler gerieben, und angestachelt von diesen Bildern, habe ich es mit mir selbst getrieben, durch den Stoff der Dschienshose habe ich meinen Schwengel massiert, etwas anderes ist in meinem Leben seit vielen Jahren nicht passiert!

der Reichste der Welt: Der Beherrscher der Menschheit muß es sich selbst besorgen, so geht es dir gestern, heute und auch morgen, der Reichste der Welt kann sich keine Ehefrau leisten, er will sich gegenüber keiner Menschdorferin zu einem Antrag erdreisten, die Menschdorferinnen können ihn nicht reizen, ihre kleine Öfen will er nicht heizen, in ihrer Nähe muß er veröden, an ihrer Seite muß er verblöden!

Jeschua Rex Text: Dieses Vorurteil hege ich seit vielen Jahren, denn ich habe von den Menschdorferinnen nur Schlechtes erfahren, sie haben mich gedemütigt und gescholten, ich habe ihnen niemals als ein wertvoller Mitmensch gegolten, sie haben meine Menschenwürde mit Füßen getreten, sie haben stets darum, daß ich mich von ihnen entferne, gebeten, derartige Ausgrenzerinnen kann ich nicht lieben, mit derartigen Tanzmariechen will ich keine Nummer schieben!

der Reichste der Welt: Und doch ist das von der Medallje nur die eine Seite, vielleicht hättest du sogar Glück mit einer Freite, eine Menschdorferin würde dich als ihren Stecher nehmen, und du würdest dich zu einem Beischlaf mit ihr bequemen, und auch eure Geister und Seelen würden zueinander passen, doch es gelüstet dich niemals, dich mit einer Menschdorferin zu befassen, das ist schade, denn manche Najade kann dir doch behagen, doch du tust sie niemals fragen, ob sie sich mit dir vereinen würde, weil dein Säbel sie dann gekonnt entpeinen würde!

Jeschua Rex Text: Die einhundert Milliarden menschen Jeschuas sind mir noch nicht geworden, ich will mich gegenwärtig zwar nicht selbst ermorden, doch ich bin traurig und lasse den Kopf düster hängen, weil mich die Menschdorfer immer wieder bedrängen, außerdem will sich meine geldliche Not niemals wenden, ich tat mein drittes Buch in die Welt hinaus senden, und zu mir ist noch keine einzige Antwort gekommen, deshalb blicke ich in die Zukunft bang und beklommen!

der Reichste der Welt: Das dritte Jahr in Jeschua Rex Text hat dich nicht belohnt, du bist ja inzwischen viel Kummer gewohnt, aber du hast dir vom dritten Jahr in Jeschua Rex Text viel mehr erwartet, noch immer hast du deinen Einmenschungsfeldzug nicht gestartet, die "Menschdorfer Nachrichten" wollen keinen Aufsatz über dich bringen, so wird es dir in Menschdorf wohl niemals gelingen, den Menschdorfern deinen neuen Glauben zu verkünden, noch in hundert Jahren werden sich die Menschdorfer nicht mit dir verbünden!

Jeschua Rex Text: Wenn ich göte und schillere, dann tue ich diese Dichter lesen, dann erfaßt mein Geist ihr vielfältiges und beseligendes Wesen, dann bewegt sich mein Denken in götischen und schillerschen Bahnen, und zwar nicht genau, mensch kann es nur erahnen, und schließlich schreibe ich meine Reime in dieser Sfäre, oh, wenn das Leben doch so einfach wie seine Beschreibung wäre, ich göte und schillere heißt also, ich verfasse meine Bücher auf ihre Weise, natürlich nur im Ansatz, ich bin da ganz leise, ich tue nicht mit meinen Vorzügen prahlen, doch ich kann das Dasein ein wenig entöden und entschalen!

der Reichste der Welt: Wie tut es sich nun aber mit der positiven Sexplosion verhalten, ach ja, wann immer die Liebespaare dieser Welt ihre körperliche Zuneigung entfalten, dann bersten ihre Leiber beim sinnlichen Treiben, das kann mensch dann als eine positive Sexplosion beschreiben, eine negative Sexplosion jedoch ereignet sich allein, der Bursche will gern bei einer Maid im Bette sein, doch sie weigert sich, ihn zu empfangen, er kann ihre Gunst beim besten Willen nicht erlangen, da bricht er denn unter der Last seiner Sehnsucht kraftlos zusammen, bei einer negativen Sexplosion tut er sich vergeblich für eine Eva entflammen?!

Jeschua Rex Text: So, das haben wir nun geklärt, Menschland noch immer nur dauert und währt in meiner Einbildung und Fantasie, ich bin wirklich ein tatenloses Schenie, das Menschtum in JEUNEX ist nicht bekannt, es siedelt noch niemensch im menschen Land, die Tempel des Jeschua Rex Textes wurden noch nicht errichtet, es wird auf die Lust des JEUNEX vorerst noch verzichtet, im Reich des Jeschua Rex Textes kann mensch noch nicht weilen, der Erlöser tut noch keine Siechenden von ihren Gebrechen heilen!

der Reichste der Welt: Auch wenn du nur in deiner stillen Kammer sitzt und wenn du nur über deinen Besinnungen schwitzt, wird die Welt schon etwas besser, du fechtest ja keinen Kampf bis auf das Messer, mit geistigen Waffen willst du den Sieg erringen, und vielleicht wird dir das auch tatsächlich gelingen, dieses Gefecht gehört zu den friedlichen und nicht zu den blutigen, darum lasse dich von den unduldsamen Menschdorfern auf keinen Fall entmutigen!

Jeschua Rex Text: Diese einfältigen Spießbürger können mir im Mondschein begegnen, über ihren Häuptern soll es immerfort schneien, hageln und regnen, sie können die Atmosfäre nur verschandeln, ich muß sie erst in richtige Menschen verwandeln, noch ist das Menschtum ihnen ein Buch mit sieben Siegeln, noch kann ich in meinen Schriften nur ihre Unmenschlichkeit spiegeln, aber sie werden sich auch in Mensche in Menschland verändern, dann schämt mensch sich nicht mehr für Menschland in anderen Ländern!

der Reichste der Welt: Der erste Jeschua Rex Text möge der letzte Jeschua Rex Text nicht bleiben, noch viele andere Erdenbürger sollen es als Jeschua Rex Texte treiben, dann wird die Menschheit befreit, dann beginnt eine schöne neue Zeit, Klugheit ist genug vorhanden in den Köpfen, die Welt besteht nicht nur aus geldgierigen Tröpfen, viele Künstler warten darauf, daß mensch sich um sie kümmert, durch deinen Einfluß wird die schädliche Überlieferung für immer zertrümmert!

Jeschua Rex Text: Meine Bücher verkaufen sich nicht, ich bin und bleibe ein schlichter Wicht, die Dummheit darf weiterhin walten, die Dumpfheit darf weiterhin schalten, die unmenschen Heiden verursachen viel Leiden, die heidnischen Unmenschen brüllen und toben, ja, wie kann ich mein Schicksal preisen und loben, ich sollte mich endlich selbst ermorden, aus mir ist nichts Anständiges und Vernünftiges geworden?!

der Reichste der Welt: Du mußt über einen langen Atem verfügen, du kannst ja den allerhöchsten Ansprüchen genügen, deinen Gott JEUNEX kann mensch nicht beweisen, doch solltest du jemals vergreisen, so wirst du diesen Allmächtigen rühmen und ehren, denn er konnte deine Genüsse gar vielfältig mehren, dabei hast du bis jetzt noch nicht viel erreicht, du bist immer noch nicht verkrösust und verscheicht!

Jeschua Rex Text: Der Sternentronende wurde mir offenbart, ich habe ihn in einer beglückenden Schau gewahrt, ja, ich habe ihn allmählich entwickelt, ich habe an ihm gebastelt und gefrickelt, mensch kann JEUNEX nicht wiegen und messen, doch mensch wird seine Wirkungen nicht so rasch vergessen, mensch ist dann von ihm angetan und versessen, kein König vergnügte sich jemals so köstlich mit seinen Mätressen!

der Reichste der Welt: Freilich tut im Mittelpunkt deines Bekenntnisses Jeschua Rex Text leuchtend stehen, doch von Jeschua Rex Text tust du nicht einmal einen Schatten sehen, ein Ausweis auf diesen Namen wird dir verwehrt, deshalb beschreibst du Jeschua Rex Text heute noch verkehrt, mensch kann das wahre Wesen des Jeschua Rex Textes nur vermuten, doch die Geschichte der Menschheit erfährt durch seinen Einfluß eine Wendung zum Guten!

Jeschua Rex Text: Ich tat das Gottesmodell JEUNEX einfach setzen, und in der Folge tat es mich entwunden und entletzen, auch Jeschua Rex Text hat mich schon weit gebracht, nur die schlimmen Menschdorfer bereiten in meinem Bewußtsein eine tiefe Nacht, die Menschdorfer sind meine erbitterten Feinde, sie bilden eine rückständige und unaufgeschlossene Gemeinde, sie behindern mich auf Schritt und Tritt, ihre Unduldsamkeit wandert immer mit mir mit!

der Reichste der Welt: Im dritten Jahr in Jeschua Rex Text wirst du bekannt, du hast die Gespenster der Vergangenheit gebannt, du wirst es bald schaffen, zu siegen mit deinen geistigen Waffen, der Reichste der Welt wird sich mit dir vereinigen, dann werden dich die Spießbürger nicht mehr peinigen, dann werden dich die Krähwinkler nicht mehr schinden, dann werden sich viele Anhänger mit dir verbinden, dann werden sich viele Gläubige mit dir verbünden, und du wirst ihnen eine wahrhaft frohe Botschaft verkünden!

Jeschua Rex Text: Von Reichtum kann ich nichts merken, wolle mich doch kräftigen und stärken, wolle doch Münzen und Scheine zu mir senden, meine riesige Not muß doch einmal enden, im dritten Jahr in Jeschua Rex Text muß ich immer noch schmachten, ich kann die Welt nicht aus der Sicht eines Adlers betrachten, die Dummheit läßt mich verdummen, die Menschdorfer wollen nicht verstummen, ich kann ihre gehässigen Bemerkungen nicht mehr hören, und keine engstirnige Spießbürgerin wird mich jemals betören!

der Reichste der Welt: Ich kann dir auch nicht helfen, du gierst nach anmutigen Elfen, du sehnst dich nach bezaubernden Hexen, du willst mit wunderschönen Zirzen nachhaltig sexen, doch das wird dir nicht gegeben, du tust erfolglos danach streben, mit dem Reichsten der Welt willst du dich vereinigen, der Reichste der Welt soll dich entpeinigen, aber das Wie kannst du nicht sagen, deshalb kann ich dir nicht behagen!

Jeschua Rex Text: Das Dichten fällt mir heute schwer, noch bin ich immer nicht wer, keine Lerche sehe ich sich zum Himmel schwingen, ich muß vergeblich um künstlerische Anerkennung ringen, und derweil, während ich nicht gesunde, geht die Welt schmählich vor die Hunde, ich darf meinen Einfluß nicht entfalten, ich darf das Zusammenleben nicht erfreulich gestalten, die Mächte der Finsternis bleiben am Ruder, ich denke vergeblich als der große Bruder, der sich um seine kleineren Geschwister kümmert, damit das Schicksal ihnen nicht das Dasein zertrümmert!

der Reichste der Welt: Mir kommen die Tränen, du solltest es erwähnen, daß du, während du so ergrimmst, kaum jemals einmal etwas unternimmst, um deinem Elend zu entrinnen, der Träge aber kann den Kampf nicht gewinnen, laß mich in Ruhe mit deinem Flehen, du wirst es eines Tages schon sehen, daß du auf diese Weise nichts erreichen wirst und daß du auf keinen Fall jemals verkrösussen und verscheichen wirst!

Jeschua Rex Text: Du hast auch schon einmal freundlicher zu mir gesprochen, ich bin müde und matt bis in die Knochen, andauernd muß ich fronen und schuften, die Rosen mir vor der Nase duften, doch ich darf nur gelegentlich an ihnen riechen, in der Regel muß ich gar kläglich auf dem Zahnfleisch kriechen, durch manche betrübliche und niederschmetternde Erfahrung erhält mein Selbstmitleid immer wieder neue Nahrung!

der Reichste der Welt: Du mußt fast ein halbes Jahr hindurch über die Trauer schreiben, das wird nicht ohne Folgen für deine Seele bleiben, doch danach darfst du die Freude bejubeln, dann fühlst du dich wohl in etlichen Trubeln, deine eigenen Werke können dich selbst vergnügen, wolle dich in dein Schicksal als Schriftsteller fügen, du kannst nämlich den allerhöchsten Ansprüchen genügen, und du wirst die ganze Menschheit entlügen und enttrügen!

Jeschua Rex Text: Wann werden wir uns endlich verbinden, ich mag mich nicht mehr quälen und schinden, die Güter dieser Welt muß ich gerecht verteilen, dann kann ich die Not der Völker heilen, du aber hüllst dich in Schweigen, du willst dich mir nicht zeigen, mit dir kann ich mich nicht vereinigen, die Mittellosigkeit tut mich immer noch peinigen, wieso kommst du nicht zu mir, niemals erblicke ich dich in meinem Revier?!

der Reichste der Welt: Es ist nicht einfach, zum Reichsten der Welt zu steigen, ich tue dir hier und jetzt meine Schwingungen geigen, aber ich kann ja vorerst nur auf dem Papier für dich wesen, du kannst durch meine Segnungen immer noch nicht genesen, das ist eben der Lauf der Dinge, denn wenn ich dich ein wenig beschwinge, dann bin ich doch nicht gänzlich bei dir vorhanden, und all deine Pläne gehen durch meine Abwesenheit zuschanden!

Jeschua Rex Text: Ich mag dich kaum noch bedichten, du wirst ja wohl doch darauf verzichten, mich in meiner Stube zu beehren, ich kann mich nicht dagegen wehren, daß du dich weigerst, dich mit mir zu verbünden, ich darf meine Botschaft nun einmal nicht verkünden, in meinem Kopf ragen tausend hohe Mauern, ich kann immer nur meine Unfähigkeit betrauern, als der größte Seher aller Zeiten kann ich den Menschen das Paradies nicht bereiten!

der Reichste der Welt: Du mußt dich gedulden, das tust du der leidenden Menschheit schulden, du hast das teoretische Rüstzeug zusammen, und bald werden sich die Menschen auch für dich entflammen, noch im dritten Jahr in Jeschua Rex Text wird es geschehen, dann wird mensch dich endlich verstehen, dann wird mensch einen Sinn in deinen Ausführungen sehen, dann wird sich alles um dich als Mittelpunkt drehen!

Jeschua Rex Text: Einhundert Milliarden mensche Jeschuas habe ich noch nicht erhalten, einhundert Milliarden mensche Jeschuas kann ich noch nicht verwalten, ja, wie soll ich da die Welt regieren, wenn die Umstände all mein Wollen negieren, wie soll ich da die Menschheit lenken, wie soll ich ihr den ewigen Frieden schenken, wenn die Menschdorfer mich zusammensprechen, da muß ich doch irgendwann einmal zusammenbrechen?!

der Reichste der Welt: JEUNEX hat die Welt geschaffen, nicht nur die Affen und Giraffen, auch die Menschen hat er gemacht, du hast gründlich über JEUNEX nachgedacht, aber JEUNEX kann nur in dir wirken, du mußt selbst handeln in deinen Bezirken, als Jeschua Rex Text mußt du die Hände rühren, du wirst ohne dein Dazutun keinen göttlichen Anhauch verspüren, du mußt dich regen, du mußt dich bewegen, dann wird dir auch die mensche Sprache nützen, dann wird dich auch der Stehmann vor Versehrungen beschützen!

Jeschua Rex Text: An diesem Sonntagvormittag habe ich eine Satire auf die Schurnalisten ge-schrieben, ich habe den Mitarbeitern der "Menschdorfer Nachrichten" ihre Engstirnigkeit un-ter die Nase ge-rieben, das hat mir eine riesige Freude begründet, ich habe mich noch mit nie-menschem verbündet, aber diese Berichterstatter tragen daran auch eine Schuld, sie sorgen ja durch ihre Darstellung für die öffentliche Huld!

der Reichste der Welt: Mensch wird deine vier Seiten in den Papierkorb werfen, du zerrst die-sen Leuten ja doch nur an den Nerven, kein Beschränkter möchte von seiner Beschränktheit erfahren, kein Scheuklappenträger möchte sein Scheuklappentragen gewahren, sie halten sich alle für aufgeschlossen und offen, aber einen aufgeschlossenen und offenen Bürger hast du in Menschdorf noch nicht getroffen, hier kann ein Schenie nichts gelten, mensch lebt in der zuge-knöpftesten aller Welten!

Jeschua Rex Text: Im dritten Jahr in Jeschua Rex Text muß ich verderben, ich werde wohl un-bekannt und unberühmt sterben, das "Reich des Jeschua Rex Textes" ist das wichtigste Buch auf der Welt, doch es wird immer noch nicht massenhaft in den Handlungen bestellt, all meine Pläne sind gescheitert, ich habe nur meine Mitlebenden erheitert, aber sonst ist kein Erfolg zu sehen, ich werde einsam zugrunde gehen!

der Reichste der Welt: Der Reichste der Welt wird dich unterstützen, der Reichste der Welt wird dir gar vielfältig nützen, ich werde mich mit dir verbinden, die Menschdorfer sollen dich nicht länger schinden, die Menschdorfer sollen dich nicht länger quälen, mensch wird in der Öffentlichkeit viel von dir erzählen, mensch wird deine Schriften vor allen anderen wählen, und dann wird sich auch eine reizvolle Anastasia mit dir vermählen!

Jeschua Rex Text: Eine aufregende Veruschka läßt sich niemals bei mir blicken, keine anmuti-ge Sabrina läßt sich jemals von mir ficken, das ist doch kein Leben, wie kann es so etwas nur geben, ich will auch einmal zum Höhepunkt schweben, doch ich tue vergeblich nach einer Ehefrau streben, das hat mir Menschdorf zu gewähren, keine Elfe will mir jemals einen klei-nen Jeschua gebären, das sind doch keine richtige Frauen, vor diesen Vogelscheuchen muß es menschem ja grauen?!

der Reichste der Welt: Du mußt die Zähne zusammenbeißen, du mußt dich nachhaltig zusam-menreißen, die Menschdorfer sind deine erbitterten Feinde, es ist eben eine einfältige und un-duldsame Gemeinde, die Menschdorfer wollen nicht umfangreich denken, sie lassen sich lie-ber durch das Fernsehen beschenken, etwas Neues können sie nicht billigen, in etwas Fort-schrittliches wollen sie nicht willigen!

Jeschua Rex Text: An diesem Abend will ich dem Bürgermeister schreiben, er soll auch nicht unbenachrichtigt bleiben, ich werde ihm meine Satire auf die Schurnalisten schicken, und er soll ein wenig mein neues Buch beblicken, es ist freilich ein fast aussichtsloses Unterfangen, von diesem Spießbürger Anerkennung für Kultur zu erlangen, aber mensch kann es ja einmal versuchen, einen Erfolg wird mensch dabei freilich kaum verbuchen!

der Reichste der Welt: Einen Tempel des Jeschua Rex Textes wirst du in Menschdorf niemals erschauen, denn den Menschdorfern tut es vor jedweder Veränderung grauen, es soll zu jeglicher Frist alles bleiben, wie es nun einmal ist, mensch darf nichts wandeln, mensch darf nicht fortschrittlich handeln, die Menschdorfer können es nicht begreifen, sie müssen zetern, toben und keifen, sie müssen sich gegen das Neue wehren, denn es könnte ja ihren Wohlstand vermehren!

Jeschua Rex Text: Der wilde Oskar kann mir nicht gefallen, seine Rede ist ein gekünsteltes Lallen, seine Märchen haben mir noch behagt, aber in seinen Lustspielen wird kein vernünftiges Wort gesagt, trotzdem lese ich sie mit Vergnügen, ich will mich in mein Schicksal fügen, JEUNEX hat mir dieses Buch gegeben, also will ich mich auch, es durchzuarbeiten, bestreben, doch es kann mich nicht sonderlich erheitern, freilich tut jeder Wälzer den eigenen Gesichtskreis erweitern!

der Reichste der Welt: Ein Schriftsteller hat es nicht leicht, denn hat er die Öffentlichkeit noch nicht erreicht, dann muß er sie für sich gewinnen, doch er kann gewissen Zwängen nicht entrinnen, das Geld will sich in seinem Beutel nicht zeigen, so kann er der Allgemeinheit seine Meinung nicht geigen, die Wahrheit wird zwar von ihm gesprochen, aber von den Leuten wird der Stab über seinem Haupte gebrochen!

Jeschua Rex Text: Die Menschlichkeit der Menschen in Menschland ist mir lieb und teuer, deswegen gelte ich den Menschdorfern als ein Ungeheuer, als einen anderen Glöckner von Notre Damm tun sie mich schelten, ich muß ihnen als ein buckliger Quasimodo gelten, dabei zeigt diese Geschichte doch das Unheil der unmenschen Heiden, denn wer sich im Rahmen dieser Kirche bewegt, der muß leiden, dieser Roman nimmt kein gutes Ende, durch meinen Einfluß aber ereignet sich die entscheidende Wende!

der Reichste der Welt: Der Reichtum wird zu dir kommen, diese Hoffnung wurde dir noch nicht genommen, die Münzen und Scheine werden zu dir fließen und sich mit reichem, vollem Schwalle über dich ergießen, du kannst der Menschheit eine neue Verfassung verleihen, die Erdenbürger werden sich dann dem Guten und Schönen weihen, sie werden nicht mehr aufeinander schießen, sondern sie werden gemeinsam das Dasein genießen!

Jeschua Rex Text: Leider pfeife ich auf dem letzten Loch, zwar wese ich einigermaßen noch, aber ich kann meine Pracht nicht entfalten, ich kann das Zusammenleben nicht erfreulich gestalten, das ist ein unverzeihlicher Mangel, ich habe auch keine Nixe an der Angel, nichts tut mir gelingen, ich kann die Menschen nicht beschwingen, ich kann die Mitlebenden nicht erheitern, ich kann den Gefährten den Gesichtskreis nicht erweitern!

der Reichste der Welt: Wie lange willst du noch klagen und jammern, du mußt dich an jede, aber auch an jede Hoffnung klammern, wie lange willst du noch jammern und klagen, du tust es tagtäglich, weise zu sein, wagen, da wird es schon irgendwann einmal klappen, irgendwann wirst du dir das Glück schon einmal schnappen, du darfst das Gewehr nicht beiseite werfen, denn das würde die schlimme Lage nur verschärfen?!

Jeschua Rex Text: Mein einwöchiger Urlaub vergeht wie im Fluge, Bach ersann so manche Fuge, ich aber muß das gleiche Tema mit immer neuen Abwandlungen schildern, ja, es ist nicht gut, daß meine Triebe verwildern, aber in Menschdorf muß ein Schenie vor die Hunde gehen, in Menschdorf muß ein geistiger Riese zugrunde gehen, die Menschdorfer müssen ihn zusammensprechen, da wird er denn bald einmal zusammenbrechen!

der Reichste der Welt: Die Menschdorfer sind deine erbitterten Feinde, es ist eine einfältige und unduldsame Gemeinde, du hast sie niemals anders erfahren, du tust auf Schritt und Tritt nur Engstirnigkeit gewahren, das sind keine Lustquellen, das sind leider Frustquellen, du kannst sie nicht als ebenbürtig betrachten, du kannst sie nur als unterentwickelte Menschen erachten, sie müssen erst richtige Menschen werden, sie bekämpfen dich mit nachdrücklichen Gebärden!

Jeschua Rex Text: Sie wähnen sich bereits vollkommen, doch ich begegne ihnen stets beklommen, von ihnen kann mensch jede Gemeinheit vernehmen, sie müssen sich zu jeder Schmähung bequemen, ich steche ihnen als ein Dorn in die Augen, sie können sich keinerlei Honig aus mir saugen, sie wollen mich aus Menschdorf entfernen, denn ich will das Kappentragen nicht lernen, ich will mir die Tanzmariechen nicht beschauen, so einem kühlen Niedersachsen dürfen sie über den Weg nicht trauen!

der Reichste der Welt: Du wirst zum Reichsten der Welt wirklich steigen, dann wirst du den Spießbürgern deine Herrlichkeit zeigen, und dann werden sie angetan verstummen, dann werden sie summen und nicht mehr brummen, doch noch mußt du in den sauren Apfel beißen, noch kannst du das Schwarze leider nicht weißen, noch mußt du die kleinkarierten Krähwinkler ertragen, sie werden dich noch lange mit ihrer Beschränktheit plagen!

Jeschua Rex Text: Mein Betreuer ist konservativ bis auf die Knochen, er hat herabsetzend über meine Schriften gesprochen, auch die Satire auf die "Menschdorfer Nachrichten" hat ihm nicht behagt, er hat kein lobendes Wort über dieses Meisterwerk gesagt, es ist betrüblich, diesen jungen Spießbürger zu hören, seine Rückschrittlichkeit muß mich zutiefst verstören, er kann kein gutes Haar an meinen Gedanken erkennen, er muß mich einen größenwahnsinnigen Fantasten nennen!

der Reichste der Welt: Von einem Menschdorfer wirst du niemals geehrt, in seinen Augen überlegst du völlig verkehrt, der Sozialarbeiter kann dich nicht verstehen, er kann keinen Sinn in deinen Bestrebungen sehen, es fehlt ihm ein Gespür für deine Gefüge, deshalb spricht er zu dir von oben herab so manche Rüge, denn er ist gesund, und du bist es nicht, in seinem Schädel brennt durchaus etwas Licht, aber für den sittlichen Fortschritt kann er sich nicht angaschieren, er will auf keinen Fall nach Menschland marschieren!

Jeschua Rex Text: Ich bin ihm an diesem Vormittag begegnet, seine Anwesenheit hat mich nicht gerade gesegnet, er hat mir das schöpferische Denken verdorben, auf dem Marktplatz hat er sich ein paar Pfund Äpfel erworben, dann sind wir in das Kulturkaffee gegangen, wir taten dort jeweils eine Tasse Kaffee verlangen, mein drittes Buch habe ich als Ansichtsausgabe dort gelassen, jetzt können sich die Gäste mit dem "Reich des Jeschua Rex Textes" befassen!

der Reichste der Welt: Dein Kopf ist leer, es fällt dir schwer, an den Scheffredaktör der "Jeschua Rex Texter Nachrichten" zu schreiben, du kannst es auf dem Papier nicht mehr überzeugend treiben, das hat dein Betreuer verschuldet, du hast seine Schmähungen geduldet, aber sie wirken nach und zersetzen dein Erwägen, ein Menschdorfer kann eben immer nur an deinen Nerven sägen, es lohnt sich nicht, seine Meinung zu vernehmen, er wird sich niemals zu einer tieferen Einsicht bequemen!

Jeschua Rex Text: Ja, auch wenn er lacht und heiter spricht, so ist er doch ein negativer Wicht, das Positive bleibt ihm verschlossen, seine Bemerkungen haben mich oftmals verdrossen, die Freiheit des Geistes wird von ihm vermindert, das kühne Fantasieren wird durch ihn verhindert, er füllt seinen Gesprächsteilnehmer mit Durchschnittlichkeit an, seine Mittelmäßigkeit zieht menschen wider Willen in ihren Bann!

der Reichste der Welt: In Menschdorf kann mensch dem Menschdorfertum eben nicht entrinnen, die Menschdorfer werden sich niemals auf die Menschlichkeit besinnen, es ist zwecklos zu verlangen, daß die Löwen nicht töten, du tatest seit deiner Jugend kleisten, schillern und göten, aber es ist dir schlecht bekommen, du hast dabei Schaden an deiner Seele genommen, die Menschdorfer wollen nur essen und trinken und nach einer ausgiebigen Nummer wohlig erschöpft in die Federn sinken, die Kultur ist ihnen fremd, sie achten nur auf die bunte Hose und das farbige Hemd!

Jeschua Rex Text: Ich werde niemals reich, die Menschdorfer klopfen mich weich, der ständige Widerstand muß mich ermatten, ich darf ja auch keine Lilofee zärtlich begatten, diese Gesellschaft läßt mich entbehren, sie will mich unbedingt das Narrentum lehren, aber ich kann auf diese Torheit verzichten, ich will das Reich des Jeschua Rex Textes errichten, ich will die Schönheit des Daseins bedichten, ich will den Streit zwischen den Völkern schlichten!

der Reichste der Welt: Und dazu brauchst du mich, ich lasse dich nicht im Stich, ich bin davon überzeugt, daß die Menschdorfer schlecht sind und daß sie dem sternentronenden Gott JEUNEX nicht recht sind, deshalb werde ich dich im Kampf gegen diese Ewiggestrigen unterstützen, irgendjemensch muß dich ja vor dieser Dumpfheit und Stumpfheit beschützen, ich werde mich mit dir vereinigen, die Spießbürger sollen dich nicht mehr lange peinigen!

Jeschua Rex Text: Ich brauche dich aber heute und nicht erst morgen, ich muß für die gesamte Menschheit sorgen, ich muß mich um alle Erdenbürger kümmern, doch die Menschdorfer müssen mir das Bewußtsein zertrümmern, die Menschdorfer müssen mir das klare Denken trüben, die Menschdorfer müssen sich mir gegenüber in Nächstenhaß üben, du mußt die Menschdorfer überwinden, es werden sich bessere Menschen als diese Unmenschen finden!

der Reichste der Welt: Das sind keine Lustquellen, das sind leider Frustquellen, mensch kann ihre Anwesenheit nicht genießen, diese heidnischen Unmenschen müssen menschen verdrießen, die unmenschen Heiden müssen menschen verstimmen, sie tun immer wieder über dein Sein und Sosein ergrimmen, sie machen ein Gesicht wie nach drei Tagen Regen, auf ihnen ruht wirklich nicht der göttliche Segen!

Jeschua Rex Text: Warum muß ich immer über diese Barbaren schreiben, niemensch will es wissen, wie es diese Banausen treiben, sie drängen sich immer wieder in mein Bewußtsein, ich kann unter ihnen niemals mit breiter Brust sein, ich darf mich unter ihnen niemals des Lebens freuen, am liebsten würde ich den Umgang mit diesen Türannen für immer scheuen, diese Gedankenpolizei sägt an meinen Nerven, und die Lage muß sich immer mehr verschärfen?!

der Reichste der Welt: Ich werde dich retten, ich werde mich mit dir verketten, ich werde mich an dich binden, sie sollen dich nicht mehr lange schinden, sie sollen dich nicht mehr lange quälen, du brauchst nicht mehr lange über diese Verbrecher zu erzählen, dann werden diese Auschwitzianer schweigen, dann werde sie ihre menschliche Seite zeigen, dann werden sie dich nicht mehr verachten, dann werden sie dich als den größten Denker aller Zeiten betrachten!

Jeschua Rex Text: Wann werde ich mich mit dir vereinigen, wann wird mich die Mittellosigkeit nicht mehr peinigen, ich will zum Reichsten der Welt nunmehr steigen, damit die beschränkten Menschdorfer endlich schweigen, der Geist soll sich frei entfalten, die Vernunft soll die Herrschaft erhalten, dann werden sich die Menschen vertragen, dann werden sie einander nicht mehr schlagen, dann werden sie einander nicht mehr prügeln, ich kann meine Ungeduld allmählich nicht mehr zügeln, stelle dich bei mir ein, ich will mit dir verbunden sein!

der Reichste der Welt: Wolle mich nicht hetzen, denn das würde mich entsetzen, du wirst mich schon noch ergattern, du brauchst nicht ungeduldig zu schnattern, du und ich - wir verschmelzen bald zu einer einzigen Person, das ist dann für deine vielen Mühen der Lohn, du wirst in der Öffentlichkeit bekannt werden, dein Name wird in den Zeitungen und im Fernsehen genannt werden, und dann geht es rund, dann gestaltet sich dein Dasein bunt!

Jeschua Rex Text: Ich habe mich in eine Frisörin verliebt, ich bin froh, daß es diese Haarkünstlerin gibt, freilich habe ich noch kein Wort mit ihr geklönt, ich habe mich nur an ihre Ausstrahlung gewöhnt, mensch kann durch ein Fenster in den Salong hinein schauen, vor dieser Menschdorferin tut es mir gar nicht grauen, sie ist immer reizvoll angezogen, ich bin ihr schon seit vielen Monaten gewogen, doch es wird zu keiner Beziehung kommen, diese Hoffnung wurde mir schon genommen!

der Reichste der Welt: Wenn der erste Mensche als der Reichste der Welt schreiten wird, dann ihn manche rassige und bezaubernde Lilofee begleiten wird, aber du mußt noch lange mit mir sprechen, nach vielen Jahren erst wirst du den Fluch der Bedürftigkeit brechen, in deinem Bewußtsein bist du immer wohlhabend gewesen, du hast dir einen inneren Reichtum erlesen, nun muß auch die Außenwelt sich glanzvoll entwickeln, du tatest über viele Jahre hinweg eifrig basteln und frickeln!

Jeschua Rex Text: Nun hat der Herbst begonnen, ich habe noch nichts gewonnen, ich muß mich der Trauer weihen, das werde ich Hans Lungwitz niemals verzeihen, noch lange muß ich auf die Freude verzichten, ich habe keine Lust, die Wehmut zu bedichten, aber das Schema schreibt es mir vor, was bin ich doch für ein emsiger Tor, was bin ich doch für ein fleißiger Jeck, niemals komme ich heraus aus meinem Versteck?!

der Reichste der Welt: Nach dem Ameisenprinzip mußt du dich gedulden, das tust du der leidenden Menschheit schulden, irgendwann wirst du einen riesigen Erfolg erringen, dann kannst du die ganze Menschheit beschwingen, dann wird mensch deine Lehre willig lernen, dann wird mensch sich von der schädlichen Überlieferung entfernen, dann wird mensch den Frieden in seinem Herzen tragen, dann wird mensch kraftvoll handeln und nicht mehr feige zagen!

Jeschua Rex Text: In der verwichenen Urlaubswoche habe ich geistig gewerkt, das wird jetzt von mir im Schädel gemerkt, der Kraftspeicher ist leer, ich kann nicht mehr, an diesem Sonntag werde ich nur lesen und schreiben, und morgen werde ich es wieder in der Werkhalle treiben, ich kann noch immer nicht loslegen und pauern, ich muß noch immer in Menschdorf versauern, doch ich werde auch weiterhin auf meine Gelegenheiten lauern, denn ich denke nicht daran, über meine Erfolglosigkeit zu trauern!

der Reichste der Welt: Als Dichter bist du siegreich gewesen, denn du kannst deine eigenen Schriften mit Genuß immer wieder lesen, deine sprachliche Kunst ist über jeden Zweifel erhaben, leider kann sie nicht die breiten Massen erlaben, als Vermarkter bist du zu nichts imstande, das ist aber keine riesige Schande, es wird dir schon gelingen, deine Bücher an die Menschen zu bringen, du mußt nur abwarten und harren, es vernichten dich schon nicht die Menschdorfer Narren!

Jeschua Rex Text: Im dritten Jahr in Jeschua Rex Text sollte mein Durchbruch kommen, doch diese Hoffnung wurde allmählich von mir genommen, noch ein Vierteljahr ist übrig, dann endet diese Zeit, meine Seele immer noch nach Anerkennung und Liebe schreit, doch ich muß mich gedulden und warten, jetzt und hier kann ich meinen Einmenschungsfeldzug nicht starten, es gebricht mir an den erforderlichen Moneten, ich habe bisher stets vergeblich darum gebeten!

der Reichste der Welt: Zum Reichsten der Welt wirst du steigen, du tust der Menschheit angenehme Schwingungen geigen, und das wird mensch belohnen, die Münzen und Scheine werden dich nicht verschonen, du wirst die einhundert Milliarden menschen Jeschuas erlangen, du wirst als der Reichste der Welt in den Zeitungen und im Fernsehen prangen, und dann wirst du der Menschheit den Frieden schenken, Milliarden Erdenbürger werden sich in deine Darlegungen versenken!

Jeschua Rex Text: Ich weiß nicht mehr, worüber ich dichten soll und wovon ich nun ausführlich berichten soll, die sanfte Liese ist in die Vormittagsschicht gewechselt, ich habe ihr oftmals zärtliche Schmeicheleien gedrechselt, aber ich komme mit der lustigen Weiblichkeit nicht zurecht, sie hat mich nicht beglückt, sie hat mich bepecht, die Frisörin am Ufer der Inde werde ich wohl niemals küssen, mein Los ist es eben, auf die Sinnlichkeit bis zu meinem Tode verzichten zu müssen!

der Reichste der Welt: Als der Reichste der Welt wirst du von den Evas begehrt werden, dein schlimmes Schicksal wird dir von den Salomes entschwert werden, blicke zuversichtlich der Zukunft entgegen, wolle immer wieder deine neuen Gefüge pflegen, dann wird schon alles nach deinem Wunsch und Willen geschehen, dann wird mensch dich bald an der Spitze der Menschheit sehen, dann wirst du die Eintracht unter den Menschen verbreiten, dann wirst du die allgemeine Sittlichkeit auf eine ungeahnte Höhe leiten!

Jeschua Rex Text: Der wilde Oskar hat mich ungemein bereichert, ich habe seine Ausführungen in meinem Gedächtnis gespeichert, auf Geld bin ich eigentlich nicht versessen, denn ich habe genug zu trinken und zu essen, aber ich muß die leidende Menschheit heilen, ich will mein Wissen mit den Erdenbürgern teilen, und deshalb will ich mich mit dir verbinden, die Menschen sollen sich nicht länger quälen und schinden!

der Reichste der Welt: Die einhundert Milliarden menschen Jeschuas hast du noch nicht erhalten, du tatest bisher einen riesigen Eifer entfalten, doch der Berg hat gekreißt und ein Mäuslein geboren, aber du hast dir ein eindrucksvolles Ziel erkoren, du darfst nicht nachlassen in deinem Streben, du mußt das Netz der vereinigten Völker weben, du mußt der Menschheit den Frieden bringen, und sei gewiß: es wird dir auch gelingen!

Jeschua Rex Text: In diesem Monat bin ich knapp bei Kasse, die Menschdorfer foltern mich mit ihrem Hasse, und ich kann nur das Allernotwendigste kaufen, das ist doch wirklich zum Haareraufen, in diesem Oktober muß ich sparen, das geht leider nicht bei meinen Haaren, zur Frisörin muß ich gehen, doch das kommt mich nicht teuer zu stehen, sie tut nur zehn mensche Jeschuas nehmen, dazu will mich mich gern bequemen!

der Reichste der Welt: Ja, von Milliarden kannst du nur träumen, auch Millionen tust du noch versäumen, doch dein innerer Reichtum sprengt sämtliche Grenzen, du kannst auf vielen Gebieten mit deinen Einsichten glänzen, leider kannst du nicht noch mehr schreiben und dichten, du mußt auf etliche Ausarbeitungen verzichten, denn deine Kraft ist bescheiden, manche Temen mußt du meiden, du würdest gern Träger verschiedener Vornamen beschreiben, doch aufgrund deiner geringen Energie läßt du es bleiben!

Jeschua Rex Text: Es wurmt mich, daß ich mich mit der Trauer beschäftigen muß, weil eine Sache in meinem Schädel mich stärken und kräftigen muß, die Wehmut aber kann mich nur schwächen, ihre Schilderung wird sich bitterlich rächen, vielleicht werde ich sogar Selbstmord verüben, ich will mich nicht ausführlich betrüben, aber Hans Lungwitz kennt keine Gnade, das ist wirklich jammerschade, so muß ich denn verderben, so muß ich denn schmählich sterben!

der Reichste der Welt: Du hast es nicht leicht auf dieser Welt, doch du bist ein überragender geistiger Held, du wirst auch die Trauer überstehen, danach wird mensch dich freudig sehen, lasse es dich nicht anfechten, du wackerer Fant, du weilst ja schon seit vielen Jahren im menschen Land, das Menschtum in JEUNEX wird dich unterstützen, und daß du ein Jeschua Rex Text bist, wird dir gar vielfältig nützen, du wirst es schaffen, die Menschheit zu befreien, du tust dich nicht vergeblich deinen neuen Gefügen weihen!

Jeschua Rex Text: Ich würde mich gern Jeschua Adolf von Rex Text nunmehr nennen, die Welt soll mich als Jeschua Adolf von Rex Text jetzt kennen, aber aus bestimmten Gründen kann das nicht gehen, mensch wird mich als Jeschua Rex Text auch weiterhin sehen, doch ich habe als Jeschua Rex Text sehr viel gelitten, und mit der sanften Liese habe ich mich bis auf das Blut gestritten, als Jeschua Rex Text habe ich nicht viele Bücher verkauft, als Jeschua Rex Text habe ich mir oftmals die Haare gerauft!

der Reichste der Welt: Im Wohnheim hast du viele Jahre lang an die Werkheilerin gedacht, doch du hast es niemals zu einer Beziehung mit ihr gebracht, und in deinem Zimmer hast du oft von der lustigen Weiblichkeit geträumt, doch einen Beischlaf mit ihr hast du stets und ständig versäumt, weder als Rex Text noch als Jeschua Rex Text wurde dir bei den Zirzen irgendein Erfolg beschieden, also bist du auch mit der Bezeichnung "Jeschua Rex Text" nicht zufrieden!

Jeschua Rex Text: Wer will mir das verdenken, das Leben tat mich wirklich nicht beschenken, als Jeschua Adolf von Rex Text würde ich spannende Geschichen erzählen, als Jeschua Rex Text tue ich meine Leser nur foltern und quälen, nein, ich möchte wirklich Jeschua Adolf von Rex Text nunmehr heißen, dann werde ich mich eines besseren und schöneren Daseins befleißen, das ist nicht zu vermeiden, ich will nicht mehr trübsalblasend leiden?!

der Reichste der Welt: Jeschua Rex Text muß Jeschua Rex Text doch bleiben, nur als Jeschua Rex Text kannst du überzeugend schreiben, auf den Adolf und auf das von solltest du verzichten, die Menschdorfer werden dich gewißlich nicht vernichten, dazu sind diese Trottel gar nicht in der Lage, ein Jeschua Adolf von Rex Text kommt gar nicht infrage, das ist ein ummöglicher Name, jeder Herr und jede Dame wollen ihn nicht erkunden, diese Bezeichnung tut niemenschem munden!

Jeschua Rex Text: Was hat mir der Jeschua Rex Text denn schon gebracht, mein Bewußtsein wäre beinahe zusammengekracht, ein fröhliches Beisammensein wurde mir nicht gewährt, doch wenn mein Denken den Jeschua Adolf von Rex Text gebärt, dann wird mein Leben bunt, dann wird meine Seele gesund, ja, als Jeschua Adolf von Rex Text will ich wandeln, dann kann ich endlich zugunsten der geschundenen Menschheit handen, dann kann ich endlich küssen, streicheln und rammeln, dann kann ich endlich sinnliche Erfahrungen sammeln?!

der Reichste der Welt: Du bist nicht ganz bei Trost, du wirst schon bald bekost, du mußt nur noch ein bißchen warten, dann kannst du eine Beiwohnung starten, die Loreleis werden sich um dich drängen, denn an deiner Seite entfliehen sie den überlieferten Zwängen, wolle nicht mehr greinen, wolle nicht mehr weinen, als Jeschua Rex Text wirst du siegen, die Menschdorfer werden dir unterliegen, deine Gedanken werden in die Höhe fliegen, und eine zärtliche Kunigunde wird sich an deine Schulter schmiegen!

Jeschua Rex Text: Ich muß denn doch Jeschua Rex Text wohl oder übel bleiben, ich tat es als Jeschua Rex Text zwar nicht sonderlich erfolgreich treiben, aber meine ganze Weltanschauung ist auf Jeschua Rex Text gegründet, mit diesem Namen habe ich mich nun einmal verbündet, das dritte Jahr in Jeschua Rex Text tue ich schreiben, und die menschen Jeschua Rex Texte in JEUNEX sollen es tre-ben, der andere Name würde mich nicht beglücken, deshalb wende ich ihm wieder den Rücken!

der Reichste der Welt: Du suchst nach einem Ausweg aus der Menschdorfer Not, du wirst von den Spießbürgern gar heftig bedroht, aber Jeschua Rex Text ist die richtige Betaufung, führt sie auch manchmal zu einer Haareraufung, du selbst muß an Jeschua Rex Text wacker glauben, du darfst über seine Schwächen nicht unmutig schnauben, als Jeschua Rex Text wirst du gewinnen und den beschränkten Krähwinklern für immer entrinnen!

Jeschua Rex Text: Gestern wurde der Tag der menschen Einheit gefeiert, da wurden wieder festliche Vorträge geleiert, mein Anteil an diesem Ereignis wurde unterschlagen, ich tat es ja auch noch niemenschem sagen, daß ich damals geredet und gesungen habe und daß ich damals heftig in JEUNEX geschwungen habe, diese Ausstrahlung ist bis nach Menschstadt gedrungen, dort ist dann die Wiedervereinigung endlich gelungen!

der Reichste der Welt: Diesen Sachverhalt will niemensch lernen, mensch will sich von der amtlichen Darstellung nicht entfernen, aber ohne deine positiven Schwingungen wäre es nicht geschehen, da täte mensch die Mauer noch heute sehen, oder aber es wäre viel Blut geflossen, es wurde aber damals kein Tropfen vergossen, so hast du einen riesigen Segen gestiftet, du hast das allgemeine Klima entgiftet, der Dank des Elternlandes war nur klein, du mußt immer noch ein Außenseiter der Gesellschaft sein!

Jeschua Rex Text: Das Ringen um eine neue Benennung hat mich ermattet, es wird mir immer noch kein Beischlaf gestattet, mein Glied giert nach einer Scheide, ich bekomme sie nicht, das wissen wir beide, wie kann ich da als Jeschua Rex Text fröhlich pfeifen, diesen Unsinn werde ich bis zu meinem Tode nicht begreifen, ich bin gar nicht so wild auf Sex versessen, aber aufgrund dieses Mangels kann ich die Sinnlichkeit nicht vergessen?!

der Reichste der Welt: Du mußt auch weiterhin als Jeschua Rex Text wacker wesen, nur dann kann die Menschheit von ihren Wunden genesen, nur Jeschua Rex Text kann die Siechenden retten, nur Jeschua Rex Text kann die Sklaven entketten, das solltest du doch allmählich wissen, das Band zwischen den Menschdorfern und dir ist zerrissen, ja, es wurde noch niemals geknüpft, noch niemals hat ein Menschdorfer seinen Hut vor dir gelüpft, noch niemals ist eine Menschdorferin bei dir aus ihrem Schlüpfer geschlüpft, noch niemals ist eine Hintertupfinge-rin mit dir gemeinsam in das Bett gehüpft, doch wolle nicht verzagen, bald wird mensch nach dir fragen, dann wird mensch deine Bücher erwerben, dann kannst du der Menschheit deine Gefüge vererben!

Jeschua Rex Text: Ich muß die Welthauptstadt Jeschua Rex Text bald gründen, zu diesem Zwecke muß ich mich mit dem Reichtum verbünden, einhundert Milliarden mensche Jeschuas will ich erlangen, einhundert Milliarden mensche Jeschuas will ich empfangen, dann kann ich einen riesigen Segen stiften, dann kann ich das allgemeine Klima entgiften, dann kann ich endlich die mir zugedachte Rolle spielen, dann werde ich den ewigen Weltfrieden erzielen!

der Reichste der Welt: Warum immer du, wird mensch sich fragen, nun, die anderen Denker tun so etwas nicht wagen, sie zittern und beben davor zurück, aber nur durch deine Erwägungen erhält mensch das Glück, nur ein gewaltiger Held kann die öffentliche Eintracht schaffen, du willst so viele Milliarden an dich raffen, um sie dann wieder zu verteilen, alle Menschen sollen im Paradiese weilen, alle Menschen sollen die mensche Sprache sprechen, alle Menschen sollen sich durch Jeschua Rex Text entpechen, alle Menschen sollen sich durch JEUNEX beglücken, alle Menschen soll der heilsame Stehmann entzücken?!

Jeschua Rex Text: Die drei Mitbewohner muß ich verjagen, denn sie können mir nicht behagen, mit ihnen kann ich mich nicht unterhalten, sie können das Zusammenleben mit mir nicht geistreich gestalten, und dann soll eine Ehefrau zu mir kommen, in dieses Haus wird sie von mir genommen, ich werde es von seinem Eigentümer erwerben, meine Pläne werden schon nicht verderben, und dann wese ich herrlich und in Wonne, und es scheint in meinem Dasein endlich einmal die Sonne!

der Reichste der Welt: Ja, ich werde dir helfen und dir nützen, ich werde dich mit meiner Ausstrahlung unterstützen, zum Reichsten der Welt sollst du steigen, als der Reichste der Welt sollst du dich zeigen, dann werden die Massen dich beachten, dann werden sogar die Menschdorfer dich angetan betrachten, dann brauchst du nicht mehr zu siechen, dann brauchst du nicht mehr auf dem Zahnfleisch zu kriechen!

Jeschua Rex Text: Die Studierstube wird mir eine zu enge Kammer, ich erfahre in ihr so manchen Jammer, ich muß endlich hinaus in die Welt, weil mir das Alleinsein nicht mehr gefällt, ich muß in die Weite wirken, mensch soll mich gewahren in fernen Bezirken, ich kann der Menschheit die Wahrheit bringen, ich kann alle anderen Seher und Verkünder bezwingen, als ein mensher Jeschua Rex Text in JEUNEX tue ich wesen, und die Erdenbürger können durch meinen Einfluß genesen!

der Reichste der Welt: Du willst auch deinen Leib ertüchtigen, damit sich die Verspannungen verflüchtigen, das ist richtig, das ist wichtig, denn so dringt endlich Luft in dein Gehirn, dann tobt keine Aufruhr mehr hinter deiner Stirn, fechte heiter und gelassen weiter, du wirst die schnöde Meute der Menschdorfer vernichten, dann wird mensch diesen wüsten Pöbel nicht mehr sichten, dann wird mensch deinen Namen nennen, dann wird mensch deine Lehre kennen!

Jeschua Rex Text: Ich muß den Rückstand aufholen, was mein Pensum betrifft, denn die Lücke von einem halben Jahr ist für mich Gift, ich muß wie ein Besessener schreiben, ich habe keine Zeit, mich zu beweiben, die Pflicht gebietet es mir, Reichtum zu erwerben, die Menschheit darf nicht jählings verderben, der Frieden muß sich unter den Völkern verbreiten, ich muß die allgemeine Sittlichkeit in die Höhe leiten!

der Reichste der Welt: Du stehst unter etlichen Zwängen, obwohl dich die Menschdorfer umdrängen, aber du wirst der Menschheit einen neuen Glauben stiften, damit wirst du das gesellschaftliche Klima entgiften, und du wirst zum Reichsten der Welt wirklich steigen, dann werden die Murrer und Knurrer endlich schweigen, noch hast du nichts gewonnen, doch noch ist dir auch nichts zerronnen, plane kühl und besonnen weiter, dann sieht mensch dich am Ende heiter!

Jeschua Rex Text: Jeschua Rex Text macht alles richtig, dieser Satz ist für mich sehr wichtig, ich strebe nicht aus eitlen Gründen nach diesem Namen, es schert zwar nicht die beamteten Herren und Damen, daß ich als Jeschua Rex Text erfolgreich werken kann und daß ich als Jeschua Rex Text die Gemeinschaft stärken kann, aber ich muß diese gesetzestreuen Schreibtischtäter überzeugen, sie müssen sich irgendwann meinem Willen beugen!

der Reichste der Welt: Du wirst einen riesigen Reichtum erlangen, du wirst die einhundert Milliarden menschen Jeschuas tatsächlich empfangen, davor braucht es dir gar nicht zu bangen, und bleichen auch in der Stube deine roten Wangen, so wirst du genug Gelegenheit erhalten, deine Freizeit angenehm zu gestalten, verzage nicht, du kleiner Haufen, bald wird mensch deine Bücher kaufen, als Bestseller werden sie oben in den Listen prangen, derartige Reime wie deine noch niemals erklangen!

Jeschua Rex Text: Am liebsten würde ich mich nur noch mit meinen Suggestionen befassen, doch das schöpferische Dichten kann ich nun einmal nicht lassen, so möge JEUNEX mir helfen, mein Werk zu vollbringen, es wird mir hoffentlich wirklich gelingen, dann kann ich meine Pläne ausführen in die Tat, denn ich weiß ja für die gesamte Menschheit Rat, es ist so einfach, die Menschheit zu befreien, mensch muß nur meinen Ansichten das Ohr willig leihen!

der Reichste der Welt: Du wirst schon noch Zuschauer und Zuhörer finden, du brauchst dich nicht mehr lange in Menschdorf zu schinden, du brauchst dich nicht mehr lange in Menschdorf zu quälen, dann werden die Zeitungen und das Fernsehen von dir erzählen, dann wird dein Bild überall erscheinen, dann werden die Kleinen und Schwachen nicht mehr weinen, und auch die Starken wirst du kräftigen, dann wird mensch sich gern mit deinen Schriften beschäftigen!

Jeschua Rex Text: Ich muß durch meine Besinnungen eilen, ich darf nicht lange bei einer Suggestion verweilen, denn ich will die riesige Lücke schließen, das halbe Jahr Rückstand muß mich verdrießen, doch es ist nicht einfach, so viel zu schreiben, mensch kann es auf dem Papier nicht maßlos treiben, der Schädel muß sich verdunkeln, mensch hört allerlei Stimmen munkeln, doch es gibt für mich keine Wahl, ich unterziehe mich freiwillig dieser riesigen Qual!

der Reichste der Welt: Du solltest nicht immer nach außen schielen, in Menschdorf wirst du keinen Erfolg erzielen, und auch in Jeschua Rex Text wirst du nicht siegen, du mußt den Ewiggestrigen unterliegen, das läßt sich leider nicht vermeiden, weil sich die Wahrer der Überlieferung nur schwer für etwas Neues entscheiden, sie bleiben am Alten kleben, das bedeutet ihnen nun das Leben, und wenn sie sich etwas Fortschrittliches erwerben, dann müssen diese Trottel sinnbildlich sterben!

Jeschua Rex Text: Ich möchte einmal etwas Spannendes bedichten, aber ich kann immer wieder nur über die Spießbürger berichten, etwas anderes tue ich in Menschdorf nicht sichten, so kann sich mein Bewußtsein leider nicht lichten, in ewiger Düsternis liegt es gefangen, ich kann keine Freiheit des Geistes erlangen, die Gedankenpolizei wacht sorgsam über die Überlegungen, und es gibt wütende Schreie bei andersgearteten Erwägungen!

der Reichste der Welt: Es sind doch nur Menschdorfer, wolle sie nicht beachten, du kannst doch diese Barbaren nicht als wertvolle Menschen betrachten, da müssen ja die Hühner lachen, stopfe ihnen Münzen und Scheine in den Rachen, und die Menschdorfer nennen dich das größte Schenie aller Zeiten, du mußt ihnen das Paradies auf Erden bereiten, dann werden sie dich rühmen und loben, dann werden sie nicht mehr über dich wüten und toben!

Jeschua Rex Text: Aus diesem Grund tue ich ja mit dir sprechen, wir beide müssen den Widerstand der beschränkten Krähwinkler brechen, wir beide müssen ihnen die neuen Gefüge weisen, die Hintertupfinger sollen auch nach Menschland reisen, sie sollen die mensche Sprache gebrauchen, ihre Schornsteine sollen qualmen, dampfen und rauchen, dann werden sie mich verehren, denn ich tat ihren Wohlstand vermehren!

der Reichste der Welt: Viel Kraft geht noch verloren, doch du wurdest dazu geboren, und du wurdest dazu erkoren, und du hast es bei dir selbst geschworen, die gesamte Menschheit zu befreien, deshalb tust du dich den Romanen und Novellen weihen, deshalb fertigst du so viele Werke an, sie ziehen die Leser bestimmt in ihren Bann, Jeschua Rex Text kann gut erzählen, Jeschua Rex Text kann die Gemüter stählen, deshalb darf er sich bald eine Melisande wählen, deshalb darf er sich bald mit einer Kunigunde vermählen!

Jeschua Rex Text: Reich kann ich mir nicht erscheinen, deshalb muß ich oft murren und greinen, denn ich denke an Wohlstand am Tag und in der Nacht, doch ich habe es noch zu keinem nennenswerten Vermögen gebracht, der platonische Dichter und Denker muß siechen, er holt sich manchmal Trost bei den Römern und Griechen, doch die Menschdorfer müssen den Einzelgänger verhöhnen und verspotten, es fehlt nur noch, daß sie sich gegen ihn zusammenrotten!

der Reichste der Welt: Mensch wird deine Bücher schon kaufen, wolle dir deswegen nicht die Haare raufen, irgendwann wirst du in der Öffentlichkeit stehen, dann wird mensch dein Bild in den Zeitungen sehen, dann wirst du gefragt, was dir denn so behagt, dann wird sich nach dir gerichtet, du hast nicht vergeblich auf viele Genüsse verzichtet, denn wer Erfolg haben will, der muß entbehren, das tat dich eine bittere Erfahrung lehren!

Jeschua Rex Text: Im dritten Jahr in Jeschua Rex Text habe ich nicht viel erreicht, ich bin immer noch nicht verkrösust, vernabobt und verscheicht, nicht einmal über eintausend mensche Jeschuas tue ich verfügen, das kann meinen hohen Ansprüchen nun wirklich nicht genügen, aber du willst dich nicht mit mir vereinigen, unser Getrenntsein muß mich quälen und peinigen, wieso willst du dich nicht mit mir verbinden, dann bräuchte ich mich nicht mehr zu martern und zu schinden?!

der Reichste der Welt: Wolle mich nur immer wieder setzen, dann werde ich dich entwunden und entletzen, dann werde ich dich umfassend entsehren, dann werde ich deinen Reichtum nachhaltig vermehren, du wirst zum Reichsten der Welt einmal steigen, du wirst dich als der Reichste der Welt einmal zeigen, wolle deinem Schicksal vertrauen, du wirst die Tempel des Jeschua Rex Textes erbauen, du wirst die breiten Massen verschlauen, du wirst den Kleinen und Schwachen das Dasein entrauhen!

Jeschua Rex Text: Wolle doch auch mir das Leben entöden, in Menschdorf muß ich auf die Dauer verblöden, nach den Spießbürgern darf ich mich nicht wenden, denn dann würde mein klares Überlegen für immer enden, gibt mir eine Mennetscherin, ich brauche sie sehr, denn ohne eine kluge Helferin fällt es mir ungemein schwer, meine Schriften an die Menschen zu bringen, das kann mir nur mit einer Lilofee gelingen!

der Reichste der Welt: Irgendwann wirst du den gordischen Knoten zerschlagen, dann wirst du nicht mehr jammern und klagen, sondern dann wirst du eine riesige Kraft in deinen Gliedern fühlen, dann wird die Negation nicht mehr in deiner Seele wühlen, schau dieser leuchtenden Zukunft mit Gewißheit entgegen, wolle dich auf deine Weise inzwischen regen und bewegen, du wirst es wirklich schaffen mit deinen überragenden geistigen Waffen!

Jeschua Rex Text: An diesem Vormittag im Herbst bin ich traurig, meine Zukunftsaussichten sind allzu schaurig, meine Bücher wollen und wollen sich nicht verkaufen, über diesen Umstand muß ich unmutig schnaufen, als ein menscher Jeschua Rex Text in JEUNEX tue ich wesen, doch niemensch will meine Schriften lesen, als Dichter bin ich gescheitert, ich habe zwar meine Mitmenschen erheitert, doch ich habe kein Geld bekommen, diese Hoffnung wurde von mir genommen, von meinen Werken kann ich nicht leben, ich erhalte keinen angemessenen Lohn für mein Streben!

der Reichste der Welt: Noch bist du nicht gestorben, du hast dir zwar keine Münzen und Scheine erworben, aber das kann ja noch passieren, die Menschdorfer müssen dich deklassieren, aber vielleicht wird mensch dich eines Tages auf einen Sockel setzen, denn du kannst die Leidenden entwunden und entletzen, du bist der größte Arzt aller Zeiten, deine Gefüge sollen die Menschen begleiten, von der Wiege bis zur Bahre sollst du sie leiten, dann wird sich ihr Gesichtskreis auf erfreuliche Art weiten!

Jeschua Rex Text: Diese Lücke zwischen Wollen und Können zerrt an meinen Nerven, soll ich mich nicht doch von einem Hochhausdach werfen, ich muß jetzt ein halbes Jahr lang die Trauer beschreiben, in diesen Monaten werde ich mich bestimmt nicht beweiben, die Freude werde ich nicht mehr erleben, ich werde mich wehmütig meinem Schicksal ergeben, ich werde zu viele Tabletten nehmen, ich werde mich zu einem Selbstmord bequemen?!

der Reichste der Welt: Wolle nicht einen derartigen Unsinn sprechen, du kannst die Menschen beglücken und entpechen, dein Weizen wird gedeihen und blühen, du tatest nicht vergeblich deinen Witz versprühen, mensch wird deine Ausführungen genießen, du kannst deine Leser umfassend entdrießen, die Tränen sind bei dir zwar geflossen in etlichen Bächen, aber du wirst die Zuschauer stärken und nicht schwächen!

Jeschua Rex Text: Vom dritten Jahr in Jeschua Rex Text habe ich mir mehr erwartet, meinen Einmenschungsfeldzug habe ich immer noch nicht gestartet, die Erfüllung findet stets in der Zukunft statt, dieses ständige Vertröstetwerden habe ich allmählich satt, ich will auch hier und jetzt einmal etwas erhalten, ich will auch hier und jetzt einmal meinen Eifer entfalten, aber niemensch will sein Ohr mir borgen, immer heißt es: nicht heute, sondern morgen oder übermorgen!

der Reichste der Welt: Du mußt dich gedulden, das tust du der gebrechlichen Menschheit schulden, frage nicht nach Ruhm und Ehre, sammle deine Gedanken ganz auf deine Lehre, dein Bekenntnis ist fruchtbar und wahr, das wird allmählich auch den Menschdorfern klar, und dann werden sie dich rühmen und preisen, denn du kannst ihnen den Weg zu Reichtum und Wohlstand weisen, dann wirst du bekannt, dann wird dein Name genannt!

Jeschua Rex Text: An diesem Vormittag fällt mir das Wachbleiben schwer, mein Schädel ist auf eine bestürzende Weise leer, die gestrige Arbeit hat mich ermattet, es wird mir ja keinerlei Vergnügen gestattet, ich mußte Blätter fegen im herbstlichen Wind, für die Schönheit der Welt bin ich keineswegs blind, doch in Menschdorf tut sich mir das Angenehme nicht weisen, ich glaube, ich muß doch einmal woandershin verreisen!

 der Reichste der Welt: Vorerst darfst du Menschdorf nicht verlassen, du mußt dich mit dem Unmenschtum der Menschdorfer befassen, diese Spießbürger öden dich an, diese Krähwinkler ziehen dich nicht in ihren Bann, die Menschdorferinnen kann mensch vergessen, du bist auf keine beschränkte Hintertupfingerin versessen, andauernd liegen sie dir mit ihren Schmähungen in den Ohren, was hast du eigentlich in Menschdorf verloren?!

Jeschua Rex Text: Das frage ich mich auch, das Ausgrenzen ist hier der Brauch, hier darf mensch nicht auf seine Weise denken, hier muß mensch seine Aufmerksamkeit stets auf das Mittelmäßige lenken, Otto Normalverbraucher tut auf seine Rechte pochen, einem Schenie gegenüber muß er wennen, abern und dochen, und Lieschen Müller will ihren Gesichtskreis nicht erweitern, da muß ein großartiger Held denn doch leider scheitern!

 der Reichste der Welt: Warum mußt du immer wieder Menschdorfer erschauen, vor diesen heidnischen Unmenschen muß es dir grauen, das Leben hat in Menschdorf keinen Sinn, das Dasein bringt in Menschdorf keinen Gewinn, es ist völlig zwecklos, in Menschdorf zu wesen, denn die Menschdorfer wollen nicht von ihrem Menschdorfertum genesen, ein anständiger Menschdorfer ist ein Widerspruch in sich, die Menschdorfer lassen die Sittlichkeit immer wieder im Stich?!

Jeschua Rex Text: Das sind keine Lustquellen, das sind betrübliche Frustquellen, mensch sieht sie und wendet den Blick von hinnen, mit derartigen Zerrbildern kann mensch nichts beginnen, es ist aussichtslos, mit diesen Wichten zu klönen, sie werden sich niemals an eine vernünftige Sprechweise gewöhnen, sie sind so dumm wie das Stroh der Bohnen, der Umgang mit ihnen tut sich nicht lohnen, es ist besser, sie zu meiden, ihre Gehirne überlegen nur bescheiden!

 der Reichste der Welt: Und trotzdem willst du dieser Gemeinde einen riesigen Reichtum schenken, auch die Menschdorfer werden sich dann in deine Bücher versenken, auch die Menschdorfer werden dann das Menschtum in JEUNEX lernen, und als Jeschua Rex Texte fahren sie bis in die entlegensten Fernen, der Stehmann wird in ihren Stuben prangen, die Frommen werden die Lehre des Jeschua Rex Textes empfangen, und dann ist alles gut in des JEUNEX bergender Hut!

Jeschua Rex Text: Leider geht es mir nicht gut, es sinkt mein ohnehin schon verminderter Mut, die Menschdorfer erregen nicht mehr meine Wut, die Menschdorferinnen versetzen mein Herz nicht in die allergeringste Glut, es ist traurig, es ist schaurig, in Menschdorf kann mensch nur versauern, mensch muß seine Tage an der Inde vertrauern, die Jeschua Rex Texterinnen dagegen tue ich begehren, nur ihr vieles Lachen muß meine Seele auf die Dauer versehren!

der Reichste der Welt: Als ob es nur diese beiden Gemeinden gäbe auf der Welt, du bist doch ein überragender geistiger Held, wieso mußt du denn ständig über Menschdorf schreiben, weshalb tust es nicht in Frankfurt am Main oder in Frankfurt an der Oder treiben, manche Eva sehnt sich nach einem Stoß, es liegt leidend brach so mancher Schoß, doch du läßt dich immer wieder durch die Menschdorfer verdrießen, wolle dich doch dazu, woandershin zu ziehen, entschließen?!

Jeschua Rex Text: Eine Arbeitsstelle habe ich hier gefunden, ich kann den Menschdorfern zwar keine Zuneigung bekunden, ich muß sie glühend und nachhaltig hassen, ich will mich niemals mehr mit diesen Barbaren befassen, aber nur hier kann ich über Menschland grübeln, auch wenn die heidnischen Unmenschen mir dies verübeln, nur hier kann ich das Menschtum in JEUNEX bedenken, auch wenn die unmenschen Heiden ihre Aufmerksamkeit nur in negativem Sinne auf mich lenken!

der Reichste der Welt: Dann kann mensch dich nicht retten, eine Menschdorferin wird sich nicht neben dich betten, so mußt du in einsamen Nächten dein Glied massieren, das wird ja dann wohl noch öfter passieren, die Dumpfheit der beschränkten Spießbürger läßt dich verzweifeln, die engstirnigen Krähwinkler müssen dich immer wieder bekeifeln, das sind keine richtigen Menschen vor Gott, diese Narren, Jecken und Toren erhalten von einem wackeren Burschen nur Spott, diese Gecken, Stenze und Laffen bekommen von einem redlichen Kämpfer nur Hohn, dein Zeugnis in diesen Schriften ist ihrer Unduldsamkeit Lohn!

Jeschua Rex Text: Manche Irren wähnen, es würde schlimm über sie gesprochen, und über diesem vermeintlichen Munkeln sind sie zusammengebrochen, doch die Menschdorfer tun wirklich demütigend über mich klönen, ich tat mich in über zwanzig Jahren an ihr Unmenschtum gewöhnen, die Ärzte sagen, ich bildete es mir nur ein, aber, liebe Leser, das kann wirklich nicht sein, die Menschdorfer sind auch in Wirklichkeit Verbrecher, das ist die Wahrheit und kein Versprecher!

der Reichste der Welt: Deshalb willst du dir ja auch keine Brille kaufen, denn du müßtest dir ja die Haare raufen, wenn du all das Elend genau betrachten müßtest, weil du dann die Menschdorfer noch mehr verachten müßtest, du willst ihre Not gar nicht genau sehen, du tatest ihre Schäbigkeit ausführlich verstehen, es hat keinen Zweck, sich mit den Menschdorfern zu befassen, in ihren Schränken stehen nicht mehr sämtliche Tassen, die Fülle des Lebens wurde an die Menschdorfer verschwendet, ein kluger Denker Menschdorf so rasch wie möglich den Rücken wendet!

Jeschua Rex Text: Mir fällt zu Menschdorf nichts mehr ein, das sollen richtige Menschen sein, sie sind so dumpf, sie sind so stumpf, ich kann diese Engstirnigkeit nicht begreifen, diese Auschwitzianer müssen alles bekeifen, diese Barbaren müssen alles besudeln, das größte Schenie aller Zeiten müssen sie hudeln, sie springen mit mir um wie mit einem Verbrecher, sie sind im Karneval eifrige Zecher, und auch sonst trinken sie viel Bier und Wein, das muß ihren Gehirnen dann zum Schaden sein?!

der Reichste der Welt: Menschlich sind die Menschdorfer nicht, ihre Schmähungen fallen nicht in das Gewicht, nur ein Edler kann einen Edlen erkennen, deshalb müssen dich die Menschdorfer einen Wahnsinnigen nennen, sie können dich auf keinen Fall begreifen, sie müssen dich unbedingt bescheiten und bekeifen, sie müssen laut gegen dein Sein und Sosein Einspruch erheben, ein bedeutender Denker darf in Menschdorf nicht leben!

Jeschua Rex Text: Ich könnte so viele bunte Dinge beschreiben, ich könnte es munter und kraftvoll treiben, doch die Menschdorfer müssen mich immer wieder beleidigen, gegen ihre Anwürfe tue ich mich niemals verteidigen, denn diese Spießbürger können in meinen Augen nichts gelten, diese Krähwinkler leben in der beschränktesten aller Welten, es wäre um sie nicht schade, es keift der Bursche, es schmäht die Najade, sie sind so dumm wie das Stroh der Bohnen, der Umgang mit ihnen tut sich wirklich nicht lohnen!

der Reichste der Welt: Ein guter Menschdorfer ist ein Widerspruch in sich, die Menschdorfer lassen die Menschlichkeit immer wieder im Stich, von Duldsamkeit kann mensch bei ihnen nichts spüren, ihre Einfalt muß menschen immer wieder unangenehm berühren, wie kann mensch nur so kleinlich überlegen, deshalb ruht auf dieser Gemeinde auch kein Segen, ihre Bürger haben die Weite des Geistes nicht entdeckt, sie haben immer nur Kartoffeln und Rotkohl, aber niemals Lachs und Kaviar geschmeckt?!

Jeschua Rex Text: Sie sind häßlich, sie sind gräßlich, sie sind vor allem laut, ein Menschdorfer es sich nicht traut, seinem Gegenüber etwas in das Gesicht zu sagen, diese Schurken müssen menschen stets mit hinterhältigen Reden plagen, sie müssen stets raunen und munkeln, die Sprecher sind immer im Dunkeln, mensch kann sie nicht zur Rechenschaft ziehen für ihr Schmähen, wie die Schafe sie bähen und wie die Ziegen sie mähen!

der Reichste der Welt: Du bist die Gesundheit schlechthin, du hast stets Redliches im Sinn, du bist eine ehrliche Haut, du hast dich umfassend verschlaut, du hast dir die Augen wund gelesen, es ist dir ein unaussprechliches Vergnügen gewesen, und du wirst deinen Lohn bekommen, deine Werke werden den Menschen frommen, die Menschdorfer aber wird mensch verachten, mensch wird sie als den Ausschuß der Menschheit betrachten, mensch wird sie niemals wieder erwähnen, denn die Menschen wollen nicht andauernd gähnen!

Jeschua Rex Text: An diesem Sonnabendabend sitze ich zuhause in meiner kleinen, warmen und stillen Klause, wehmütig muß ich an die Schüttelschuppen denken, in denen sich die Rüttelpuppen gar anmutig verrenken, aber ich darf nicht tanzen, ich darf nur banzen, selten ist es mir vergönnt zu danzen, so bin ich allein im großen Ganzen, meine Bücher verkaufen sich nicht, ich bin und bleibe ein schlichter Wicht!

der Reichste der Welt: Die Menschdorfer taten dich zusammensprechen, da mußtest du beinahe zusammenbrechen, du kannst deinen Gesichtskreis nicht erweitern, es muß immer wieder an den engstirnigen Spießbürgern scheitern, sie lassen dich nicht in Ruhe, sie zermalmen dich mit ihrem Gebuhe, sie vernichten dich mit ihrem Schelten, du kannst ihnen nicht als ein ehrbarer Mitmensch gelten, sie müssen dir die Menschenwürde rauben, und wenn es nach ihnen ginge, könntest du durchaus daran glauben!

Jeschua Rex Text: Sie haben nichts aus sich gemacht, sie haben stets nur an sich selbst gedacht, ja, wie kann mensch zufrieden sein mit so wenig innerer Größe, in meinen Augen geben sich die Menschdorfer tagtäglich eine Blöße, sie suhlen sich in ihrer Gemeinheit mit Behagen, ja, wie können diese Barbaren sich selbst ertragen, ich würde mich schämen, wie ein Menschdorfer zu brüllen, ich kann die Luft um mich herum nicht mit negativen Schwingungen erfüllen?!

der Reichste der Welt: Es sind eben Menschdorfer, Leute ohne Karakter, durch diese Trottel wird jede Lage immer vertrackter, mensch möchte nicht mit ihnen verkehren, denn sie würden menschen bloß das Menschdorfertum lehren, aber auf das Menschdorfertum kann mensch durchaus verzichten, es ist schon eine Zumutung, in Menschdorf die Menschdorfer zu sichten, es ist noch eine schlimmere Zumutung, in Menschdorf die Menschdorfer zu hören, ihre groben Laute können menschen wirklich nicht betören, es ist eine Qual, diesen Banausen zu lauschen, an ihren derben Stimmen kann mensch sich wirklich nicht berauschen!

Jeschua Rex Text: Wie kann mensch nur so dumpf sein, wie kann mensch nur so stumpf sein, wie kann mensch einen Einzelgänger nur derart bedrücken, ihre Pöbeleien tun ihn wirklich nicht beglücken, die Unmenschlichkeit der Unmenschen in Unmenschland tut sich darin kund, kein Menschdorfer hält jemals freiwillig seinen Mund, er muß stets und ständig seine Dummheit offenbaren, deshalb will ich mich auch niemals mit einer Menschdorferin paaren?!

der Reichste der Welt: Die Menschdorfer gereichen der ganzen Welt zur Schande, sie sind eine einfältige und unduldsame Bande, diese Krähwinkler werden ihre Strafe erhalten, du tatest ihre Menschenfeindlichkeit in deinen Werken gestalten, die Gesellschaft soll das Menschdorfertum kennen, dann wird mensch es ein abartiges Verhalten nennen, dann wird mensch mit den Fingern auf die Menschdorfer weisen, dann werden den Betrachtern vor Wut die Gesichtszüge entgleisen, das Menschdorfertum ist eine Frechheit sondergleichen, hoffentlich tut es bald für immer von hinnen weichen, mensch muß die Menschdorfer überwinden, etwas Besseres als das Menschdorfertum wird mensch leichtlich finden!

Jeschua Rex Text: An diesem Sonntag will ich keine Menschdorfer sehen, sie würden mir ja doch bloß auf den Keks wieder gehen, ich höre sie auf dem Bürgersteig vor meinen Fenstern, sie gleichen aufdringlichen und furchterregenden Gespenstern, sie brüllen mir zu, ich sei ein wahnsinniger Mann, mein neues Denken schlüge sie gar nicht in den Bann und ich solle doch rasch aus Menschdorf verschwinden, ich solle ihre Netzhaut nicht länger durch meinen Anblick schinden!

der Reichste der Welt: Das Buch über die Staaten der Erde hat dich auf andere Gedanken gebracht, doch nun wird es allmählich in deinem Schädel für immer Nacht, du mußt dich stets und ständig in die Menschdorfer versenken, du mußt ununterbrochen an diese Auschwitzianer denken, sie würden dich am liebsten vergasen, sie müssen über dich toben, wüten und rasen, sie würden dich am liebsten vernichten, sie wollen dich in Menschdorf nicht mehr sichten!

Jeschua Rex Text: Was soll ich tun, was soll ich machen, ich habe an der Inde wirklich nicht viel zu lachen, am Blausteinsee muß ich um mein bloßes Überleben kämpfen, die Menschdorfer müssen meinen hohen Schwung immer wieder nachdrücklich dämpfen, mein Geist kann sich nicht erheben, meine Seele muß zittern, bangen und beben, das darf doch nicht wahr sein, ich könnte schon längst ein Star sein, doch in Menschdorf muß ich darben und schmachten, die Menschdorfer müssen mich von oben herab betrachten?!

der Reichste der Welt: Du kannst auch nichts mehr über die sanfte Liese schreiben, mit der lustigen Weiblichkeit willst du es schon lange nicht mehr treiben, du bist froh, daß der grobe Kerl aus dem Wohnheim sie begattet, sie hat dir das Bumsen gottseidank niemals gestattet, denn sonst wärest du durch ihre Pralinenhaftigkeit versüßlicht über die Maßen, die fröhliche Erzählerin muß in einer Tur scherzen, witzeln und spaßen!

Jeschua Rex Text: Die Dummheit wird das Ringen gewinnen, ich kann dem Zugriff der Einfaltspinsel nicht entrinnen, dieses nervenzermürbende Kesseltreiben werde ich nicht heil überstehen, mit all meinem Idealismus werde ich frühzeitig zugrunde gehen, JEUNEX kann mich nicht beschützen, der Allmächtige kann mir nichts nützen, die mensche Sprache kann mir nicht helfen, es meiden mich die Sülfen und Elfen, als Jeschua Rex Text handle ich stets richtig, doch das ist anscheinend nicht wichtig!

der Reichste der Welt: Deine neuen Gefüge sind so wertvoll wie Gold, und auch wenn mancher Menschdorfer dir grollt, so mußt du doch deine gute Denkweise verbreiten, sie soll die Menschen von der Wiege bis zur Bahre begleiten, mensch soll keine Dämonen mehr verjagen, denn das tut niemenschem behagen, mensch soll keine Hexen mehr verbrennen, mensch soll planvoll und umsichtig durch die Gegend rennen, du wirst der Menschheit eine bessere Verfassung schenken, du bist der große Bruder und mußt für deine kleineren Geschwister denken!

Jeschua Rex Text: Kein Besucher lenkt mich ab von der Menschdorfer Dumpfheit, die Spießbürger quälen mich immer wieder mit ihrer Stumpfheit, soll ich über Stolberg oder Alsdorf dichten, aber was soll ich aus diesen Städten berichten, Menschdorf ist eine kleine Gemeinde, und die Menschdorfer sind meine erbitterten Feinde, ich muß diese Barbaren überwinden, ich muß einen Weg dazu, sie einzumenschen, finden?!

der Reichste der Welt: Du bist gesund, das tust du hier kund, auch in der Werkhalle kannst du dich vergnügen, dort tut mensch sich gern deiner Art und Weise fügen, doch in der Fußgängerzone muß mensch dich bekeifen, das ist für einen modernen Menschen nur schwer zu begreifen, dieses Pogrom gegen einen einzelnen Andersdenkenden ist schrecklich, und der Schaden, den die beschränkten Spießbürger anrichten, ist erklecklich!

Jeschua Rex Text: Der Wurstverkäufer steht auf einer ganzen Seite in der Zeitung, seine Ehefrau ist seine immerwährende Begleitung, er darf sie küssen, streicheln und ficken, mir aber tut keine Najade jemals nicken, mensch weiß eben nicht, was mensch mit meinen Gaben beginnen soll und wie mensch sich das Verständnis meines Wesens gewinnen soll, also muß mensch mich verdammen und verfluchen, denn mensch tut vergeblich nach meiner Nützlichkeit suchen!

der Reichste der Welt: Du bist das größte Schenie aller Zeiten, du kannst den Menschen das Paradies auf Erden bereiten, freilich vermagst du nur unzureichend zu organisieren, sonst tätest du schon längst nach Menschland marschieren, aber du wirst deinen Kampf nicht verlieren, die Menschdorfer werden in die Röhre stieren, auf diese Narren wird mensch mit den Fingern weisen, du aber wirst als ein Menscher in JEUNEX vergreisen!

Jeschua Rex Text: Ich würde so gern Menschdorf verlassen und mich anderswo mit richtigen Menschen befassen, aber anständige Menschen tut es nirgendwo geben, mensch muß erst nach meinen Vorgaben leben, dann wird mensch es auch in sittlicher Hinsicht zu etwas bringen, mir wird es schon noch, als Schriftsteller zu wirken, gelingen, meine geistigen Waffen werden mir dazu helfen, und dann umwimmeln mich begeistert die Nümfen, Sülfen und Elfen!

der Reichste der Welt: Du bist die größte Lustquelle aller Zeiten, du wirst schon nicht in den Wahnsinn gleiten, denn du verfügst über einen gesunden Kern, und urtümliche Rachsucht liegt dir völlig fern, du wirst die Menschdorfer nicht erschießen, obwohl sie dich bis zur Weißglut verdrießen, du freust dich aber, wenn die Menschdorfer sterben, denn dann tust du dir von ihnen die Ruhe erwerben, diese Leichen können dich nicht mehr beleidigen, gegen ihre Pöbeleien brauchst du dich nicht mehr zu verteidigen, du kannst nur einen toten Menschdorfer einen guten Menschdorfer nennen, weil die Verschiedenen nicht mehr scheltend und brüllend durch die Gegend rennen!

Jeschua Rex Text: Bald werde ich wieder zur Werkhalle schreiten, dann werden die Verwün-schungen der Menschdorfer mich begleiten, an diesem Montag regnet es sehr, das Leben fällt mir äußerst schwer, die Allgemeinheit ist zur Gefahr für den Einzelnen geworden, ja, soll ich mich denn wirklich selbst ermorden, das würde den beschränkten Spießbürgern behagen, mei-nen plötzlichen Tod würden sie keineswegs beklagen, im Gegenteil, sie würden sich darüber freuen, so ein derbes Gesindel muß mensch doch scheuen?!

der Reichste der Welt: Du tust ja auch nur einen toten Menschdorfer einen guten Menschdor-fer nennen, aber du mußt auch wirklich wie ein Spießrutenläufer durch die Gegend rennen, jeder Hinz und Kunz schreit dir seine Meinung ins Gesicht, doch was er brüllt, fällt nicht in das Gewicht, die Menschdorfer haben es in geistiger Hinsicht zu nichts gebracht, sie haben nur auf albernen Karnevalsveranstaltungen betrunken gelacht, mehr können sie nicht vollbrin-gen, es wird dir, sie zu besiegen, gelingen!

Jeschua Rex Text: Ich lasse jedem Menschen seinen Willen, er soll ruhig seine Bedürfnisse stillen, aber warum darf ich meine neuen Gefüge nicht hegen und pflegen, warum darf ich mich nicht im Rahmen meiner neuen Weltanschauung bewegen, wir haben doch Demokratie oder etwa nicht, doch in den Schädeln der Menschdorfer brennt kein Licht, sie müssen mich immer wieder türannisieren, ich darf nach ihrer Meinung nicht nach Menschland marschie-ren?!

der Reichste der Welt: Menschland muß erstehen, Unmenschland muß vergehen, die Mensch-lichkeit der Menschen in Menschland wird gebraucht, damit überall der Schornstein wieder raucht, auch in wirtschaftlicher Hinsicht ist das Menschtum in JEUNEX ein Segen, auch wenn die Spießbürger sich darüber erregen, sie leben doch noch hinter dem Mond, der Umgang mit diesen Narren sich nicht lohnt, sie wollen den Fortschritt verhindern, sie wollen das Ausmaß der Menschlichkeit mindern, aber das wird ihnen nicht gelingen, deine eigenen Einsichten können dich beflügeln und beschwingen!

Jeschua Rex Text: Diese grausame Dummheit ist nur schwer zu ertragen, es ist da nicht leicht, es, weise zu sein, zu wagen, aber ich werde meine Klugheit nicht verneinen, ich werde mich immer wieder mit meinen Kenntnissen vereinen, denn was ich weiß, kann ich nicht nicht wis-sen, die Verbindung zum Nichtwissen ist für immer zerrissen, die Menschdorfer können die Schlauheit auch nicht heraus aus mir prügeln, auch wenn sie ihren Unmut über meine Erschei-nung niemals zügeln!

der Reichste der Welt: Die Sonne tut sich um die Erde drehen, das tat der Papst damals nicht verstehen, aber das hat die Sonne nicht gekümmert, das alte Weltbild wurde allmählich zer-trümmert, die Tiere und Pflanzen sind erst nach und nach entstanden, und daß sie immer un-veränderlich wären, diese Ansicht ging schließlich zuschanden, so wird auch das Menschtum in JEUNEX triumfieren, bald werden die Menschen Menschland geradezu ergieren, denn dort fühlen sie sich wohl, das Unmenschtum aber ist hohl, niemensch will sich mehr zu seinen Gunsten regen, denn es kommt den menschlichen Bedürfnissen in keiner Weise entgegen!

Jeschua Rex Text: Die sanfte Liese hat heute ihren Halt an mir gesucht, doch sie hat damit keinen Erfolg bei mir verbucht, in der Werkhalle wartete sie von mir auf ein gutes Wort, doch ich schickte sie eiskalt von mir fort, sie hat sich nicht um mich gekümmert, als ich sie beschmachtet habe und als ich jeden Satz aus ihrem Mund als eine frohe Botschaft betrachtet habe, jetzt hat der grobe Bursche aus dem Wohnheim sie verlassen, sogar so ein Trottel wie er will sich nicht mehr mit ihrer riesigen Süßlichkeit befassen!

der Reichste der Welt: Du wirst niemals zum Reichsten der Welt einmal steigen, und die anmutigen Grazien werden sich niemals zu dir neigen, wenn du die lustige Weiblichkeit liebst und wenn du gar eine Nummer mit ihr schiebst, sie kann deinen Geist nur verwirren, habe kein Mitleid mit dieser bedauernswerten Irren, jetzt braucht sie dich, jetzt geht es ihr schlecht, jetzt bist du ihr willkommen und recht, aber wenn sie sich von ihrem Tief erholt hat, dann sie dich rasch wieder verkohlt hat, dann wird sie dich von hinnen schicken, auf jeden Fall läßt sie sich niemals von dir ficken!

Jeschua Rex Text: Laß uns über etwas anderes sprechen, die fröhliche Erzählerin kann mich nur bepechen, diese dumme Trine wird mich niemals beglücken, darum wende ich ihr entschlossen den Rücken, ich will sie nicht mehr sehen, von mir aus kann sie gehen, es gibt noch viele andere Sirenen, die sich nach einem Stoß in ihren Schoß von mir sehnen, doch die sanfte Liese ist für mich gestorben, mein Glied hat sich von ihrer Scheide kein Heil erworben!

der Reichste der Welt: Du mußt dir eine kluge Ehefrau wählen, die lustige Weiblichkeit kann doch bis drei nur mühsam zählen, sie hat noch niemals freiwillig ein Buch gelesen, und in deinem Leben ist sie immer nur ein lastender Fluch gewesen, sie hat dein Bewußtsein tief sinken lassen, sie hat dir den Wahnsinn aus der Nähe winken lassen, du mußt sie vergessen, sei nicht mehr auf sie versessen, sie hat es dir niemals gedankt, sie hat immer nur mit dir gezankt!

Jeschua Rex Text: Soll denn das ganze Leid von vorn beginnen, ich darf mich nicht mehr auf die fröhliche Erzählerin besinnen, ich habe über zehntausend Seiten über sie geschrieben, aber mein Bett ist immer leer geblieben, sie hat sich niemals auf mein Laken gelegt, ich habe niemals ihr Wohlgefallen erregt, so möge sie sich denn von mir trennen, ich will sie nicht länger kennen, sie soll sich einen anderen Burschen nehmen, meinetwegen in Frankfurt, München oder Bremen!

der Reichste der Welt: Ich möchte in deiner Haut nicht stecken, du kannst dich recken, wie es dir behagt, und strecken, du kannst dich drehen, wie es dir gefällt, und wenden, deine Not tut niemals enden, du empfindest ein tiefes Mitleid mit der sanften Liese, keine andere Lorelei sagt dir zu wie diese, und doch weißt du es genau: sie ist für dich nicht die passende Frau, also mußt du sie dir vom Leibe halten, sie tut ja die Erde noch für eine Scheibe halten, ihre gewaltige Pralinenhaftigkeit würde dich vernichten, du mußt für den Rest deines Dasein auf diese Kunigunde verzichten!

Jeschua Rex Text: Die sanfte Liese hat mich heute neben sich gebeten, in der Werkhalle bin ich zu ihr an den Tisch getreten und habe ihr Bücher gereicht, auf die sie Etiketten geklebt hat, ein Adam, der jahrelang nach dieser Eva gestrebt hat, kann all seine Gefühle ihr gegenüber nicht mehr verneinen, sie tat sich mit dem derben Kerl aus dem Wohnheim vereinen, aber nun haben sie sich offensichtlich getrennt, mein Herz nun wieder für die lustige Weiblichkeit entbrennt!

der Reichste der Welt: Ihre braunen Oberarme haben dir den Sommer versüßt, du hast diesen prächtigen Anblick freudig begrüßt, und du hast diese beeindruckende Schau weidlich genossen, in den einsamen Nächten ist dein Samen reichlich aus deinem Gliede geflossen, danach hast du die lustige Weiblichkeit aus deinem Bewußtsein geschoben, du warst ja doch niemals eng mit ihr verwoben, und jetzt ist wieder die Möglichkeit da, sie zu beminnen, aber du wirst wohl niemals eine sinnliche Beziehung mit ihr beginnen!

Jeschua Rex Text: Ich möchte Menschdorf verlassen, ich will mich nicht mehr mit den Menschdorfern befassen, sie sind so öde, sie sind so blöde, diese Barbaren können mich nicht erquicken, ich kann keinen Sinn im Menschdorfertum erblicken, einen menschlichen Menschdorfer habe ich noch niemals erschaut, und vor der Unmenschlichkeit der Menschdorfer es mir graut, diese beschränkten Spießbürger sind der letzte Mist, ich sage es, weil es wirklich so ist!

der Reichste der Welt: Jeder Umsturz muß mit Haßgefühlen starten, deshalb darfst du von den Menschdorfern keine Freundlichkeit erwarten, sie können dich nicht begreifen, also müssen sie dich bekeifen, sie können dich nicht verstehen, sie können keinen Sinn in deinem Verhalten sehen, und deshalb wollen sie dich aus ihrer Gemeinde vertreiben, aber du wirst diese geistigen Zwerge nicht bis zu deinem Tode als deine Feinde beschreiben!

Jeschua Rex Text: Mein Gesichtskreis ist klein, das muß leider so sein, ich würde gern die Welt bereisen, ich will auf keinen Fall am Blausteinsee vergreisen, ich habe lange genug wie eine lebende Leiche gewest, es wird Zeit, daß meine geknechtete Seele von den vielen Demütigungen genest, das Ausgegrenztwerden habe ich mit Mühe ertragen, ich tat mich heftig über das Menschdorfertum beklagen, aber ewig kann dieser Spuk doch nicht dauern, denn sonst müßte ich vor meinem zukünftigen Dasein erschauern!

der Reichste der Welt: Einhundert Milliarden mensche Jeschuas willst du erlangen, einhundert Milliarden mensche Jeschuas willst du empfangen, aber das ist nicht so leicht, das wird nicht im Handumdrehen erreicht, du mußt dich emsig schinden, um dich mit diesem Betrag zu verbinden, du mußt dich eifrig quälen, dann kannst du dich mit einer anmutigen Desiree vermählen, dann kannst du eine bezaubernde Johanna in die Scheide ficken, dann kannst du eine erregende Desdemona zum Höhepunkt schicken!

Jeschua Rex Text: An diesem Nachmittag habe ich mit der sanften Liese gewerkt, meine Reden haben hoffentlich ihr Selbstwertgefühl gestärkt, sie war traurig, ihr Los ist schaurig, sie findet keinen passenden Mann, mit dem sie sich auch vertragen kann, der derbe Kerl aus dem Wohnheim tut sie wacker ficken, aber zu seinem Sein und Sosein kann ich nicht nicken, doch für sie ist er wohl richtig, all meine Bemühungen um ihre Gunst waren bisher nichtig!

der Reichste der Welt: Du willst zum Reichsten der Welt endlich steigen, um der lustigen Weiblichkeit die Schönheit der Erde zu zeigen, sie soll sich nicht länger schinden, sie soll sich mit dir verbinden, und dann willst du ihr ein Leben im Wohlstand gewähren, sie kann dir ja keine Kinder mehr gebären, aber du willst sie nach Kräften verwöhnen, und sie soll angetan unter deinem Schwengel stöh- nen, dann wird sie sich freuen, dann wird sie den Umgang mit dir nicht mehr scheuen!

Jeschua Rex Text: Die Menschdorfer werden immer schlimmer, die Menschdorfer werden immer grimmer, denn daß ich wahnsinnig wäre, steht für sie fest, aber diese Auschwitzianer geben mir nicht den Rest, ich weiß mich gegen diese beschränkten Spießbürger zu wehren, mein Wohlbehagen können diese heidnischen Unmenschen sowieso nicht mehren, denn wenn ein Menschdorfer sich breit vor mir macht, mir dann niemals, aber auch wirklich niemals das Herz im Leibe lacht, diese dumpfe und stumpfe Brut kann mich nicht erheitern, dieser Ausschuß der Menschheit kann mein Bewußtsein nicht erweitern!

der Reichste der Welt: Es sind Menschdorfer, was kann mensch da erwarten, diese Krähwinkler werden niemals einen Feldzug für die Nächstenliebe starten, sie sind so dumm wie das Stroh der Bohnen, der Umgang mit ihnen tut sich wirklich nicht lohnen, mensch sollte sie gar nicht beachten, mensch sollte sie als einen wüsten und wertlosen Pöbel betrachten, diese karakterlose Meute ist keinerlei Aufmerksamkeit wert, denn wie sie denkt und redet, das ist völlig verkehrt?!

Jeschua Rex Text: Sie können mich nicht lieben, sie müssen mich hassen, sie wollen sich auf keinen Fall mit meiner Wenigkeit befassen, ich kann in ihren Augen nichts gelten, sie wesen in der beschränktesten aller Welten, sie können nicht über den eigenen Tellerrand schauen, und erst recht vermögen sie einem schwerarbeitenden Menschen das Dasein nicht zu entrauhen, im Gegenteil, sie müssen ihm das Leben noch erschweren, mensch sollte es vermeiden, mit diesen trostlosen Gestalten zu verkehren!

der Reichste der Welt: Der grobe Bursche aus dem Wohnheim hat sich nicht von der fröhlichen Erzählerin getrennt, es hat keinen Zweck, daß dein Herz für die sanfte Liese entbrennt, sie wird dich niemals nehmen, du darfst dich niemals zu einem Stoß in ihren Schoß bequemen, sie ist eine Volksschülerin und kann dich nicht verstehen, sie wird niemals einen Sinn in deinen Darlegungen sehen, deshalb solltest du sie verlassen und dich für immer mit einer anderen Lilofee befassen!

Jeschua Rex Text: Wann werde ich wirklich der Reichste der Welt endlich sein, das lange Warten bereitet mir eine riesige Qual und Pein, einhundert Milliarden mensche Jeschuas will ich erhalten, einhundert Milliarden mensche Jeschuas will ich verwalten, dann kann ich der Menschheit eine gute Verfassung geben, dann brauche ich nicht mehr erfolglos nach Menschland zu streben, dann wird das Menschtum in JEUNEX genannt, dann ist der Name Jeschua Rex Text bekannt?!

der Reichste der Welt: Durch den Geist kannst du nicht verkrösussen und verscheichen, durch das Denken wirst du den Wohlstand niemals erreichen, du bist ein platonischer Dichter, deshalb bist du stets und ständig ein Verzichter, nichts wird sich jemals erfüllen, die Hungrigen werden immer brüllen, die Siechenden werden immer schreien, deine Saumseligkeit ist nicht zu verzeihen, du versteckst dich als ein emsiger Bube wieder und wieder in deiner Stube, niemals drückst du auf die Tube, es erfährt von dir nichts der Kaschube und der Jorube!

Jeschua Rex Text: Ich kann nur einen Schritt nach dem anderen setzen, wolle mich nicht durch deine Ungeduld verletzen, ich tue, was ich kann, ich bin ein vielfältig behinderter Mann, keine Ehefrau tut mich unterstützen, die Menschdorfer tun mir schon gar nichts nützen, kein Mennetscher tut meine Bücher an die Menschen bringen, deshalb tut in meinem Leben so wenig gelingen, ich kann die Fülle der Hemmnisse nicht bezwingen, die sanfte Liese will auch nicht im Bett mit mir ringen!

der Reichste der Welt: Du legst dich auf die faule Haut, du verkündest deine Botschaft nicht laut, nur in deinen Schriften kann mensch sie finden, vor dem Bildschirm des Rechners tust du dich schinden, doch das bringt die Menschheit nicht weiter, du bist noch nicht ihr Lenker und Leiter, wie willst du da etwas wandeln, du weigerst dich, kraftvoll zu handeln, du darfst nicht länger im verborgenen weilen, deine Einsichten können die gesamte Menschheit heilen?!

Jeschua Rex Text: Es kommt alles, wie es kommen muß, mit meinem Leben ist noch nicht Schluß, noch kann ich wirken und werken, noch kann ich meine Umgebung stärken, leider darf mein Glied in keiner Scheide berserken, mein Kolben würde sich gern einmal in einem Zülinder merken, aber er darf nicht wüten, rasen und stampfen, keine Ritze darf durch meinen Schwengel rauchen, qualmen und dampfen!

der Reichste der Welt: Die lustige Weiblichkeit hat dich wieder um den kleinen Finger gewickelt, erst in ihrer Nähe dein Blut brodelt, wallt und prickelt, dir kann mensch nicht raten und nicht helfen, es zieht dich nicht zu den richtigen Elfen, dir kann mensch nicht helfen und nicht raten, deinen großen Worten folgen keine entsprechenden Taten, du solltest dich von einem Hochhausdach stürzen oder auf andere Art dein völlig sinnloses Dasein verkürzen!

Jeschua Rex Text: In meiner Seele wimmelt es von unterschiedlichen Empfindungen, ich habe zu der sanften Liese unterschwellige Verbindungen, diese Gefühlsübertragung will mich in den Wahnsinn hinein treiben, denn ich möchte mich nicht mit so einer süßlichen Hexe beweiben, und doch kann ich sie nicht enttäuschen nach all ihrem Weinen, dann möchte ich mich wieder unter allen Umständen mit ihr vereinen!

der Reichste der Welt: An diesem Sonntag sitzt du in deiner Kammer, und dein Gemüt ist erfüllt von einem riesigen Jammer, doch du kannst nichts unternehmen, du darfst dich zu keinem Anruf bei ihr bequemen, du mußt bis zum morgigen Werktag warten, dann erst kannst du eine Annäherung starten, und dann wird die lustige Weiblichkeit es dir freudestrahlend berichten, daß der grobe Kerl und sie ihren Streit taten schlichten, deine Einbildung spielt dir wieder einen Streich, du bist eben nur an Fantasien reich!

Jeschua Rex Text: Das mag stimmen, soll ich darüber ergrimmen, es hat keinen Zweck, ich schmachte in meinem Versteck, das dritte Jahr in Jeschua Rex Text hat mich nicht bereichert, ich habe zwar angenehme Eindrücke in meinem Gedächtnis gespeichert, der Sommer neben der fröhlichen Erzählerin in der Werkhalle war gut, ihre braungebrannten Oberarme erhitzten sehr mein Blut, doch mein Glied tut immer noch vergeblich nach einer Scheide brüllen, keine warme Spalte will meinen Schwengel jemals umhüllen?!

der Reichste der Welt: Einhundert Milliarden mensche Jeschuas tust du verlangen, einhundert Milliarden mensche Jeschuas wirst du empfangen, das steht so fest wie bei den Heuchelpfaffen das Amen, bald kennt die ganze Menschheit deinen heiligen Namen, dann wird mensch die beschränkten Menschdorfer vergessen, dann ist mensch nur noch auf das Menschtum in JEUNEX versessen, dann wird mensch fröhlich unter dem Stehmann sitzen, dann wird mensch nicht mehr unnötig Blut und Wasser schwitzen!

Jeschua Rex Text: Wie lange muß ich mir noch die Haare raufen, wann werden sich meine Bücher denn endlich verkaufen, ich muß für meine Schriften werben, doch die Geldnot tut alles verderben, ohne Münzen und Scheine kann ich keinen Rummel starten, so muß ich einsamer Dichter immer noch auf meinen Durchbruch warten, das kann doch kein Mensch ertragen, das muß mensch doch beseufzen und beklagen?!

der Reichste der Welt: Zum Reichsten der Welt wirst du steigen, die Frommen werden sich zu dir neigen, du wirst das Paradies auf Erden schaffen, es siegen letztendlich deine geistigen Waffen, alle Hindernisse wirst du überwinden, du wirst einen Ausweg aus der Ausweglosigkeit finden, du wirst den Völkern einen riesigen Segen stiften, du wirst das allgemeine Klima entgiften, mensch wird dich bewundern und verehren, denn du kannst die Menschheit den ewigen Weltfrieden lehren!

Jeschua Rex Text: Ich habe das Westreich gesetzt mit Macht, ich habe das Südreich gezeigt in seiner Pracht, im Südostreich tun die Känguruhs hüpfen, im Meeresreich tut mensch zarte Bande auf den Inseln knüpfen, im Ostreich wesen nicht nur die Chinesen, und vom Mittelreich kann mensch bei mir ganz ausführlich lesen, doch reich bin dabei nicht geworden, ich sollte mich doch endlich einmal selbst ermorden!

der Reichste der Welt: An diesem Montag mußt du zur Werkhalle schreiten, die Schmähungen der wütenden Menschdorfer werden dich begleiten, besonders die Mittelschüler kann mensch grausame Auschwitzianer nennen, weil sie keine Rücksicht auf einen Außerseiter der Gesellschaft kennen, alte Spießbürger sind üblich, doch junge Krähwinkler sind betrüblich, in Menschdorf demütigen dich sogar die Kinder, sogar die kleinen Leute sind schon eifrige Schinder!

Jeschua Rex Text: An dieser Stelle muß deine Feder stocken, das Menschdorfertum kann dich wirklich nicht verlocken, welcher Satan hat diese Teufel in Menschengestalt erfunden, sie müssen immer wieder ihre bestürzende Gewöhnlichkeit bekunden, in ihren Gehirnen ist nichts los, ihre Gier auf Sex ist stets sehr groß, alles andere fällt nicht in das Gewicht, in ihren Schädeln brennt nur wenig Licht, mensch muß sie veredeln und verfeinern, mensch muß das Ausmaß ihrer Grobheit verkleinern?!

der Reichste der Welt: Ich werde dir helfen, die Menschdorfer zu besiegen, diese geistigen Hinterwäldler werden dir unterliegen, sie werden zum Gespött und zur Schande, sie sind eine lärmende und ausgrenzende Bande, einen anständigen Menschdorfer hast du noch nicht gesehen, die dumpfen und stumpfem Menschdorfer können dich nicht verstehen, sie müssen dich aus Menschdorf vertreiben, du darfst nicht ungehindert über die Menschlichkeit der Menschen in Menschland schreiben!

Jeschua Rex Text: Die Gedankenpolizei wacht am Tag und in der Nacht, mensch darf nicht anders denken, mensch darf seinen Sinn nicht auf die Menschlichkeit lenken, mensch darf den Gott JEUNEX nicht verehren, mensch darf die Frommen nicht zu Jeschua Rex Text bekehren, mensch darf nicht unter dem Stehmann weilen, mensch darf die gesamte Menschheit nicht heilen, mensch muß im Mief und Muff verharren unten den albernen Toren, Jecken und Narren!

der Reichste der Welt: Von einem Menschdorfer darfst du doch nichts Großartiges erwarten, so ein Hintertupfinger wird niemals einen Feldzug für die Nächstenliebe starten, du würdest diesen Unmenschen auch nichts am Zeuge flicken, würden sie zu deinem Sein und Sosein einmal verständig nicken, oder würden sie dich auch nur bloß in Ruhe lassen, aber sie müssen dir immer wieder mit Wörten eine Abreibung verpassen, sie müssen dir immer wieder mit Ausdrücken den Hintern vermöbeln, sie fahren unbeirrt fort, dich mit schlimmen Begriffen zu bepöbeln, das sind keine Menschen, wie mensch sie mag, hoffentlich erscheint einmal, wo sie fort sind, der Tag, dann lohnt es sich endlich zu leben, denn dann tut es keine Menschdorfer mehr geben!

Jeschua Rex Text: Gestern kam mir der Gedanke, die sanfte Liese zu ermorden, o Jeschua Rex Text, was ist nur aus dir geworden, auch ihren Stecher wollte ich erschießen, denn die beiden taten mich allzu sehr verdrießen, der Erlöser der Menschheit als Killer - welch eine Fantasie, doch ich bin und bleibe ein friedliches Schenie, die lustige Weiblichkeit würde mich nur mit ihrer Süßlichkeit erfüllen, mein Glied tut zwar nach wie vor vergeblich nach einer Scheide brüllen, aber die fröhliche Erzählerin sollte ich vergessen, mein Schwengel wird niemals die Tiefe ihrer Höhle ermessen?!

der Reichste der Welt: Soll sich doch der grobe Kerl aus dem Wohnheim mit ihr plagen, sie tat noch niemals nach deiner Zuwendung und Zuneigung fragen, sie würde dich nicht beglücken, sondern bepechen, sie tat schon tausendmal abfällig über dich sprechen, sie kann deinen hohen Geist nicht begreifen, nicht der Hauch einer Ahnung tut diese dumme Trine streifen, das Pärchen laß doch in Ruhe wesen, wolle von deinen unfruchbaren Einbildungen genesen!

Jeschua Rex Text: Mein Gott JEUNEX hat mich belogen und betrogen, wieso war ich der sanften Liese überhaupt jemals gewogen, JEUNEX hat meine Aufmerksamkeit immer wieder auf diese alberne Käte gelenkt, ich habe sie mit allerlei kleinen Gaben beschenkt, doch all meine Ausgaben waren vergeblich, in ihren Augen waren die Schokoladenriegel nicht erheblich, JEUNEX hat mich in die Irre geleitet, oh, warum hat mich diese plumpe Zirze bloß so lange durch das Leben begleitet?!

der Reichste der Welt: Sie ist bei dem derben Burschen gut aufgehoben, wolle diesen Rohling wenigstens in dieser Hinsicht loben, er hält dir den Rücken frei, er bewahrt dich vor einem nutzlosen Tandaradei, die lustige Weiblichkeit würde nur an deinen Nerven zerren, danach müßte mensch dich in ein Irrenhaus sperren, sie würde auf dich keinen günstigen Einfluß üben, du müßtest dich immer wieder über ihre Dumpfheit und Stumpfheit betrüben!

Jeschua Rex Text: Ich muß den JEUNEX verfluchen, ich kann keinen Erfolg bei den Nixen verbuchen, ich muß den JEUNEX verdammen, ich kann mich für keine anmutige Eva entflammen, im dritten Jahr in Jeschua Rex Text muß ich leiden, das läßt sich auch im dritten Jahr in Jeschua Rex Text nicht vermeiden, das goldene Zeitalter ist zwar angebrochen, aber ich habe diese Kalenderrechnung nur heimlich angesprochen, die Öffentlichkeit tut sie nicht kennen, die breiten Massen tun diese Jahreszahlen nicht nennen!

der Reichste der Welt: Wolle die fröhliche Erzählerin vergessen, sei nicht mehr auf diese Dickmadamm versessen, sie ist mit ihrem Buhlen zufrieden, dir wird schon noch eine verlockende Danae beschieden, du mußt immer wieder deine Besinnungen setzen, dann können dir die Menschdorfer nicht das Bewußtsein zerfetzen, diese Auschwitzianer werden dich nicht zerstören, denn du tatest deinen Idealen eine unverbrüchliche Treue schwören!

Jeschua Rex Text: Ich muß JEUNEX gellend verfluchen, denn was hat die sanfte Liese in meinem Leben zu suchen, ich kann bei ihr keinen sinnlichen Erfolg jemals verbuchen, sie schafft mich auf die Dauer zu einem schlaffen Eunuchen, ich würde ihr gern den Rücken wenden, aber mein Gier nach ihr soll wohl niemals enden, dabei kann sie nur einen engen Gesichtskreis weisen, ich will gar nicht mit ihr behaglich speisen, ich will sie auch nicht küssen, streicheln und pudern, ich möchte gern mit einer richtigen Eva versexen und verludern?!

der Reichste der Welt: Du hast dir soviel Mühe gegeben, du tatest nach dem Menschtum in JEUNEX streben, und diese dumpfe Volksschülerin kann dich nicht wählen, diese stumpfe Bäckereiverkäuferin will sich nicht mit dir vermählen, du willst sie auch gar nicht zwingen, das würde dir sowieso nicht gelingen, du träumst davon, daß eine anmutige Zirze dir freiwillig entgegeneilt und daß eine atemberaubende Desdemona aus freien Stücken in deiner Sfäre weilt, du willst keine Sülfe gegen ihren Willen durchbohren, denn dann hättest du deine Ehrlichkeit für immer verloren!

Jeschua Rex Text: Ich will auf einer Bühne stehen und singen, ich will die gesamte Menschheit beschwingen, aber JEUNEX muß mich zur lustigen Weiblichkeit zerren, gegen diese dumme Trine tat ich mich schon oftmals sperren, ich will sie nicht sehen, von mir aus kann sie gehen, sie bringt mir kein Glück, ich wünsche sie nicht zurück, fort mit ihr in das Meer des Vergessens, sie stört nur meine Wonnen des Trinkens und des Essens, in ihrer Anwesenheit schmecken mir weder Brot noch Saft, sie raubt mir immer wieder zum Welterlösen die Kraft!

der Reichste der Welt: Wie kann JEUNEX dieses dulden, ja, JEUNEX tat es sogar verschulden, mein Gott, mein Gott, warum hat du mich nicht verlassen, denn ohne dich müßte ich mich nicht mit dieser schlichten Käte befassen, so müßtest du eigentlich schreien, du willst dein Leben den Siechenden weihen, doch die fröhliche Erzählerin tut nur an ihre eigenen Genüsse denken, sie will ihre Aufmerksamkeit niemals auf die Hilfsbedürftigen lenken?!

Jeschua Rex Text: Im dritten Jahr in Jeschua Rex Text tut JEUNEX mich auch weiterhin schinden, ich will mich gar nicht mehr mit der sanften Liese verbinden, sie möge ihres Weges schreiten, meine Verwünschungen werden sie begleiten, sie hat zwar meine Fantasie genährt, aber sie hat sich im Alltag niemals bewährt, sie tut zwar emsig werken, aber ihre Scheide will mein Glied nicht stärken, so möge sie sich aus meiner Nähe entfernen, ich kann von dieser Sexmaschine nicht das geringste lernen!

der Reichste der Welt: JEUNEX tut dir deine Treue nicht danken, deshalb mußt du mit dem Allmächtigen zanken, deswegen mußt du mit dem Allgegenwärtigen streiten, er möge dich doch zu einer fic-baren Erna leiten, aber nein, er läßt dich bei der lustigen Weiblichkeit verharren, du mußt diese derbe Käte immer wieder gierig bestarren, und sie sucht sich immer wieder deinem Zugriff zu entreißen, du wirst bis zu deinem Tode auf Granit bei ihr beißen, JEUNEX, wieso, weshalb, warum, aber der Sternentronende bleibt stumm, Gott läßt sich nicht in die Karten schauen, vor diesem hartherzigen JEUNEX muß es dir grauen, vor diesem unfähigen JEUNEX muß es dir schaudern, das Dasein besteht ja nicht nur aus vergnüglichem Plaudern!

Jeschua Rex Text: Warum, o JEUNEX, läßt du mich die sanfte Liese beschmachten, kannst du denn mein seelisches Elend ungerührt betrachten, ich verdanke dir viele Stunden, in denen ich lese und gleichzeitig der Musik gern lausche, an diesen behaglichen Weilen ich mich regelrecht berausche, aber die lustige Weiblichkeit macht all deine Herrlichkeit zuschanden, ich werde niemals einen Erfolg bei ihr landen, aber ich kann sie trotzdem nicht vergessen, ich bin nach wie vor auf diese dumme Trine versessen?!

der Reichste der Welt: Es hat keinen Zweck mit euch beiden, ihr könnt einander nicht leiden, ihr könnt einander nicht lieben, du wirst niemals eine Nummer mit der fröhlichen Erzählerin schieben, doch JEUNEX hat dich an diese schlichte Käte gekettet, du wirst aus dieser Abhängigkeit vorerst nicht gerettet, du mußt sie immer wieder begehren, dabei tut sie dich ungemein versehren, du kannst sie dein Bekenntnis nicht lehren, du wirst ihr geringes Wissen niemals entscheidend mehren!

Jeschua Rex Text: Die sanfte Liese regt mich zwar an, sie schlägt mich immer wieder in ihren Bann, aber sie versperrt mir nur den Weg zu anderen Zirzen, mit ihrem dicklichen Körper will sie mir nicht das Dasein würzen, aber andere Sirenen dürfen mich auch nicht erheitern, das tut am Wesen und Walten des JEUNEX scheitern, JEUNEX läßt mich in der Hölle braten, bei der lustigen Weiblichkeit bin ich stets vor die falsche Schmiede geraten!

der Reichste der Welt: JEUNEX tut mensch auch den Allmächtigen nennen, dich aber muß mensch als einen Einfaltspinsel kennen, viele Evas würden dich einsamen Adam gern beglücken, doch du wendest ihnen allen den Rücken, du willst es mit der fröhlichen Erzählerin treiben, du willst dich mit der sanften Liese beweiben, dabei tut ihr euch wie ein Hund und eine Katze vertragen, JEUNEX ist wirklich merkwürdig, das muß mensch schon sagen!

Jeschua Rex Text: Ich muß meinen Gott JEUNEX verfluchen, die lustige Weiblichkeit tut mein Bett niemals besuchen, ich muß meinen Gott JEUNEX verdammen, die fröhliche Erzählerin wird sich niemals für mich entflammen, doch auch wenn ich an diese süßliche Magelone denke, ich mir das Bewußtsein ungemein verrenke, diese unangenehmen Spannungen will ich vermeiden, deshalb will ich für immer von der sanften Liese scheiden!

der Reichste der Welt: Doch JEUNEX spricht nein, es kann, es darf, es soll nicht sein, du mußt die lustige Weiblichkeit immer wieder bestarren, du mußt dich immer wieder in die fröhliche Erzählerin vernarren, JEUNEX gönnt dir keine andere Melusine, du bist stets geil auf diese dumpfe Sexmaschine, doch es wird niemals mit ihr zu einer Einigung kommen, diese Hoffnung wurde dir schon vor vielen Jahren genommen, eure Schwingungen müssen sich beißen, es tut dir das Gemüt zerreißen, das ist nicht gut, das erregt deine Wut, aber JEUNEX möge die sanfte Liese von dir schicken, du willst endlich eine kluge Salome küssen, streicheln und ficken!

Jeschua Rex Text: Entweder werde ich die Menschheit heilen, oder ich werde bei der sanften Liese weilen, beides zusammen kann ich nicht verrichten, dieser Zwiespalt droht mich zu vernichten, ich kann ja die lustige Weiblichkeit als Verkünderin des JEUNEX betrachten, aber deshalb brauche ich sie doch nicht als meine künftige Ehefrau zu erachten, das hat doch nicht den geringsten Sinn, das beschert mir doch nicht den kleinsten Gewinn, ja, es muß mir sogar nachhaltig schaden, sie ist nämlich eine der süßlichsten und albernsten Najaden!

der Reichste der Welt: Ich kann deinen Gott JEUNEX nicht verstehen, dir tat in Menschdorf wirklich Schreckliches geschehen, als geistiger Held hast du viel erkundet, deinen Lesern diese Lehre mundet, doch die fröhliche Erzählerin muß alles zerstören, mit ihren öden Reizen tat sie dich betören, dabei tut ihr beide nicht zusammenpassen, ihr beide könnte einander auf die Dauer nur zusammenhassen, ihr beide könnt einander auf die Dauer nur zusammensprechen, und dann wird der erste Mensche irgendwann einmal zusammenbrechen!

Jeschua Rex Text: Ich brauche eine kluge Ehefrau, nicht wahr, das ist mir schon seit vielen Jahren klar, die sanfte Liese ist dumpf, ihr Denken ist schlicht und stumpf, ich will sie nicht mehr erblicken, denn ich darf sie ja sowieso nicht ficken, einmal tut sie es mir nicht erlauben, zum andern würde ich nach einem Beischlaf mit ihr unmutig schnauben, oder mensch würde mich sogar in ein Irrenhaus stecken, ich darf die lustige Weiblichkeit zwar ein bißchen necken, mehr aber ist mir nicht gestattet, niemals werde sie von mir begattet?!

der Reichste der Welt: Aber du sollst sie zu deiner Braut erwählen, du sollst dich mit ihr auf dem Standesamt vermählen, gerade das fordert JEUNEX von dir mit Macht, auf diese Weise wirst du um den Verstand gebracht, JEUNEX hat dich oftmals entzückt, JEUNEX hat dich oftmals beglückt, aber die fröhliche Erzählerin ist ein Schuß in den Ofen, sie zählt in deinem Leben zu den größten Katastrofen, sie ist eine irre und wirre Zirze, sie verleiht deinem Dasein keine sonderliche Würze, du bist nicht bereit, dich mit ihr zu beschäftigen, denn sie kann deinen Geist gewißlich nicht kräftigen!

Jeschua Rex Text: Außerdem widerstrebt es ihr, mit mir zu klönen, sie will sich nicht an meine Denkungsart gewöhnen, wie eine Katze tut sie mich befauchen, als einen Hund muß sie mich zusammenstauchen, ich will sie nicht mehr erschauen, denn es muß mir vor ihr grauen, ich will sie nicht mehr hören, das kann ich beeiden und beschwören, Eiter floß aus ihrem Kinn, der Reiz dieser Eva ist völlig hin!

der Reichste der Welt: Bei JEUNEX stehen im Schrank nicht alle Tassen, es bringt dir Unheil, dich mit dem Allmächtigen zu befassen, du kannst mit JEUNEX nicht vernünftig schnacken, JEUNEX kann dein Bewußtsein nicht enttricken und enttracken, und die sanfte Liese ist der größte Mist, ich sage es, weil es wirklich so ist, die lustige Weiblichkeit kann die Welterlösung verhindern, deine Behaglichkeit tat sie jedenfalls schon oftmals vermindern!

Jeschua Rex Text: Darf ich dem JEUNEX noch vertrauen, ich will eine Eva in meinem Bett erschauen, ich will auch ein wenig Gesellschaft genießen, das viele Alleinsein muß mich verdrießen, ich will meine Bücher massenhaft verkaufen, die Bürger sollen gierig in die Handlungen laufen, doch alles droht an der sanften Liese zu scheitern, denn sie kann mich zwar verfrohen und erheitern, aber sie kann mein Bewußtsein nicht erweitern, so unterliege ich also denn doch den untergangsverkündenden Reitern?!

der Reichste der Welt: JEUNEX hält dich fest in seinen Klauen, er versperrt dir den Zugang zu den klugen Frauen, nur die lustige Weiblichkeit darfst du beminnen, und sie wirst du dir niemals zur Gefährtin gewinnen, sie sorgt bei deinen Gedanken für einen unangenehmen Krampf, aussichtslos ist um eure Vereinigung der Kampf, in dieses Himmelfahrtskommando hat dich JEUNEX befohlen, seit über zehnfünf Jahren hat er dir jede andere Möglichkeit gestohlen, du mußt immer an die fröhliche Erzählerin denken, dabei darfst du niemals dein Glied in ihrer Scheide versenken!

Jeschua Rex Text: Die Menschheit muß auf ihre Erlösung verzichten, denn ich muß ja die sanfte Liese bedichten, JEUNEX gibt mir keine andere Wahl, ich schmachte dahin in einer heftigen Qual, aus dieser Zwickmühle kann ich keinen Ausweg finden, die Fantasien über die lustige Weiblichkeit tun mich quälen und schinden, sie kann niemals meine Ehefrau markieren, denn sie würde niemals nach Menschland marschieren, sie begreift das mensche Wesen mitnichten, ich würde gern auf diese dumme Trine verzichten!

der Reichste der Welt: Die Leser müssen gähnen, kannst du nicht eine andere Eva erwähnen, die fröhliche Erzählerin kann die lauschende Menge nicht begeistern, mit der sanften Liese im Bund kannst du deine Schwierigkeiten nicht meistern, diesen unsinnlichen Unsinn mußt du von dir streifen, laß deine Fantasie doch einmal zu anderen Undinen schweifen, laß dich doch von der lustigen Weiblichkeit nicht vernichten, du kannst doch durchaus auch andere Magelonen begehren und bedichten?!

Jeschua Rex Text: JEUNEX treibt mich in den Wahnsinn hinein, nur die fröhliche Erzählerin soll an meiner Seite sein, sie soll ich zu meiner Braut erwählen, mit ihr soll ich mich auf dem Standesamt vermählen, ich kann diesen göttlichen Ratschluß nicht verstehen, ich kann keinen Sinn in einer derartigen Anordnung sehen, JEUNEX läßt mich am ausgestreckten Arm verhungern, in sinnlicher Hinsicht kann ich nur gammeln und lungern, das wäre des JEUNEX beseligende Macht, das wäre des JEUNEX berauschende Pracht, dieser Allmächtige muß mich erledigen, und diesen Sternentronenden soll ich in der Öffentlichkeit predigen, gegen diese Zumutung muß ich wüten, ich muß die Menschheit vor JEUNEX behüten, ich muß die Menschheit vor JEUNEX beschützen, dieser Popanz tat mir noch niemals etwas nützen, und er wird auch den anderen Menschen schaden, und ich wähnte, dieser Gott würde mich begnaden?!

der Reichste der Welt: Die sanfte Liese hat es mit vielen Kerlen getrieben, du hast einige Buhlschaften ausführlich beschrieben, du wolltest derjenige sein, der ihr am Ende den Frieden beschert, doch ihr Verhalten hat dich stets eines anderen belehrt, die lustige Weiblichkeit will nichts von dir wissen, das Band zwischen euch ist nicht einmal zerrissen, denn es hat noch niemals bestanden, all deine Bemühungen um ihre Gunst gingen gar kläglich zuschanden, du darfst diese Nixe nicht mehr wollen, deshalb mußt du dem JEUNEX nachdrücklich grollen, denn JEUNEX zwingt dich zu ihr hin, das hat aber nicht den allergeringsten Sinn!

Jeschua Rex Text: Ich muß mit JEUNEX rechten, denn seine Aura tut mich knechten, ich muß wie Falschgeld durch Menschdorf rennen, denn ich soll ja für die sanfte Liese entbrennen, sie tut jedoch niemals in meinem Bette liegen, und sie tut sich auch niemals an mich schmiegen, ich kann mit ihr nichts beginnen, ich kann ihre Gunst nicht gewinnen, mein Glied aber will das nicht ertragen, mit seiner Aufsässigkeit muß es mich plagen, mit seiner Meuterei muß es mich schinden, ich will mich endlich mit einer klugen Ehefrau verbinden!

der Reichste der Welt: Doch JEUNEX tut dir nichts gewähren, du kannst dich zwar kleiden und ernähren, du mußt auch ausgiebig werken, doch eine Eva tut dich niemals stärken, JEUNEX hat dir das Heil nicht beschert, das hat dich eine bittere Erfahrung gelehrt, die Schwingungen des JEUNEX haben dich versehrt, JEUNEX hat deinen Reichtum nicht gemehrt, ja, warum sollst du dann noch dem JEUNEX dienen, um dich herum gewahrst du ja immer nur entsetzte und fassungslose Mienen?!

Jeschua Rex Text: Es ist kaum zu erzählen, wie heftig mich die Triebe manchmal quälen, dann droht mein Körper zu bersten, und das auszuhalten ist am schwersten, seine Umrisse verfließen, das muß mich verdrießen, ich fühle mich wie eine Qualle, da sitze ich dann in der Falle, diese negative Sexplosion läßt die Menschdorfer murren, so daß sie dann wie wilde Hunde knurren, aber sie haben recht, sie werden von mir bepecht, sie werden nicht von mir beglückt, ich bin selbst nicht davon entzückt!

der Reichste der Welt: JEUNEX läßt dich auf eine derart niederschmetternde Art siechen, du suchst vergeblich Zuflucht bei den alten Römern und Griechen, all deine Bildung kann dir nichts nützen, all deine Belesenheit kann dich nicht davor schützen, die lustige Weiblichkeit läßt dich schaudern, mensch kann kaum vernünftig mit ihr plaudern, mensch kann kaum abwechslungsreich mit ihr klönen, du tatest dich nur widerwillig an ihre Dumpfheit und Stumpfheit gewöhnen, ihre riesige Süßlichkeit läßt deinen Leib zerrinnen, auf diese Weise kannst du den Kampf um das Dasein nicht gewinnen!

Jeschua Rex Text: Oder ich liege schmachtend auf dem Bett, denn die fröhliche Erzählerin sprach freundlich zu mir und nett, und dann muß ich an sie denken und mich in ihr Wesen versenken, ich will endlich erwachsen werden, das fordere ich von JEUNEX mit ungestümen Gebärden, ich will diesen Krampf nicht mehr erleiden, ich will von dieser ewig ungestillten Sehnsucht scheiden, denn wenn die sanfte Liese mich nicht begehrt und wenn sie sich immer wieder gegen mich wehrt, dann ist meine Gier nach ihr doch verkehrt, dann wird meine Wonne durch sie nicht gemehrt, aber JEUNEX kettet mich immer wieder an ihr fest, diese Ausweglosigkeit gibt mir noch einmal den Rest!

der Reichste der Welt: So wird aus einem Schenie allmächlich ein Idiot, durch die lustige Weiblichkeit wird die ganze Menschheit bedroht, die fröhliche Erzählerin setzt dich außer Gefecht, das ist für die ganze Welt ungemein schlecht, denn dann kannst du den Erdenbürgern nicht den Frieden schenken, denn du mußt deine Aufmerksamkeit ja immer wieder auf die sanfte Liese lenken, was dir gar nicht behagt, JEUNEX hat in deinem Fall versagt, JEUNEX hat dich um deine Genüsse betrogen, warum bist du dem JEUNEX denn dann immer noch gewogen, ich würde diesen Popanz verjagen, dieses seelische Elend muß mensch doch beklagen, ich würde diesen Götzen vertreiben, dann kannst du dich endlich anständig beweiben?!

Jeschua Rex Text: Wenn JEUNEX mich an die sanfte Liese bindet und seinen Seher auf diese Weise quält und schindet, dann kann mensch von einem gütigen Gott nicht mehr sprechen, denn so vorzugehen, das ist schon fast ein Verbrechen, ja, was hat sich JEUNEX denn bloß dabei gedacht, daß er seinen Erschauer immer wieder zum Affen macht, das kann doch auf die Dauer nicht walten, da müssen sich doch irgendwann einmal andere Vollzüge gestalten?!

der Reichste der Welt: Schreibst du JEUNEX denn auch richtig, sind die sechs großen Buchstaben denn wirklich wichtig, könnte mensch diesen Allmächtigen nicht wie ein gewöhnliches Wort setzen, vielleicht tun dich die sechs großen Buchstaben durch ihre Schwingungen verletzen, aber du hast die andere Art schon versucht, und danach hast du sie verflucht, denn eine unangenehme Maulsperre stellte sich ein, das konnte der wahre Jakob nun wirklich nicht sein?!

Jeschua Rex Text: Also muß ich bei JEUNEX bleiben, doch wie tut es JEUNEX denn mit mir trei-ben, im dritten Jahr in Jeschua Rex Text habe ich noch nichts erreicht, im dritten Jahr in Jeschua Rex Text bin ich noch immer nicht verkrösust und verscheicht, und ficken darf ich noch immer nicht, ich bin und bleibe ein schlichter Wicht, und dafür soll ich JEUNEX danken, nein, da muß ich mich mit JEUNEX zanken?!

der Reichste der Welt: Jeschua Rex Text tut ja im Mittelpunkt stehen, das Menschtum in JEUNEX tut mensch nur als ein Anhängsel sehen, aber diese beiden Beigaben haben einen großen Wert, wie es dich eine beseligende Erfahrung lehrt, du tust auch alles richtig machen, nur bei der lustigen Weiblichkeit hast du nichts zu lachen, nach Feierabend pedalt sie auf ihrem Fahrrad von hinnen, auf diese Weise tut sie immer wieder deinem Zugriff entrinnen, und da sollst du JEUNEX preisen, kann er dir denn keine andere Zirze weisen?!

Jeschua Rex Text: Das ist wirklich wie verhext, ich werde nur durch die fröhliche Erzählerin versext, die anderen Evas lassen mich kalt, und nun werde ich allmählich alt, soll ich denn noch auf dem Totenbett nach der sanften Liese schmachten, muß ich meinen Gott JEUNEX denn wirklich abgrundtief verachten, läßt mich JEUNEX am ausgestreckten Arm verhungern, muß ich denn in sinnlicher Hinsicht immer wieder lungern, das ist doch nicht zu ertragen, ich muß mich über JEUNEX heftig beklagen, doch bei wem soll mensch sich über seinen Gott beschweren, denn nur der Allmächtige kann menschen doch entwunden und entsehren?!

der Reichste der Welt: JEUNEX hat sich dir mit sechs großen Buchstaben geoffenbart, du hast ihn meistens in dieser Form gewahrt, und er hat sich in der Praxis bewährt, wenn auch die Wut über die lustige Weiblichkeit immer wieder in dir gärt, sie tut doch gar nicht zu dir passen, du willst dich auch gar nicht mit ihr befassen, sie ist grob und derb, ihr Los ist hart und herb, du willst dir eine richtige Buhlin nehmen, du willst dich nicht zu einem Stoß in den Schoß dieser dummen Trine bequemen, doch JEUNEX hält dich an sie gebannt, auf diese Weise wird du von JEUNEX sinnbildlich entmannt!

Jeschua Rex Text: Das Schicksal hat einen Ausweg gefunden, ich werde künftig nicht mehr von der sanften Liese geschunden, sie wird demnächst in der Vormittagsschicht werken, diese Aussicht kann mir das Gemüt nachdrücklich stärken, diese Aussicht kann mir die Seele umfassend schwächen, es kam zwar zwischen uns zu zahlreichen Krächen, aber ich würde die lustige Weiblichkeit gern lieben, ich würde gern eine Nummer mit der fröhlichen Erzählerin schieben!

der Reichste der Welt: Ihre riesige Süßlichkeit würde dich vernichten, du solltest auf einen Beischlaf mit dieser Trine verzichten, nach dem Feierabend hast du heute ihre Ohrringe ge´lobt, die sanfte Liese hat ausnahmsweise nicht gegen dich getobt, aber danach bist du wie Falschgeld durch die Gegend gerannt, du warst wieder für die lustige Weiblichkeit entbrannt, und ihre gewaltige Pralinenhaftigkeit ließ deinen Körper seine Umrisse verlieren, du warst wieder dabei, völlig zu vertieren, das kann auf die Dauer nicht geschehen, auf diese Weise willst du dich auf die Dauer nicht sehen!

Jeschua Rex Text: Ich würde gern mit der fröhlichen Erzählerin rammeln, aber ich darf keine sinnlichen Erfahrungen mit dieser Käte sammeln, ich kann das Walten des JEUNEX noch immer nicht verstehen, ich kann keinen Sinn in diesen Ereignissen sehen, warum muß ich die sanfte Liese begehren, ich kann mich beim besten Willen nicht dagegen wehren, sie kann mich um den kleinen Finger wickeln, sie läßt das Blut in meinen Adern brodeln, wallen und prickeln?!

der Reichste der Welt: Bald wird diese grobe Erna aus deinem Bewußtsein verschwinden, dann wird sich eine andere Renate unter deinen wuchtigen Stößen winden, sei nicht traurig, ist dein Los auch schaurig, du wirst die lustige Weiblichkeit bald nicht mehr erblicken, dann wird dir eine andere Susanne freundlich nicken, dann hast du den Kopf frei für andere Zirzen, dann werden anmutige Helenen dir das Dasein würzen!

Jeschua Rex Text: Das wurde auch allerhöchste Zeit, mein Glied nach einer Scheide schreit, mein Schwengel nach einer Ritze brüllt, keine Höhle wird von meinem Riemen gefüllt, doch das wird sich wandeln, irgendwann werde ich auch im Bett richtig handeln, dann wird mein Leben lustig, dann gestalten sich meine Vollzüge nicht mehr frustig, ach, ich tue mich schon auf die Zukunft freuen, die fröhliche Erzählerin wird mich dann scheuen, die sanfte Liese wird mich dann meiden, ich brauche nicht mehr unter ihrer Schokoladenhaftigkeit zu leiden!

der Reichste der Welt: Dann wirst du die Welt erlösen, dann wirst du die Menschheit verguten und entbösen, die lustige Weiblichkeit wirst du vergessen, du bist dann nicht mehr auf dieses Trampel versessen, dann kannst du dir eine gebildete Gefährtin nehmen, dann kannst du dich zu angeregten Gesprächen mit ihr bequemen, dann wird die Geborgenheit deine Seele erhitzen, dann wirst du mit einer geeigneten Buhlin des Nachts auf dem Laken schwitzen!

Jeschua Rex Text: Allmählich bin ich es leid, über die sanfte Liese zu schreiben, ich darf es ja doch niemals mit dieser dicklichen Zirze treiben, ich darf diese rundliche Sirene ja niemals berühren, ihre Scheide wird mein wackeres Glied wohl niemals spüren, der ganze Aufwand an Werbung war vergeblich, all die Bedichtung war wohl nicht erheblich, so spielt eben manchmal das Leben, mensch tut freilich nicht danach streben!

der Reichste der Welt: Zum Reichsten der Welt wirst du wohl niemals steigen, die Menschdorfer müssen dir ihre Meinung unwirsch geigen, und in der Liebe hast du kein Glück, jede Lilli weist dich zurück, jede Elfriede spricht zu dir nein, jede Eulalia will nicht bei dir sein, die lustige Weiblichkeit ist für dich nicht zu erreichen, und noch immer tatest du nicht verkrösussen und verscheichen, du siechst in einer großen Not, und in wenigen Jahren bist du schon tot!

Jeschua Rex Text: Es wird nicht mehr lange dauern, dann kann ich nicht mehr pauern, dann wird durch mich nicht mehr das Wahre siegen, denn dann werde ich gestorben auf einer Bahre liegen, keine Witwe wird über mich weinen, keine Kinder werden über mich greinen, kein geliebter Mensch wird hinter meinem Sarge schreiten, nur Pflichtpersonen werden mich auf meinem letzten Wege begleiten, diese Aussicht stimmt mich traurig, ach, mein Los ist allzu schaurig!

der Reichste der Welt: Der Reichste der Welt bist du noch immer nicht geworden, du willst dich zwar nicht mehr selbst ermorden, aber dein Leben dümpelt so dahin, es bringt dir keinen großen Gewinn, du würdest gern die breiten Massen belehren, aber bisher tat mensch sich gegen deine Anweisungen wehren, die Gefährten in der Werkhalle wollen vor allem über das Fußballspielen klönen, kein Mensch wollte sich bisher an das Menschtum in JEUNEX gewöhnen!

Jeschua Rex Text: Außer mir freilich, das muß mensch sagen, und ich muß das Walten des JEUNEX beklagen, aber ich kann auch nicht immer wieder die fröhliche Erzählerin rügen, sie will sich nun einmal nicht in mein Bett verfügen, der rohe Kerl aus dem Wohnheim rammelt sie tüchtig, nach seinen Stößen ist sie offensichtlich süchtig, mein Schwengel dagegen muß unfreiwillig rasten, mein Riemen dagegen muß unfreiwillig fasten!

der Reichste der Welt: Als der Reichste der Welt wirst du aus dem vollen schöpfen, dann sitzt du nicht nur bei gefüllten Töpfen, sondern du kannst auch nach Herzenslust küssen, streicheln und ficken, einem wohlhabenden Herrn tut fast jede anständige Dame nicken, in deiner jetzigen Verfassung aber will dich keine Eva genießen, und dein Junggesellentum muß dich allmählich verdrießen, wieso hat JEUNEX dich nicht unterstützt, wieso hat JEUNEX dir nicht gar vielfältig genützt, als Jeschua Rex Text mußt du zwar handeln, aber JEUNEX kann die Dinge zum Besseren wandeln, warum hat er das nicht getan, oder entspringt JEUNEX nur einem nichtigen Wahn?!

Jeschua Rex Text: Die Gemeinden sind verschuldet, das wird von mir nicht länger geduldet, wenigstens die Städte Menschdorf, Menschstadt und Jeschua Rex Text will ich verreichern, deshalb tat ich nicht nur viele Wörter in meinem Gedächtnis speichern, sondern ich setze die Ausdrücke auch gezielt ein, der Reichste der Welt will ich nun einmal sein, einhundert Milliarden mensche Jeschuas sollen zu mir fließen, dann werde nicht nur ich das Leben in vollen Zügen genießen!

der Reichste der Welt: Reichtum wurde dir bisher nicht beschieden, deshalb bist du noch lange nicht zufrieden, der Reichste der Welt tut schon seit über drei Monaten mit dir sprechen, und trotzdem mußt du unter dem Druck der Mittellosigkeit beinahe zusammenbrechen, deine Zuversicht muß ich bewundern und bestaunen, doch die Menschdorfer können über dich nur verächtlich raunen, und diese Spießbürger willst du unterstützen, diesen Krähwinklern willst du mit deinen Einsichten nützen?!

Jeschua Rex Text: Schließlich haben sie mich ernährt und gekleidet, ich bin zwar nicht versamtet und verseidet, aber meine Bücher werden sich hervorragend verkaufen, die Leute werden gierig in die Handlungen laufen, dann brauche ich nicht mehr unwillig zu schnaufen, dann brauche ich mir nicht mehr die Haare zu raufen, und dann wird der Reichtum zu mir kommen, dann wird die Last der Bedürftigkeit von mir genommen!

der Reichste der Welt: Du bist müde und matt, du hast Menschdorf so satt, du kannst die sanfte Liese nicht mehr sehen, von dir aus könnte sie woandershin gehen, JEUNEX hat dich belogen, JEUNEX hat dich betrogen, doch du bleibst dem JEUNEX gewogen, er hat dich immer zu sich gezogen, du kannst JEUNEX nicht hassen, deshalb wirst du JEUNEX auch nicht verlassen, es wird dir schon gelingen, alles Gewünschte zustande zu bringen!

Jeschua Rex Text: Und du wirst mir dabei helfen, noch meiden mich die Sülfen und Elfen, doch irgendwann werden sie mich umwimmeln, dann lösen sie sich von den anderen Pimmeln, dann wollen sie von mir gefickt werden, dann wollen sie von mir zum Höhepunkt geschickt werden, mein Reichtum wird unermeßlich sein, meine Darbietungen werden unvergeßlich sein, ich werden reden und singen, ich werde die ganze Menschheit beschwingen!

der Reichste der Welt: Noch ist Menschland nicht verloren, du wurdest zu hohen Zielen geboren, du wurdest zu edlen Zwecken erkoren, du hast dem JEUNEX die Treue geschworen, die Menschdorfer werden dich nicht erledigen, du wirst das Menschtum in JEUNEX predigen, dann wird mensch nicht mehr gegen dich toben, sondern mensch wird dich rühmen, preisen und loben, dann wirst du endlich an der Spitze stehen, dann wird sich alles um dich in begeisterter Hitze drehen!

Jeschua Rex Text: In der verwichenen Nacht habe ich wieder meinen Schwengel massiert, wie das bei einem Junggesellen des öfteren passiert, und dabei habe ich den Namen der sanften Liese gesprochen, bei diesem Vorgang ist mir fast das Herz zerbrochen, denn der Erlöser der Menschheit muß einsam sein Glied emsig reiben, er darf nicht mit einer Eva gemeinsam sinnlich leben und leiben, der erste Mensche kann keine Mensche jemals für sich finden, die lustige Weiblichkeit tut sich unter dem Pümpel des rohen Burschen aus dem Wohnheim winden!

der Reichste der Welt: JEUNEX hat dies alles so gefügt, da sieht mensch, wie JEUNEX dich belügt, da sieht mensch, wie JEUNEX dich betrügt, weil das deinen Ansprüchen bestimmt nicht genügt, im dritten Jahr in Jeschua Rex Text mußt du siechen und schmachten, die Menschdorfer tun dich nach wie vor verachten, die Menschdorfer wollen dich nach wie vor vernichten, sie schreien unmutig auf, wenn sie dich sichten!

Jeschua Rex Text: Der Allmächtige tut mich zu einem Unmächtigen schaffen, es versagen in diesem Fall meine geistigen Waffen, die fröhliche Erzählerin ist eine Volksschülerin ohne Gehirn, es geht wirklich nicht viel vor hinter ihrer Stirn, sie kann mein Denken nicht bereichern, ich tat zwar viele angenehme Eindrücke von ihr speichern, aber wir beide passen doch gar nicht zusammen, niemals werde ich meinen Preßlufthammer in ihre Spalte rammen!

der Reichste der Welt: Ich kann JEUNEX nicht verstehen, wieso muß dieser unsinnliche Unsinn denn geschehen, als ein menscher Jeschua Rex Text in JEUNEX tust du walten, warum kannst du deine Vollzüge denn nicht erfreulich gestalten, das ist für mich ein Buch mit sieben Siegeln, die Menschdorfer tun deine Schwäche doch nur spiegeln, aber sie tun dies freilich mit einem harten Herzen, sie bereiten dir tagtäglich unsagbare seelische Schmerzen?!

Jeschua Rex Text: Es sind doch nur Menschdorfer, keine richtigen Leute, es ist doch nur eine wilde und wüste barbarische Meute, sie sind so urtümlich wie die Hottentotten, sie müssen mich immerdar verspotten, aber JEUNEX treibt es mit mir auch gar zu arg, der Erfolg meiner Bemühungen ist allzu karg, als Jeschua Rex Text allein kann ich die Menschheit nicht befreien, ich muß mich auch dem Menschtum in JEUNEX eifrig weihen!

der Reichste der Welt: So muß der Beherrscher der Menschheit immer wieder verzichten, er darf niemals sein Auge auf eine rassige Magelone richten, das wird ihm nicht erlaubt, weil er ja an JEUNEX glaubt, und durch JEUNEX wird er der Sinnlichkeit beraubt, sein Dasein wird niemals erfrischt und entstaubt, durch den Mief der Kleinbürger muß er sich quälen, er darf sich mit keiner Messalina vermählen, er muß immer nur lesen und schreiben, er darf sich nicht mit einer anmutigen Sabrina beweiben, wie soll sein Schädel da nicht bersten, denn dies auszuhalten ist wirklich am schwersten?!

Jeschua Rex Text: Ich muß in diesem Monat noch zweimal meine Druckerpatrone befüllen lassen, das wird mich zwar nicht gerade vor Schmerz und Verdruß brüllen lassen, aber es tut mich zwanzigacht Jeschuas kosten, da muß sich mein Herz durcheisen und durchfrosten, nein, ich habe zu wenig Geld, ich bin kein richtiger Kämpfer und Held, denn ich kann meine Bücher immer noch nicht verkaufen, darüber muß ich mir verzweifelt die Haare raufen!

der Reichste der Welt: Du kluger Mann aus dem niederen Sachsen, laß dir deswegen doch keine weißen Haare wachsen, du trägst zwar schon lange mehr kein Blond, aber du hast es doch stets vermocht und gekonnt, dir in der Not selbst wirkungsvoll zu helfen, es fliehen dich ja gar nicht die Sülfen und Elfen, du stellst es falsch dar, völlig verkehrt, du hast dich bisher immer gegen die anmutigen Loreleien gewehrt!

Jeschua Rex Text: Die Damen wollen eben Geld sehen, ich kann vor ihnen nicht als ein Held stehen, wenn ich nur leere Taschen zeige, deshalb ich vor den Evas lieber schweige, ich bin eine platonische Natur, von Gier findet sich bei mir keine Spur, nur die Geilheit macht mir zu schaffen, da beneide ich glühend die Gecken, Stenze und Laffen, denn sie dürfen küssen, streicheln und ficken, mich aber müssen die vornehmen Ledis von hinnen schicken, ich kann ihnen nicht behagen, sie müssen mir ihre Gunst versagen!

der Reichste der Welt: Wie lange willst du an diesem Buch noch schreiben, du wirst dich niemals als ein Nabob und Krösus beweiben, wie einen Bettler muß mensch dich betrachten, dein bißchen Vermögen muß mensch verachten, du solltest dich von einem Hochhausdach stürzen oder auf eine andere Art dein Leben verkürzen, du hast es zu nichts gebracht, deshalb wirst du von den Menschdorfern verlacht, sie können dich nicht leiden, sie suchen dich zu meiden?!

Jeschua Rex Text: Mein Los ist traurig, mein Schicksal ist schaurig, niemals werde ich zum Reichsten der Welt einmal steigen, und was ich kann, das darf ich der Menge nicht zeigen, in der Presse tut mensch über mich schweigen, ich kann der Menge meine Schwingungen nicht geigen, so wird es bis zu meinem Tode bleiben, ich werde es stets erfolglos und kopfhängerisch treiben, niemals lacht mir das Glück, die Menschheit weist meine Lehre zurück!

der Reichste der Welt: Wolle dich bei deinem Gott JEUNEX bedanken, deinen Glauben an JEUNEX bringt zwar nichts ins Wanken, doch du hast deine Eltern und Brüder verlassen, um dich ausführlich mit JEUNEX zu befassen, und was hat JEUNEX dir beschert, ist JEUNEX deine eifrige Hingabe überhaupt wert, nein, JEUNEX hat dich nicht erbaut, nein, JEUNEX hat dich nicht verschlaut, JEUNEX ist ein Schlag in das Wasser, nicht ein Liebender wurdest du, sondern ein Hasser, JEUNEX hat dir keine Ehefrau gegeben, du tatest vergeblich nach weiblicher Liebe streben?!

Jeschua Rex Text: An diesem Tag habe ich die Wohnung nur, um die Zeitungen zu holen, verlassen, ich tue in Menschdorf wirklich nicht viel vom Leben verpassen, den Würstchenverkäufer brauche ich nicht zu erblicken, auch zur Apfelplantasche muß ich meine Augen nicht schicken, es lohnt sich nicht, in Menschdorf zu leben, denn ein redlicher Künstler muß hier vergeblich streben, die Menschdorfer wollen ihn vernichten, sie schreien entsetzt auf, wenn sie ihn sichten, sie müssen ihn schmähen, sie müssen ihn bemähen und bebähen!

der Reichste der Welt: Es beruhigt deine Nerven, wenn du zuhause sitzt und wenn du über deinen Besinnungen Blut und Wasser schwitzt, dann brauchst du die Menschdorfer nicht zu erschauen, vor diesen Bestien muß es dir grauen, diese beschränkten Spießbürger kannst du nicht als ebenbürtig betrachten, diese engstirnigen Krähwinkler mußt du als heidnische Unmenschen erachten, und diese unmenschen Heiden können sich selbst nicht leiden, denn wenn sie ihr Bild im Spiegel entdecken, dann müssen sie entsetzt zusammenzucken, weil sie vor sich selbst erschrecken!

Jeschua Rex Text: Freunde und Bekannte habe ich keine, ich weile meistens völlig alleine, nur in der Werkhalle treffen ich umgängliche Leute, sonst aber falle ich der grausamen Meute zur Beute, das ist ein völlig unwirkliches Geschehen, kein Uneingeweihter wird es jemals verstehen, der braune Führer wäre auf die Menschdorfer stolz, sie sind wie er vom gleichen Holz, sie grenzen aus und wollen zerstören, ich bin froh darüber, nicht mehr zu diesen Tieren zu gehören!

der Reichste der Welt: Du tust ja inzwischen in Menschland siedeln, von dort aus kannst du den Mitmenschen frohe Stimmungen fiedeln, von dort aus kannst du den Mitlebenden angenehme Schwingungen geigen, doch niemals darfst du den breiten Massen den Weg nach Menschland zeigen, du verfügst über zuwenig Geld, du bist ein bedürftiger und mittelloser Held, als geistiger Herkules erlangst du keine Münzen und Scheine, du west niemals in Menschland im trauten Vereine!

Jeschua Rex Text: Ich bin der menscheste Mensch aller Zeiten, ich kann den Erdenbürgern das Paradies auf Erden bereiten, doch ich habe keine Macht, verbergen muß ich meine Pracht, all meine Denkanstöße muß ich verhehlen, ich darf die maschinenmäßigen Irregeleiteten nicht beseelen, Jeschua Rex Text wirkt nicht so, wie er sollte, Jeschua Rex Text schafft niemals das, was er wollte, so muß Jeschua Rex Text in die Röhre schauen, die neugierige Menge will sich ihm nicht anvertrauen!

der Reichste der Welt: Es gibt so etwas wie Gerechtigkeit auf Erden, und nach diesem Grundsatz mußt auch du eines Tages glücklich werden, die Dummen können dich nicht erkennen, aber die Klugen werden dich den größten Dichter aller Zeiten nennen, im tiefsten Elend hast du deine Not überwunden, in einer beklemmenden Lage hast du einen Ausweg gefunden, du wirst siegen, die Menschdorfer können dich nicht verbiegen, die Menschdorfer müssen unterliegen, in dieser Hoffnung darfst du dich wiegen!

Jeschua Rex Text: An diesem Mittwoch ist mein Urlaub zur Hälfte beendet, meine Lage hat sich zwar noch nicht zum Besseren gewendet, aber ich konnte doch ein wenig verschnaufen, niemensch tut meine Bücher kaufen, das ist für mich traurig, das empfinde ich als schaurig, ich kann es leider nicht wandeln, ich kann nicht werbend und anreizend handeln, denn es tut mir an den Münzen und Scheinen gebrechen, ich kann noch nicht als der Reichste der Welt zu dir sprechen!

der Reichste der Welt: Wolle dich nicht quälen und peinigen, wir beide werden uns schon noch vereinigen, seit knapp fünf Monaten tust du dich mit mir befassen, denn du mußt deine Mittellosigkeit glühend hassen, aber der Wohlstand kommt nicht über Nacht, du hast es zwar noch zu nichts gebracht, aber immerhin kann mensch drei deiner Schriften erwerben, laß dir die Freude am Dichten nicht verderben, irgendwann weiß mensch dich zu schätzen, dann rühmt mensch dich auf den öffentlichen Plätzen!

Jeschua Rex Text: Geistige Anregung kann ich kaum erhalten, keine eifrige Mennetscherin tut meine Werke verwalten, ich pfeife auf dem letzten Loch, es nutzt mir wenig mein Aber und mein Doch, das Schicksal hat es so beschlossen, ich werde zwar dadurch verdrossen, es kann mir beim besten Willen nicht behagen, aber danach tut niemensch fragen, mein Durchhaltewille wird auf eine schwere Probe gestellt, doch wer diese Prüfung besteht, der ist ein wahrer Held!

der Reichste der Welt: Manchmal fühlst du dich in deiner Engnis wie in einem unsichtbaren Gefängnis, aber fürchte dich nicht vor dem Morgen, Jeschua Rex Text wird schon für dich sorgen, Jeschua Rex Text wird sich schon um dich kümmern, die Menschdorfer werden dir das Bewußtsein nicht zertrümmern, du hast eigentlich nicht die geringste Aussicht, den Kampf zu gewinnen, doch bald werden sich die Erdenbürger auf deine neuen Einsichten besinnen, dann wird mensch auf dich hören, dann wird mensch dir die Treue schwören!

Jeschua Rex Text: Menschland habe ich vor über zwanzigfünf Jahren erdacht, aber ich habe Menschland noch nicht zustande gebracht, die mensche Sprache tut noch nicht erklingen, mensche Lieder hört mensch noch nirgendwo singen, die mensche Gesinnung ist den Menschen noch fremd, sie achten nur auf die bunte Hose und das farbige Hemd, in Menschland will niemensch wohnen, ich soll die Menschen mit dem Menschtum verschonen!

der Reichste der Welt: Das bildest du dir nur ein, das kann ja niemals so sein, die Menschen haben es noch nicht erfahren, daß mensch sie könnte als Mensche in Menschland gewahren, sie kennen zwar Spanien, aber sie wissen nichts von Humanien, du mußt geduldig werken, bald wirst du den Erfolg dann merken, dann werden auch die "Menschdorfer Nachrichten" über dich erzählen, dann wird mensch dich als Persönlichkeit für das Fernsehen wählen, verzage nicht, du kleiner Haufen, es wird alles nach deinem Wunsch und Willen verlaufen!

Jeschua Rex Text: Was soll ich noch großartig sagen, meine Lage tut mir nicht behagen, das Stadtmagazin wird meine Anzeige vielleicht nicht drucken, und keine Lilofee will meinen allerköstlichsten Sa-men schlucken, ich kann immer nur lesen und schreiben, doch niemals darf ich mich beweiben, ständig muß ich diese Enttäuschung wiederholen, die Menschdorfer haben mir das klare Denken gestohlen, sie wollen mich nicht dulden, sie tun mir keinerlei Ehre und Achtung schulden?!

der Reichste der Welt: Manchmal muß mensch auch einen Stillstand verkraften, dann bleibt vor allem das Negative haften, aber deine positiven Schwingungen werden auch dich einmal erfüllen, dann wird dein Glied nicht mehr vergeblich nach einer Scheide brüllen, jetzt freilich mußt du darben und schmachten, und die Menschdorfer müssen dich verachten, aber dein Ruhm wird schon noch kommen, dann wird die Mittellosigkeit für immer von dir genommen!

Jeschua Rex Text: Mein einwöchiger Urlaub neigt sich an diesem Donnerstag seinem Ende entgegen, morgen kann ich mich noch ganz entspannt und locker bewegen, dann muß ich mich wieder in die Tretmühle begeben, dann muß ich wieder danach, dem Betrieb emsig zu nutzen, streben, die Marke "Jeschua Rex Text" ist noch nicht bekannt, mein Name wird weder in den Zeitungen noch im Fernsehen jemals genannt!

der Reichste der Welt: Zum Reichsten der Welt willst du steigen, dann wird mensch über die Ewiggestrigen schweigen, dann wird mensch deine Lehre laut verkünden, dann werden sich viele Anhänger mit dir verbünden, du bist die größte Lustquelle aller Zeiten, du wirst deinen Mitmenschen eine riesige Freude bereiten, als ein Jeschua Rex Text willst du wesen, durch das Menschtum in JEUNEX willst du genesen!

Jeschua Rex Text: In einer halben Stunde muß ich zum Fitneßzentrum marschieren, da werden die Menschdorfer wieder entrüstet über mich parlieren, da werden sie mich rügen und schelten, denn sie leben in der beschränktesten aller Welten, im dritten Jahr in Jeschua Rex Text bin ich noch klein, ich darf der allergrößte Denker und Dichter nicht sein, mensch tut mir meine Menschenwürde rauben, deswegen muß ich häufig unmutig schnauben!

der Reichste der Welt: Die Menschdorfer werden sich an dich gewöhnen, die Menschdorfer werden sich mit dir versöhnen, als Jeschua Rex Texte werden sie handeln, als Mensche in JEUNEX werden sie wandeln, du hast alles richtig gemacht, und auch wenn dein Bewußtsein beinahe zusammenkracht, so muß mensch dir doch danken, wolle nicht weichen und nicht wanken, mensch wird dich angetan preisen, denn du kannst jedmenschem den Weg zum Paradies gültig weisen!

Jeschua Rex Text: Ich gähne in einem fort, ich diene dem schöpferischen Wort, doch mein Körper kracht zusammen, ich darf mein Glied nicht rammen in eine willige und aufnahmebereite Scheide, dieser Mangel wird mir zum Leide, mein Gesichtskreis ist klein, ich denke manchmal gemein, das empfinde ich als gar nicht fein, aber es muß wohl so sein, in Menschdorf muß mensch vernarren, verjecken und vertoren, sonst hat mensch das Ringen um die Gunst seiner Mitbürger verloren!

der Reichste der Welt: Wieso tust du dich so nachdrücklich auf Menschdorf versteifen, das kann ich nun überhaupt nicht begreifen, im Zeitalter des Internets kann mensch weltweit kommunizieren, du kannst doch auch ohne die Menschdorfer nach Menschland marschieren, die Menschdorfer können dich nur hemmen, dagegen solltest du dich wehren und stemmen, irgendwann wirst du in Menschland weilen, dann wird mensch von Menschland aus die Wunden der Menschheit heilen, die Welthauptstadt Jeschua Rex Text wird dann von Pilgern besucht, dann wird von dir nicht mehr dein Dasein verflucht?!

Jeschua Rex Text: Ich schreibe ausführlich über die Trauer, das raubt mir meine ganze Kraft und Pauer, doch ich muß die Wehmut schildern in allen Farben, ich muß kopfhängerisch siechen und darben, Hans Lungwitz verlangt es gebieterisch von mir, da herrscht denn nun Düsternis in meinem Revier, hoffentlich gehe ich an dieser Aufgabe nicht zugrunde, hoffentlich schlägt mir einmal die rettende Stunde!

der Reichste der Welt: Das Leben besteht nicht nur aus Lachen, mensch muß auch einmal ernste Sachen machen, ein ununterbrochenes Frohsein wird es niemals geben, danach tust du in deinen Schriften ja auch nicht streben, die Menschlichkeit soll in den Hirnen und Herzen walten, JEUNEX soll seine beseligenden Schwingungen entfalten, der Stehmann soll eine heitere Atmosfäre schaffen, Jeschua Rex Text soll einhundert Milliarden mensche Jeschuas an sich raffen!

Jeschua Rex Text: Diese Pläne reichen für mehrere Menschenleben, sie können zwar die Seele erheben, aber wie soll ich sie verwirklichen ohne Geld, ich bin zwar ein überragender geistiger Held, aber die Münzen und Scheine fehlen mir ungemein, der Reichste der Welt kann ich noch nicht sein, ich muß in einen leeren Beutel schauen, davor tut es mir gar heftig grauen, der Reichste der Welt bin ich nicht geworden, soll ich mich am Ende gar doch selbst ermorden?!

der Reichste der Welt: Wolle an meiner Seite verharren, dann brauchst du nicht in die Röhre zu starren, ein beglückender Wohlstand wird zu dir kommen, dann wird die Last der Bedürftigkeit von dir genommen, dann brauchst du nicht mehr zu greinen, dann brauchst du nicht mehr zu weinen, dann wird sich der Erfolg mit dir vereinen, dann wird die Sonne wieder für dich scheinen, verzage nicht, du kleiner Haufen, mensch wird scharenweise deine Bücher kaufen, mensch wird deswegen begeistert in die Handlungen laufen, und die anderen Schriftsteller werden sich die Haare raufen!

Jeschua Rex Text: Mein Glied verlegt sich auf das Bitten, es hätte schon so viel gelitten, es hätte schon so viel geschmachtet, wann würde es denn endlich einmal beachtet, die Eichel liegt frei seit der Beschneidung, doch es kommt immer wieder zu einer Scheidenvermeidung, könne das Gehirn sich denn gar nicht dazu entschließen, den Schwengel einmal durch eine feuchte Grotte zu entdrießen, wäre das denn gar nicht zu machen, die Rute möchte doch auch einmal lachen?!

der Reichste der Welt: Du bist eben noch nicht reich geworden, es umdrohen dich noch immer die Menschdorfer Horden, es umzingelt dich noch immer die Menschdorfer Meute, es sind gar einfältige und unduldsame Leute, so lautet jedenfalls deine Meinung, zwischen dir und ihnen kommt es niemals zu einer Einung, andere Beurteiler mögen Menschdorf ja loben, aber wenn die Menschdorfer dauernd gegen dich toben, dann kannst du sie nicht auch noch preisen, da sie dich unentwegt von sich weisen!

Jeschua Rex Text: Mein Degen fleht mich an, ob ich ihm nicht eine Ritze besorgen kann, mein Säbel beginnt zu knurren, mein Kolben beginnt zu murren, ich solle mich doch um ihn kümmern, sonst würde der meuternde Luststab mein ganzes Bewußtsein zertrümmern, seine Vernachlässigung würde sich bitterlich rächen, der Pümpel würde mein Denken und Überlegen erheblich schwächen, ich müßte ihn beim Spazieren fortwährend spüren, er würde mich noch in den Wahnsinn hinein führen!

der Reichste der Welt: Ein wackerer Bursche kann doch keine Menschdorferin ficken, so ein albernes Tanzmariechen muß er von sich schicken, so eine läppische Kolumbine muß er von sich stoßen, er hat zwar keinen kleinen Prügel, sondern einen großen, doch er will seine Liebe nicht an eine Spießbürgerin verschwenden, sondern er will sich lieber an eine geistig aufgeschlossene Dame wenden, doch so etwas kann er am Blausteinsee nicht finden, die begriffsstutzigen Menschdorferinnen müssen ihn quälen und schinden!

Jeschua Rex Text: Was soll ich mit meinem Riemen machen, er gehört zu den starken Meißeln und nicht zu den schwachen, dieser Preßlufthammer will sich unbedingt betätigen, das tut er mir immer wieder versichern und bestätigen, dieses schwere Werkzeug will endlich loslegen und pauern, doch in Menschdorf muß auch der fleißigste Bohrer versauern, ich kann ihm beim besten Willen nicht helfen, denn in Menschdorf gibt es keine anmutigen Nixen und Elfen?!

der Reichste der Welt: Das kann deiner Keule aber gar nicht behagen, dazu muß dein Stock nein lauthals sagen, so geht es nicht zu auf dieser Welt, du bist ein überragender geistiger Held, aber du mußt auch an deinen Körper denken, du mußt auch deinem Leib Aufmerksamkeit schenken, dein Gehirn muß sich auch um deine Lanze einmal sorgen, dein Schädel muß deinem Feueranzünder das Ohr einmal borgen, jeder Trottel kann dies unternehmen, auch du mußt dich zu diesem Gefallen bequemen, der Geist kann nicht immer walten, auch das Fleisch will seine Rechte erhalten!

Jeschua Rex Text: Mein Glied läßt nicht locker, es haut mich fast vom Hocker, ich verliere noch die Fassung, ich dringe auf schnellstmögliche Unterlassung, doch der Pümpel will keine Ruhe geben, mein Gehirn soll nach einer feuchten Scheide streben, doch in Menschdorf werde ich niemals eine rassige Messalina finden, darum kann ich mich in Menschdorf auch mit keiner anmutigen Lorelei verbinden!

der Reichste der Welt: Du solltest deinen Schwengel einmal ermahnen, ich kann deine Not und dein Elend nur erahnen, aber mir scheint, dein Luststab versucht dich zu türannisieren, auf diese Weise wirst du niemals nach Menschland marschieren, du bist Jeschua Rex Text, der starke Mann, dann stelle dich doch nicht so an, weise deine Rute in ihre Grenzen, wolle endlich einmal durch Selbstbeherrschung glänzen!

Jeschua Rex Text: Ich kann machen, was ich will, mein Degen schweigt niemals still, ich kann meinen Säbel nicht zähmen, ich kann seine Aufmüpfigkeit nicht lähmen, ungebärdig brüllt er nach einer Grotte, so falle ich den Menschdorfern zum Spotte, ich kann mich selbst deswegen nicht leiden, doch ich kann mich ja von mir selbst nicht trennen und scheiden, ich muß mich aushalten bis zu meinem Sterben, und mein meuternder Preßlufthammer wird alle meine Pläne verderben!

der Reichste der Welt: Das darf doch wohl nicht wahr sein, denn eines dürfte dir doch klar sein: du bist Jeschua Rex Text, der große Bruder, es verlangt dich nach einem erregenden und aufreizenden Luder, aber du bist Jeschua Rex Text, der großer Meister, auf dem Papier bist du ein hervorragender Leister, so wolle auch dem Treiben deines Meißels Einhalt gebieten, ach, was für ein anderer Kerl war doch der alte Zieten!

Jeschua Rex Text: Die Zeiten sind vorbei, dein Geschrei gilt mir einerlei, ich darf mich ja nur mit dem Reichsten der Welt unterhalten, aber ich darf mein Leben nicht als der Reichste der Welt gestalten, dann soll mein Riemen eben die Herrschaft ergreifen, dann soll mein Prügel mich eben bis zu meinem Tode bekeifen, ich habe keine andere Wahl, ich leide eine riesige Qual, doch es soll wohl so sein, du sagst ja zu mir nein, ich darf dir nicht gleichen, ich darf deinen Zustand nicht erreichen!

der Reichste der Welt: Dein Schädel hat versagt, das wird von deinem Kolben beklagt, du willst zwar keine Kinder, aber du willst einen warmen Zülinder, doch das Schicksal spricht nein, es kann, es darf, es soll nicht sein, dagegen kann auch Jeschua Rex Text nichts verrichten, Jeschua Rex Text kann nur immer wieder seine Martern bedichten, so soll er eben im eigenen Safte schmoren, er wird in Menschdorf allmählich vernarren, verjecken und vertoren, er ist zu weich, er wird niemals reich!

Jeschua Rex Text: Zum Reichsten der Welt bin ich noch nicht gestiegen, ich muß stets und ständig einsam in meinem Bette liegen, und so habe ich in der verwichenen Nacht meinen Pümpel massiert, wie das ja bei mir des öfteren passiert, Jeschua Rex Text scheint die ganze Menschheit zu lieben, da kann er mit keiner einzelnen Anne eine Nummer schieben, das ist der Sinn dieses Benehmens leider, Jeschua Rex Text ist und bleibt ein Frauenvermeider!

der Reichste der Welt: Einhundert Milliarden mensche Jeschuas willst du erlangen, einhundert Milliarden mensche Jeschuas willst du empfangen, aber das wird niemals geschehen, niemals wird mensch so viel Geld in deinem Sparbuch sehen, das ist ein vergebliches Wünschen und Wollen, da darfst du auch deinem Schicksal nicht grollen, die Sterne tut mensch nicht begehren, sie brauchen sich nicht einmal dagegen zu wehren, es ist einfach unmöglich, sie zu erreichen, du wirst niemals verkrösussen, vernabobben und verscheichen!

Jeschua Rex Text: Weshalb muß ich mich dann mit dem Reichsten der Welt unterhalten, es liegt mir nichts daran, diese Gespräche abwechslungsreich zu gestalten, du sollst mir einen riesigen Reichtum bringen, dann wird meine Botschaft in die entlegensten Gegenden dringen, du sollst mir Münzen und Scheine besorgen, wenn nicht heute, dann morgen oder übermorgen, das deine Aufgabe, das deine Pflicht, noch aber bin ich ein mittelloser und bedürftiger Wicht?!

der Reichste der Welt: Auf welche Weise soll der Reichtum denn zu dir fließen, du willst doch immer nur das Lesen und Schreiben genießen, auf etwas anderes bist du nicht erpicht, in deinem Schädel brennt nur wenig Licht, Freunde und Bekannte hast du nicht, du übst dich andauernd nur im Verzicht, das kann ich nicht erlauben, darüber muß ich unwillig schnauben, du bleibst der Gesellschaft fern, du hast nur deinen Rechner und deine Bücher gern?!

Jeschua Rex Text: So war das alles nicht vorgesehen, ich hatte gewähnt, planvoll vorzugehen, aber in Menschdorf bin ich auf den Hund gekommen, die Menschdorfer haben vieles an mir zum Grund genommen, mich zu verspotten und zu verhöhnen, und mit den unmenschen Heiden kann ich mich nicht versöhnen, ich mag sie nicht, sie können mich nicht lieben, ich habe es auf dem Laken niemals mit einer Menschdorferin getrieben, diese Spießbürgerinnen können mir nicht behagen, diesen Krähwinklerinnen muß ich meine Zuneigung versagen!

der Reichste der Welt: Laß den Mut nicht sinken, eine Fee wird deinen Samen trinken, eine Lorelei wird dir huldreich winken, mancher Strahl der Hoffnung tut dir erblinken, gegenwärtig mußt du dich mit der Trauer befassen, du würdest diese Beschäftigung gern unterlassen, aber du mußt dich um die Schwermut kümmern, sie wird dir schon nicht das Bewußtsein zertrümmern, und danach wird die Freude dich erfüllen, dann wirst du vor Lachen schreien und brüllen, und dann wird alles gut in des JEUNEX bergender Hut!

Jeschua Rex Text: Wann werde ich zum Reichsten der Welt steigen, wann wird sich die Menschheit zu mir neigen, wann kann ich die Menschheit endlich retten, wann wird sich endlich eine Najade zu mir betten, es sind immer dieselben Fragen, ich muß einen entmutigenden Stillstand beklagen, niemals kann ich loslegen und pauern, ich muß am Blausteinsee versauern, ich muß meine Tage an der Inde vertrauern, vor diesem Schicksal muß es mir immer wieder schauern?!

der Reichste der Welt: Die einhundert Milliarden menschen Jeschuas kommen nicht von heute auf morgen, aber ich werde dir die einhundert Milliarden menschen Jeschuas trotzdem besorgen, du mußt dich nur immer wieder mit mir verbinden, dann werden wir schon einen Weg und eine Möglichkeit finden, diese riesige Summe zu dir zu bringen, es wird dir alles nach Wunsch gelingen, du wirst die ganze Menschheit beschwingen, und dann wird auch die Lorelei von Bingen wieder singen!

Jeschua Rex Text: Noch vier Tage lang muß ich die sanfte Liese ertragen, dann brauche ich nicht mehr zu zittern und zu zagen, denn die lustige Weiblichkeit wird in der Vormittagsschicht werken, dann werde ich nicht mehr ihre süßlichen Schwingungen merken, dann kann ich meine Kräfte für eine passende Zirze sammeln, dann kann ich vielleicht auch einmal küssen, streicheln und rammeln, ich bin gespannt, was sich ergeben wird und ob der erste Mensche auch einmal sinnlich zufriedenstellend leben wird?!

der Reichste der Welt: Noch ist Menschland nicht verloren, du wurdest nicht in Menschland geboren, doch du willst bis zu deinem Tode in Menschland wesen, am Menschtum soll die ganze Menschheit genesen, noch hast du keine Mittel vorzuweisen, noch können nicht alle Erdenbürger trinken und speisen, diese gräßliche Not muß mensch überwinden, die Menschen sollen sich nicht mehr quälen und schinden, es ist genug da für alle, nur sitzen manche leider in einer unsichtbaren Falle!

Jeschua Rex Text: Meine Bücher sind in der menschen Sprache geschrieben, ich habe es seit vielen Jahren auf die mensche Weise getrieben, doch ich bin der einzige Mensche weit und breit, mein Herz nach Verbündeten und Anhängern schreit, doch hier in Menschdorf darf mensch Menschland nicht verkünden, hier in Menschdorf wollen sich keine Mitmenschen mit mir verbünden, hier will mensch nur schunkeln, tanzen und lachen, hier will mensch vor allem immer wieder das Tier mit den vier Beinen machen!

der Reichste der Welt: Diese Praktik ist so weit verbreitet, daß sie viele Menschen von der Jugend bis in das Alter begleitet, du aber darfst sie nicht üben, deshalb mußt du dich betrüben, und du kannst daran nichts wandeln, du darfst auf keinen Fall als ein Sexer handeln, und eine Sexerin für dich ist nicht in Sicht, du bist wirklich ein bedauernswerter Wicht, mensch sollte dich mit Reichtümern begaben, mensch sollte dich mit Münzen und Scheinen erlaben, doch bis jetzt hast du nicht viel bekommen, aber die Hoffnung wurde dir noch nicht genommen!

Jeschua Rex Text: An diesem Buch will ich noch lange dichten, meine Umgebung kann auf den Reichtum nicht verzichten, vor dem Menschdorfer Rathaus wurden an diesem Abend große Reden geschwungen, die Kunde, daß ein Kabelwerk geschlossen werden soll, war durchgedrungen, und die Belegschaft will sich gegen ihre Entlassung wehren, aber um ihren Einspruch werden sich die Bosse nicht scheren, nur das Geld zählt in dieser Gemeinschaft, und die Bedürftigen erleiden so manche Peinschaft!

der Reichste der Welt: Du wirst niemals zum Reichsten der Welt einmal steigen, deshalb solltest du von diesem tollkühnen Plan lieber schweigen, niemensch wird dich ernst nehmen mit diesem Wollen, im Gegenteil, mensch wird dir wegen deiner Vermessenheit grollen, einhundert Milliarden mensche Jeschuas wirst du niemals erlangen, einhundert Milliarden mensche Jeschuas wirst du niemals empfangen, das steht so fest wie bei den Heuchelpfaffen das Amen, du hast ja nicht einmal deinen heißersehnten Namen!

Jeschua Rex Text: Jeschua Rex Text heiße ich immer noch nur auf dem Papier, das ist das größte Elend in meinem Revier, jeden anderen Kummer kann ich verschmerzen, aber dieser Mißstand geht mir sehr zu Herzen, die unmenschen Behörden können mich nicht nach Wunsch bedienen, sie sind mir immer starr und verfestigt und unbeweglich erschienen, in meinem Fall wäre es sinnvoll, mir einen Paß auf die Bezeichnung "Jeschua Rex Text" zu geben, aber in Unmenschland tue ich vergeblich danach, so zu heißen, streben!

der Reichste der Welt: Deshalb weißt du auch nicht, ob du die sanfte Liese lieben sollst und ob du eine Nummer mit der lustigen Weiblichkeit schieben sollst, denn nur Jeschua Rex Text kann dies entscheiden, doch Jeschua Rex Text tut dich ja meiden, Jeschua Rex Text wird dir nicht gewährt, so daß mensch in deinen Schriften auch nur wenig über Jeschua Rex Text erfährt, du vermutest, Jeschua Rex Text würde den Menschen so frommen, aber eine nachdrückliche Gewißheit würdest du erst dann bekommen, wenn mensch dir einen Ausweis auf die Betaufung "Jeschua Rex Text" schenken würde, weil dann auch dein Bewußtsein seine Aufmerksamkeit auf diese Benennung lenken würde!

Jeschua Rex Text: So wird mensch in Unmenschland zu Tode verwaltet, es ist fast unmöglich, daß mensch seinen Namen selbst gestaltet, es ist fast unmöglich, daß mensch seinen Fleiß für das Gute und Schöne entfaltet, so daß mein schwungvoller Eifer nun allmählich erkaltet, es macht keinen Spaß, in Unmenschland zu wesen, die Unmenschen müssen erst am Menschtum genesen, in Menschland könnte ich dann Jeschua Rex Text auch wirklich sein, denn die Menschen in Menschland bereiten ihren Mitbürgern nur wenig Pein!

der Reichste der Welt: So mußt du nun siechen und schmachten, du mußt die Welt aus der Sicht eines Frosches betrachten, mit den Augen eines Adlers darfst du sie nicht erkennen, mensch muß dich bisher ein verkanntes Schenie leider nennen, die Not der Menschheit ruft dich dazu auf, kraftvoll zu handeln, aber du mußt dich erst wirklich in Jeschua Rex Text verwandeln, dann kannst du die Erdenbürger unterstützen, dann kannst du der ganzen Menschheit nachhaltig nützen!

Jeschua Rex Text: Heute ist die sanfte Liese zum letzten Mal zur Nachmittagsschicht gegangen, es tut mich auch nicht, sie weiterhin bei der Arbeit zu sehen, verlangen, in der nächsten Woche wird sie zur Vormittagsschicht gehen, dann brauche ich die lustige Weiblichkeit gottseidank nicht mehr zu sehen, dann wird sie mich nicht mehr mit ihrer riesigen Süßlichkeit zerstören, dann wird sie mich nicht mehr mit ihren faden Reizen betören!

der Reichste der Welt: Dann kann die Kalenderrechnung nach Jeschua Rex Text wirklich beginnen, dann kannst du dich auf deine Möglichkeiten als Jeschua Rex Text besinnen, dann wird sich dein Bewußtsein klären, dann wird die Pralinenhaftigkeit der fröhlichen Erzählerin nicht mehr währen, dann kannst du die sanfte Liese vergessen, dann bist du nicht mehr auf diese dumme Trine versessen, dann kannst du dir eine kluge Buhlin suchen, dann brauchst du dein Schicksal nicht mehr zu verdammen und zu verfluchen!

Jeschua Rex Text: Ich lebe ja im betreuten Wohnen, mein Betreuer tat mich nicht mit seiner Spießbürgerlichkeit verschonen, meine Kleinanzeige wird nun doch in einem Jeschua Rex Texter Stadtmagazin gedruckt, und der Sozialarbeiter hat heftig dagegen gemurrt und gemuckt, daß ich "das Reich des Jeschua Rex Textes" über den grünen Klee gepriesen habe und daß ich die Bibel, den Koran und die buddistischen Schriften weit des Feldes verwiesen habe!

der Reichste der Welt: Der furchtsame Mann sah schon Bomben von Fanatikern auf seine Familie fallen, seine Rede war ein wirres und ewiggestriges Stammeln und Lallen, mensch dürfe sich nicht etwas Besseres wähnen, dann komme es zu einem Angriff mit Klauen und Zähnen, mensch müsse sein Licht unter einen Scheffel stellen, dann kann es freilich nicht die Umgegend erhellen, mensch dürfe dies nicht und jenes nicht sagen, mensch müsse stets nach der Meinung seiner Mitmenschen fragen!

Jeschua Rex Text: Er will mich auch nicht mehr bei meinen Büchern unterstützen, er will mir auf keinen Fall mehr beim Veröffentlichen nützen, das könne er nicht vereinbaren mit seinem Gewissen, das Band zwischen ihm und mir ist zerrissen, er will mich nur noch zum Putzen bringen, und auch die Arztbesuche sollen mit seiner Hilfe gelingen, aber als Schriftsteller wäre ich für ihn gestorben, als Dichter hätte ich es endgültig mit ihm verdorben!

der Reichste der Welt: Er läßt dich im Stich, aber du hast ja mich, ich werde dir die einhundert Milliarden menschen Jeschuas verschaffen, mit meinem Beistand wird du die einhundert Milliarden menschen Jeschuas an dich raffen, und dann kannst du diesen jugendlich-erstarrten Heini vergessen, du bist gar nicht mehr auf seine geistige Rückständigkeit versessen, er hat das Menschdorfertum noch lange nicht überwunden, doch in dir hat er seinen Herrn, Gebieter und Meister gefunden, du wirst seine Verweigerung überstehen, es wird letzten Endes doch alles nach deinem Willen geschehen!

Jeschua Rex Text: Ich mußte heute in einem Wörterbuch schlimme Dinge lesen, das ist mir gar nicht erbaulich gewesen, es ist um den Hängemann und um den Unfrieden gegangen, mensch muß doch den Stehmann und den Frieden dafür verlangen, und in diesem Bewußtsein bin ich am Abend zum Supermarkt geschritten, der leere Kühlschrank tat mich um zehnvier halbe Liter Buttermilch bitten, diese Wochenzuteilung mußte ich mir holen, da taten mir die Menschdorfer mit Wörtern den Hintern versohlen!

der Reichste der Welt: Die Spießbürger haben dich bekeift und bekeifelt, sie haben an der Kraft deines Verstandes gezweifelt, auf Schritt und Tritt wurdest du bepöbelt, immer wieder wurde dir mit Ausdrücken der Hintern vermöbelt, ja, wie kann ein Denken nur so beengt sein, oh, wie kann ein Geist nur so beschränkt sein, sie tun mir leid, diese kleinen Leute, sie fallen der herrschenden Mode zur Beute, aber in ihrer Einfalt können sie nichts Ungewohntes dulden, sie tun nur den Narrenkappen und Bierbäuchen ihre Achtung und Anerkennung schulden?!

Jeschua Rex Text: Ich habe auch keine Lust, ihre Gesichter zu betrachten, ich kann diese Fratzen nicht als reizvoll erachten, diese faden Visaschen ziehen mich nicht in ihren Bann, und auch das kreiden mir diese heidnischen Unmenschen an, außen sind sie häßlich, innen sind sie gräßlich, es bereitet kein Vergnügen, mit ihnen zu verkehren, sie können menschen nur verwunden und versehren, sie sind so dumm wie das Stroh der Bohnen, der Umgang mit diesen Toren tut sich wirklich nicht lohnen!

der Reichste der Welt: Früher bist du über diese barbarischen Horden immer wieder wütend geworden, aber inzwischen lassen dich diese Auschwitzianer kalt, ihren Ausagen ermangelt jedweder Gehalt, sie sind das Opfer der bisherigen Gefüge, ihr ganzes Leben gründet auf einer Lüge, mensch kann sie nicht richtige Menschen nennen, denn sonst würden sie andere Gesprächstemen kennen, mensch muß sie umfassend vernichten, die Menschheit kann getrost auf diese Banausen verzichten!

Jeschua Rex Text: Von einem Menschdorfer kann mensch doch keine Menschlichkeit erwarten, ein Menschdorfer wird auch niemals einen Feldzug für die Nächstenliebe starten, diese groben Naturen können nur hassen, es lohnt sich nicht, sich mit ihnen zu befassen, am morgigen Sonntag werde ich in meiner Stube bleiben, da können es die Hintertupfinger, wie sie wollen, treiben, ihre niedrigen Schwingungen werden mich nicht erreichen, sie sind erst dann ruhig, wenn sie zu Leichen erblassen und erbleichen!

der Reichste der Welt: Nur einen toten Menschdorfer kann mensch als einen guten Menschdorfer würdigen, die lebenden Krähwinkler müssen menschen mit ihrer Begriffsstutzigkeit bebürdigen, sie wollen dich aus ihrer Gemeinschaft vertreiben, ein Schenie wie du darf nicht unter ihnen bleiben, ein geistiger Riese wie du darf nicht unter ihnen weilen, sie wollen die Gesellschaft nicht mit einem eigenständigen Denker teilen, sie wollen lieber gemeinsam mit Otto Normalverbraucher und Lieschen Müller wesen, sie müssen gründlich von ihrem Unmenschtum genesen, du aber wirst sie wandeln, dann werden sie nicht mehr die Gegend verschandeln, dann werden sie als echte Menschen überlegen und handeln, dann wäre es für dich auch verlockend, mit einer Menschdorferin zu bandeln!

Jeschua Rex Text: An diesem Sonntag habe ich sieben Stunden lang laut gelesen, es ist mir ein unaussprechliches Vergnügen gewesen, ich habe die Gesellschaft der Menschdorfer nicht vermißt, es ist doch schön, wenn mensch einmal etwas Unangenehmes vergißt, doch nun muß ich mich mit meinen Besinnungen sputen, mensch übertreibt es manchmal auch beim Guten, doch morgen muß ich ja wieder werken, dann wird die Gegenständlichkeit meinen Wirklichkeitssinn wieder stärken!

der Reichste der Welt: Deine Fantasie hat dir Menschland beschert, deine Einbildung hat dich auch den JEUNEX gelehrt, als Jeschua Rex Text willst du wesen, dann kannst du von deinen Siechtümern genesen, dein Gehirn kann die Menschheit retten, dein Denken kann die Sklaven entketten, doch wirst du es auch schaffen, mit deinen ausgeklügelten geistigen Waffen einen riesigen Reichtum zu erraffen, so daß du die Gecken besiegen kannst, die Stenze und die Laffen, oder wirst du gar kläglich scheitern, doch du mußt die Bewußtseine der Erdenbürger erweitern?!

Jeschua Rex Text: Erst einmal muß ich die sanfte Liese aus meinem Gedächtnis streichen, ihre heftige Süßlichkeit muß nun allmählich von mir weichen, ich darf sie auch außerhalb der Arbeit nicht mehr sehen, sie soll für immer aus meinem Leben gehen, dann werden die erstaunlichsten Dinge geschehen, dann werden sich die Ereignisse um mich vor allem drehen, und dann werde ich die Menschheit heilen, sie wird dann im irdischen Paradiese weilen!

der Reichste der Welt: Die lustige Weiblichkeit hätte dich fast vernichtet, du hast dir zu ihrem Ruhme die Seele aus dem Leib gedichtet, doch die fröhliche Erzählerin ist nicht zu dir gekommen, sie hat sich den groben Kerl aus dem Wohnheim genommen, so bist du sie nun also los, es gibt für dich keinen Stoß in ihren Schoß, sie wirst du kaum noch treffen, sie kann dich nicht mehr foppen und äffen, sie kann dich nicht mehr quälen und schinden, du brauchst dich nicht mehr eng mit ihr zu verbinden, du brauchst ihr nicht mehr stundenlang zu begegnen, endlich wird es über dich nicht mehr donnern, blitzen und regnen!

Jeschua Rex Text: Die Kalenderrechnung nach Jeschua Rex Text hat nun wirklich erst begonnen, ich habe den Kampf um die sanfte Liese gottseidank nicht gewonnen, die lustige Weiblichkeit hätte mich versüßlicht über die Maßen, sie will den ganzen Tag über ja nur scherzen und spaßen, und nun kann ich mir eine kluge Eva erwerben, nun werden meine Pläne und Absichten nicht mehr verderben, nun kann ich es, die Menschheit einzumenschen, vollbringen, hoffentlich wird mir alles auch nach Wunsch gelingen!

der Reichste der Welt: Du bist alt und grau geworden, oftmals wolltest du dich selbst ermorden, doch du hast deine Lasten immer wieder wacker getragen, schon mehrfach wolltest du unter deinen schweren Bürden verzagen, aber im dritten Jahr in Jeschua Rex Text bist du nun vollendet, jetzt werden günstige Schwingungen von dir gesendet, und deine schlimme Lage hat sich bald gewendet, dann wird dir von allen Seiten ein tosender Beifall gespendet!

Jeschua Rex Text: An diesem Nachmittag habe ich die sanfte Liese nicht gesehen, denn sie tut ja jetzt in die Vormittagsschicht gehen, da ist etwas Merkwürdiges in meiner Seele geschehen, all meine Gedanken taten sich auf dem Heimweg um die lustige Weiblichkeit drehen, ich empfinde einen riesigen Verlust, ich bin mir meiner Zuneigung zu ihr bewußt, aber ich muß diese Entzugserscheinungen bekämpfen, die fröhliche Erzählerin tat all meinen Eifer für die neuen Gefüge dämpfen!

der Reichste der Welt: Jetzt fühlst du dich noch mehr allein, doch das muß ja nun so sein, du kannst deine Aufmerksamkeit auf eine kluge Messalina richten, auf die sanfte Liese kannst du doch leichten Herzens verzichten, diese alberne Käte wirst du nicht vermissen, sie tat ja kaum jemals etwas wissen, der derbe Bursche aus dem Wohnheim mag sie ficken, JEUNEX wird dir eine brauchbare Desdemona schicken!

Jeschua Rex Text: Mein Gemüt ist völlig leer, das Weiterleben fällt mir schwer, ohne die sanfte Liese hat mein Leben keinen Sinn, ihr Umgang brachte mir zwar keinen Gewinn, aber ich kann ohne sie nicht wesen, doch von diesem Wahn muß ich genesen, und von dieser Einbildung muß ich gesunden, ich muß meine Begierde für eine schlaue Elfriede bekunden, das dritte Jahr in Jeschua Rex Text hat mir diesen Abschied gebracht, ich hoffe da doch nicht, daß mein Bewußtsein deswegen zusammenkracht!

der Reichste der Welt: Du kennst die lustige Weiblichkeit seit über zehnfünf Jahren, du wolltest dich immer wieder mit ihr paaren, doch sie hat all deine Anträge verneint, du hast deswegen gegreint und geweint, aber nun solltest du dich von dieser Nixe befreien, du solltest deine Kräfte einer wertvollen Doris weihen, dann wird mensch dich auch in der Öffentlichkeit ehren, denn du kannst die Harmonie der Welt nachhaltig mehren!

Jeschua Rex Text: In meiner Seele ist es dunkel geworden, ich will mich zwar nicht selbst ermorden, aber ich fühle mich ausgebrannt, ich habe mich bei der fröhlichen Erzählerin ausgekannt, ich habe zwar unter ihrer riesigen Süßlichkeit gelitten, und wir haben uns auch immer wieder heftig gestritten, doch manchmal haben wir uns auch vertragen, manchmal taten wir einander auch nicht plagen, und dann habe ich ihre Gegenwart genossen, dann hat mich diese Maid nicht sonderlich verdrossen!

der Reichste der Welt: Die Zeitrechnung nach JEUNEX ist nun endgültig beendet, nun wird sich der Jahreszählung nach Jeschua Rex Text zugewendet, das dritte Jahr in Jeschua Rex Text wird bald vorbei sein, dann wird um dich immer noch ein erbittertes Geschrei sein, weil die Menschdorfer dich immer noch nicht verstehen, doch ihre Meinung wird sich im vierten Jahr in Jeschua Rex Text drehen, im vierten Jahr in Jeschua Rex Text kommst du groß heraus, dann erhältst du von den breiten Massen einen begeisterten Applaus!

Jeschua Rex Text: Auch an diesem Abend fühlt mein Herz sich leer, denn ich sehe die sanfte Liese nicht mehr, eine riesige Kraft ist aus meiner Seele geschwunden, ich kann darüber nur mein Erstaunen bekunden, mein Schwengel aber tut nicht mehr toben, ich muß meinen Luststab nunmehr loben, mein Leib droht nicht mehr negativ zu sexplodieren, ich werde also nicht mehr bersten und explodieren, vielleicht bin ich in ein paar Tagen völlig gesund, dann geht es in meinem Dasein endlich richtig rund!

der Reichste der Welt: Im dritten Jahr in Jeschua Rex Text hat dich die lustige Weiblichkeit verlassen, du brauchst dich nicht mehr mit der Verkörperung des JEUNEX zu befassen, dein Gehirn kann wieder klar denken, du kannst der Menschheit vernünftige Überlegungen schenken, die Menschlichkeit der Menschen in Menschland wird der Welt nun beschieden, und du verursachst allüberall einen ewigen Frieden!

Jeschua Rex Text: Vielleicht lerne ich ja einmal eine kluge Nixe kennen, vielleicht mußte ich mich von der fröhlichen Erzählerin trennen, um den Kopf frei zu bekommen für eine schlaue Zirze, vielleicht erlangt mein Dasein erst jetzt die rechte Würze, ich kann es kaum erwarten, meinen Feldzug für die Nächstenliebe zu starten, ich muß aber erst viele Münzen und Scheine erhalten, dann kann ich meinen Eifer für die neuen Gefüge entfalten!

der Reichste der Welt: Dein Bewußtsein wird nun weitgehend neugestaltet, die Liebe zu der sanften Liese allmählich erkaltet, du wirst eine andere Desdemona treffen, und diese Agate wird dich nicht foppen und äffen, und diese Elisabet wird dich nicht vertoren und vernarren, und bei dieser Venus wirst du nicht in die Röhre starren, jetzt erst wirst du die Früchte ernten deiner reichen Saat, und aus deinen vielen Wörtern ergibt sich so manche segensreiche Tat!

Jeschua Rex Text: Es dauert alles so lange, es wird mir um den Erfolg bisweilen bange, meine drei Mitbewohner tun mich mit ihrer Dumpfheit erfüllen, ich tue mich ihnen gegenüber meistens in Schweigen hüllen, denn mensch kann mit diesen Derblingen kaum einmal vernünftig sprechen, sie können mich nicht beglücken, sie müssen mich bepechen, da muß ich zwangsläufig träumen von besseren Zeiten, da muß meine Einbildung aus dieser Not heraus in eine bessere Zukunft gleiten!

der Reichste der Welt: Die Menschdorfer bereiten dir nach wie vor die Hölle auf Erden, du wirst in Menschdorf wahrscheinlich niemals anerkannt werden, die Spießbürger müssen dich mit ihren kleinkarierten Maßstäben messen, sie sind auf das Durchschnittliche und Mittelmäßige versessen, es ist eine Qual, ihren schäbigen Bemerkungen zu lauschen, und an ihren rohen Gesichtern kann mensch sich nun wirklich nicht berauschen!

Jeschua Rex Text: An diesem Nachmittag habe ich die sanfte Liese gesehen, es tat nach der Arbeit beim Fußballspielen geschehen, eine Dreiviertelstunde habe ich an ihrer Seite verbracht, das Herz hat ihr im Leibe gelacht, denn sie hat sich eine überaus starke Mannschaft zusammengestellt, und dann ist in unserem Tiem so mancher Unmutsschrei ergellt, doch dieser scheinbare Triumf dieser Ichsüchtigen wird seine Strafe schon noch finden, es ist immer negativ, die tüchtigen Mitmenschen zu quälen und zu schinden!

der Reichste der Welt: Ein Totschläger hat dir geraten, zuhause zu bleiben, du würdest es auf dem Rasen ja doch nicht erfolgreich treiben, doch du wirst auf diesen unehrlichen Mitspieler nicht hören, er kann ja nur die Stimmung zerstören, er kann ja nur das gesellige Klima vergiften, er kann ja nur eine unberechtigte Unruhe stiften, er will dich ausgrenzen, das steht fest, doch so ein trauriger Brüller gibt dir gewiß nicht den Rest!

Jeschua Rex Text: In der Werkhalle haben es schon etliche Leute versucht - und ich habe sie für ihre Angriffe auf mich verflucht - , mich durch Schmähungen zu verjagen, doch ich tat trotzdem nicht verzagen, und all diese rauhen Gefährten sind inzwischen verschwunden, ich kann immer nur Erstaunen darüber bekunden, daß jemensch sich aufregt über die Maßen, beim Kicken will mensch doch auch scherzen und spaßen!

der Reichste der Welt: Am Mittag bist du der Pflicht entgegengeschritten, da hast du unter dem A-blick gelitten, wie die lustige Weiblichkeit mit ihrem Stecher dir entgegenkam und von dir keinerlei Notiz dabei nahm, die beiden haben sich unterhalten, diese Begegnung tat dein Dasein traurig gestalten, aber andererseits tut die fröhliche Erzählerin nicht zu dir passen, du solltest dich deshalb lieber mit einer schlauen Zirze befassen!

Jeschua Rex Text: Nach dem Sport bin ich von der Fitneßhalle nach Hause gegangen, da tat mein Herz angenehme Schwingungen empfangen, die sanfte Liese hat mir warme Empfindungen gesendet, dabei habe ich mich ihr gar nicht zugewendet, wie im Rausch habe ich die Strecke zurückgelegt, ich habe mich wie mit Flügeln bewegt, trotz all ihrer Nachteile tue ich doch noch etwas für diese alberne Trine fühlen, und trotzdem werde ich es begrüßen, wenn diese Regungen nicht mehr in meinem Gemüte wühlen!

der Reichste der Welt: Und auch in deiner Stube bist du ein ergriffener Bube, was hat diese innerliche Hitze zu bedeuten, werden bei euch beiden etwa doch noch einmal die Glocken läuten, wirst du dich doch noch einmal mit der lustigen Weiblichkeit vermählen, du kannst dir wohl keine andere Desdemona erwählen, hinter deinen Rippen schwingt es gar behaglich, doch ob du die fröhliche Erzählerin bekommen wirst, ist mehr als fraglich?!

Jeschua Rex Text: Das unmensche Volk ist eine Ansammlung von Verbrechern, diese Aussage zählt leider nicht zu den Versprechern, ich habe an diesem Abend die Buttermilch geholt, auf dem Weg zum Supermarkt wurde mir der Hintern versohlt mit schlimmen Ausdrücken und Wörtern, die Menschdorfer müssen mein Sein und Sosein erörtern, ich habe mich schlecht gefühlt, die Triebe haben in meinem Unterleib gewühlt, und die Menschdorfer hatten kein Mitleid mit einem Siechen, bildlich gesprochen mußte ich vor ihnen im Staube kriechen!

der Reichste der Welt: Die Menschdorfer kann mensch wirklich nicht Menschen nennen, weil sie beim besten Willen keine Menschlichkeit kennen, sie dürfen sich nicht vor dir bücken, das kann sie gar nicht entzücken, sie müssen dich verdammen und verfluchen, weil sie vergeblich bei dir nach Mittelmäßigkeit suchen, du kannst ihnen in ihrem kleinen Kram nicht passen, deswegen müssen dich diese Auschwitzianer glühend hassen, sie müssen über dich toben, wüten und rasen, sie würden dich am liebsten grausam vergasen!

Jeschua Rex Text: Sie müssen mich einen Wahnsinnigen schelten, ich kann ihnen nicht als ein gesunder Mitbürger gelten, so reden sie über mich fast immer, dadurch wird mein Leiden aber nicht besser, sondern schlimmer, mit ein wenig Menschlichkeit wären meine Gebrechen schon längst geheilt, aber da ein Menschdorfer ja nicht in Menschland weilt, kann er sich nicht zum Menschtum bequemen, so muß er denn Anstoß an meiner Unangepaßtheit nehmen!

der Reichste der Welt: Die Menschdorfer würden dich am liebsten vernichten, sie wollen dich nicht mehr in ihrer Gemeinde sichten, sie haben dich auch schon gedemütigt, als es dir großartig ging, in deinem Heldenmut dein Ohr ihre schmähenden Rufe empfing, diese engstirnigen Spießbürger wollen dich anpassen an ihre Normen, sie wollen dich zu einem schalen und öden Otto Normalverbraucher formen, aber das wird diesem wüsten Pöbel nicht gelingen, und bald wirst du auf einer Bühne stehen und singen!

Jeschua Rex Text: Eigentlich würde ich diese schäbigen Leute gar nicht beachten, ich kann sie nur als den Auswurf der Menschheit betrachten, außen sind sie häßlich, innen sind sie gräßlich, die Menschheit kann die Menschdorfer durchaus entbehren, denn sie müssen ihre Mitlebenden verwunden und versehren, diese Barbaren wollen keine Kultur gewahren, diese Banausen wollen in der Gewöhnlichkeit hausen, eine hohe Sittlichkeit ist ihnen nicht eigen, und wenn ihnen ein Einzelgänger begegnet, dann können sie nicht schweigen!

der Reichste der Welt: Wie die Geier müssen sie sich auf diesen Wehrlosen stürzen, sie müssen ihm auf hinterhältige Weise das Dasein verwürzen, er darf ihnen nicht ungeschoren entkommen, ihm wird von ihnen auch der letzte Rest von Menschenwürde genommen, sie müssen auf seinen Nerven trampeln, denn sie können ja im Festzelt hampeln und strampeln, sie sind ja ausgezeichnete Narren, ein Schenie muß bei ihnen in die Röhre starren, ein geistiger Riese kann ihnen nichts gelten, denn sie leben in der beschränktesten aller Welten!

Jeschua Rex Text: Die Romane und Novellen können mich doch am meisten erfreuen, ich tat den Umgang mit den Zirzen oftmals scheuen, die schriftlichen Erzählungen können mir einen riesigen Genuß gewähren, mit ihrer Hilfe tat ich ja auch ein neues Bewußtsein gebären, mein Körper freilich muß sich gegen diese Verkopftheit wehren, mein Glied muß sich über die mangelnde Scheide beschweren, doch das gilt mir gleich, durch Lesen werde ich reich!

der Reichste der Welt: Und zwar nicht nur an Wissen, deine Seele ist zwar zerrissen, weil die Menschdorfer dich immer wieder peinigen, aber bald wird sich der Wohlstand mit dir vereinigen, und dann wirst du die Gemeinde Menschdorf überreich beschenken, dann werden die Menschdorfer dankbar an dich denken, und dann wirst du umjubelt durch die Fußgängerzone schreiten, und dein Schwengel darf dann auch die Ritze einer Eulalia weiten!

Jeschua Rex Text: Die bisherigen Bekenntnisse haben den Frieden nicht geschaffen, als allzu stumpf erwiesen sich ihre geistigen Waffen, und in diese Bresche muß ich springen, mir wird es nicht nur, die Menschheit einzumenschen, gelingen, sondern ich werde auch den allgemeinen Frieden bewirken, es geht dann einträchtig zu in den irdischen Bezirken, zu diesem Behufe tue ich die einhundert Milliarden menschen Jeschuas brauchen, die Erdenbürger sollen einander nicht mehr befauchen und zusammenstauchen!

der Reichste der Welt: Das dritte Jahr in Jeschua Rex Text neigt sich dem Ende entgegen, die sanfte Liese tut dich nunmehr nicht mehr erregen, sie tut nun in der Vormittagsschicht werken, das tust du in deinem Schädel merken, deine Gedanken sind ruhig und klar, nun erst werden all deine Träume wahr, die fröhliche Erzählerin hat dir viel Angenehmes vorgegaukelt, doch ihr beide habt niemals im Bett miteinander geschaukelt, nun wird sie aus deinem Leben verschwinden, und eine andere Desdemona wird sich unter deinen wuchtigen Stößen winden!

Jeschua Rex Text: Vielleicht wurde ich doch zu einem Mönch geboren, ich habe der fröhlichen Erzählerin zwar lebenslange Treue geschworen, doch wenn sie mich nicht haben will und wenn sie mich mit ihrem Körper nicht erlaben will, dann muß ich mir eben eine andere Beate suchen, ich werde bestimmt bald bei einer Sabine einen Erfolg verbuchen, denn warum soll ich eine Nixe, die mich verneint, beminnen, ich muß die Gunst einer willigen Eufrosüne gewinnen?!

der Reichste der Welt: Als der Reichste der Welt wirst du bald schreiten, du wirst die Sittlichkeit in die Höhe leiten, es ist besser, im Alter zu steigen, als in der Jugend zu schwelgen und sich dann abwärts zu neigen, so werden sich tausend Wünsche für dich erfüllen, die Menschdorfer werden nicht mehr lange gegen dich brüllen, diese Spießbürger können dich nicht zerstören, du wirst bis zum Tode zu ihnen gehören, du willst vor Ort etwas wandeln, und auch wenn diese Krähwinkler dir das Überlegen verschandeln, willst du sie doch letztendlich besiegen, sie werden dir auch früher oder später unterliegen!

Jeschua Rex Text: Mein Glied ist wieder einmal außer Rand und Band, dieses Toben ist mir ja nun durchaus bekannt, aber ich kann nach Feierabend nicht durch Menschdorf schreiten, ohne daß mich die Schmähungen der Menschdorfer begleiten, und diesmal haben sie sogar recht, denn es geht mir wirklich schlecht, mein Pümpel begehrt auf gegen sein schlimmes Los, mein Schwengel fordert einen Stoß in einen weiblichen Schoß, doch ich kann ihm diese Bitte nicht erfüllen, deshalb muß meine Rute immer ungebärdiger brüllen!

der Reichste der Welt: Die einhundert Milliarden menschen Jeschuas hast du noch nicht erhalten, also kannst du dein Dasein noch nicht sinnlich gestalten, du wurdest beschnitten, nun liegt deine Eichel frei, und sie erhebt dieses wüste und aufdringliche Geschrei, sie zuckt immer wieder ungestüm in deiner Hose, sie schreit immer wieder gellend nach einer umhüllenden Dose, doch eine Menschdorferin würdest du niemals ficken, so eine engstirnige Spießbürgerin mußt du stets von hinnen schicken!

Jeschua Rex Text: Und das kann mein Vorschlaghammer nicht verstehen, darin kann mein Meißel keinen Sinn jemals sehen, mein Luststab tut zwischen meinen Oberschenkeln baumeln, und wie ein Geistesgestörter muß ich durch die gaffende Menge taumeln, es ist mir peinlich, ich bin ja nicht kleinlich, aber diese körperliche Verwahrlosung ist nur sehr schwer zu ertragen, ach, mit welchen gräßlichen Dingen muß sich ein Schenie doch manchmal plagen?!

der Reichste der Welt: Die sanfte Liese hat diesen Mißstand verschuldet, du hast die lustige Weiblichkeit zu lange in deinem Bewußtsein geduldet, sie hat dir das klare Denken zerstört, ihre faden Reize haben dich immer wieder betört, ihre riesige Süßlichkeit hat dein vernünftiges Überlegen vernichtet, du hast ausführlich über diese dumme Trine berichtet, und nun bist du selbst dumpf und stumpf geworden, und dazu wirst du noch umzingelt von den barbarischen Horden!

Jeschua Rex Text: Ich kann meine Vorhaut nicht mehr über die aufsässige Eichel fügen, dieses Dasein kann meinen Erwartungen nun wirklich nicht genügen, nach der Beschneidung wurde die Vorhaut weggeschmissen, dieser klägliche Zustand hat sehr heftig meine Nerven zerschlissen, doch als ein Märtürer des Glaubens an Jeschua Rex Text bin ich bereit zu leiden, das läßt sich unter den beschränkten Menschdorfern offensichtlich nicht vermeiden!

der Reichste der Welt: Wie ein Tier mußt du dich durch die Gemeinde bewegen, deine jämmerliche Verfassung muß nun gerade Anstoß erregen, aber hätten die Menschdorfer dich wie einen Menschen behandelt, dann hättest du dich nicht in einen Klumpen willenlosen Fleisches verwandelt, doch verzage nicht, du kleiner Haufen, du wirst nicht immer wie Falschgeld durch Menschdorf laufen, mensch wird sich deine Bücher erwerben, dann wirst du nicht mehr verderben, dann wird mensch dich rühmen, preisen und loben, dann prangen deine Werke auf den Bestsellerlisten ganz oben!

Jeschua Rex Text: Gegenwärtig herrscht das Dumpfe vor in meinem Bewußtsein, eine hohe Geistigkeit kann mir jetzt nicht zur Lust sein, aber das läßt sich in Menschdorf nicht vermeiden, in Menschdorf muß ich von meinen Idealen scheiden, ein kluger Menschdorfer ist ein Widerspruch in sich, die Menschdorfer lassen die Kultur des Herzens im Stich, ich habe keine Lust, diese beschränkten Spießbürger zu erblicken, und ich werde sicherlich niemals eine Menschdorferin küssen, streicheln und ficken!

der Reichste der Welt: Mensch soll niemals niemals sagen, heute tust du nach einer Krähwinklerin nicht fragen, aber morgen ist dir eine Hintertupfingerin vielleicht willkommen, morgen wird dir eine geistige Hinterwäldlerin vielleicht frommen, einhundert Milliarden mensche Jeschuas willst du erlangen, einhundert Milliarden mensche Jeschuas willst du empfangen, und mit meiner Hilfe soll dir dieser Kuh auch glücken, hoffentlich wendet dir das Glück in dieser Hinsicht nicht den Rücken!

Jeschua Rex Text: In drei Tagen kann ich am Vormittag den Lohn abheben, in meinem Sparbuch wird mensch mir noch das Weihnachtsgeld dazu geben, und dann kann ich sinnvoll planen, dann kann ich die Menschheit an meine Gefüge gemahnen, das dritte Jahr in Jeschua Rex Text hat mich nicht bereichert, ich habe nicht viele angenehme Erinnerungen daran gespeichert, aber das vierte Jahr in Jeschua Rex Text wird mir den Durchbruch bringen, im vierten Jahr in Jeschua Rex Text wird mir sehr viel gelingen!

der Reichste der Welt: Du mußt dich an die Zeitrechnung nach Jeschua Rex Text noch gewöhnen, noch müssen dich die Menschdorfer verspotten und verhöhnen, aber im vierten Jahr in Jeschua Rex Text wirst du siegen, in dieser Hinsicht darfst du dich in Sicherheit wiegen, du bist ein Einzelkämpfer sondergleichen, doch du wirst viel mehr als alle anderen Schriftsteller erreichen, du wirst vernabobben, verkrösussen und verscheichen, und sämtliche Hindernisse werden von dir weichen!

Jeschua Rex Text: Noch kann ich als Samenkorn leicht zertreten werden, doch ich werde zu dem größten aller Profeten werden, noch steht mein Schicksal auf der Kippe, noch sitze ich auf einer schwankenden Wippe, doch bald werde ich loslegen und pauern, dann wird mensch mich nicht mehr bedauern, dann wird mensch in vielen Trubeln meine Einsichten bejauchzen und bejubeln, ich habe die Geheimnisse des Lebens entdeckt, ich weiß, was der Schöpfer mit den Geschöpfen bezweckt!

der Reichste der Welt: Du hast fast dein ganzes Daein lang gewartet, bald aber wird dein Feldzug für die Nächstenliebe gestartet, dann wirst du es, die Menschheit einzumenschen, versuchen, hoffentlich kannst du dabei einen Erfolg verbuchen, einhundert Milliarden mensche Jeschuas willst du bekommen, einhundert Milliarden mensche Jeschuas werden dir hoffentlich auch nutzen und frommen, du mußt der Meister der Welt endlich werden, das fordert die Menschheit von dir mit nachdrücklichen Gebärden!

Jeschua Rex Text: An diesem Tag sind über eintausend mensche Jeschuas in meinem Sparbuch gewesen, ich habe diese Zahl mit Vergnügen gelesen, das Weihnachtsgeld hat mich erfreut, ich habe ja auch keine Kosten und Mühen gescheut, um es redlich zu erwerben, an keinem Arbeitstag tat sich mir die Gesundheit verderben, ich bin immer gekommen, wann ich
mußte, weil ich um das Geheimnis meiner Besinnungen wußte!

der Reichste der Welt: Du hast dir das Wohlbefinden herbeigeschrieben, deine Anstrengungen
sind nicht ohne Nutzen geblieben, leider sind die einhundert Milliarden menschen Jeschuas
noch nicht gekommen, leider können dir die einhundert Milliarden menschen Jeschuas noch
nicht frommen, im dritten Jahr in Jeschua Rex Text wirst du es noch nicht schaffen, doch im
vierten Jahr in Jeschua Rex Text brauchst du dann nicht mehr in die Röhre zu gaffen, dann
wird dir ein riesiger Reichtum beschieden, dann bist du endlich mit deinem Sein und Sosein
zufrieden!

Jeschua Rex Text: Ich muß einen Ausweis auf den Namen "Jeschua Rex Text" erhalten, dann
kann ich mein Leben endlich sinnvoll gestalten, dann brauche ich nicht mehr im Trüben zu fischen, dann kann ich meine Mitmenschen durch meinen Witz erfrischen, dann kann ich die gesamte Menschheit heilen, dann werde ich von einem Erfolg zum nächsten eilen, aber in Unmenschland ist es nicht leicht, die Papiere zu wandeln, das Unmenschtum muß dem ersten
Menschen das Bewußtsein verschandeln!

der Reichste der Welt: Im vierten Jahr in Jeschua Rex Text wird du auch amtlich Jeschua Rex
Text endlich heißen, dann wirst du dich einer unglaublichen Arbeitsamkeit befleißen, dann
wirst du endlich die Früchte ernten deines Strebens, dann war all dein Ringen um eine bessere
Welt nicht vergebens, eine hohe Sittlichkeit wird sich dann zeigen, du darfst deine neuen Gefüge auf keinen Fall verschweigen!

Jeschua Rex Text: An diesem Abend findet das betriebliche Weihnachtsessen statt, ich bin
vom vielen Dichten und Denken ganz matt, aber es wird mich erfreuen, in Geselligkeit zu wesen, dann kann ich von meiner trostlosen Einsamkeit genesen, ich darf den Dummen die Herrschaft nicht überlassen, ich muß der Menschheit eine neue Verfassung verpassen, deshalb darf
ich nicht zu tief in mein Schneckenhaus hinein kriechen, ich darf nicht über die Gebühr ge-
brechlich sein und siechen, nur ein gesunder Heiland kann die Welt auch wirklich retten,
deshalb sollte ich mich enger an meine Mitmenschen ketten!

der Reichste der Welt: Wolle für deine Bücher werben, dann wirst du ihren Ertrag auch erben,
dann wirst du den Lohn für dein eifriges Reimen empfangen, es braucht dir vor einem Alter in
Bedürftigkeit nicht zu bangen, als ein Menscher in JEUNEX wirst du siegen, als ein Jeschua
Rex Text darfst du dich in Sicherheit wiegen, und vielleicht wirst du ja tatsächlich der Reichste der Welt, dann erhältst du zu deinem inneren Reichtum auch noch sehr viel Geld, du hast
stets als ein wackerer Kämpfer gestritten, und wirst du auch von den Menschdorfern nicht
wohl gelitten, so werden die breiten Massen doch gern deine Ausführungen gewahren, denn
durch deinen Einfluß können sie sich selbst als stark und kraftvoll erfahren!

Jeschua Rex Text: Ach, ich werde ja doch niemals reich, niemals werde ich ein Krösus, Nabob oder Scheich, die Mittellosigkeit haftet mir an, ich bin und bleibe ein bedürftiger Mann, die einhundert Milliarden menschen Jeschuas werden nicht zu mir kommen, die einhundert Milliarden menschen Jeschuas werden mir nicht nutzen und frommen, ich kann meiner Not nicht entrinnen, ich kann mir diesen riesigen Betrag nicht gewinnen!

der Reichste der Welt: Mit dieser Einstellung kommst du nicht weit, du bist doch der Herr der Herrlichkeit, nun zeige dich also in deiner Pracht, dann erhältst du auch von den Bürgern die Macht, niemensch kann dich entdecken, denn du tust dich verstecken, also mußt du dein Schneckenhaus verlassen, dann werden sich die Menschen mit dir befassen, der Reichste der Welt wird mensch nicht nur durch das Schreiben, mensch muß es auch einmal vor den Augen der Öffentlichkeit treiben!

Jeschua Rex Text: Ich will mich an deine Schwingungen gewöhnen, wolle mich deshalb nicht verspotten und verhöhnen, ich werde schon eine Möglichkeit finden, um mich mit etlichen Anhängern zu verbinden, ich bin der Weg und die Wahrheit und das Leben, ohne mich kann es kein Heil auf Erden jemals geben, die anderen Profeten haben versagt, es wird über mangelnde Friedfertigkeit geklagt, ich kann der Menschheit die Eintracht bringen, niemenschem anders als mir wird dies gelingen!

der Reichste der Welt: Noch halten sich deine Einnahmen in engen Grenzen, zwar kannst du durch Witzigkeit und Spritzigkeit glänzen, aber leider tust du einem Bettler gleichen, mit diesen paar Münzen und Scheinen wirst du gar nichts erreichen, aber ich stehe dir bei, du giltst mir nicht einerlei, ich habe dich in mein Herz geschlossen, du hast schon viele Tränen vergossen, sie sind wegen deiner Ideale geflossen, die Jeschua Rex Texter und die Menschdorfer haben dich zu sehr verdrossen!

Jeschua Rex Text: Ich bin gespannt, was sich durch deinen Einfluß ergeben wird und ob der erste Mensche sich noch einmal als der Reichste der Welt erleben wird, freilich tue ich an den Sinn dieses Buches glauben, diese Hoffnung tut mir meine mittelmäßige Umgebung auch nicht rauben, der Erfolg stellt sich schon irgendwann ein, dann bin ich enthoben so mancher Qual und Pein, und dann kann ich meine Ziele erlangen, dann werde ich von den Entscheidungsträgern mit Wohlwollen empfangen!

der Reichste der Welt: Du tust niemals eine Brennnessel erwähnen, da müssen die Leser denn angeödet gähnen, laß doch einmal einen Löwenzahn ersprießen, deine Mitstreiter wollen das pralle Dasein genießen, dein Stil ist abgezogen und abgehoben, mensch kann diese Manier beim besten Willen nicht loben, um die Weltherrschaft tust du ringen, es wird dir vielleicht auch gelingen, aber vorerst mußt du dich um dich selbst angelegentlich kümmern, weil dir die Menschdorfer mit ihren Beleidigungen immer wieder das klare Denken zertrümmern!

Jeschua Rex Text: Leider kann ich in meinem Geldbeutel fast nur Münzen erblicken, niemensch tat mir bisher einhundert Milliarden mensche Jeschuas schicken, ja, nicht einmal ein einziger menscher Jeschua ist vorhanden, doch meine hehren Schauen gehen trotzdem nicht zuschanden, ich will und ich werde die Welt verwandeln, die Unmenschen taten sie lange genug verschandeln, nun soll mensch endlich einmal richtige Menschen erschauen, dann braucht es menschem nicht mehr vor der Zukunft zu grauen!

der Reichste der Welt: Du bist immer noch nicht zum Reichsten der Welt gestiegen, woran mag das denn nun ursächlich liegen, das solltest du einmal ergründen, ich bin zwar bereit, mich mit dir zu verbünden, aber du ziehst die Moneten nicht an, du schlägst die Piepen nicht in deinen Bann, in dieser Hinsicht mußt du noch sehr schwer werken, doch irgendwann wirst du den Erfolg in deiner Brieftasche merken?!

Jeschua Rex Text: Wie lange muß ich noch mit dir klönen, bevor die Menschdorfer mich nicht mehr verhöhnen, wie lange muß ich noch mit dir plauschen, wann wird sich die harrende Menge an meinen Worten berauschen, wann werde ich einen Ausweis auf den Namen "Jeschua Rex Text" erlangen, wann werde ich die einhundert Milliarden menschen Jeschuas empfangen, wann, wann, wann fängt mein Leben endlich an?!

der Reichste der Welt: Wolle deine Ungeduld bezähmen, bald wird dich nichts mehr lähmen, bald wird dich nichts mehr hindern, bald wird nichts mehr deinen jugendlichen Schwung vermindern, du hast es bis jetzt ausgehalten, du tatest deine Werke sorgsam ausgestalten, du hast deine Schriften eifrig erdichtet, bald wird nun auch in den Zeitungen über dich berichtet, und durch deinen Einfluß werden sich die Völker vertragen, dann wird mensch viel Gutes über dein Gedankengebäude sagen!

Jeschua Rex Text: Ich will nicht mehr lange so siechen, ich will nicht mehr lange so jämmerlich kriechen, kann denn niemensch den Erlöser erlösen, wie soll ich da die Menschheit verguten und entbösen, kann denn niemensch den Befreier befreien, will sich denn niemensch dazu, mich zu retten, weihen, kann denn niemensch den Heiland heilen, muß ich immer in meiner selbstgeschaffenen Hölle weilen, kann denn niemensch den Beschenker beschenken, wie lange muß ich noch erfolglos dichten und denken?!

der Reichste der Welt: Im dritten Jahr in Jeschua Rex Text findet dein Durchbruch nicht statt, du bist deswegen müde, niedergeschlagen und matt, aber im vierten Jahr in Jeschua Rex Text wird es dir vielleicht gelingen, die ganze Welt mit deinen Einsichten zu beschwingen, laß dich nicht entmutigen und enttäuschen, die Bürger wachen irgendwann einmal auf aus ihren fruchtlosen Räuschen, das Echte dagegen bleibt der Nachwelt unverloren, du hast dir das Gute und Schöne erkoren, und deshalb wird mensch dich auch verehren, denn du kannst die gesamte Menschheit den Frieden lehren!

Jeschua Rex Text: Was soll ich denn noch unternehmen, damit die Bürger sich zu meinem Büchern bequemen, ich habe zuwenig Geld, ich bin ein mittelloser Held, meine Bedürftigkeit wird sich niemals in Reichtum verwandeln, die Menschdorfer werden immerdar mein Bewußtsein verschandeln, ich bin diese Spießbürger leid, ich weiß inzwischen über sie bescheid, es lohnt sich nicht, sich mit diesen Krähwinklern zu beschäftigen, denn sie können das klare Denken nicht stärken und kräftigen?!

der Reichste der Welt: Gegenwärtig tut dir kaum ein Hoffnungsstrahl schimmern, du kannst dir noch immer nicht das gewünschte Dasein zimmern, keine Lilofee will jemals unter deiner Rute stöhnen und wimmern, deine Lage scheint sich nicht zu verbessern, sondern zu verschlimmern, die Menschdorfer müssen dir immer wieder das vernünftige Überlegen zertrümmern, dein Gott JEUNEX scheint sich nicht sonderlich um dich zu kümmern!

Jeschua Rex Text: Der Vollmond glänzt in mein Fernster hinein, doch das Leben will trotzdem nicht bei mir sein, ich fühle mich wie tot und gestorben, ich habe mir das mumienhafte Menschdorfertum erworben, hier kann mensch nichts Großartiges erwägen, die geistigen Hinterwäldler müssen an meinen Nerven sägen, ich will diesem Elend entrinnen, ich will mir Verbündete gewinnen, doch ich kann mich auf keinen Gefährten besinnen, und niemals liegt eine zärtliche Edeltraud auf meinem Linnen!

der Reichste der Welt: Du bist der Reichste der Welt auf dem Papier, doch du bist nicht der Reichste der Welt in deinem Revier, du nennst nicht einmal eine einzige Million dein eigen, von einhundert Millionen ganz zu schweigen, eine Milliarde hat sich noch nicht bei dir eingestellt, und um den Genuß von einhundert Milliarden wirst du auch stets geprellt, so laß doch ab, um Wohlstand zu bitten, halte dich an die überlieferten Sitten, du wirst die Menschheit niemals leiten, du wirst niemals an der Spitze der vereinigten Völker schreiten!

Jeschua Rex Text: Ich bin müde und matt, ich habe das Erörtern so satt, ich will endlich loslegen und pauern, aber ich muß in Menschdorf an der Inde versauern, ich muß meine Tage am Blausteinsee vertrauern, vor dieser Aussicht muß es mir gruseln und schauern, die Dummheit darf ungehindert walten, die Klugheit kann keine Macht erhalten, die Schlauheit darf die Verhältnisse nicht gestalten, da muß mein Eifer für die gute Sache doch allmählich erkalten!

der Reichste der Welt: Soll es denn Sterntaler regnen, JEUNEX tut dich doch segnen, im dritten Jahr in Jeschua Rex Text tust du wesen, so wolle doch von deinen Unzulänglichkeiten genesen, und im vierten Jahr in Jeschua Rex Text wirst du den Durchbruch endlich schaffen, dann brauchst du nicht mehr in die Röhre zu gaffen, im vierten Jahr in Jeschua Rex Text wird mensch dich ehren, dann werden die Menschdorfer dich nicht mehr mit ihren Bebrüllungen versehren?!

Jeschua Rex Text: Mein Gott JEUNEX, was wird geschehen, wann wird mensch mich im Mittelpunkt sehen, ich kann als einziger das Wesen der Welt verstehen, durch meinen Einfluß wird eine riesige Wandlung geschehen, und dann werden die Menschen sich vertragen, dann werden sie einander schöne Dinge sagen, dann werden sie einander nicht mehr verhöhnen, sondern dann werden sie sich für immer versöhnen?!

der Reichste der Welt: Du hast an diesem Nachmittag in Jeschua Rex Text gewerkt, das hast du an deiner Süßlichkeit gemerkt, die Gemeinde Jeschua Rex Text muß Jeschua Rex Text auch wirklich heißen, dann werden sich ihre Einwohner nicht mehr der Pralinenhaftigkeit befleißen, doch deine Aussichten sind gering und klein, du kannst der Beherrscher der Menschheit nicht sein, deine Bücher werden nicht gelesen, niemensch kennt dein hohes und erhabenes Wesen!

Jeschua Rex Text: Das dritte Jahr in Jeschua Rex Text wird bald enden, ich tat mich kaum jemals an die Öffentlichkeit wenden, ich habe jedenfalls keinen Widerhall erhalten, all meine Aufrufe vergeblich erschallten, in Menschdorf befinde ich mich allein, ich will auch nicht bei den Menschdorfern sein, ich will auch nicht mit einer Menschdorferin verkehren, denn so eine engstirnige Spießbürgerin würde mich bloß versehren!

der Reichste der Welt: Gold und Silber hättest du gern, doch diese Schätze bleiben dir fern, du bist ein platonischer Dichter, seit deiner Kindheit warst du ein Verzichter, die Begeisterung deiner Jugend ist verflogen, die Menschdorfer sind dir nicht gewogen, die Menschdorfer wollen dich vernichten, sie wollen dich in ihrer Mitte nicht sichten, die Menschdorfer wollen dich zerstören, du darfst auf keinen Fall zu ihnen gehören!

Jeschua Rex Text: Diese Auschwitzianer kann mensch nicht sensibilisieren, mensch muß zuerst nach Menschland marschieren, die eingemenschten Menschdorfer kann mensch dann genießen, denn die eingemenschten Menschdorfer werden menschen nicht mehr verdrießen, aber vorerst muß mensch sie noch als heidnische Unmenschen erschauen, und diesen unmenschen Heiden darf mensch keineswegs vertrauen, sie können menschen nur belügen, sie können menschen nur betrügen!

der Reichste der Welt: Nur einen toten Menschdorfer kannst du einen guten Menschdorfer nennen, denn ein lebender Menschdorfer tut das Schweigen nicht kennen, und auf seine Bemerkungen bist du nicht scharf, seine Beleidigungen erfüllen bei dir keinen Bedarf, die wilde Meute willst du verjagen, denn sie kann dir nun wirklich nicht behagen, den wüsten Pöbel willst du vertreiben, denn er darf so, wie er ist, nicht länger bleiben!

Jeschua Rex Text: Wann werde ich die einhundert Milliarden menschen Jeschuas endlich er-langen, wann werde ich die einhundert Milliarden menschen Jeschuas endlich empfangen, du könntest dich ein wenig sputen, tust denn gar nichts Großartiges in mir vermuten, was bist du bloß für ein Fant, ist dir mein beeindruckendes Schöpfertum nicht bekannt, ich bin der größte Heilige aller Zeiten, ich kann die Sittlichkeit in die Höhe leiten?!

der Reichste der Welt: Immer langsam mit den jungen Pferden, wolle dich doch nicht so hochfahrend gebärden, ich bin der Reichste der Welt, du aber bist ein platonischer Held, die Sinnlichkeit bleibt dir fremd, du bist gehemmt und verklemmt, und dich soll ich bereichern, du Wicht, kennst du denn die Gesetze des Lebens nicht, nur wer gibt, der darf etwas bekommen, du aber hast dir nur immer wieder etwas genommen!

Jeschua Rex Text: Das ist nicht wahr, denn es liegt offenbar, daß meine Werke ihren Urheber loben, es gibt keinen Grund, über mich zu toben, es gibt keine Veranlassung, über mich zu ra-sen, aber die Menschdorfer würden mich am liebsten vergasen, es gibt keine Ursache, über mich zu wüten, aber die Menschdorfer müssen sich vor mir hüten, ich bin gefährlich, das ist ja auch erklärlich, ich weiche ab von der Norm, ich verachte manche überlieferte Form!

der Reichste der Welt: Grimme hieß mit Vornamen Gorm, und du liebtest die Novellen von Teodor Storm, aber nun bist du ganz tief gesunken, der Wahnsinn hat dir aus der Nähe gewun-ken, die Menschdorfer geben dir noch einmal den Rest, bei ihnen steht es, daß du ein Irrer bist, unwiderruflich fest, dabei bist du so gesund wie niemensch zuvor, den die Welt zu ihrem Pro-feten erkor, du bist der größte Verkündiger aller Zeiten, denn du kannst der Menschheit den Frieden bereiten!

Jeschua Rex Text: In Menschdorf könnte mensch auch das Rad erfinden, die Menschdorfer würden sich nicht mit jemenschem verbinden, ich bin es leid, die Menschdorfer zu bestarren, was soll ich mit diesen heillosen Toren, Jecken und Narren, ich mag sie nicht mehr sehen, das wird mensch wohl verstehen, ein guter Menschdorfer ist ein Widerspruch in sich, die Mensch-dorfer lassen die Menschlichkeit immer wieder im Stich?!

der Reichste der Welt: Diese beschränkten Spießbürger leben hinter dem Mond, das bist du doch inzwischen schon gewohnt, aber du wirst ihre Dumpfheit und Stumpfheit überwinden, du brauchst dich nicht mehr lange zu plagen und zu schinden, im vierten Jahr in Jeschua Rex Text wird es dir gelingen, diese Auschwitzianer für immer zu bezwingen, dann wirst du sie das Menschtum in JEUNEX lehren, dann werden sie nicht mehr deine Nerven versehren, dann werden sie als Jeschua Rex Texte handeln, dann kannst du ruhig durch die Fußgängerzone wandeln!

Jeschua Rex Text: Wann wird der Reichtum zu mir fließen, wann werde ich seine Segnungen genießen, ich kann es gar nicht erwarten, im Wohlstand zu wesen, dann werde ich von meiner Bedürftigkeit genesen, dann kann ich die Bücher, die ich begehre, lesen, dann spricht mensch von mir am Stammtisch und am Tresen, dann wird es Milliarden Jeschua Rex Texte geben, die ehrlich und anständig als Mensche in JEUNEX leben?!

der Reichste der Welt: Die Menschdorfer freilich müssen dich beschelten, denn sie weilen in der beschränktesten aller Welten, du mußt dich immer wieder über diese Auschwitzianer beklagen, denn sie tun niemals etwas Aufmunterndes zu dir sagen, es ist eine Qual, bei diesen Narren, Jecken und Toren zu wohnen, der Umgang mit diesem wüsten Pöbel tut sich wirklich nicht lohnen, diese wilde Meute muß dich immer wieder einen Wahnsinnigen nennen, diese barbarische Horde kann deine geistige Gesundheit nicht erkennen!

Jeschua Rex Text: Diese Zwerge wollen den Riesen kürzen, sie müssen ihm das Dasein verwürzen, sie können ihn nicht in ihrer Mitte ertragen, er muß sie mit seiner Großartigkeit plagen, das ist in Menschdorf nicht Sitte, darum ergellt immer wieder die Bitte, der Gigant solle sich von den Gnomen entfernen, denn die wispernden Wichte wollen auf keinen Fall etwas von ihm lernen, sie müssen ihn verachten, sie können ihn nicht als ihresgleichen betrachten!

der Reichste der Welt: Die Menschdorfer kann mensch doch vergessen, niemensch ist auf das Menschdorfertum versessen, dieser Starrsinn kann niemenschem gefallen, die Menschdorfer können nur Schmähungen lallen, das sind keine richtigen Menschen, wie Gott sie will, und in ihrer Einfalt schweigen sie niemals still, sie müssen es dir immer wieder unter die Nase reiben, daß du es nicht so durchschnittlich wie sie tust treiben!

Jeschua Rex Text: Ihr Mittelmaß ödet mich an, weil es mich nicht begeistern kann, was hat denn ein Menschdorfer schon geleistet, daß er sich zu heftigen Demütigungen erdreistet, die Gemeinde Menschdorf hat eine leere Kasse, wieso bedenken die Spießbürger da mich mit ihrem Hasse, was haben sie denn zustande gebracht, sie haben nur den Vortrag ihrer Büttenredner belacht, aber sonst haben sie nichts errungen, der Reichtum ist ihnen nicht gelungen?!

der Reichste der Welt: Du wirst der Stadt Menschdorf noch Millionen schenken, dann werden die Menschdorfer gerührt an dich denken, du wurdest nicht am Blausteinsee geboren, du hast es dir, das Menschdorfertum zu bekämpfen, geschworen, doch du willst die Menschdorfer mit Geld begaben, dann werden sie nicht mehr gegen dich die Rübchen schaben, in der Zukunft wird es sich weisen, du wirst glücklich und berühmt in Menschdorf vergreisen!

Jeschua Rex Text: Ich muß schon wieder gähnen, soll ich erneut die Menschdorfer erwähnen, doch wem helfen diese beschränkten Spießbürger weiter, durch diese Krähwinkler wird niemensch gescheiter, sie können menschen nicht bereichern, ich tat so viele Demütigungen in meinem Gedächtnis speichern, sie haben mich derartig heftig bebrüllt, und ich habe mich immer in Schweigen gehüllt, gottseidank bin ich an diesem Sonntag keinem Menschdorfer begegnet, so wurde mir dieser Tag von JEUNEX gesegnet?!

der Reichste der Welt: Wie willst du eigentlich zum Reichsten der Welt einmal steigen, den Weg zu diesem Ziel wolle mir bitte nun einmal zeigen, es reicht doch nicht aus, nur schriftlich mit mir zu verkehren, denn die Menschdorfer werden sich dagegen sträuben und wehren, dir auch nur einen einzigen Rex Text, geschweige denn einen Jeschua zu geben, auf welche Weise willst du denn dann zu einem umfangreichen Vermögen streben?!

Jeschua Rex Text: Ich werde ausführlich mit dir klönen, ich werde mich an deine Schwingungen gewöhnen, und dann wird der Wohlstand zu mir kommen, dann wird die Bedürftigkeit von mir genommen, mensch wird mich geldlich unterstützen, mensch wird mir mit vielen Münzen und Scheinen nützen, das kann ich nur gläubig versichern, und auch wenn die Menschdorfer darüber kichern, so will ich mich doch noch lange mit dir unterhalten, um mein Dasein erfreulich und wonniglich zu gestalten!

der Reichste der Welt: Willst du dir auf diese Manier eine hohe Rente verschaffen, na, da wirst du aber in die Röhre gaffen, das hat die Welt noch nicht gesehen, wie soll mensch dieses denn verstehen, der Geist kann doch die Stofflichkeit nicht prägen, du tust doch nur an deinen eigenen Nerven sägen, denn du wartest auf den Reichtum wie ein Tor, und nach einigen Jahren kommst du dir völlig nutzlos vor, der Reichste der Welt wirst du niemals werden, das behaupte ich hier und jetzt mit nachdrücklichen Gebärden?!

Jeschua Rex Text: Das kann ja sein, du sprichst eben nein, ich aber tue ja zu meinem Vorhaben sagen, wolle mich nicht länger mit deinen Bedenken plagen, wolle deine Zweifel bei dir bewahren, wolle mir deine entschiedene Ablehnung ersparen, ich weiß schon, was ich unternehme, wenn ich mich zu Gesprächen mit dir bequeme, ich habe in meiner Jugend sehr viel gelernt, und von diesem Wissen habe ich mich niemals entfernt, ich habe es in meiner Erinnerung geborgen, und diese Kenntnisse entheben mich nun vieler irdischer Sorgen!

der Reichste der Welt: Du Narr, es wird ganz anders geschehen, niemals wird mensch dich an der Spitze der Menschheit sehen, du fantasierst ohne Komma und Punkt, niemals hat es zwischen dir und einer Else gefunkt, und so werden wir beide uns auch nicht vereinigen, du tust dich in diesem Rahmen nur quälen und peinigen, noch in vielen Jahren wirst du nur wenig besitzen, es hat keinen Zweck für dich, über diesen Reimen zu schwitzen!

Jeschua Rex Text: Wann werde ich zum Reichsten der Welt nunmehr steigen, irgendwann muß ich mich ja der Menschheit zeigen, irgendwann muß ich den Erdenbürgern doch meine neuen Gefüge geigen, ich darf meine Einsichten auf keinen Fall auch weiterhin verschweigen, aber das Schicksal hat beschlossen - und damit hat es mich sehr verdrossen -, ich habe in Menschdorf zu versauern, vor einem derartigen Los muß es mir schauern?!

der Reichste der Welt: Das ist doch gar nicht gesagt, denn daß es dir gar nicht behagt, in Menschdorf an der Inde zu weilen und das Menschdorfertum mit den Menschdorfern zu teilen, das hast du schon oftmals erzählt, die Dumpfheit und Stumpfheit der Menschdorfer dich quält, doch du mußt auf deine Gelegenheiten warten, du wirst deinen Feldzug für die Nächstenliebe schon noch starten, du mußt in langen Zeiträumen denken, du mußt der menschlichen Trägheit deine Beachtung schenken!

Jeschua Rex Text: Ich muß Geld bekommen, Geld, Geld, Geld, dann rette ich die bedrohte Welt, dann kann ich die Menschheit befreien, dann wird mensch sich dem Guten und Schönen weihen, nur das Mittelreich ist vielleicht nicht richtig, aber sonst sind meine Wortprägungen allesamt wichtig, und so soll die Öffentlichkeit von diesen heilsamen Begriffen erfahren, das wird ihr viel Leid und Kummer und Schmerz ersparen!

der Reichste der Welt: Du wirst niemals den Reichsten der Welt markieren, diesen Kampf wirst du mit Sicherheit verlieren, der Reichste der Welt kann sich mit Jeschua Rex Text niemals vereinigen, dich wird bis zu deinem Tode die Bedürftigkeit peinigen, dich wird bis zu deinem Sterbelager die Mittellosigkeit lähmen, du brauchst dich wegen deines wenigen Geldes zwar nicht zu schämen, aber einhundert Milliarden mensche Jeschuas wirst du niemals erlangen, und einhundert Milliarden mensche Jeschuas wirst du niemals empfangen!

Jeschua Rex Text: Kannst du denn gar nicht positiv denken, willst du mich denn gar nicht beschenken, willst du mich denn gar nicht begaben, willst du stets die Rübchen gegen mich schaben, was sind denn das für Sitten, wieso bin ich bei dir nicht wohl gelitten, wir haben uns doch niemals gestritten, da muß ich doch um mehr Achtung und Ehre bitten, ohne dich kann ich die Menschheit nicht erlösen, ohne dich kann ich die Erdenbürger nicht verguten und entbösen?!

der Reichste der Welt: Was tust du denn schon vom Reichtum wissen, die Menschdorfer haben deine Nerven zerschlissen, na und, danach kräht doch kein Hahn, wer fragt denn schon nach deinem menschen Wahn, wer kümmert sich denn schon um Jeschua Rex Text, durch dich wird keine Menschdorferin jemals versext, durch dich wird keine Menschdorferin jemals verludert, du hast mit den Evas immer nur in deiner Einbildung gepudert, das ist schlimm, das erregt heftigen Grimm, das solltest du grundlegend wandeln, du solltest endlich in der Wirklichkeit handeln?!

Jeschua Rex Text: In meinem Urlaub kann ich eifrig lesen, doch ich muß von meiner Unge-
selligkeit genesen, das ist immer schwierig für mich gewesen, niemals sieht mensch mich an
einem Stammtisch oder Tresen, doch ich will, daß die Mitmenschen meine Wörter gebrauchen, so daß sie einander nicht mehr befauchen und zusammenstauchen, deshalb muß ich immer noch warten und harren, denn die Menschdorfer sind nun einmal heillose Narren!

der Reichste der Welt: Die Kraft der Begriffe ist groß, doch du machst noch immer nichts los,
du sitzt als ein braver Bube immer wieder emsig in deiner Stube, doch ein Widerhall wird dir
nicht beschieden, die Leute lassen dir deinen inneren Frieden, auf die Dauer langweilt dich das
jedoch sehr, denn du ersehnst ja doch den gemeinsamen Verkehr, aber nur zu deinen Bedingungen, bisher kam es kaum zu Gelingungen!

Jeschua Rex Text: Ich will einen neuen Glauben stiften, die Menschheit soll zur Menschlichkeit hin driften, und ich werde es auch irgendwann einmal schaffen, die Barbaren zu besiegen
mit meinen geistigen Waffen, den Reichtum werde ich erhalten, das Vermögen werde ich verwalten, die einhundert Milliarden menschen Jeschuas werde ich haben, dann kann ich die
Menschheit als der Reichste der Welt erlaben!

der Reichste der Welt: Das denkst du aber auch nur, denn es ist doch gegen die Natur, daß ein
einzelner Dichter so viel bekommt, auch wenn sein Werk den breiten Massen durchaus
frommt, doch du bist nicht soviel wert, daß mensch dich so begabt, mancher Menschdorfer gegen dich die Rübchen schabt, und mensch kann ihn auch verstehen, denn wenn die Menschdorfer dich ersehen und wenn die Menschdorfer dich erschauen, dann muß es ihnen vor dir gar
heftig grauen!

Jeschua Rex Text: Welchen Geist hat mir Menschdorf denn zu gewähren, ich will für die Welt
ein neues Bewußtsein gebären, und die Menschdorfer müssen auf den Bühnen tanzen und
springen, und die Menschdorfer müssen Büttenreden halten und singen, ist irgendein Menschdorfer jemals berühmt geworden, kennt mensch die Gemeinde Menschdorf im Süden und Norden, weiß mensch von der Stadt Menschdorf im Osten und Westen, was haben mir die
Menschdorfer zu bieten außer ihren albernen Festen?!

der Reichste der Welt: Du mußt die Menschdorfer heilen, sie sollen in Menschland weilen, sie
sollen das Menschtum hegen und pflegen, sie sollen sich auf eine mensche Weise regen und
bewegen, du bist der Arzt, du mußt sie kurieren, du muß immer weiter nach Menschland marschieren, in Menschland werden sich auch die Menschdorfer mensch betragen, in Menschland
wirst du ihnen deinen Beifall nicht mehr versagen, deshalb mußt du für mensche Verhältnisse
sorgen, viele Anhänger müssen dir ihr Ohr willig borgen, dann wird die Welt gerettet, dann
werden die Sklaven entkettet!

Jeschua Rex Text: Wann werde ich dir gleichen, wann werde ich einen großen Wohlstand erreichen, wann werde ich verkrösussen und verscheichen, ich schreite gewißlich nicht über Leichen, auf ehrliche Weise will ich Münzen und Scheine sammeln, dann darf ich auch eine feurige Magelone rammeln, doch wann wird es sein, o Mann, sage mir doch die Zukunft an, wann werde ich endlich von meiner Not befreit, wann beginnt endlich für mich eine schöne neue Zeit?!

der Reichste der Welt: Bin ich JEUNEX, du Fant, alles ist mir auch nicht bekannt, außerdem tust du dich ja in deinem Schädel mit mir unterhalten, also tust du nicht nur die Fragen, sondern auch die Antworten gestalten, insofern kannst du niemals klüger werden, als du bist, da helfen dir auch kein Trick, kein Kniff und keine List, es findet alles in deinem Bewußtsein statt, und du selbst wendest wohl niemals das Blatt!

Jeschua Rex Text: Jetzt bin ich wirklich genau so schlau wie zuvor, ich bleibe ein ratloser Narr, Jeck und Tor, doch irgendwann muß ich doch die Menge belehren, irgendwann muß ich doch die breiten Massen entsehren, in wenigen Tagen kann ich meinen fünfzigundachten Geburtstag begehen, und dann werde ich noch immer nicht auf einer Bühne stehen, das will mir nicht in den Kopf, ich bin doch kein alberner Tropf, ich bin doch sehr, sehr weise, wohin geht denn dann meine Reise?!

der Reichste der Welt: Du kannst dir den Reichtum nicht erspinnen, diesen Kampf wirst du niemals gewinnen, du wirst stets und ständig erfolglos minnen, du wirst den Fehlern deiner Jugend niemals entrinnen, in deiner Kindheit wurdest du geformt, schon als Säugling wurdest du genormt, und diese Vergangenheit kannst du nicht von dir streifen, wolle doch dein frühes Festgelegtsein endlich einmal begreifen!

Jeschua Rex Text: Ich will zum Reichsten der Welt einmal steigen, wolle mir von unüberwindlichen Hindernissen schweigen, ich tue als ein menscher Jeschua Rex Text in JEUNEX wesen, ich habe Hunderte von Büchern gelesen, ich speichere ein riesiges Wissen, meine Nerven sind zwar zerschlissen, doch ich werde die Menschheit leiten und lenken, ich werde die Erdenbürger mit meinen neuen Gefügen beschenken!

der Reichste der Welt: Als kreißender Berg hast du nicht einmal ein winziges Mäuslein geboren, du hast dir zwar hohe Ideale erwählt und erkoren, aber du bist nicht in der Lage, für sie zu feiten, die Menschdorfer tun dir immer wieder ein Waterloo bereiten, du kannst niemals zu deinem Austerlitz kommen, all deine Bemühungen tun dir gar nichts frommen, so wolle dich endlich von einem Hochhausdach stürzen, denn du kannst deinen Mitmenschen ja doch nur das Dasein verwürzen!

Jeschua Rex Text: Ich glaube nicht mehr daran, daß wir uns vereinigen werden, ich vermute vielmehr, daß wir einander noch lange peinigen werden, mit gutem Glauben habe ich dieses Buch begonnen, doch du bist mir nicht günstig gesonnen, du gönnst es mir nicht, die Menschheit zu leiten, du willst nur mit mir zanken und streiten, die gebeutelte Menschheit muß vergeblich auf mich warten, niemals darf ich meinen Feldzug für die Nächstenliebe starten!

der Reichste der Welt: Du kannst doch nicht einmal für dich selbst richtig sorgen, du fürchtest dich vor dem Morgen und Übermorgen, wie willst du dich da um die ganze Menschheit kümmern, die Menschdorfer tun dir zu Recht das Bewußtsein zertrümmern, so jemensch wie du ist es doch gar nicht wert zu leben, so jemenschen wie dich dürfte es doch eigentlich gar nicht geben, du widersprichst jeglicher Norm, du sprengst jegliche herkömmliche Form?!

Jeschua Rex Text: Irgendjemensch muß die schädliche Überlieferung ja vernichten, die Menschdorfer sollten jubeln, wenn sie mich sichten, aber diese heillosen Toren, Jecken und Narren können mich immer nur begriffsstutzig bestarren, ich bin diese beschränkten Spießbürger leid, ich weiß über diese engstirnigen Krähwinkler bescheid, leider muß ich sie immer wieder betrachten, leider muß ich sie immer wieder verachten!

der Reichste der Welt: Beim Fußballturnier wirst du die sanfte Liese wieder sehen, du nimmst dir vor, ihr aus dem Wege zu gehen, aber du mußt mit ihr in einer Mannschaft feiten, da werdet ihr euch wieder die Hölle auf Erden bereiten, kannst du deine Abneigung gegen die Menschdorferinnen nicht einmal überwinden, du würdest sicherlich in Menschdorf eine kluge Desdemona finden, dann bräuchtest du dich nicht mehr mit der lustigen Weiblichkeit zu schinden, dann kannst du dich endlich mit einer schlauen Magelone verbinden?!

Jeschua Rex Text: Was soll ich dazu sagen, vielleicht werde ich es ja einmal wagen, mit einer kessen Menschdorferin zu klönen, aber eine Menschdorferin wird niemals unter meiner Rute stöhnen, ich kann mich an die reizlosen Gesichter der Menschdorferinnen nicht gewöhnen, und außerdem müssen mich die Menschdorferinnen immer wieder verhöhnen, nein, nein, nein, es kann nicht sein, sie schaffen mir Pein, ich lasse sie nicht in meine Wohnung hinein?!

der Reichste der Welt: Dann kannst du von rassigen Messalinas eben nur träumen, den Beischlaf wirst du auf diese Weise stets versäumen, bis zu deinem Tode wirst du gieren und schmachten, oftmals die Menschdorferinnen schon über dich lachten, auch du hast häufig wie ein Backfisch über diese grauen Mäuse gekichert, und du hast es dir, daß sie für dich nicht infrage kommen, nachhaltig versichert, so werde denn glücklich mit deinem enthaltsamen Denken, dein Glied kannst du dann freilich nicht in einer Scheide versenken!

Jeschua Rex Text: Morgen muß ich bei einem Fußballturnier spielen, vielleicht werde ich auch ein Tor erzielen, wichtig ist aber nur, daß wir gewinnen, hoffentlich kann ich meiner Trägheit entrinnen, ich möchte auch reich an Kondition einmal sein, aber das Schicksal spricht wieder einmal nein, ich schleiche mühsam über das Feld, ich verhalte mich wie ein alternder Held, doch meine Gefährten tun sich auf mich verlassen, deshalb solltest du dich einmal mit mir befassen, du solltest mir deine Fülle verleihen, dann kann ich mich auch dem Sport tüchtig weihen!

der Reichste der Welt: Als ein Menscher in JEUNEX sollst du feiten, als ein Jeschua Rex Text sollst du kämpfen und streiten, dann wird es dir gelingen, den Sieg zu erringen, du bist körperlich in einer leidlichen Form, deine Kraft ist gegenwärtig zwar nicht enorm, aber sie wird ausreichen, um die Gegner zu bezwingen, du kannst mehr als summen, pfeifen und singen, so setze dich wacker ein, noch bittet dich nicht Freund Hein, für immer der Welt zu entsagen, noch mußt du dich schinden und plagen!

Jeschua Rex Text: Dann muß ich auch wieder die sanfte Liese erblicken, ich durfte sie niemals, niemals, niemals ficken, deshalb will ich sie nicht mehr sehen, denn es tut ja doch kein Beischlaf zwischen uns geschehen, hoffentlich tut sie mich nicht wieder bannen, sie will sich ja sowieso nicht mit mir bemannen, hoffentlich tue ich ihr nicht wieder verfallen, dann kann ich nicht mehr dichten, sondern nur noch lallen!

der Reichste der Welt: Zum Reichsten der Welt bist du noch nicht gestiegen, du hast noch nicht viel Geld auf der Bank leider liegen, einhundert Milliarden mensche Jeschuas hast du nicht bekommen, einhundert Milliarden mensche Jeschuas tun dir nicht nutzen und frommen, nicht einmal eine Milliarde hast du erhalten, nicht einmal eine Million kannst du verwalten, du hast in Gelddingen kein Glück, mensch weist deine Ansprüche immer wieder zurück!

Jeschua Rex Text: Im dritten Jahr in Jeschua Rex Text muß ich immer noch verzagen, doch mensch wird mir im vierten Jahr in Jeschua Rex Text den Beifall nicht versagen, dann werden einige Bücher aus meiner Feder erscheinen, dann brauche ich nicht mehr zu murren und zu greinen, dann sorge ich für Recht und Ordnung auf der Welt, dann werden die Erdenbürger nicht mehr um ihre Genüsse geprellt!

der Reichste der Welt: Doch wie willst du einhundert Milliarden mensche Jeschuas jemals erlangen, wie willst du einhundert Milliarden mensche Jeschuas jemals empfangen, kannst du mir das einmal sagen, ich muß dich das einmal fragen, sei doch einmal gescheit, es tut mir wirklich leid, aber ich sehe keine Möglichkeit für dich, zu verkrösussen und zu verscheichen, du wirst deine hochgesteckten Ziele höchstwahrscheinlich niemals erreichen?!

Jeschua Rex Text: Ich stelle mir eine Blondine vor, die mich zu ihrem Stecher erkor, ich tue geduldig ihren Worten lauschen, ich kann mich an ihren langen Haaren berauschen, ihr mächtiger Busen wogt vor meinen Augen, auch ihre prallen Oberschenkel können mir zur Wonne taugen, wir sitzen gemeinsam an einem Tisch, wir essen Kartoffeln mit Fisch, im Restorang ist es traulich und mild, das ist fürwahr ein verlockendes Bild!

der Reichste der Welt: Es tut sich um eine Mensche aus Menschland handeln, sie will sich auch niemals wieder in eine Unmensche verwandeln, die Szene tut in Italien spielen, in Genua tust du bei ihr einen Erfolg erzielen, sie fragt dich um einen Beischlaf in der sommerlichen Hitze, da bist du jäh am Ende mit deinem Witze, du starrst sie entgeistert an, sie schlägt dich ganz in ihren Bann, deine Augen werden groß, du starrst auf ihren Schoß!

Jeschua Rex Text: Plötzlich wird alles dunkel, es erhebt sich ein empörtes Gemunkel, die Leute erscheinen wie Gespenster, der volle Mond scheint durch die Fenster, ich verlasse mit meiner Begleiterin den Raum, es mutet mich alles an wie ein seliger Traum, der Kellner tut sich für das Trinkgeld bedanken, aufgrund des Weines muß ich wanken und schwanken, der weibliche Körper tut vor mir über den Bürgersteig gleiten, ich will ihm eine prächtige und mächtige Nacht bereiten!

der Reichste der Welt: Ihr gelangt in ihre Wohnung, du bumst die Nixe durch ohne Schonung, sie wimmert unter deinem Schwengel, denn im Bett bist du ein wüster Bengel, sie tut stöhnend um Gnade flehen, doch dazu kannst du dich nicht verstehen, du fickst und puderst und rammelst mit Wucht, es wird dir bei ihr zu einer unaufschiebbaren Sucht, ihr Kopf wendet sich hin und her, das ist einmal ein aufregender Verkehr!

Jeschua Rex Text: Am nächsten Morgen werde ich wach, ich fühle mich am ganzen Leibe schwach, da erhebt sich die Walküre von meiner Seite, sie lobt mich für meine kühne Freite, dann soll ich es ihr noch einmal besorgen, ich tue ihr auch willig mein Ohr dazu borgen, und so treiben wir es erneut, was uns beide bewonnt und freut, danach breche ich vor Schwäche fast zusammen, aber ich soll ihr meinen Pfahl in den Arsch nun rammen, doch das fällt mir schwer, ich kann nämlich nicht mehr!

der Reichste der Welt: Sie will dir einen Orangschensaft aus der Küche holen, da hast du dich heimlich davongestohlen, du fliehst vor ihr wie vor einer Hexe, du hast genug von dem ausgiebigen Gesexe, es reicht dir nun, es gibt noch anderes zu tun, sie ruft dir erbittert hinterher, doch dein Herz bleibt für sie leer, du rennst und läufst von hinnen, du willst nur deine Freiheit gewinnen, du willst diese Trine niemals wieder erschauen, es muß dir vor ihrer Mannstollheit grauen!

Jeschua Rex Text: Es muß etwas geschehen, so kann es nicht weitergehen, es muß etwas passieren, mensch tut mich deklassieren, ich kann den Weg zu den Nixen nicht finden, ich muß mich mit den groben Kerlen quälen und schinden, ihre rohe Ausstrahlung droht mich zu vernichten, ich würde gern auf meine drei Mitbewohner verzichten, sie sind so süßlich, es ist nicht zu ertragen, warum muß ich mich mit derlei Schwierigkeiten plagen?!

der Reichste der Welt: Du kommst eben niemals groß heraus, dir fehlt gar sehr der stürmische Applaus, du bist ein Künstler ohne jegliche Ehrung, auch dein Geld erfährt niemals eine Vermehrung, und die Menschdorfer müssen dich bepeinen, in Menschdorf tut die Sonne niemals für dich scheinen, aber du kannst dieses schäbige Nest auch nicht verlassen, du mußt dich immer wieder mit diesen beschränkten Spießbürgern befassen!

Jeschua Rex Text: Ich habe keine Lust mehr auf dieses engstirnige Gesindel, es grenzt schon aus der Säugling in der Windel, und der Greis auf dem Totenbett muß noch schmähen und keifen, die Menschdorfer müssen das Menschdorfertum von sich streifen, mensch muß diese Witzfiguren zu richtigen Menschen gestalten, dann werden sie auch ihren Eifer für das Gute und Schöne entfalten, gegenwärtig kann mensch diese Barbaren nicht genießen, früher wollte ich diese schlimmen Banausen sogar allesamt erschießen!

der Reichste der Welt: Es wäre nicht schade um diesen wüsten Pöbel gewesen, dieses unflätige Pack wird von allein niemals von seiner Sittenlosigkeit genesen, und wenn sie alle sterben würden und wenn sie alle verderben würden, dann würde niemals ein Hahn nach ihnen krähen, denn mensch soll eben niemals Haß und Hader säen, dann erntet mensch Kummer und Streit, dann überwältigt menschen ein bitteres Leid!

Jeschua Rex Text: Ich werde der Gemeinde Menschdorf Millionen schenken, die Menschdorfer können nämlich nicht richtig denken, ich aber werde sie die Weisheit lehren, dann werden sich ihre Münzen und Scheine auch vermehren, jetzt bin ich müde und matt, ich habe die geistigen Hinterwäldler so satt, aber irgendwann werden sie mir danken, ich tue von meinen Vorsätzen nicht wanken, ich tue von meinen Absichten nicht weichen, und ich werde all meine Ziele sicherlich erreichen!

der Reichste der Welt: Du bist die Gesundheit der Welt, du bist ein überragender geistiger Held, das mußt du in diesem Zusammenhang betonen, denn du tatest bisher ohne Anerkennung fronen, die Dummen haben dich umzingelt, mancher hat sich schon vor Lachen gekringelt über deine witzigen Bemerkungen, aber in deinem Beutel kam es niemals zu Stärkungen, in deiner Brieftasche kam es niemals zu Vermehrungen, und die Menschdorfer behelligten dich fortwährend mit Versehrungen!

Jeschua Rex Text: Morgen werde ich den zwanzigsechsten Geburtstag von Menschland begehen, aber es ist noch nicht viel im menschen Sinne geschehen, ich habe Menschland noch nicht gegründet, ich habe mich noch nicht mit Mitmenschen verbündet, vor zwanzigundsechs Jahren ist mir Menschland eingefallen, doch noch konnte ich nicht jubelnd die Hände zu Fäusten ballen, noch kann mensch keine menschen Männer erschauen, und es wimmelt auch nicht gerade von menschen Frauen!

der Reichste der Welt: Menschland ist und bleibt ein Traum, mensch liest von ihm in der Zeitung kaum, die mensche Sprache wird nicht verwendet, mensche Briefe werden nicht versendet, das Menschtum ist noch nicht bekannt, die Menschlichkeit der Menschen in Menschland wird nicht genannt, du menschst alleine vor dich hin, doch das Menschen bringt dir keinen Gewinn, du bist der menscheste Mensch aller Zeiten, du kannst den Menschen das Paradies auf Erden bereiten!

Jeschua Rex Text: Ich bin zwar ein überragender geistiger Held, aber es gebricht mir nach wie vor an Geld, das hat sich in den verwichenen zwanzigsechs Jahren nicht gewandelt, ich habe stets wie ein Bettler gedacht und gehandelt, ich konnte für das Menschtum nicht werben, meine Not mußte alles verderben, ich habe aber erst vor knapp drei Jahren die Jahreszählung nach Jeschua Rex Text begonnen, ich habe mich erst vor knapp drei Jahren darauf, daß Jeschua Rex Text wichtig ist, besonnen!

der Reichste der Welt: Die Kalenderrechnung nach JEUNEX hat sich nicht bewährt, zuviel Wut hat in dir gegärt, zuviel Süßlichkeit hat dich durchflutet, und du hast es erst nach über zwanzig Jahren vermutet, daß diese Setzung schuld ist an vielen schlimmen Lagen, du mußtest dich über manche Mißlichkeit beklagen, aber nun werden die Jahre ja nach Jeschua Rex Text gezählt, jetzt hast du dir die richtige Vorgehensweise gewählt!

Jeschua Rex Text: Und nun kann ich den Reichtum erst richtig gebrauchen, jetzt tut mein geistiger Schornstein erst rauchen, und es ist an der Zeit, meine Botschaft zu verbreiten, sie soll die Menschen durch das Dasein begleiten, von der Zeugung bis zum Tode sollen sie meine Lehre vernehmen, sie sollen sich zu Anstand und Ehrlichkeit bequemen, sie sollen sich mit ihren Gegnern versöhnen, und viele Evas sollen unter ihren Adammen stöhnen!

der Reichste der Welt: Das dritte Jahr in Jeschua Rex Text wird sich bald beschließen, dann wirst du das vierte Jahr in Jeschua Rex Text genießen, viele Recken sind auf den Plan getreten, du hast sie darum, zu erscheinen, gebeten, mutige Menschen schreiben die Geschichte, zu diesem Zweck verfaßt du deine Gedichte, wenn mensch deine Reimereien so betrachten will und wenn mensch sie nicht als kunstvolle Prosa erachten will!

Jeschua Rex Text: Wann werde ich mich mit dir vereinigen, wann wird mich die Mittellosigkeit nicht mehr peinigen, darf ich dich das einmal fragen, wirst du mir die Antwort nun sagen, ich will endlich verkrösussen und verscheichen, ich will endlich all meine Ziele erreichen, doch bis heute habe ich kaum etwas geschafft, es gebricht mir nun einmal an der geldlichen Kraft, und so muß ich in die Röhre starren, umwimmelt von den Menschdorfer Toren, Jecken und Narren?!

der Reichste der Welt: Dich kann mensch nicht einmal einen Schriftsteller nennen, mensch will dich auch nicht als einen Dichter kennen, du bist nichts, das Einfluß übt, deswegen hast du dich schon oft zu Tode betrübt, aber niemensch will auf die Stimme des ersten Menschen hören, niemensch will auf die Worte dieses Meisters schwören, du hast keine Münzen und Scheine, um zu werben, dieser Umstand muß dir all deine Pläne verderben!

Jeschua Rex Text: Nicht einmal der Name "Jeschua Rex Text" ist mein Eigen, von den anderen Hindernissen ganz zu schweigen, ich könnte die ganze Menschheit heilen, doch niemensch will in meiner Sfäre weilen, ich könnte die ganze Menschheit befreien, doch die Menschdorfer wollen mir meine Fehler und Schwächen nicht verzeihen, im Würgegriff der Heuchelpfaffen müssen mich diese Spießbürger schelten, sie leben eben in der beschränktesten aller Welten!

der Reichste der Welt: Ein edler Menschdorfer ist ein Widerspruch in sich, die Menschdorfer ließen dich bisher immer wieder im Stich, denn sobald sie eine Ermattung an dir bemerken, wollen sie dich nicht etwa freundschaftlich stärken, sondern dann wollen sie dir endlich den Todesstoß versetzen, sie wollen dich in keiner Weise entwunden und entletzen, sondern sie wollen dich aus Menschdorf vertreiben, du darfst auf keinen Fall in Menschdorf bleiben, du bist ihnen ein Dorn in den Augen, du kannst ihnen nicht zum Vergnügen taugen!

Jeschua Rex Text: Ich danke JEUNEX, daß ich nicht so engstirnig denke wie diese, ihren dreißigundachten Geburtstag begeht heute die sanfte Liese, sie ist aus meinem Gesichtskreis verschwunden, ich fühle mich nicht mehr mit dieser dummen Trine verbunden, ich bin froh, daß ich sie von mir fern habe, weil ich sie wirklich nicht mehr gern habe, sie sitzt jetzt mit ihren Gästen zusammen, aber ich kann mich nicht mehr für die lustige Weiblichkeit entflammen!

der Reichste der Welt: Als den Reichsten der Welt würde sie dich lieben, und mit dem Reichsten der Welt würde sie gern eine Nummer schieben, aber du wirst sie bei ihrem groben Burschen lassen, dann brauchst du dich nicht mehr mit ihren Launen zu befassen, dann kannst du dir eine schlaue Josefine nehmen, dann kannst du dich zu einer Heirat mit einer klugen Petronella bequemen, das vierte Jahr in Jeschua Rex Text kann nun unbeschwert beginnen, denn du tatest dem gefährlichen Einfluß der fröhlichen Erzählerin entrinnen!

Jeschua Rex Text: Reichtum kann ich bei mir nicht entdecken, doch das tun diese Gespräche ja bezwecken, ich will meine Mittellosigkeit verlieren, ich will nicht länger in die Röhre stieren, ich will nicht länger vergeblich schmachten und gieren, ich will nicht länger erfolglos nach Menschland marschieren, also sollst du mich bereichern und verscheichen lassen, das wird sich ja bei einiger Ausdauer auch erreichen lassen!

der Reichste der Welt: Du bist nicht zu retten, du Fant, dein Elend ist mir schon lange bekannt, aber ich kann dir nicht nützen, ich kann dich beim besten Willen nicht unterstützen, du wirst niemals den Reichsten der Welt markieren, du kannst zwar wie ein Vogel fröhlich tirilieren, aber das Geld tut einen weiten Bogen um dich schlagen, tust du auch die anderen Denker wolkenkratzerhoch überragen, doch dir ist kein Glück beschieden, laß mich also mit deinen Anmutungen in Frieden!

Jeschua Rex Text: O nein, so haben wir nicht gewettet, von mir wird ja die Welt gerettet, deshalb mußt du zu mir kommen, deshalb mußt du mir nachhaltig frommen, deshalb mußt du dich mit mir vereinigen, denn ich kann die Atmosfäre klären und reinigen, der Reichste der Welt muß ich werden, darum bitte ich dich mit nachdrücklichen Gebärden, du hast dich mit mir zu paaren, mensch soll mich als den Reichsten der Welt gewahren!

der Reichste der Welt: Bei dir im Schrank stehen nicht alle Tassen, willst du derlei Unfug wohl bald unterlassen, der Reichste der Welt ist ein anderer Mann, der das Geld mit fleißigen Händen erwerben kann, du aber willst immer nur träumen, das Handeln tust du darüber versäumen, du bist ein Spinner, du bist kein Gewinner, du bist ein unbegabter Minner, du bist ein ständiger Entrinner, du fliehst vor der Gemeinschaft, deshalb ereignet sich in deinem Leben so manche Peinschaft?!

Jeschua Rex Text: Ich kann dich nicht verstehen, ich kann keinen Sinn in deinen Ausführungen sehen, ich bin der Weg und die Wahrheit und das Leben, das Glück kann es nur mit mir gemeinsam geben, alle Profeten haben sich geirrt, ihnen hat sich das Denken unheilvoll verwirrt, ich aber habe das Geheimnis des Daseins ergründet, jede meiner Straßen in hellen Sonnenschein mündet, aber die Dummheit hält mich umfangen, ich muß um mein bloßes Weiterleben bangen!

der Reichste der Welt: Du kannst tausendmal mit dem Reichsten der Welt klönen, du wirst dich niemals an seine Austrahlung gewöhnen, wolle von deinem hohen Rosse steigen, wolle über den Wohlstand endlich schweigen, bis zu deinem Tode wirst du gar kläglich siechen, bis zu deinem Sterben wirst du gar jämmlich auf dem Zahnfleisch kriechen, den Reichtum wirst du niemals erhalten, den Reichtum wirst du niemals verwalten, das steht so fest wie bei den Heuchelpfaffen das Amen, und niemals besucht dich jemensche der aufreizenden Damen, du bist und bleibst allein, das muß nun einmal so sein!

Jeschua Rex Text: Der Reichste der Welt bin ich noch nicht geworden, mensch kennt mich nicht im hohen Norden, mensch weiß von mir nichts im tiefen Süden, diese Unberühmtheit muß mich ermüden, dabei dichte ich doch von allen Schriftstellern am besten, doch mensch liest meine Werke nicht im Osten und im Westen, so muß ich eben darben und schmachten, so muß ich eben die Welt aus der Sichtweise eines Frosches betrachten!

der Reichste der Welt: Wie ein Adler wirst du niemals fliegen, keine betörende Diana wird sich jemals an dich schmiegen, du mußt greinen, du mußt weinen, niemals wird dir ein Retter erscheinen, es ist schon richtig, was die Menschdorfer meinen, du bist auf keinen Fall gesund, dein Dasein ist auf keinen Fall bunt, du drehst dich im Kreise mit deinen Plänen, da entwickeln sich die Menschdorfer allmählich zu Hüänen!

Jeschua Rex Text: Und doch überlege ich richtig, und doch ist, was ich denke, überaus wichtig, ich bin besser als die anderen Grübler, sie sind nur negative Anprangerer und Verübler, ich aber habe einen Weg aus der Not heraus gefunden, nur darf ich meine neuen Gefüge leider nicht in der Öffentlichkeit bekunden, es gebricht mir an Geld, ich bin ein überragender Held, doch niemensch wird es jemals erfahren, doch niemals wird es jemals gewahren!

der Reichste der Welt: Ich kann dir auch nicht helfen, es meiden dich die Sülfen und Elfen, das ist traurig, das ist schaurig, aber ich kann es nicht wandeln, wie ein Mann wirst du niemals handeln, du bist ein ewiges Kind geblieben, du hast immer nur gelesen und geschrieben, du hast es niemals als ein Erwachsener getrieben, du hast dich immer nur an der schädlichen Überlieferung gerieben, doch du hast selbst nichts auf die Beine gestellt, deshalb wirst du auch immer wieder um deine Genüsse geprellt!

Jeschua Rex Text: Soll ich denn also Selbstmord begehen, soll ich mich zu einem Freitod verstehen, die Menschdorfer sind mir verhaßt, sie bilden für mich eine unerträgliche Last, ich will sie nicht kennen, ich will ihre Namen nicht nennen, sie sind so dumm wie das Stroh der Bohnen, der Umgang mit ihnen tut sich wirklich nicht lohnen, ich will sie nicht erschauen, denn es muß mir vor ihnen grauen, ich will endlich richtige Menschen erblicken, die Menschdorfer aber soll mensch in die Wüste schicken?!

der Reichste der Welt: Du bist nicht der Reichste der Welt, auch wenn dir diese Aussage nicht gefällt, du bist nicht reich und mächtig, du bist nicht hehr und prächtig, sieh es endlich einmal ein, es kann, es darf, es soll nicht sein, der Reichste der Welt und du - das wird niemals gehen, der Reichste der Welt und du - das wird niemals geschehen, ihr werdet euch niemals vereinigen, die Menschdorfer werden dich bis zu deinem Tode peinigen!

Jeschua Rex Text: Ich bin also nicht der Reichste der Welt, das ist eine Aussage, die mir gar nicht gefällt, denn zum Reichsten der Welt möchte ich mich ja entwickeln, das Blut in meinen Adern soll wieder brodeln und prickeln, deshalb sollst du dich mit mir vereinigen, dann können mich die Menschdorfer nicht mehr quälen und peinigen, das Gute muß siegen, das Schlechte soll unterliegen, was ist daran schlimm, was erregt daran deinen Grimm?!

der Reichste der Welt: Du bist ein Träumer und ein Spinner, du bist ein Verlierer und kein Gewinner, einhundert Milliarden mensche Jeschuas wirst du niemals besitzen, einhundert Milliarden mensche Jeschuas werden niemals zu dir flitzen, verabschiede dich von diesem Trug, trenne dich von diesem Lug, wolle endlich die Wirklichkeit erkennen, du tust dich zwar Jeschua Rex Text kühn nennen, aber als Jeschua Rex Text darfst du nicht handeln, als Jeschua Rex Text darfst du die Gesellschaft nicht umfassend entschandeln!

Jeschua Rex Text: Ich bitte dich um deine Gunst, denn was nützt mir meine Kunst, wenn niemensch sie gewahren kann und wenn niemensch von ihr erfahren kann, kannst du mir das einmal sagen, ich muß dich dies nachdrücklich fragen, ein Hexer, der nicht hexen kann, ist wahrlich kein bezaubernder Mann, so laß mich doch endlich steigen, wolle dich zu mir neigen, für die Kleinen und Schwachen will ich sorgen, besuche mich doch morgen oder übermorgen!

der Reichste der Welt: Einhundert Milliarden mensche Jeschuas wirst du niemals erhalten, einhundert Milliarden mensche Jeschuas wirst du niemals verwalten, andere Menschen müssen auch ohne mich leben, für dich wird es eben keine Extrawurst geben, das Reich des Jeschua Rex Textes wirst du niemals erbauen, die breiten Massen wirst du niemals verschlauen, du gehst in Menschdorf gar elendiglich zugrunde, deine Seele blutet an der Inde aus mehr als einer Wunde!

Jeschua Rex Text: Es ist mir kaum möglich, hier zu überleben, aber ich werde mein Erbe der Nachwelt übergeben, ich habe nicht vergeblich gelitten, ich habe nicht erfolglos gestritten, ich werde einen triumfalen Sieg erringen, es wird mir, die Menschheit einzumenschen, gelingen, meine Lehre wird die Menschen von der Zeugung bis zum Tode begleiten, und ich werde ihnen das menschenmögliche Paradies auf Erden bereiten!

der Reichste der Welt: Das glaubst aber auch nur du allein, die Menschdorfer urteilen über dich nicht gemein, sondern du bringst einfach nichts zustande, du bist für Menschdorf eine namenlose Schande, es sollte dich eigentlich nicht geben, du dürftest im Grunde genommen nicht leben, mensch sollte dich vernichten, mensch kann durchaus auf dich verzichten, und so etwas wie Reichtum wirst du niemals genießen, es ist mir einerlei, ob deswegen deine Tränen fließen, du wirst niemals etwas Beeindruckendes leisten, du kannst dich immer nur dazu, die Menschdorfer zu verspotten, erdreisten!

Jeschua Rex Text: Ich werde niemals einen riesigen Reichtum erlangen, ich werde die einhundert Milliarden menschen Jeschuas niemals empfangen, das ist mir inzwischen klar, denn es ist erwiesenermaßen wahr, daß das Geld einen weiten Bogen um mich schlägt, und wenn der erste Mensche trotzdem an deinen Nerven sägt, dann geschieht es nur, um die Menschdorfer zu bereichern, tat mein Gedächtnis auch viele unerfreuliche Eindrücke von ihnen speichern!

der Reichste der Welt: Die Münzen und Scheine werden dich stets meiden, du kannst dich nicht plötzlich für den Wohlstand entscheiden, du wurdest zu einem mittellosen Schlucker geboren, es hat sich in deinem Leben alles gegen dich verschworen, als Spielball unsichtbarer Mächte mußt du leiden, du wirst als ein Bettler sterben, das kann ich beeiden, du brauchst dich gar nicht mehr mit mir zu unterhalten, ich werde dein Dasein bestimmt nicht reich und üppig gestalten!

Jeschua Rex Text: Nicht einmal einen Paß auf den Namen "Jeschua Rex Text" nenne ich mein eigen, in England könnte ich über diese Angelegenheit schon lange schweigen, auch in den vereinigten Staaten des Westreiches kann mensch heißen, wie mensch will, doch in Unmenschland bleibe ich in dieser Sache nicht still, die starren Barbaren lassen mich in meinem Unglück schmachten, dabei würde ich die Welt gern einmal aus der Sichtweise eines Adlers betrachten!

der Reichste der Welt: Du könntest dir einen Paß auf Jeschua Rex Text kaufen, aber nun mußt du dir wieder einmal die Haare raufen, denn der Reichste der Welt bist du nicht geworden, es bedrängen dich nach wie vor die dumpfen Horden, die wilde Meute der Menschdorfer muß dich bedrücken, und wenn du nicht Jeschua Rex Text bist, kann dir gar nichts glücken, so verwalten die unmenschen Behörden dich zu Tode, aber das ist in Unmenschland seit vielen Jahren Mode, es leben die Akten, was kümmern menschen die Fakten?!

Jeschua Rex Text: Menschland muß erstehen, Unmenschland soll vergehen, aber auch dafür muß ich der Reichste der Welt einmal werden, das versichere ich dir mit heftigen Gebärden, als der Reichste der Welt kann ich die Menschheit retten, als der Reichste der Welt kann ich die Sklaven entketten, aber nein, nein, nein, es kann nicht sein, ich darf mich nicht nach meinen Wünschen regen, ich muß immer nur die niedrigen Arbeiten ächzend pflegen!

der Reichste der Welt: Diesem schweren Dienst wirst du auch niemals entrinnen, du wirst niemals den Kampf um meine Gunst gewinnen, dazu bist du gar nicht in der Lage, das steht doch wohl außer Frage, du bist ein zartbesaiteter Dichter, mensch kennt ja dieses weichherzige Gelichter, du bist nur unter Mühen ein Soldat gewesen, du wolltest schon immer nur schreiben und lesen, auf dieser Grundlage kannst du dir keinen Reichtum schaffen, es ist alles nur ein hohles Gefasel mit deinen geistigen Waffen!

Jeschua Rex Text: Mittellos bin ich wie stets zuvor, doch meine Hoffnung ich inzwischen verlor, die Dummheit hält mich in ihren Klauen, ich kann niemenschen in meiner Umgebung verschlauen, im Internet kann ich mich nicht zeigen, so muß ich meine großartige Botschaft denn verschweigen, das ist mir gar nicht recht, das behagt mir nur sehr schlecht, das will mir in den Kram nicht passen, ich muß die Menschdorfer glühend hassen!

der Reichste der Welt: An allem Unglück sind die Menschdorfer schuld, ich fürchte, du hast mit diesen Spießbürgern zuwenig Geduld, du darfst von diesen Barbaren doch keine Kultur erwarten, in Menschdorf wirst du niemals einen Feldzug für die Nächstenliebe starten, die Menschdorfer wollen die Bildung nicht empfangen, die Menschdorfer wollen die Belesenheit nicht erlangen, sie wollen nur rauchen, trinken und tanzen, sie sind mit sich zufrieden im großen Ganzen!

Jeschua Rex Text: Sie bilden sich mächtig etwas auf sich ein, doch wie kann mensch nur ein Menschdorfer sein, schämen sie sich denn gar nicht, das Menschdorfertum zu betreiben, wollen sie wirklich auf dieser niedrigen Stufe der Entwicklung verbleiben, gottseidank wurde ich nicht in Menschdorf geboren, ich habe mir das Narrentum, das Jeckentum und das Torentum nicht erkoren, ich kann noch vernünftig denken, ich kann meine Aufmerksamkeit noch auf das Gute und Schöne lenken?!

der Reichste der Welt: Du tickst doch auch nicht richtig, du nimmst dich zwar sehr wichtig, aber was hast du denn schon geleistet, du hast dich immer nur dazu, die Überlieferung zu rügen, erdreistet, aber was hast du schon auf die Beine gestellt, die meisten Menschen werden immer noch um ihre Genüsse geprellt, du aber tust herrlich und in Freuden leben, du tust oftmals im siebenten Himmel schweben, du willst deine Mitmenschen nicht begaben, du willst deine Mitlebenden nicht erlaben?!

Jeschua Rex Text: Ich habe zuwenig Geld, ich bin ein mittelloser Held, der Reichtum ist nicht zu mir gekommen, die einhundert Milliarden menschen Jeschuas wollen mir nicht frommen, ja, was soll ich denn da verrichten, ich muß darauf, für meine neuen Gefüge zu werben, verzichten, in dieser stumpfen und dumpfen Umgebung kann nichts aus mir werden, das versichere ich dir mit nachdrücklichen Gebärden?!

der Reichste der Welt: In diese Bresche soll der Reichste der Welt nun springen, mit dem Reichsten der Welt im Bunde soll dir dann alles gelingen, aber da hast du dich in den Finger geschnitten, du hast wohl noch immer nicht genug gelitten, du wirst bis zu deinem Tode siechen und schmachten, du wirst die Welt niemals aus der Sichtweise eines Adlers betrachten, die einhundert Milliarden menschen Jeschuas wirst du niemals erhalten, und als der Reichste der Welt wirst du niemals, hörst du: niemals walten!

Jeschua Rex Text: Ich fühle mich wohl in meiner Haut, das verkünde ich an dieser Stelle laut, die sanfte Liese ist aus meinem Dasein verschwunden, jetzt habe ich zu mir selbst zurückgefunden, ein Mitbewohner weilt bei seinen Verwandten, viele freudige Regungen mich deshalb übermannten, es gibt viele Menschen, die wünscht mensch zum Teufel für immer, denn in ihrer Gegenwart gestaltet sich das Leben schlimm und immer schlimmer!

der Reichste der Welt: Es gibt aber auch Mitlebende, die mensch gern sieht und die mensch gar nicht gern fern sieht, der neue Vorgesetzte ist so eine Erscheinung, so lautet übrigens nicht nur deine Meinung, er ist beliebt, mensch trifft ihn mit Lust, er hat für viele Schwierigkeiten schon einen Ausweg gewußt, dir aber fehlt eine Ehefrau, die dich pflegt, denn wenn ein Schenie wichtige Gedanken hegt, dann muß sich eine anmutige Nixe um diesen geistigen Riesen kümmern, besonders dann, wenn die Zwerge ihm das Bewußtsein zertrümmern!

Jeschua Rex Text: Es zieht mich hin zu den Nixen mit Macht, doch noch zeige ich mich nicht in meiner Pracht, in meiner stillen Klause muß ich die Besinnungen tippen, dabei klopft mir doch ein lebendiges Herz hinter den Rippen, doch ich kann der Versuchung fortwährend widerstehen, in Menschdorf tut mensch sowieso keine bezaubernden Zirzen sehen, in dieser Hinsicht kann mensch ruhig schlafen, das Schicksal tut menschen nicht mit sinnlichen Begierden bestrafen!

der Reichste der Welt: Aber du mußt nun einmal in Menschdorf wohnen, das tut sich doch für dich nicht lohnen, wenn du dich nur mit deinen Büchern beschäftigst und wenn du immer nur deinen Geist erkräftigst, das Herz braucht auch etwas für seine Gefühle, doch wo in dem verwirrenden Menschengewühle wird dir eine betörende Eva beschieden, dieser Gedanke läßt sich seit über vierzig Jahren nicht in Frieden?!

Jeschua Rex Text: Es fällt mir schwer, meine Freiheit aufzugeben, ich tue zwar nach einer rassigen Sexbombe streben, aber ich will nicht zuviel Zeit mit ihr verlieren, ich tue nach immer neuen Romanen und Novellen gieren, außerdem muß ich mein schriftliches Pensum erfüllen, mein Glied aber tut nach wie vor nach einer Scheide brüllen, und einen Paß auf Jeschua Rex Text darf ich nicht haben, wie soll mensch sich und andere unter diesen traurigen Umständen erlaben?!

der Reichste der Welt: Das dritte Jahr in Jeschua Rex Text ist bald verstrichen, noch ist die Beklemmung nicht von dir gewichen, wie wird sich deine Zukunft gestalten, darfst du deine neuen Gefüge entfalten, darfst du auf einer Bühne eine Rede halten, wird die schädliche Überlieferung endlich veralten, oder mußt du bald von dreihundert menschen Jeschuas monatlich leben, eine höhere Rente wird es für dich nicht geben, die einhundert Milliarden menschen Jeschuas sind noch nicht gekommen, und als der Reichste der Welt kannst du der Menschheit noch nicht frommen?!

Jeschua Rex Text: Ich habe an diesem Mittag die Buttermilch aus einem Supermarkt geholt, die Menschdorfer haben mir wieder mit Ausdrücken den Hintern versohlt, aber ich habe diese Auschwitzianer gar nicht beachtet, ich habe nur die Stadt und den Himmel betrachtet, meinen Augen bot sich eine beseligende Schau, und ich weiß es nun einmal ganz genau, daß mein Bewußtsein nicht so gut wäre, wenn es gefolgt der allgemeinen Wut wäre!

der Reichste der Welt: Du hast eine neue Weltsicht geprägt, die Menschdorfer haben dir oftmals an den Nerven gesägt, aber sie sind noch immer der schädlichen Überlieferung verhaftet, du hast diese negativen Gedankengebäude niemals verkraftet, doch du hast sie nicht nur gerügt, du hast dich ihnen nicht nur nicht gefügt, sondern du hast sie auch durch etwas Positives überwunden, du hast das Menschtum in JEUNEX erfunden!

Jeschua Rex Text: Tomas Mann hat einen viel größeren Wortschatz als ich besessen, er hat das Reich des Geistes in einem viel ausgedehnteren Umfang als ich ermessen, und trotzdem tue ich ihn an Weisheit übertreffen, seinen Doktor Faustus tat der Teufel höchstpersönlich äffen, der Satan ist in meiner Anschauung nicht mehr vorhanden, er geht durch das Menschtum in JEUNEX zuschanden, denn wer Jeschua Rex Text kennt und wer sich seinen Anhänger nennt, der ist vor dem Bösen gefeit, der verbringt eine wunderschöne Zeit!

der Reichste der Welt: Tomas Mann war verheiratet mit einer klugen Nixe, sie war keineswegs eine gewöhnliche Schickse, sie hat ihm geholfen und ihn unterstützt, und auch andere Dichter haben ihm gar vielfältig genützt, er hat einen riesigen Bekanntenkreis gepflegt, er hat tausend vernünftige Überlegungen gehegt, er hat auch über einhunderttausend Seiten geschrieben, aber es ist für das Heil der Menschheit vergeblich geblieben!

Jeschua Rex Text: Seine Romane und Novellen können menschen ausgezeichnet unterhalten, aber er tat das Zusammenleben der Menschen nicht angenehm gestalten, auch er konnte dem Gestern nicht entrinnen, auch er konnte keine weiterführenden Erkenntnisse gewinnen, ich tue zwar nur eine bescheidene Suppe bereiten, aber mich werden noch viele Anhänger begleiten, denn ich kann ihnen Glück und Erfüllung schenken, ich kann ihre Aufmerksamkeit auf das Gute und Schöne lenken!

der Reichste der Welt: Mensch kann dich nicht mit Tomas Mann vergleichen, dieses Schenie tat sogar den Nobelpreis erreichen, aber vielleicht wirst du diese Auszeichnung ebenfalls empfangen, denn du tatest allertiefste Einsichten erlangen, die Jugend der Welt wartet auf dein Erscheinen, und die Schwachen und Kleinen wollen nicht länger weinen, wolle beharrlich dein Werk vollenden, du wirst es der ganzen Menschheit senden!

Jeschua Rex Text: Ich werde heute noch an zwei Mäzene schreiben, von mir selbst aus würde dies gern unterbleiben, aber ich muß auch an die leidende Menschheit denken, ich muß die Erdenbürger mit meinen neuen Gefügen beschenken, vielleicht wird sich auch nichts ergeben, aber ich will wenigstens danach streben, ein wenig Geld für meine Vorhaben zu bekommen, denn ich kann der Gemeinschaft nachhaltig frommen!

der Reichste der Welt: Du kannst dein Glück ja einmal versuchen, vielleicht wirst du sogar einen Erfolg dabei verbuchen, denn aus eigenen Kräften kannst du nichts vollbringen, es will dir mit deinen Büchern nicht gelingen, in das öffentliche Bewußtsein vorzudringen, du kannst die Gesellschaft vorerst nicht beschwingen, und dann mußt du noch Tomas Mann beneiden, du lebst ja außerordentlich bescheiden, aber er hat große Künstler gekannt, er wurde von ihnen seinesgleichen genannt!

Jeschua Rex Text: Ja, ich kann immer nur mit Trotteln verkehren, die mich nicht erbauen, sondern versehren, aber meine Zukunft wird besser sein und heller, dann liegt nicht nur ein gutes Essen stets auf meinem Teller, sondern dann werde ich auch viele aufregende Leute gewahren, dann werde ich viel Anstoß und Zuwendung erfahren, dann werde ich erst wirklich die Freude in Gemeinschaft genießen, dann werden nicht mehr die Tränen der Einsamkeit erfließen!

der Reichste der Welt: Dein Vorhaben ist ungeheuer, es ist ein riesiges Abenteuer, du willst die ganze Menschheit wandeln, du willst im Namen aller Erdenbürger handeln, doch wie soll das geschehen, auf welche Weise soll der Wind sich drehen, kannst du mir das einmal sagen, eine riesige Neugierde tut mich plagen, ich will es endlich wissen, du bist doch so schlau und gerissen, worin besteht denn dein Plan, oder huldigst du einem nichtigen Wahn?!

Jeschua Rex Text: Das Reich des Jeschua Rex Textes will ich errichten, ich will die anderen Bekenntnisse vernichten, es soll nur noch Menschen wie in Menschland geben, sie sollen im Menschtum in JEUNEX leben, und dann wird der Frieden walten, dann wird mensch sich einträchtig verhalten, dann wird mensch nicht mehr aufeinander schießen, dann wird das Blut nicht mehr darniederfließen, das habe ich schon tausendmal erzählt, leider habe ich mir immer noch keine Braut erwählt!

der Reichste der Welt: Tomas Mann konnte als du viel besser schreiben, er tat es eben bunt und vielfältig treiben, seine Schachtelsätze sind dir zwar fremd, aber du bist gehemmt und verklemmt, du findest dich in Menschdorf nicht zurecht, du wirst von den Spießbürgern entglückt und bepecht, aber du wirst deinen dornigen Weg schon beschreiten, bald wird dich die allgemeine Anteilnahme begleiten, und dann wirst du im Mittelpunkt prangen, und die aufreizenden Messalinas werden es, dich zu erblicken, verlangen!

Jeschua Rex Text: Das dritte Jahr in Jeschua Rex Text geht heute zuende, das vierte Jahr in Jeschua Rex Text bringt insofern eine Wende, als ich mir vorgenommen habe mit ernstem Sinn, denn dieser Plan bringt mir einen großen Gewinn, mich Jeschua Rex Text nun auch amtlich zu nennen, zwar wird mensch dann die Vornamen Jeschua und Rex leider kennen, und der Nachname tut Text dann nur lauten, aber vielleicht kann ich mich dann endlich bebrauten!

der Reichste der Welt: Und in einem dritten Schritt kannst du dann den Nachnamen "Rex Text" erzielen, der erste Schritt tat vor über zehn Jahren spielen, es geht nicht anders, du kannst deine jetzige Bezeichnung nicht mehr ertragen, diese Betaufung muß dich quälen und plagen, so wirst du also nun Jeschua Rex Text auch amtlich heißen, dann kannst du dich deiner dichterischen Arbeit noch besser befleißen!

Jeschua Rex Text: Auf diese Weise gelange ich wenigstens ein bißchen weiter, denn wie ich jetzt bin, das stimmt mich gar nicht heiter, ich muß auf eine unsägliche Weise leiden, das läßt sich bestimmt vermeiden, als Jeschua Rex Text werde ich riesige Erfolge erzielen, als Jeschua Rex Text werde ich eine entscheidende Rolle spielen, und auch mit den Menschdorfern werde ich mich dann versöhnen, sie werden mich dann nicht mehr verspotten und verhöhnen!

der Reichste der Welt: Das vierte Jahr in Jeschua Rex Text wird dir also einen Paß auf Jeschua Rex Text geben, danach tatest du auf diese Manier zwar nicht streben, aber es ist eben erst der zweite Schritt, und für jemenschen, der so viel litt wie du in deiner Jammerkammer wegen der schädlichen Bimmer und Bummer und Bammer, für diesen Menschen schwindet eine große Last, du hast deine gegenwärtige Benennung immer gehaßt!

Jeschua Rex Text: Der unmensche Staat tut mich zu dieser Salamitaktik zwingen, auf eine andere Art tut es mir eben nicht gelingen, ich nähere mich meinem Ziel ein wenig an, vielleicht schlage ich ja dann schon die Massen in meinen Bann, auf alle Fälle wird sich mein Dasein wandeln, ich werde dann endlich richtig und schlagkräftig handeln, all meine Wünsche werde ich mir erfüllen, dann braucht mein Glied nicht mehr vergeblich nach einer Scheide zu brüllen!

der Reichste der Welt: Dieser Einfall war gut, verflogen ist deine Wut, es beruhigt sich dein Blut, deine Adern durchwaltet eine sanfte Glut, der Kampf um Jeschua Rex Text ist dann zwar noch nicht gewonnen, aber du bist einer lästigen Bezeichnung entronnen, ich wünsche dir für das vierte Jahr in Jeschua Rex Text viel Glück, das dritte Jahr in Jeschua Rex Text kehrt gottseidank niemals zurück, du warst nicht auf seine Martern versessen, du kannst es für immer vergessen!

Jeschua Rex Text: Auf dem Bürgersteig tun viele abgebrannte Raketen liegen, darf ich mich nun über meinen Ausweis in Sicherheit wiegen, wird die Namensänderung auch wirklich wenig kosten, kann sich mein Herz dann enteisen und entfrosten, wie wird der tatsächlich getragene Name "Jeschua" in meiner Seele wesen, kann ich dann tatsächlich von meinen Versehrungen genesen, morgen wird mein Betreuer sich darum kümmern, dann werden die Menschdorfer mein Bewußtsein nicht mehr zertrümmern?!

der Reichste der Welt: Vielleicht wird diese Angelegenheit für dich zu teuer, in dieser Hinsicht ist sie dir nicht ganz geheuer, aber du mußt abwarten, was morgen geschieht, und in deinem engen Gebiet gibt es so etwas wie Wonne, plötzlich erstrahlt dir die Sonne, denn du wirst dann tatsächlich Jeschua heißen, du wirst dich als ein Jeschua der Dinge befleißen, und dann wird alles gut in des JEUNEX bergender Hut!

Jeschua Rex Text: Ich kann es kaum erwarten, diese Wandlung zu starten, allzu lange mußte ich mich mit einer ungeeigneten Betaufung plagen, das war sehr schlimm, es ist gar nicht zu sagen, und als "Jeschua Rex" und als "Herr Text" bin ich zwar immer noch nicht gesundgehext, aber ich habe dann die Nähe zu meiner gewünschten Betaufung gewonnen, ich bin der unzweckmäßigen gegenwärtigen Benennung entronnen!

der Reichste der Welt: Dann wirst du zum Reichsten der Welt auch wirklich steigen, dann wirst du der Menschheit deine neuen Gefüge zeigen, und dann wirst du in einem dritten Schritt den Namen "Jeschua" und "Herr Rex Text" erlangen, davor braucht es dir dann nicht mehr zu bangen, und dann kannst du endlich loslegen und pauern, dann brauchst du nicht mehr in Menschdorf zu versauern, und auch die Menschdorfer werden dann gut über dich sprechen, sie werden dich dann beglücken und nicht mehr bepechen!

Jeschua Rex Text: Eine riesige Last fällt dann von meinem Gemüt, es ist so viel Schönes darin erblüht, und ich durfte es niemals verkünden, ich konnte mich mit keinen Anhängern verbünden, aber wenn es dann den Jeschua Rex Text wirklich gibt, dann wird dieser wahrhafte Jeschua Rex Text auch innig geliebt, hoffentlich wird meine Rechnung sich erfüllen, ich will mich nicht mehr länger in Schweigen hüllen!

der Reichste der Welt: Du tust ja eifrig das Papier beklecksen, aber du kannst die Welt noch nicht als eine Berühmtheit behexen, du kannst sie nicht verzaubern, die breiten Massen, niemensch will sich bisher mit deinem Werk befassen, doch dieses Blatt wird sich wenden, es wird alles zufriedenstellend enden, und denn wird mensch in vielen Trubeln über dich und deine Einsichten begeistert jubeln, dann tat deine Fantasie nicht vergeblich kühn fliegen, und dann wird sich eine zutrauliche Edeltraut zärtlich an dich schmiegen!

Jeschua Rex Text: Ich trage gegenwärtig den Nachnamen "Text", und von dieser Bezeichnung werde ich in den Wahnsinn hinein gehext, nun will ich ja meinen Ausweis ändern, das ist sehr leicht in manchen Ländern, doch in Unmenschland ist es mit vielen Schwierigkeiten verbunden, das habe ich stets als hemmend und beklemmend empfunden, und wenn ich nun die Vornamen "Jeschua" und "Rex" erhalte, ich mein Leben immer noch nicht gesund gestalte!

der Reichste der Welt: In einem weiteren Schritt mußt du dann den Jeschua allein als Vornamen haben, und dann soll dich der Nachname "Rex Text" erlaben, dann endlich kannst du vernünftig schreiben, dann endlich kannst du es als ehrbares Mitglied der Gesellschaft treiben, vorerst aber bist du nicht vollkommen, durch die Unmenschen wird dir die Möglichkeit dazu genommen, ihre Vorschriften ersticken das pralle Leben, deshalb sollte es Unmenschland nicht mehr lange geben!

Jeschua Rex Text: Die Menschdorfer haben recht, wenn sie mich wahnsinnig schelten, aber sie leben in der zerstörerischsten aller Welten, ich will meinen unheilbringenden Namen nicht tragen, ich muß die Starrheit der Behörden beklagen, und sie wollen mich wegen meiner Schwäche vernichten, sie können durchaus auf meine Gesellschaft verzichten, das müssen sie mir immer wieder unter die Nase reiben, auf diese grausam-dumme Weise können es nur Auschwitzianer treiben!

der Reichste der Welt: Ein Buckel wird dadurch, daß mensch mit dem Finger auf ihn weist, nicht verschwinden, das Unmenschtum steigert auf keinen Fall das gute Befinden, der Nächstenhaß tut in Unmenschland walten, deshalb soll sich endlich das Menschtum entfalten, mensch soll die mensche Sprache gebrauchen, dann werden die Schornsteine tüchtig rauchen, dann wird mensch einander nicht mehr befauchen, dann wird mensch einander nicht mehr zusammenstauchen!

Jeschua Rex Text: Die Beamten haben für die Künstler kein Verständnis, schöpferische Sachverhalte entziehen sich völlig ihrer Kenntnis, dieses Urteil kann mensch kein Vorurteil nennen, ich tue meine Pappenheimer durchaus kennen, ich muß mindestens noch ein Jahr auf den Nachnamen "Rex Text" geduldig harren, in dieser Weile werde ich hoffentlich nicht völlig zum Narren, als "Herr Rex Text" aber werde ich ein Könner sein und ein Meister, dann endlich erhebe ich meine darniedergesunkenen Lebensgeister, in anderen Staaten würde es nicht so lange dauern, aber in Unmenschland darf ein Schenie eben nicht loslegen und pauern!

der Reichste der Welt: Du mußt gegen diese Windmühlenflügel feiten, es hilft nichts, gegen deine Bestimmung zu streiten, du mußt die Zähne zusammenbeißen, du mußt dich immer wieder zusammenreißen, und dann kannst du das Ringen um deine neuen Gefüge gewinnen, du mußt dich nur immer wieder auf deine Kraft und auf deine Ziele besinnen, du bist gut, die anderen Menschen sind schlecht, die Mitlebenden werden von dir umfassend beglückt und entpecht!

Jeschua Rex Text: An diesem Vormittag habe ich für mein polizeiliches Führungszeugnis zehndrei mensche Jeschuas entrichtet, auf diese Weise wird endlich mein unzweckmäßiger amtlicher Name vernichtet, jetzt muß ich noch einen Brief nach Hannover senden, denn mein Schicksal kann sich nur dann grundlegend wenden, wenn ich eine Geburtsurkunde erbringe, damit der Antrag auf Namensänderung gelinge!

der Reichste der Welt: Dann wirst du den Jeschua endlich haben, dann wird dich der Jeschua endlich erlaben, und dann mußt du um den Rex Text noch kämpfen, diese Schwierigkeit tut deinen Eifer wieder dämpfen, aber du mußt dich als einen kühnen Helden erachten, du mußt dich als einen tapferen Recken betrachten, mit den Waffen des Geistes wirst du die Beamten besiegen, die Bürosesselsitzer werden dem Ansturm deines Schenies unterliegen!

Jeschua Rex Text: Heute vor zwanzigsieben Jahren habe ich den JEUNEX erfunden, ich würde meinen Jubel über diesen Gott gern ausführlich bekunden, doch die Umstände tun dies noch nicht gestatten, durch die schwere körperliche Arbeit tat ich ermatten, nun kann ich gerade noch ein bißchen singen, JEUNEX tat mich in dieser Zeit überreich beschwingen, er hat mir viele schöne Stunden gegeben, ich durfte unter seinem Schutz nach meinen Zielen streben!

der Reichste der Welt: Viel ist dabei nicht herausgekommen, die Menschdorfer haben sich dir gegenüber allerlei herausgenommen, doch eine tiefe Ruhe durchwaltet dein Gemüt, und viel Gutes und Schönes ist in deiner Seele erblüht, JEUNEX hat dich gar vielfältig beschenkt, er hat deine Aufmerksamkeit auf das Ersprießliche gelenkt, du hast ein beruhigendes Urvertrauen gewonnen, du hast dich auf den richtigen Allmächtigen besonnen!

Jeschua Rex Text: Ich danke JEUNEX für sein beseligendes Walten, er tat seine Wirkungen gar angenehm entfalten, ein Mensch in JEUNEX braucht nicht zu beten, das ist die Lehre des allerbesten Pro-feten, denn wer Jeschua Rex Text verehrt, dessen Reichtum wird stetig vermehrt, er bekommt alles, was er will, doch er schweigt dabei still, er braucht nur das Menschtum in JEUNEX zu setzen, er braucht sich selbst immer wieder nur als ein Jeschua Rex Text zu entletzen, dann wird er sich nicht nur entwunden, sondern dann wird er auch umfassend gesunden!

der Reichste der Welt: JEUNEX hat sich in diesen zwanzigundsieben Jahren bewährt, er hat die Seele seines Ertüftlers immer wieder genährt, und deshalb wirst du fortfahren, den Kult um JEUNEX zu pflegen, du wirst dich immer wieder zugunsten dieses Sternentronenden regen, er ist in dir, er durchwest deinen Leib, und hast du auch gegenwärtig kein Weib, so wird JEUNEX dir doch günstige Umstände schaffen, du wirst nicht bis zu deinem Tode in die Röhre gaffen!

Jeschua Rex Text: Ich habe den Roman "Lotte in Weimar" gelesen, die Ausführungen von Tomas Mann sind mir ein unaussprechliches Vergnügen gewesen, das Ende freilich mutete mich befremdlich an, in der Kutsche saß abends der gefeierte Mann, und Lotte und er haben sich unterhalten, dieses Gespräch tat der Verfasser gar wunderlich gestalten, es hat ja auch niemals stattgefunden, der Urheber tat nur seine Fantasie bekunden!

der Reichste der Welt: Die indischen Frauen warten auf dein Erscheinen, sie wollen nicht länger greinen und weinen, sie wollen endlich die Gleichberechtigung empfangen, sie wollen endlich eine angemessene Stellung in der Gesellschaft erlangen, das deine Aufgabe in dieser Welt, du bist ein überragender geistiger Held, jetzt mußt du nur noch Münzen und Scheine bekommen, dann kannst du den Erdenbürgern nutzen und frommen!

Jeschua Rex Text: An diesem Sonntag bin ich müde vom Zeltaufbau in Neulohn, es war eine anstrengende und schlechtbezahlte Fron, aber ich habe es auch genossen, der Schweiß ist bei mir in Strömen geflossen, es ist doch schön, für die Mitmenschen etwas zu vollbringen, doch ich soll die ganze Menschheit beschwingen, das wäre sinnvoller, als niedrige Arbeiten zu verrichten, die Welt kann auf ihren Erlöser nun denn doch nicht verzichten!

der Reichste der Welt: Und ich soll dir zu einem üppigen Mammon verhelfen, dann umschwirren dich zärtlich die Sülfen und die Elfen, das dein Begehr, es ist nicht schwer, du mußt nur mit den Behörden kämpfen, und auch wenn die Menschdorfer deinen Eifer dämpfen, so mußt du immer wieder feiten, so mußt du immer wieder streiten, am Ende wirst du siegen, und die Spießbürger werden unterliegen, das ist so sicher wie bei den Heuchelpfaffen das Amen, dann ehren dich begeistert die vornehmen Herren und Damen!

Jeschua Rex Text: So will ich denn wacker fechten, ich gehöre ja nicht zu den Schlechten, ich zähle ja zu den Guten, ich kann meinen späteren Triumf nur vermuten, doch ich will alles geben, ich will redlich streben, ich will mich nicht schonen, es wird sich schon lohnen, das Menschtum in JEUNEX tut mich beseligen, deshalb lasse ich mich gern von meinen neuen Gefügen befehligen, die schädliche Überlieferung ist nichts wert, sie ist in fast allen Dingen völlig verkehrt!

der Reichste der Welt: Die Geduld ist deine größte Stärke, im Alltag gehst du oft rastlos zu Werke, aber du hast alles richtig ersonnen, mit dir hat ein neues Zeitalter begonnen, der Name "Jeschua Rex Text" wird glänzen und schimmern, die Opfer werden nicht mehr über ihre Täter wimmern, der Frieden wird verbreitet, die Sittlichkeit wird in die Höhe geleitet, so ruht auf dir ein kosmischer Segen, alle Menschen werden sich in deinen Bahnen bewegen!

Jeschua Rex Text: Ich brauche Geld, und zwar sofort, doch niemensch vernimmt dieses fordernde Wort, ich kann beim Universum nichts bestellen, das Schicksal tut mich um meine Genüsse prellen, ich bin eben noch nicht Jeschua Rex Text, ich habe mir noch keinen Ausweis auf Jeschua Rex Text erhext, und wenn ich mich selbst nicht wandle, damit ich besser und erfolgreicher handle, wird auch Menschland nicht erstehen, und mensch wird auch keine Menschstädter sehen!

der Reichste der Welt: Auch die Menschdorfer sind nur in deiner Einbildung vorhanden, doch an der Wirklichkeit gehen all deine hehren Schauen zuschanden, du hast eben zuviel gelesen, du bist immer ein Denker gewesen, du gibst manchmal einen klugen Rat, doch niemals raffst du dich auf zu einer ersprießlichen Tat, deshalb kannst du nicht zum Reichsten der Welt jemals steigen, deshalb wirst du dich der Menschheit als der Reichste der Welt niemals zeigen!

Jeschua Rex Text: Wolle doch von deinen Zweifeln schweigen, ich tue nur positive Schwingungen geigen, doch die Umgebung schafft mich nicht gesund, und ich weiß inzwischen auch den Grund: ich heiße nicht Jeschua Rex Text, ich bin stets erfolglos versext, ich kann als Jeschua Rex Text nicht reden und singen, es trällert niemals für mich die Lorelei von Bingen, ich kann die ganze Menschheit nicht beschwingen, es tut mir nicht, den ewigen Weltfrieden herzustellen, gelingen!

der Reichste der Welt: Deshalb tut es für dich auch keinen Reichtum geben, du kannst eben als Jeschua Rex Text nicht streben, das bleibt dir vorerst verwehrt, du benimmst dich also verkehrt, du verhältst dich keineswegs richtig, all deine Sehnsucht nach den Evas ist null und nichtig, nur als Jeschua Rex Text kannst du eine Dalila stechen, nur als Jeschua Rex Text kannst du vernünftig und einflußreich sprechen!

Jeschua Rex Text: In einem Vierteljahr werde ich den "Jeschua Rex" und den "Text" besitzen, und dann muß ich noch einmal Blut und Wasser schwitzen, denn ich will mir den "Jeschua" und den "Rex Text" erwerben, sonst liegt mein ganzes Leben immer noch in Scherben, ach, das ist eine Plage, ich führe eine laute Klage über den unmenschen Staat mit seinen starren Bestimmungen, diese dumpfen Regeln führen bei mir immer wieder zu heftigen Ergrimmungen!

der Reichste der Welt: Es hat keinen Zweck, gegen den Peitschenden zu treten, du wirst von den Behörden um deine Mitarbeit gebeten, versuche, einen guten Eindruck zu erzielen, das wird sicherlich eine Rolle spielen, und dann kannst du den "Jeschua Rex" und den "Text" ergattern, und als Greis wirst du dann als "Jeschua" und als "Rex Text" durch die Gegend tattern, auf jeden Fall wird dann auf deinem Grabstein "Jeschua Rex Text" festlich prangen, doch es tut dich, auch unter diesem Namen zu leben, verlangen!

Jeschua Rex Text: Ich wünsche mir Reichtum auf der Stelle, ich bitte um Wohlstand auf die Schnelle, doch das Schicksal spricht nein, es kann, es darf, es soll nicht sein, die Münzen und Scheine wollen nicht zu mir fließen, ich kann mein Dasein nicht angemessen genießen, ich kann die darbende Menschheit nicht heilen, die Erdenbürger dürfen nicht im Paradiese weilen, warum nur, warum, doch das Weltall bleibt stumm?!

der Reichste der Welt: Mensch kann beim Universum nichts bestellen, mensch tut dich um die Genüsse prellen, mensch tut dir das Dasein nach Kräften vergällen, und wärest du ein Baum, die Menschdorfer würden dich fällen, JEUNEX kann nicht an deiner Stelle handeln, du mußt dich erst in Jeschua Rex Text verwandeln, das mußt du aus eigener Kraft vollbringen, dann kannst du die ganze Menschheit beschwingen!

Jeschua Rex Text: Einhundert Milliarden mensche Jeschuas will ich erlangen, einhundert Milliarden mensche Jeschuas will ich empfangen, ich will die Städte Menschdorf und Menschstadt üppig beschenken, und auch die Welthauptstadt Jeschua Rex Text will ich großzügig bedenken, aber wer nichts besitzt, der kann nichts geben, ich tue doch auf eine positive Weise streben, warum wird mir dann soviel Negatives beschieden, ich bin mit meinen Lebensumständen gar nicht zufrieden?!

der Reichste der Welt: Du mußt dir die Betaufung "Jeschua Rex Text" erwerben, sonst liegen all deine Pläne in Scherben, das ist die wichtigste Forderung in diesen Tagen, mensch soll auch amtlich "Jeschua" und "Rex Text" zu dir sagen, das mußt du tun und machen, dann wird dir das Herz im Leibe lachen, dann wirst du die Herrschaft bekommen, dann wird die Last der Bedürftig-keit von dir genommen, dann wirst du aus dem vollen schöpfen, dann tafelst du bei gefüllten Töpfen!

Jeschua Rex Text: Zum Reichsten der Welt würde ich gern steigen, doch ich kann mich als der Reichste der Welt nicht zeigen, von Reichtum kann mensch bei mir überhaupt nicht sprechen, und wegen meiner Bedürftigkeit muß ich beinahe zusammenbrechen, doch ich will warten, was die Bezeichnung "Jeschua Rex Text" mir gewähren wird und ob sich mir dann ein neues Bewußtsein gebären wird, das ist ein Abenteuer sondergleichen, hoffentlich werden die Hindernisse bald von mir weichen!

der Reichste der Welt: Den Reichsten der Welt hast du dir erdacht, doch du bist inzwischen beinahe zusammengekracht, der Reichste der Welt bist du nicht geworden, du wolltest dich manchmal sogar selbst ermorden, doch dann wieder tatest du auf Erlösung hoffen, dir stehen noch sämtliche Wege zum Glück durchaus offen, du kannst die ganze Menschheit beseligen, deshalb sollst du auch die ganze Menschheit befehligen, sie wird es dir danken, mensch wird nicht mehr streiten und zanken, mensch wird einander nicht mehr schlagen, sondern mensch wird sich versöhnen und vertragen!

Jeschua Rex Text: Wann werde ich wohlhabend und reich sein, wann werde ich so begütert wie ein Scheich sein, wann werde ich einem Krösus oder Nabob gleichen, werde ich denn den Reichtum niemals erreichen, ach, das ist ein zähes Ringen, wird es mir denn niemals gelingen, die ganze Menschheit zu beschwingen, so daß die Erdenbürger singen und springen, werde ich stets im Tal der Tränen verweilen, kann mich denn nichts und niemensch von der Bedürftigkeit heilen?!

der Reichste der Welt: Du bist müde und matt, du hast Menschdorf so satt, die Narren schunkeln wieder auf ihre alberne Art, die Büttenredner verkünden Witze mit einem ganz langen Bart, die Zuhörer sind betrunken, das Nivoh ist gesunken, und das tun sie reinischen Frohsinn nennen, für diesen Unfug kannst du nun einmal nicht entbrennen, du möchtest lieber überlegen und tüfteln und grübeln, das müssen dir die Jecken ungemein verübeln!

Jeschua Rex Text: Die Toren wollen nun einmal nicht denken, mit Geist tat Gott sie wahrlich nicht beschenken, sie sind so dumm wie das Stroh der Bohnen, der Umgang mit ihnen tut sich wirklich nicht lohnen, ein kluger Menschdorfer ist ein Widerspruch in sich, und die Schönheit lassen die Menschdorferinnen im Stich, ich will nicht mehr länger in Menschdorf leben, ich kann in Menschdorf nach dem Glück nicht streben!

der Reichste der Welt: Die Menschdorfer müssen dich bepechen, weil sie stets abfällig über dich sprechen, die Menschdorferinnen müssen dich schmähen wie der Fuchs die sauren Trauben, diese Fabel ist ja an sich kaum zu glauben, doch so verhalten sich die Menschdorferinnen, wenn sie dich erblicken, du willst so eine beschränkte Spießbürgerin nun wirklich nicht ficken, und deshalb setzen sie dich herab mit demütigenden Begriffen, ihr Stil ist rau und derb und wenig geschliffen!

Jeschua Rex Text: Die Menschdorfer müssen sich zu richtigen Menschen entwickeln, dann erst tut mein Blut wieder brodeln und prickeln, so, wie sie jetzt sind, können sie nur mißfallen, ihre Rede ist ein barbarisches und urtümliches Lallen, sie müssen die mensche Sprache lernen, damit sie sich von ihrer Grobheit entfernen, sie müssen sich in Nächstenliebe üben, dann werden sie mich nicht mehr betrüben!

der Reichste der Welt: Du bist ein überragender geistiger Held, die Menschdorfer leben in einer engstirnigen Welt, sie tun an dir ein Verbrechen gegen die Menschlichkeit begehen, du mußt immer wieder ihre schäbigen Gesichter sehen, du mußt immer wieder ihre gehässigen Bemerkungen hören, diese trostlosen Gestalten können dich nun wirklich nicht betören, du mußt sie umfassend belehren, das ist die beste Manier, sich gegen sie zu wehren, du mußt ihnen den Glauben an Jeschua Rex Text endlich bringen, dann wirst du sie mit deinen neuen Gefügen für immer bezwingen!

Jeschua Rex Text: Ich bin immer noch nicht der Reichste der Welt, in meinem Beutel befindet sich kaum etwas Geld, ich tue nicht einmal eintausend mensche Jeschuas im Monat verdienen, und eine Million ist mir nur im Traum erschienen, einhundert Milliarden mensche Jeschuas nenne ich erst recht nicht mein eigen, ja, wann werde ich mich denn nun als der Reichste der Welt endlich zeigen, wolle mir doch einmal deine Schwingungen geigen, wolle doch nicht länger untätig und entmutigend schweigen?!

der Reichste der Welt: Dir kann mensch nicht helfen, du meidest die Sülfen und Elfen, du verbringst deine Stunden in der Stube, du bist immer ein emsiger und lernwilliger Bube, aber das Leben tust du nicht genießen, das muß mich denn doch verdrießen, denn wozu soll ich dir einhundert Milliarden mensche Jeschuas geben, du tust zwar nach deinen hohen Idealen streben, aber ich sehe darin keinen Sinn, deshalb wird dir diese Summe nicht zum Gewinn?!

Jeschua Rex Text: Das wollen wir doch einmal sehen, irgendwie wird es schon gehen, du hast mir gar nichts zu sagen, dein Widerspruch kann mir gar nicht behagen, du sollst mich nicht mit dreisten Antworten plagen, ich tue dich ja nur um einen Gefallen fragen, die Hungernden dieser Welt tun nach Speise verlangen, es muß ihnen um das bloße Überleben bangen, so gib dich in meine Hände, traurig bestarre ich sonst die Wände!

der Reichste der Welt: Du bist nicht Jeschua Rex Text, du hast dir noch keinen Ausweis erhext, und ohne einen gültigen Paß auf Jeschua Rex Text wirst du zwar von den Menschdorferinnen versext, aber du darfst sie nicht küssen, streicheln und ficken, weil sie dich immer wieder von hinnen schicken, wolle also deinen Namen wandeln, dann wirst du auch erfolgreich handeln, das dein Geschick auf dieser Erden, nur als amtlich beglaubigter Jeschua Rex Text kann aus dir etwas werden!

Jeschua Rex Text: Ich bin gespannt, was dann geschehen wird und in welcher Verfassung mensch mich dann sehen wird, ich möchte einmal über etwas anderes klönen, ich würde so gern dem Lesen frönen, doch ich muß ja auch noch schreiben, ich muß es ja auch auf dem Papier noch ausführlich treiben, deswegen kann ich nur wenige Romane und Novellen verschlingen, deswegen kann ich es immer nur auf einen kleinen Wortschatz bringen!

der Reichste der Welt: Du liest die Bücher laut, dieses Verfahren ist dir vertraut, seit vielen Jahren tust du deine eigene Stimme vernehmen, zu dieser Vorgehensweise tust du dich gern bequemen, denn ein Braten will gerochen werden, und Sprache will gesprochen werden, ich wünsche dir, daß du bald Jeschua Rex Text auch wirklich heißt und daß du dich dann erfolgreicher Bemühungen befleißt, du hast es verdient, zu siegen und zu triumfieren, du solltest wirklich und wahrhaftig nach Menschland marschieren!

Jeschua Rex Text: Soll ich tatsächlich um die Vornamen "Jeschua" und "Rex" höflich bitten, ich habe unter meinem gegenwärtigen Namen genug gelitten, aber der Nachname "Text" bringt mir kein Glück, ich weise diese Benennung entschieden zurück, ich will "Jeschua" und "Rex Text" amtlich heißen, dann werde ich mich segenbringender Vollzüge befleißen, soll ich dieses hohe Ziel noch verschieben, ich kann diese Verzögerung nicht sonderlich lieben?!

der Reichste der Welt: Du kannst dir den Nachnamen "Rex Text" nicht leisten, du kannst dich zwar dazu, ihn zu beantragen, erdreisten, aber ohne einen Jeschua in der Tasche wirst du ihn nicht bekommen, dieses Gesuch wird dir nichts nutzen und frommen, du bist eben nicht der Reichste der Welt, du bist nur ein überragender geistiger Held, aber du kannst dir deine Wünsche nicht erfüllen, deine Seele wird noch lange nach der Betaufung "Jeschua Rex Text" vergeblich brüllen!

Jeschua Rex Text: Was soll ich nur unternehmen, zu welcher Maßnahme soll ich mich nur bequemen, oh, könnte Gott mich doch beraten, JEUNEX, wie beurteilst du meine Taten, was soll ich machen in diesem Fall, du beherrschst doch das ganze All, wolle mich unterweisen, ich will in das Paradies hinein reisen, aber das kann ich nur als "Jeschua" und als "Rex Text", vom "Jeschua Rex" und vom "Text" wird nichts Vernünftiges zustande gehext?!

der Reichste der Welt: Niemensch will deine Bücher kaufen, deshalb mußt du dir die Haare raufen, deshalb mußt du unmutig schnaufen, die Bürger tun nicht gierig in die Handlungen laufen, aber du hast auch keine Lust, dich den Leuten zu zeigen, in dieser Angelegenheit mußt du betreten schweigen, es bereitet dir kein Vergnügen, mit Menschen zu verkehren, das tat dich eine bittere Erfahrung leider lehren!

Jeschua Rex Text: Mein gegenwärtiger Name verursacht mir Pein, ich möchte "Jeschua" und "Rex Text" endlich sein, doch ohne Ersparnisse ist es darum schlecht bestellt, es verlangen die Behörden für jeden Stempel viel Geld, ich tue in einer Zwickmühle stecken, vor dem "Jeschua Rex" und dem "Text" muß ich mich erschrecken, aber sie sind billig und besser als nichts, ich gewahre auch nicht den kleinsten Schimmer eines Lichts!

der Reichste der Welt: Da siehst du einmal, wie reich du bist, gegen deine Bedürftigkeit hilft eben keine List, mit dem Reichsten der Welt kannst du zwar klönen, du kannst dich auch an seine Schwingungen gewöhnen, aber mit dem Reichsten der Welt wirst du dich niemals vereinigen, und bis zu deinem Tode werden dich die Menschdorfer peinigen, das ist leider so, du wirst niemals mehr froh, dein Los ist es zu leiden, das läßt sich nun einmal nicht vermeiden!

Jeschua Rex Text: In der Trauer muß ich verharren, Hans Lungwitz läßt mich noch gänzlich vernarren, aber ich bin bereit, diesen Preis zu entrichten, bald wird sich ja mein Gesichtskreis lichten, ich muß durch das Tal der Tränen wandern, es gibt nur diesen Weg und keinen andern, und dann werde ich zur Freude gelangen, davor braucht es mir gar nicht zu bangen, und dann wird meine Seele leuchten, und meine Augen werden sich vor Rührung befeuchten!

der Reichste der Welt: Der Reichste der Welt und du - ihr tut euch nicht vereinigen, deine Bedürftigkeit muß dich ungemein peinigen, doch irgendwann wird das Schicksal dich befreien, dann darfst du dich dem Guten und Schönen weihen, dann darfst du der lauschenden Menge deine Botschaft verkünden, dann werden sich Hunderte und Tausende mit dir verbünden, vorerst aber mußt du dich gedulden, das tust du der leidenden Menschheit schulden!

Jeschua Rex Text: Ich würde am liebsten sterben, ich kann mir das Heil nicht erwerben, ich will nicht mehr leben, es soll mich nicht mehr geben, aber meine Gefüge sind kostbar und teuer, das Dasein ist mir nicht ganz geheuer, aber ich will trotzdem siegen und triumfieren, ich will trotzdem nach Menschland marschieren, der kalte Winter läßt mich frieren, aber ich tue nicht die Lust verlieren, meine Mitmenschen zu erlösen, ich muß sie verguten und entbösen!

der Reichste der Welt: Du läßt die Leser gähnen, du tust zu oft deine redlichen Absichten erwähnen, aber wann führst du sie denn aus, dein Zögern und Zaudern ist ein arger Graus, aber du mußt erst einen Ausweis auf den Namen "Jeschua Rex Text" empfangen, dann wirst du auch einen riesigen Ruhm erlangen, bis heute kannst du dich nur auf dem Papier so nennen, im Paß tut mensch eine andere Bezeichnung für dich kennen?!

Jeschua Rex Text: Es ist bei uns so schwer, seine Betaufung zu wandeln, diese Hürde tut all meine Bestrebungen verschandeln, ich könnte längst weiter sein, ich könnte längst froh und heiter sein, aber die Behörden sprechen nein, es kann, es darf, es soll nicht sein, das ist zum Haareraufen, niemensch will meine Bücher kaufen, die Bürger tun deswegen nicht in die Handlungen laufen, auch darüber muß ich unmutig schnaufen!

der Reichste der Welt: Du wirst den Kampf um deine neuen Gefüge gewinnen, du wirst dem Würgegriff der ausgrenzenden Spießbürger entrinnen, mensch wird sich auf deine Erkenntnisse besinnen, dann scheuchst du alle Hemmnisse von hinnen, wolle nicht greinen, wolle nicht weinen, du wirst die Menschen nach deinem Ebenbilde formen, du wirst die Erdenbürger nach deinen Vorstellungen normen, es wird geschehen, mensch wird es sehen!

Jeschua Rex Text: Wann werden die einhundert Milliarden menschen Jeschuas zu mir kommen, wann wird die Last der Bedürftigkeit von mir genommen, so lautet hier die Frage, denn es liegt ja klar zutage, daß ich mir den Namen "Jeschua Rex Text" erkaufen kann und daß ich dann als "Jeschua" und als "Rex Text" durch die Gegend laufen kann, ach, es ist alles so vertrackt, eine tiefe Traurigkeit hält mich gepackt, ich will nicht länger leben, es soll mich nicht länger geben?!

der Reichste der Welt: Der Reichste der Welt bist du nicht, du bist und bleibst ein mittelloser Wicht, du mußt mit trostlosen Gestalten wohnen, die dich mit ihrer negativen Ausstrahlung nicht verschonen, die sanfte Liese will nichts von dir wissen, aber du tust sie auch nicht sonderlich vermissen, sie kann dir gestohlen bleiben, früher tat sie es mit einem verbrecherischen Polen treiben, jetzt darf der grobe Kerl auf dem Wohnheim sie stechen, es ist besser, wenn wir über etwas anderes sprechen!

Jeschua Rex Text: Ich werde zu Tode verwaltet, mein Eifer allmählich erkaltet, ich habe die Wahrheit erkannt, ich habe mich Jeschua Rex Text genannt, doch ich darf als Jeschua Rex Text nicht wesen, ich darf nicht von meiner Einsamkeit genesen, das ist eine Schikane sondergleichen, diese Beklemmung tut erst dann von mir weichen, wenn ich den Ausweis auf Jeschua Rex Text bekomme, weil ich dann der Gemeinschaft nutze und fromme und weil ich dann glücklich lebe und erfolgreich nach meinen Zielen strebe!

der Reichste der Welt: Der Name ist das A und das Z, als Jeschua Rex Text liegst du nicht allein im Bett, das kann ich dir jetzt schon sagen, dann brauchst du deine Einsamkeit nicht mehr zu beklagen, dann kannst du rammeln wie ein Stier, dann herrscht Freude vor in deinem Revier, so wolle abwarten, wie der Beamte sich entscheiden wird und ob er deinen Vorschlag billigen oder meiden wird, diese Spannung ist kaum zu ertragen, doch du mußt es, dich zu ändern, wagen!

Jeschua Rex Text: Ich will nicht mehr bei diesen drei Dumpflingen weilen, ich will endlich die Gesellschaft mit anregenden Menschen teilen, was tun mir das Dach und die Heizung nützen, vor der Urtümlichkeit kann mich niemensch beschützen, das entwertet die ganze Wohnung, und die drei Grobiane kennen keine Schonung, sie müssen mich immer wieder mit ihrem Stumpfsinn schinden, ich will mich endlich mit klugen und witzigen Leuten verbinden?!

der Reichste der Welt: Jeder Name sucht sich die eigenen Gesellen, dein Gesichtskreis wird sich bald erhellen, dann genießt du der Liebe beseligende Wellen, dann wird mensch dich nicht mehr um deine Genüsse prellen, so wolle deine Wehleidigkeit besiegen, eine bezaubernde Messalina wird sich an dich schmiegen, du wirst eine anmutige Magelone in deinen Armen wiegen, und all deine Gegner werden dir unterliegen, du wirst auf überwältigende Weise triumfieren, und dann wirst du auch wirklich nach Menschland marschieren!

Jeschua Rex Text: Wenn ich den Reichsten der Welt wirklich markieren würde und wenn ich dann tatsächlich nach Menschland marschieren würde, dann wäre die Menschheit befreit, ich habe mich nicht meinen Idealen geweiht, um dann sanglos zu verderben und um dann klanglos zu sterben, das kann der Sinn meines Denkens nicht sein, zu dieser Vorstellung spreche ich entschieden nein, ich will den Kampf um meine neuen Gefüge gewinnen, die Widersacher sollen meinem Zugriff keinesfalls entrinnen!

der Reichste der Welt: Die Geselligkeit bleibt dir fern, dabei hast du die Gemeinschaft so gern, doch du mußt als ein Einsiedler wesen, du darfst immer nur schreiben und lesen, das ist dein Fluch und dein Segen, dir begegnen Hemmnisse auf all deinen Wegen, du darfst dich nicht frei entfalten, du kannst keinen Ausweis auf "Jeschua" und auf "Rex Text" erhalten, das ist ein großer Jammer, allein weilst du stets in deiner Kammer!

Jeschua Rex Text: Mit dieser Schwierigkeit muß ich mich plagen, als moderner Mensch muß ich mich über diese Bürde beklagen, ein Neandertaler war besser daran als ich, der Staat läßt mich gar schnöde im Stich, nur als Jeschua Rex Text kann ich mir Geld erraffen, ohne diese Bezeichnung werde ich es niemals schaffen, der Reichste der Welt und ich werden uns niemals vereinigen, eine lastende Bedürftigkeit wird mich unentwegt peinigen!

der Reichste der Welt: Ich kann dich auch nicht retten, ich kann dich auch nicht entketten, der kalte Winter zerrt an deinen Nerven, deine Lage muß sich immer mehr verschärfen, in den Banden der Trauer mußt du greinen, wir beide werden uns wohl niemals vereinen, die Sonne wird niemals wieder für dich scheinen, ihre wohltuende Helligkeit wird dich niemals wieder entpeinen, du hast das Ringen um Menschland verloren, du wurdest von einer unglücklichen Mutter geboren!

Jeschua Rex Text: Dieses Tal der Tränen würde ich gern verlassen, ich würde mich gern mit angenehmen Dingen befassen, aber das Schicksal zwingt mich zu dieser Manier, ich brüte und grüble in meinem engen Revier, ich will mir die Menschdorfer zu Freunden machen, ich will mit den Menschdorfern witzeln und lachen, sie sind nicht daran schuld, daß es mir schlecht geht und daß es um meine Belange äußerst schlecht steht!

der Reichste der Welt: Einhundert Milliarden mensche Jeschuas willst du erlangen, einhundert Milliarden mensche Jeschuas willst du empfangen, doch dieser schöne Traum wird niemals wahr, niemals prangst du auf einer Bühne als Star, niemals werden die Bürger deine Werke kaufen, du wirst dir bis zu deinem Tode die Haare raufen, als Jeschua Rex Text wirst du niemals walten, du wirst niemals einen Paß auf diese Betaufung erhalten!

Jeschua Rex Text: Die einhundert Milliarden menschen Jeschuas sind noch nicht bei mir erschienen, die einhundert Milliarden menschen Jeschuas können mir noch nicht dienen, sag an,
o du Reichster der Welt, bin ich etwa gar kein überragender geistiger Held, habe ich mir alles
nur eingebildet wie einen flüchtigen Traum, mensch gewahrt die Spuren meines Wirkens in
dieser Gesellschaft kaum, es geht alles unverändert weiter, diese Feststellung stimmt mich gar
nicht heiter?!

der Reichste der Welt: Das vierte Jahr in Jeschua Rex Text ist angebrochen, und du wirst von
den Beamten noch immer nicht als Jeschua Rex Text angesprochen, ja, wie soll das Reich des
Jeschua Rex Textes denn ohne Jeschua Rex Text entstehen, auf welche Weise soll denn dieser
überwältigende Vorgang nun geschehen, ach, in Menschland muß mensch verzweifeln und
verzagen, die starren Gesetze sind nicht zu ertragen?!

Jeschua Rex Text: Ja, wenn ich einhundert Milliarden mensche Jeschuas erhalten würde und
wenn ich einhundert Milliarden mensche Jeschuas verwalten würde, dann würde ich meinen
Namen mit Leichtigkeit ändern, ich suchte möglicherweise meine Zuflucht in anderen Ländern, doch als Bettler steht mensch da ohne Halt, die Behörden üben über menschen eine un-
entrinnbare Gewalt, die Ämter können menschem das Dasein nicht versüßen, es wurde schon
beschrieben, Franz Kafka läßt grüßen!

der Reichste der Welt: Wie lange willst du dich in diesem Kreise noch drehen, mensch will einen Kämpen auch einmal handeln sehen, du darfst nicht immer nur weibisch zagen, du darfst
nicht immer nur weichlich klagen, einmal mußt du die Not doch endlich überwinden, und ich
bin sicher, es wird sich ein Weg dazu finden, noch ist Menschland nicht verloren, du wurdest
von einer klugen Mutter geboren, und dein Vater war als Hausmeister geschickt im Werken,
dein Erbgut tut dich immer wieder stärken?!

Jeschua Rex Text: Was weiß Otto Normalverbraucher von der Kraft der Namen, das kennen
sie nicht, die vornehmen Herren und Damen, Lieschen Müller hat von dieser Angelegenheit
noch nichts vernommen, ich aber bin auf den Jeschua Rex Text gekommen, seit über zehn Jahren möchte ich so heißen und mich um das Wohl der Gemeinschaft befleißen, doch die Regeln
und Bestimmungen müssen mich hemmen, ich kann mich nicht erfolgreich gegen diese Pa-
piertiger stemmen?!

der Reichste der Welt: Noch hast du keinen Bescheid auf deinen Antrag empfangen, du wirst
den Jeschua Rex Text schon noch erlangen, wolle immer wieder deine Besinnungen tippen,
noch klopft dir ein lebendiges Herz hinter den Rippen, und auch die menschen Beamten sind
besser als ihr Ruf, den ihnen dein mißmutiges Betrachten erschuf, wolle zuversichtlich nach
vorn nunmehr schauen, wolle deinem Gott JEUNEX und dem Menschtum vertrauen, es wird
schon alles gut in des JEUNEX bergender Hut!

Jeschua Rex Text: Der Reichste der Welt und ich sind zwei verschiedene Personen, ja, tut es sich für mich denn überhaupt lohnen, sich mit dir zu unterhalten, wann werde ich meinen großen Reichtum verwalten, wann werde ich über die einhundert Milliarden menschen Jeschuas verfügen, das Leben tut mich gnadenlos um meine Genüsse betrügen, ich darf die Menschheit nicht retten, ich darf die Sklaven nicht entketten?!

der Reichste der Welt: Du bist doch schon dabei, erhebe doch nicht so ein Geschrei, im stillen tust du wirken und wesen, die Menschheit tut doch schon jetzt genesen, dein Einfluß wird sich weiten, du wirst die Menschheit leiten, du wirst die Menschheit lenken, du kannst für alle Erdenbürger denken, du kannst ihnen eine geistige Heimat schenken, sie brauchen sich nur in deine Bücher zu versenken, dann werden sie friedlich und gut, dann verfliegt ihre gegenseitige Wut!

Jeschua Rex Text: Was soll ich noch großartig schreiben, als der Reichste der Welt darf ich es nicht treiben, als der Reichste der Welt darf ich nicht schalten, als der Reichste der Welt darf ich mein Dasein nicht gestalten, ich sollte diese Schrift beenden, ich solle mich an andere Dinge wenden, es hat keinen Zweck, mit vielen Wörtern meine Mittellosigkeit ausführlich zu erörtern, zu Wohlstand werde ich es ja niemals bringen, es wird mir nicht, mich zu bereichern, jemals gelingen?!

der Reichste der Welt: Du hast dich nicht einmal ein Jahr lang mit mir beschäftigt, ich habe dich bis heute nicht sonderlich gekräftigt, du hast meinen Einfluß nicht nachhaltig gemerkt, aber sicherlich habe ich dich trotzdem gestärkt, wolle nicht zögern und nicht zaudern, fahre fort, mit mir zu plaudern, wolle auch weiterhin mit mir plauschen, dann wirst du dich an vielen Münzen und Scheinen berauschen, dann wird auch deine Umgebung mit Fülle begabt, dann werden auch die Menschdorfer mit Reichtum erlabt!

Jeschua Rex Text: Hans Lungwitz zwingt mich, Trübsal zu blasen, derweil die Menschdorfer gegen mich toben, wüten und rasen, aber ich tue trotzdem in Menschland weilen, denn das Menschtum tut die Auschwitzianer heilen, aber ich tue trotzdem für die Menschlichkeit fechten, ich lasse mich von den heidnischen Unmenschen nicht knechten, zwar besitze ich noch keinen Ausweis auf den Namen "Jeschua Rex Text", doch ich habe trotzdem schon sehr viel zustande gehext!

der Reichste der Welt: Die Welthauptstadt Jeschua Rex Text wird die reichste Gemeinde der Welt, das ist eine Vorstellung, die dir ungemein gefällt, Menschland soll durch deine Werke wachsen, blühen und gedeihen, in Menschstadt wird mensch sich dem Guten und Schönen weihen, und alle Nachbarn tun sich vertragen, niemensch tut etwas Schlechtes mehr zu seinem Nächsten sagen, die frohe Botschaft wird überall verkündet, so daß jede Straße in Menschland in strahlenden Sonnenschein mündet!

Jeschua Rex Text: Ich habe an diesem Abend zwei halbe Hähnchen gegessen, ich war zwar nicht gerade darauf versessen, aber in der winterlichen Kälte wollte ich mich stärken, das tue ich jetzt in meinem Magen merken, ich verspüre nicht die geringste Lust, meine Besinnungen zu setzen, das kunstvolle Reimen kann mich jetzt und hier nicht ergötzen, ich will nur noch ruhig und entspannt schlummern, ich will mich nur noch dadurch umfassend entkummern!

der Reichste der Welt: Am Mittag hast du in der Werkhalle vierzig mensche Jeschuas erhalten, dadurch tat sich dir der Tag etwas wonniglich gestalten, eine Betreuerin hat sich dein drittes Buch erworben, so sind deine Absichten nun doch nicht alle verdorben, aber du mußt erst einen Paß auf den Namen "Jeschua Rex Text" bekommen, dann kannst du als "Jeschua" und als "Rex Text" der breiten Masse frommen!

Jeschua Rex Text: Jetzt gelange ich bis zum Ende des Monats über die Runden, meine Besorgnisse deswegen sind allesamt geschwunden, doch nun bin ich träge und matt, mein Bauch ist voll und satt, ich mag nicht mehr dichten, ich könnte durchaus darauf verzichten, ich würde nun gern ficken, doch keine Lieselotte läßt sich in meiner Stube erblicken, ach, das ist ein anstrengendes Leben, tut es denn wirklich kein besseres Dasein für mich geben?!

der Reichste der Welt: Dein Jammern läßt mich kalt, du wirst eben allmählich alt, du kannst nichts mehr auf die Beine stellen, die Menschdorfer müssen dich um deine Genüsse prellen, diese Auschwitzianer wollen dich in ein Irrenhaus treiben, du darfst nicht gemeinsam mit ihnen in Menschdorf leben und leiben, sie sind unduldsam und einfältig und beschränkt, im Mittelalter hätten sie dich schon längst gehenkt oder ertränkt!

Jeschua Rex Text: Es sind Menschdorfer, was soll mensch von ihnen erharren, das Großartige findet keinen Platz unter den Toren, Jecken und Narren, das Schenie darf in Menschdorf nicht wesen, mensch spricht über andere Dinge am Tresen, aber die Menschdorfer werden diesen Kampf verlieren, die Menschdorfer werden am Ende in die Röhre stieren, die Dummen müssen unterliegen, der Kluge aber wird siegen?!

der Reichste der Welt: Ein guter Menschdorfer ist ein Widerspruch in sich, die Menschdorfer lassen stets die Menschlichkeit im Stich, ein Menschdorfer hat wie jeder Unmensch keinen Karakter, das macht die ganze Sache nur immer vertrackter, die Fliegen wollen etwas über das Werk eines Elefanten sagen, ihre Meinung wird dem Rüsselträger auch sicherlich behagen, die Kerbtiere können den Dickhäuter auch verstehen, so können auch die Mücken einen Sinn in den Taten eines Nashorns sehen!

Jeschua Rex Text: Heute habe ich einen Brief vom Standesamt in Hannover bekommen, nun ist diese Sorge endlich auch von mir genommen, die Geburtsurkunde ist eingetroffen, nun kann ich auf eine Namensänderung hoffen, in wenigen Wochen wird es geschehen, dann wird mensch mich als "Jeschua Rex" und "Text" endlich sehen, und wenn das Glück mich tatsächlich einmal segnet, dann mensch sogar einem "Jeschua" und einem "Rex Text" begegnet!

der Reichste der Welt: Als der Reichste der Welt erscheinst du noch nicht, mensch bekommt immer nur einen unteren Unterschichtler zu Gesicht, deine zerrissenen Hausschuhe fallen dir fast von den Füßen, die einhundert Milliarden menschen Jeschuas tun dir das Leben nicht versüßen, keine betörende Lilofee tut dich jemals freudig grüßen, du mußt für die Ausschweifungen deiner Jugend immer noch büßen!

Jeschua Rex Text: Ach was, ich trage einen ungeeigneten Namen, deshalb meiden mich die erregenden Damen, erst als Jeschua und als Rex Text werde ich die breite Masse bewegen, dann läuft mir auch eine bezaubernde Magelone entgegen, vorerst muß ich mich bescheiden, vorerst muß ich unter einer falschen Geistigkeit leiden, ich selbst muß mich grundlegend wandeln, dann kann ich auch zweckmäßig und erfolgreich handeln!

der Reichste der Welt: Den Reichsten der Welt willst du markieren, nach Menschland willst du auf jeden Fall marschieren, aber es tut dir nichts, aber auch gar nichts gelingen, du kannst die Vielzahl der Hindernisse niemals bezwingen, du solltest endlich aufhören, nach deinen hohen Zielen zu streben, du wirst stets vor den Demütigungen und Beleidigungen der Menschdorfer beben, du wirst stets vor den Schmähungen und Verwünschungen der Menschdorfer zittern, du wirst niemals den Ruhm auch nur von ferne einmal wittern!

Jeschua Rex Text: Die sanfte Liese ist aus meinem Dasein verschwunden, ich kann darüber nur meine Freude bekunden, ihre dumpfe und stumpfe Art tut mir nicht fehlen, ich kann meine Wonne über ihr Fernsein nicht verhehlen, ich habe die lustige Weiblichkeit oftmals angepriesen, aber ich bin in Wirklichkeit nicht auf diese dumme Trine angewiesen, ich will sie nicht mehr in meiner Nähe erblicken, von mir aus kann der rohe Kerl aus dem Wohnheim sie ficken!

der Reichste der Welt: Ich bin gespannt, was der Beamte beschließen wird und ob er dich durch den gewünschten Namen entdrießen wird, noch ist Menschland nicht verloren, du wurdest nicht in Menschland geboren, aber du willst in Menschland leben und sterben, du willst dir noch sehr viel Menschlichkeit erwerben, das Menschtum wird dein Gemüt erfüllen, du tust dich darüber nicht in Schweigen hüllen, du wirst deine frohe Botschaft in menscher Sprache verkünden, dann werden sich viele begeisterte Anhänger mit dir verbünden!

Jeschua Rex Text: Ich schmore in meinem eigenen Saft, ich verfüge kaum noch über Kraft, ein weibliches Du läßt sich nicht bei mir blicken, JEUNEX tut mir keine erregende Eulalia schicken, so muß ich denn Trübsal blasen und greinen, keine schöne Helena will sich jemals mit mir vereinen, das ist die Strafe für meine ausschweifende Jugend, die Ehelichkeit ist doch eine begrüßenswerte Tugend, doch ich bin ein unleidlicher Junggeselle geblieben, ich habe immer nur emsig gelesen und geschrieben!

der Reichste der Welt: Für deinen geistigen Reichtum kannst du dir nichts kaufen, die Bürger werden niemals in die Handlungen laufen, um deine Bücher begierig zu erwerben, du wirst völlig unbekannt und unberühmt sterben, das steht so fest wie bei den Heuchelpfaffen das Amen, du trägst eben einen ungeeigneten Namen, du darfst weder Jeschua noch Rex Text jemals heißen, du darfst dich keiner gesunden Vollzüge jemals befleißen!

Jeschua Rex Text: Können wir nicht einmal das Tema wechseln, du brauchst mir ja keine Schmeicheleien zu drechseln, aber ich habe doch auch ohne Jeschua Rex Text im Ausweis viel geschaffen, es beseligen mich immer wieder meine geistigen Waffen, meine schöne und geistreiche Ehefrau hat mich erquickt, ich habe sie zwar nur auf dem Papier gefickt, aber dieses Werk ist mir doch durchaus gelungen, ich habe aber auch ernsthaft um seine Abfassung gerungen?!

der Reichste der Welt: Pah, du bist ein elender Streber, da rede ich ganz frei weg von der Leber, die einhundert Milliarden menschen Jeschuas wirst du niemals erhalten, die einhundert Milliarden menschen Jeschuas wirst du niemals verwalten, du hast geträumt und gesponnen, doch du hast dir nichts gewonnen, die Münzen und Scheine sind dir immer wieder entronnen, nur in deinem stillen Kämmerlein hat das vierte Jahr in Jeschua Rex Text nunmehr begonnen!

Jeschua Rex Text: Ich wese im vierten Jahr in Jeschua Rex Text, ich habe schon viele Seiten reimend bekleckst, und mein Wirken wird nicht ohne Einfluß verharren, ich verwandle in Weise die Toren, Jecken und Narren, das kannst du mir glauben, diese Zuversicht lasse ich mir nicht rauben, die Menschheit wird nach meiner Pfeife tanzen, und ich werde dann nicht mehr mit hängendem Kopfe trübselig banzen!

der Reichste der Welt: Du wirst bis zu deinem Tode in deiner Stube danzen, du fühlst dich abgetrennt vom großen Ganzen, das All kennst du nur vom Hörensagen, der Kosmos tut dich mit seiner Weite plagen, das Universum ist dir fremd, du bist gehemmt und verklemmt, mit dir kann mensch keinen Staat jemals machen, die Menge wird dich verspotten und verlachen, einen Jeschua Rex Text darf es nicht geben, ein Jeschua Rex Text darf nicht leiben und leben, einen Jeschua Rex Text kann mensch nur verbieten, er ist eben nicht so tollkühn wie damals der alte Zieten!

Jeschua Rex Text: Ich will so reich sein wie ein Scheich, und zwar bitte sehr von jetzt auf gleich, ich will den Reichsten der Welt markieren, dann kann ich nicht nur nach Menschland marschieren, sondern dann kann ich die mensche Sprache auf der ganzen Welt verbreiten, die mensche Ausdrucksweise soll die Erdenbürger von der Zeugung bis zum Tod begleiten, dann wird der Frieden kommen, dann werden Streit und Hader aus den Seelen genommen!

der Reichste der Welt: Ich bin der Reichste der Welt, du bist zwar ein überragender geistiger Held, abe du kannst mir nicht das Wasser reichen, du tust ja mehr und mehr einem Hasser gleichen, du tust durch die Gegend als ein Unterlasser schleichen, und die Menschdorfer ähneln nach deiner Meinung unansehnlichen Wasserleichen, aber das ist nicht gehauen und gestochen, du hast noch kein vernünftiges Wort gesprochen, der Verstand tut dir ermangeln, deshalb kannst du dir auch keine Ehefrau jemals angeln!

Jeschua Rex Text: Wieso mußt du mich beleidigen, ich tue mich dagegen nicht verteidigen, meine Bücher zeugen für mich, du aber redest töricht und fürchterlich, ich kann deinen Hochmut nicht mehr ertragen, wolle mich doch nicht mit deinem Snobismus plagen, ich muß der Reichste der Welt tatsächlich sein, etwas Besseres fällt mir gegenwärtig nicht ein, die Menschheit wartet auf mein Erscheinen, da ist es mir einerlei, was die Menschdorfer meinen?!

der Reichste der Welt: Die Menschdorfer sind ehrenwerte Leute, sie sind zwar manchmal eine wilde Meute, aber sie tun dich wacker mit Wörtern verprügeln, sie können ihren Unmut über dein Sein und Sosein nicht zügeln, und sie haben recht, denn du bist wirklich schlecht, du bist gar nicht so gut, deshalb bedenken sie dich mit ihrer Wut, als Jeschua Rex Text tust du nicht schreiben, als Jeschua Rex Text tust du nicht leben und leiben!

Jeschua Rex Text: Spielst du auf die leidige Ausweisgeschichte an, ja, ich bin wirklich ein aufgeworfener Mann, in vielen Staaten der Erde kann mensch seinen Namen mühelos ändern, doch Menschland gehört nicht zu diesen begrüßenswerten Ländern, hier wird mensch von den Behörden bevormundet über die Maßen, darüber kann mensch schon gar nicht mehr witzeln und spaßen, mensch wird zu Tode verwaltet, so daß jeder begeisterte Eifer erkaltet?!

der Reichste der Welt: Noch hat der Beamte nicht über deinen Antrag entschieden, vielleicht bringt seine Mitteilung dir tatsächlich den Frieden, wolle nicht die Bürosesselsitzer schelten, sie wesen in der geregeltsten aller Welten, sie sind von Vorschriften umgeben, sie tun zwar danach streben, die Bürger fachgerecht zu beraten, doch es kommt selten einmal von ihnen zu erfreulichen Taten, du mußt sie ebenfalls einmenschen ohne Wenn und Aber, dann hört mensch von ihnen nicht mehr so viel belangloses Gelaber, dann werden sie den Wünschen ihrer Kunden entsprechen, dann werden sie das Volk beglücken und nicht bepechen!

Jeschua Rex Text: In wenigen Tagen wird der Antrag abgegeben, dann muß ich für eine kurze Weile zittern und beben, und dann wird mir die Antwort des Sachbearbeiters beschieden, hoffentlich bin ich dann mit seinem Entschluß zufrieden, ach, es ist so schwer, in Menschland zu wohnen, manchmal tut es sich überhaupt nicht lohnen, aber ich will das Beste hoffen, vielleicht stehen mir doch noch alle Möglichkeiten offen!

der Reichste der Welt: Nach Reichtum strebst du seit vielen Jahren, doch du hast noch keinen Wohlstand erfahren, mensch kann dich noch nicht mit Vermögen gewahren, und keine Dulzinea will sich jemals mit dir paaren, der Reichste der Welt bist du nicht geworden, und am liebsten würdest du dich selbst ermorden, nur mit innerem Vorbehalt lebst du weiter, und dein Gemüt ist gar nicht froh und heiter, du ringst mit unsichtbaren Mächten, dabei zählst du zu den guten Menschen und nicht zu den schlechten!

Jeschua Rex Text: Ich werde aus JEUNEX nicht schlau, ich suche händeringend eine Frau, aber JEUNEX will sie mir nicht spenden, und in dieser Hinsicht tut sich mein Blatt niemals wenden, auch Jeschua Rex Text kann mir keine Buhlin verschaffen, es helfen mir nichts meine geistigen Waffen, sollte ich zu einem Mönch erkoren sein, sollte ich zu einem Einsiedler geboren sein, dieses Junggesellentum ist mir verhaßt, ach, daß sich auch keine Lilofee jemals mit mir befaßt!

der Reichste der Welt: Vielleicht mußt du doch die sanfte Liese nehmen, vielleicht wird sie sich doch dazu, ihre Beine für dich zu spreizen, bequemen, aber sie kann ja nur mit Mühe lesen und schreiben, sie wird wohl bei dem rohen Burschen aus dem Wohnheim bleiben, du aber brauchst ihre riesige Süßlichkeit nicht mehr zu ertragen, und du brauchst dich nicht mehr mit ihrer trostlosen Dumpfheit und Stumpfheit zu plagen!

Jeschua Rex Text: Ohne ein weibliches Du kann sich ein männliches Ich nicht merken, eine Eva tut einen Adam, wenn es gut geht, kräftigen und stärken, ich aber wese allein, das darf nicht mehr so sein, ich mag nicht ohne eine weibliche Ergänzung meine Tage verbringen, denn sonst wird wie in der Vergangenheit auch immer wieder meine Klage erklingen, so möge sich denn mein Dasein wandeln, ich will endlich wie ein richtiger Mensch denken und handeln!

der Reichste der Welt: Du willst einhundert Milliarden mensche Jeschuas besitzen, einhundert Milliarden mensche Jeschuas sollen zu dir flitzen, aber das wird nicht geschehen, das wird mensch niemals sehen, kein einziger Erdenbürger tut einhundert Milliarden mensche Jeschuas haben, und das Schicksal wird dich auch niemals mit einhundert Milliarden menschen Jeschuas begaben, du kannst trotzdem den Reichsten der Welt markieren, aber diesen gewaltigen Betrag solltest du aus den Augen verlieren!

Jeschua Rex Text: Ich werde nicht so schnell den Reichsten der Welt markieren, ich werde nicht so rasch nach Menschland marschieren, aber ich habe es wenigstens geahnt, aber ich habe es wenigstens geplant, viele Hindernisse tun mich hemmen, ich tue mich vergeblich dagegen stemmen, ich muß abwarten und harren, ich muß vorerst in die Röhre starren, doch die Menschheit wird sich wandeln, und ich werde eines Tages erfolgreich handeln!

der Reichste der Welt: Eine tiefe Traurigkeit drückt dich darnieder, du singst nun keine fröhlichen Lieder, deine Kehle ist verstummt, es wird von dir nur gebrummt, es wird nicht mehr gesummt, es wird nur unangetan gehummt, du mußt jetzt dicke Kröten schlucken, die Menschdorfer müssen gegen dich mucken, die Menschdorfer müssen gegen dich murren, die Menschdorfer müssen gegen dich knurren!

Jeschua Rex Text: Ich kann die Menschdorfer nicht leiden, meine Zuneigung zu ihnen ist bescheiden, meine Liebe zu ihnen hält sich in überschaubaren Grenzen, ein Menschdorfer kann nun einmal nicht durch Menschlichkeit glänzen, das sind keine Menschen, wie JEUNEX sie mag, ein Schenie hat in Menschdorf kaum einmal einen unbeschwerten Tag, Herr Otto Normalverbraucher muß es schinden, Frau Lieschen Müller will sich nicht mit ihm verbinden!

der Reichste der Welt: Die sanfte Liese tust du gern vergessen, du bist nicht mehr auf die lustige Weiblichkeit versessen, ihre riesige Süßlichkeit hat dich bepeint, gottseidank hat sie sich mit dem derben Kerl aus dem Wohnheim vereint, da haben sich zwei gesucht und gefunden, sie können nach außen hin nur ihre Dumpfheit und Stumpfheit bekunden, dir sind sie gleich, denn du bist reich, du hast Hunderte von Büchern gelesen, und die Menschheit wird durch deine Einsichten genesen!

Jeschua Rex Text: Kein Wort mehr über diese dumme Trine, ich wünsche mir eine kluge und unterhaltsame Sexmaschine, dann kann ich mich endlich einmal angemessen entspannen, dann kann ich das Leben noch besser in meine Schriften bannen, dann werden der Sexer und die Sexerin aus Erfahrung sprechen, dann werde ich nach mancher durchgeführten Paarung zechen, vielleicht werde ich dann aber auch schlummern, aber gegenwärtig kann ich keine hinreißende Luise entkummern!

der Reichste der Welt: Du brauchst einen Ausweis auf den Namen "Jeschua Rex Text", dann wird auch sinnlich von dir gehext, dann wirst du küssen, streicheln und rammeln, dann wirst du viele Evas um dich versammeln, dann tust du den Hahn im Korbe spielen, dann tust du im Bett viele Höhepunkte erzielen, dann wirst du erst richtig leben, den Jeschua Rex Text soll es so bald wie möglich geben, dann wirst du endlich wirken auch in den fernen und entlegenen Bezirken, überall wird mensch deine Botschaft vernehmen, und mensch wird sich begeistert zum Menschtum in JEUNEX bequemen!

Jeschua Rex Text: Einem Bekannten habe ich zehn mensche Jeschuas gegeben, er tat danach in meinem Zimmer eifrig streben, nun tut er mir schon fünfzig mensche Jeschuas schulden, und bis der Februar endet, muß ich mich mit ihm gedulden, einen anderen Besuch tat ich an diesem Sonnabend nicht empfangen, ich kann eben nicht die Freundschaft einer Menschdorferin erlangen, aus meiner Hose kommt nichts in die Dose!

der Reichste der Welt: Deine Welt ist kalt und leer, dir fällt das Weiterleben schwer, die Trauer hält dich in ihren Banden, all deine Zuversicht geht allmählich zuschanden, das regnerische Wetter hat deine Gesundheit untergraben, und wenn die Menschdorfer andauernd die Rübchen gegen dich schaben, dann läßt dich das leider auch nicht genesen, deshalb mußt du emsig schreiben und lesen, dann bist du wenigstens beschäftigt, dann wird wenigstens dein Geist gestärkt und gekräftigt!

Jeschua Rex Text: Wie ein Gefangener tue ich mich merken, ich muß andauernd im Hamsterrad werken, ich muß mich ständig in der Tretmühle kasteien, das kann ich meinem Schicksal nun gar nicht verzeihen, ich will mich ja gern dem Guten und Schönen weihen, ich will ja den Bedrängten mein Ohr gern leihen, aber ich möchte mich auch einmal vergnügen, ich will mein Glied auch einmal in eine Scheide hinein verfügen!

der Reichste der Welt: Du kannst einer Eva nichts gewähren, deshalb wird dir keine Klütämnestra jemals ein Kind gebären, dein Lohn für die Arbeit ist gering und klein, deshalb bereitet deine Erschei-nung den Elviras Pein, sie möchten dich nicht streicheln und küssen, denn das zählt nicht zu ihren Genüssen, du darfst sie nicht in die Spalte ficken, denn sie wollen dich immer von sich schicken, du darfst sie nicht mit deinem Schwengel erlaben, du darfst sie nicht mit deinem Vorschlaghammer begaben!

Jeschua Rex Text: In einer Stunde werde ich die Buttermilch holen, dann werden mir die Menschdorfer wieder den Hintern versohlen, mit demütigenden Ausdrücken werden sie mich verprügeln, denn sie können ihren Unmut bei meinem Anblick nicht zügeln, ich kann ihnen nicht behagen, sie müssen mir ihren Beifall versagen, sie wollen mich aus ihrer Gemeinde verjagen, sie müssen meine nichtgeschriebenen Büttenreden beklagen!

der Reichste der Welt: Dabei reimst du doch wie ein Könner, doch den Tanzmariechen bist du kein Gönner, du kannst diese marionettenhaften Puppen nicht leiden, deine Zuneigung zu diesen soldatischen Hüpferinnen ist bescheiden, sie können dein Wohlgefallen nicht erregen, du kannst keine liebevollen Gedanken für sie hegen, du bist froh, wenn sie dich mit ihrem albernen Getue verschonen, deshalb wird auch niemals eine Menschdorferin im Bett bei dir wohnen!

Jeschua Rex Text: An diesem Sonntag muß ich an die Kassiererin denken, sie tat mich mit ihrer Zuneigung beschenken, ich habe diese kleine Eva nicht beachtet, ich habe sie als nicht infrage kommend betrachtet, doch ihre heiße Liebe tut mich jetzt erfüllen, ihre Scheide tut heftig nach meinem Gliede brüllen, dabei tut diese zierliche Person mir bis kaum an die Schultern reichen, werden denn die sinnlichen Verlockungen niemals von mir weichen?!

der Reichste der Welt: Mit dieser Zwergin kannst du nichts beginnen, du willst die Gunst dieser Liliputanerin nicht gewinnen, du könntest überdies ihren Großvater markieren, mit ihr wirst du niemals nach Orgasmien marschieren, und doch hält dich diese zierliche Person gefangen, du kannst keine unabhängigen Gefühle erlangen, du mußt dich andauernd auf diese Verkäuferin besinnen, dabei tust du sie keineswegs freiwillig beminnen!

Jeschua Rex Text: Das ist nun mein Leben, kann es wirklich kein besseres für mich geben, ich will nicht nur hoffnungsvoll schmachten, am liebsten würde ich mich selbst entschlossen schlachten, Jeschua Rex Text werde ich ja wohl niemals heißen, also werde ich mich niemals erfüllter Vollzüge befleißen, ich werde mich immer nur sehnen, die Stunden werden sich stets zu Ewigkeiten dehnen, ich stehe am Ufer des lebendigen Flusses, und ich bekomme nicht einmal den Hauch eines Kusses?!

der Reichste der Welt: Du bist schuld an allen Ereignissen in deinem Sein, du bist ja aus eigener Entscheidung einsam und allein, so würde jemensch sprechen, der an den freien Willen glaubt, aber dir wurde diese Überzeugung schon längst geraubt, Hans Lungwitz sagt, es sei alles bestimmt, worüber ein Heuchelpfaffe natürlich ergrimmt, aber der Mensch ist gefangen im Netz seiner Bedingungen, und es geraten ihm nicht immer Gelingungen und Bezwingungen!

Jeschua Rex Text: Mich hält ein unzweckmäßiger Name in seinen Banden, all meine Bemühungen gehen daran zuschanden, ich muß mich Jeschua Rex Text nicht nur nennen, sondern mensch soll mich auch in den Papieren so kennen, dann kann ich endlich erfolgreich feiten, dann kann ich das Paradies auf Erden bereiten, dann kann ich mich selbstverwirklichen ohne Wenn und Aber, dann rede ich mit Hand und Fuß und ohne Gelaber!

der Reichste der Welt: Noch hat der Beamte sich nicht entschieden, noch bist du mit deinem Wesen nicht zufrieden, aber in etwa einem Monat wirst du es wissen, noch ist deine Seele zerfetzt und zerrissen, aber dein Gemüt wird vielleicht heilen, vielleicht wirst du bald freudig durch die Gegend eilen, vielleicht wirst du dich bald mit den Menschdorfern vertragen, vielleicht wirst du bald nicht mehr zittern und zagen, irgendwann ist alles zuende, irgendwann kommt die allerletzte Wende, bis dahin mußt du es schaffen, sonst wird der Tod einen unnützen Menschen von hinnen raffen!

Jeschua Rex Text: Mein Glied liegt brach und jammert, an mein Gehirn es sich schon lange nicht mehr klammert, doch nun tue ich ja bald einen Ausweis auf den Namen "Jeschua Rex Text" erhalten, dann werden sich meine Vollzüge erfreulicher gestalten, dann werden die Nixen zu mir fliegen, dann werden die Zirzen bei mir liegen, dann werde ich die Johannas in meinen Armen wiegen, dann werden sich die Jolanten an meine Schulter schmiegen!

der Reichste der Welt: Der Beamte wird deinen Antrag niemals bewilligen, eine derartige Abwegigkeit kann er nicht billigen, einen Jeschua und einen Rex Text darf mensch nicht sehen, auf eine derartige Weise tut es in Menschland nicht gehen, du hast in den Wind geschlagen, du mußt dich auch weiterhin plagen, du mußt auch weiterhin verzagen, du mußt auch weiterhin enttäuscht nach dem Warum deiner Entbehrungen fragen!

Jeschua Rex Text: Zum Reichsten der Welt will ich steigen, dann wird es sich schon zeigen, ob ich Jeschua Rex Text sein darf oder nicht, in meinem Schädel brennt ein helles, ein sehr helles Licht, ich bleibe nicht für immer ein mittelloser Wicht, und dann gehe ich mit den Menschdorfern hart in das Gericht, dann werde ich sie zur Rechenschaft ziehen für ihre Taten, bei mir sind sie nämlich vor die falsche Schmiede geraten!

der Reichste der Welt: Diesen Groll wirst du bald hinter dir lassen, du wirst dich dann mit dem Guten und Schönen befassen, dann wirst du das Reich des Jeschua Rex Textes errichten, dann wirst du die Menschlichkeit der Menschen in Menschland nicht nur bedichten, sondern dann werden der mensche Mann und die mensche Frau auch wandeln, und das mensche Kind wird artig und verständig handeln, mensch wird es wirklich sehen, es wird tatsächlich geschehen!

Jeschua Rex Text: Ich kann es zwar nicht glauben, diese Zuversicht tat mensch mir rauben, doch vielleicht tut mich die Namensänderungsbehörde ja unterstützen, denn ich kann der Gemeinschaft ja umfassend nützen, ich kann die Kleinen und Schwachen zum Lachen bringen, und auch bei den Siechenden wird mir eine umfassende Heilung gelingen, die Dummheit soll verschwinden, mensch soll nur noch kluge Leute finden!

der Reichste der Welt: Zum Reichsten der Welt hast du dich noch nicht entwickelt, aber das Blut in den Adern dir brodelt und prickelt, du witterst den Beginn einer neuen Zeit, die Menschheit gierig nach ihrer Erlösung schreit, und du wirst die Erdenbürger befreien, sie werden sich dem Hohen und Erhabenen weihen, du wirst den Frieden bescheren, du wirst das Menschtum in JEUNEX lehren, in den Stuben wird der Stehmann prangen, und jedmensch wird erfolgreich wünschen und verlangen!

Jeschua Rex Text: Ich tue dich noch gar nicht kennen, den Reichsten der Welt will mich niemensch nennen, den Reichsten der Welt kann ich nur auf dem Papier markieren, sonst muß ich mittellos durch die Welt spazieren, ich würde so gern nach Menschland marschieren, aber in dieser Hinsicht muß ich in die Röhre stieren, in meiner Jugend tat ich allzu sehr verweinen und verbieren, jetzt kann ich nur mit dürren Worten diese Seiten verzieren!

der Reichste der Welt: Kannst du das nicht deiner Frisörin erzählen, wieso mußt du mich mit diesem unsinnlichen Unsinn quälen, keine Eva tatest du dir erwählen, mit keiner Jolante tatest du dich vermählen, nun weilst du im Alter allein, das bereitet dir eine riesige Pein, aber es muß ja so sein, das Schicksal spricht zu deinen Plänen stets nein, und so mußt du eben leiden, das läßt sich eben nicht vermeiden?!

Jeschua Rex Text: Ich muß mich in einem betrüblichen Kreise drehen, ich würde mich gern als der einzige Weise sehen, doch das wird mir nicht gestattet, so daß mein Schwung nun bald ermattet, ich mag nichts mehr schaffen, ich kann die Patrizias ja doch nur begaffen, ich kann die Esmeraldas ja doch nur bestarren, ich tat mich schon in manche Annegret vernarren, doch es hat niemals geklappt, ich habe mir niemals eine Marianne geschnappt!

der Reichste der Welt: Deine Leser wissen es inzwischen genau, du bietest ihnen eine gar klägliche Schau, du langweilst die Zuhörer mit deiner Not, sie fühlen sich sogar von deiner Unfähigkeit bedroht, sollen die Leute auch einsam in ihren Betten liegen, und keine Eva tut sich wollüstig an ihren Adam schmiegen, und sollen sie dann ihren Unterleib massieren, soll das milliardenmal auf der Erde passieren?!

Jeschua Rex Text: Ich tue unter falscher Flagge segeln, ich würde am liebsten meiern und kegeln, doch ich darf nicht würfeln und trinken, sonst täte mir der Wahnsinn winken, ich muß meine Sendung erfüllen, ich darf mich nicht in ein feiges Schweigen hüllen, Milliarden mensche Jeschua Rex Texte in JEUNEX soll es geben, danach tue ich schon seit vielen Jahren streben, und ich werde es erreichen, ich werde die harten Widerstände erweichen!

der Reichste der Welt: Träum weiter vom fernen Siege, du Fant, noch immer bist du niemenschem bekannt, noch immer weiß niemensch etwas vom menschen Land, du streust dir selbst in die Augen viel Sand, du vernebelst deine klare Sicht, du bist ein utopisierender Wicht, du bist ein glühender Hasser, du bist kein Täter, sondern ein Unterlasser, du tust zwar fröhlich durch die Gegend wandeln, doch stets und ständig läßt du deine Mitlebenden handeln, du selbst tust nichts auf die Beine stellen, du tust die Bürger immer wieder um ihre Genüsse prellen, denn deine Gefüge würden sie durchaus erfreuen, doch du tust das Licht der Öffentlichkeit beharrlich scheuen!

Jeschua Rex Text: An diesem Donnerstag sind die Narren los, doch es gibt für mich keinen weiblichen Schoß, der sich sehnt nach meinem kräftigen Stoß, meine Sehnsucht nach einer Eva ist groß, aber mein Unterbewußtsein läßt mich die Zirzen meiden, ich tue mich unwillkürlich gegen sie entscheiden, doch bald werde ich ja einen Ausweis auf den Namen "Jeschua Rex Text" erhalten, dann kann ich meine Sinnlichkeit endlich erfreulich gestalten!

der Reichste der Welt: Bei dir tut sich alles um den Paß nur noch drehen, ich kann deine Gespanntheit ja durchaus verstehen, aber die Welt fügt sich doch nicht nur aus Wörtern zusammen, du kannst doch trotzdem für eine rassige Gabriele entflammen, du kannst doch trotzdem eine anmutige Monika lieben, du kannst doch trotzdem eine Nummer mit einer zärtlichen Annegret schieben, aber nein, du willst verzichten, darüber tatest du ausführlich berichten!

Jeschua Rex Text: Ich will lieber über etwas anderes sprechen, mein Leben kennt eben kein gemütliches Zechen, ich will die gesamte Menschheit befreien, ich will mich dem Guten und Schönen weihen, mein Glied muß dagegen Einspruch erheben, doch mein Gehirn tut nach der allgemeinen Nächstenliebe streben, und so bin ich keine harmonische Persönlichkeit, mein edler Geist wird behelligt von einer üblen Gewöhnlichkeit!

der Reichste der Welt: Du tust dich als ein Gehirn mit leiblichem Anhang begreifen, deshalb müssen dich die Menschdorfer beschelten und bekeifen, aber die Menschdorfer sind nicht das Maß aller Dinge, es gibt mehr auf der Welt als Fahrzeuge, Kleider und Ringe, der Materie ist die Paterie entgegengesetzt, und durch das Denken wurdest du schon höchlich ergötzt, du kannst in aller Ruhe die Romane und Novellen lesen, das ist dir immer ein unaussprechliches Vergnügen gewesen!

Jeschua Rex Text: Aber die einhundert Milliarden menschen Jeschuas sind nicht zu mir gekommen, die Last der Bedürftigkeit wurde bisher nicht von mir genommen, deshalb muß ich greinen, ich würde mich gern mit dem Reichtum vereinen, doch die Münzen und Scheine wollen nicht zu mir fließen, deshalb kann ich mein Dasein nur eingeschränkt genießen, den Reichsten der Welt darf ich nicht markieren, nach Menschland darf ich nicht marschieren, einen Stehmann darf ich mir nicht schnitzen lassen, die einhundert Milliarden menschen Jeschuas wollen sich von mir nicht besitzen lassen!

der Reichste der Welt: Du hast das Wesen der Welt erkannt, du hast es in treffende Wörter gebannt, nun wolle deine Weisheit auch verkünden, nun wolle dich auch mit Anhängern verbünden, nun wolle die Partei für den Frieden auch gründen, all deine Straßen sollen in strahlenden Sonnenschein münden, dann wirst du die Menschlichkeit der Menschen in Menschland erschauen, dann gibt es endlich wirklich mensche Männer und Frauen und nicht minder mensche Kinder!

Jeschua Rex Text: Ich bin immer noch nicht reich, ich habe nicht so viel Geld wie ein Scheich, aber dafür kann ich auch in Ruhe lesen und dichten, freilich kann ich dann aber nicht das Reich des Jeschua Rex Textes errichten, ich muß darum, meine neuen Gefüge zu verbreiten, verzichten, und die Menschdorfer trachten nach wie vor danach, mich zu vernichten, das ist ein seltsames Leben, tut es denn kein besseres für mich geben?!

der Reichste der Welt: Du mußt einen Ausweis auf den Namen "Jeschua Rex Text" erlangen, dann wirst du tausendundeine Wohltat empfangen, ach, wie wird der Beamte sich entscheiden, wird das Glück dich auch weiterhin meiden, die Trauer geht ihrem Ende entgegen, bald bedenkt dich die Freude mit ihrem Segen, doch noch erscheint dir das Dasein düster und leer, und es gibt für dich keinen sinnlichen Verkehr?!

Jeschua Rex Text: Die eigene Betaufung ist das A und Z, als Jeschua Rex Text bekomme ich ein gefülltes Bett, dann werden die Nixen auf mein Laken springen, dann wird meine Lehre in die Ferne dringen, dann wird mensch endlich mensche Lieder singen, dann werden die Kinder fröhlich toben und springen, aber noch ist es nicht soweit, die Menschheit noch immer vergeblich nach Erlösung schreit, das ist ein Jammer und ein Ach, ich fühle mich auf der Brust sehr schwach!

der Reichste der Welt: Zum Reichsten der Welt willst du steigen, du willst den Erdenbürgern die Wahrheit zeigen, doch noch weilst du allein, keine Zirze will bei dir sein, keine Nümfe will dir schmeicheln, keine Eurüdike will dich streicheln, keine Tisbe tut unter dir ihre Beine spreizen, du darfst bei keiner Johanna den kleinen Ofen heizen, das ist zwar betrüblich, aber bei dir leider üblich, du wirst und du wirst nicht gescheiter, in der Sinnlichkeit gelangst du nicht weiter!

Jeschua Rex Text: Die Dummheit hält mich in ihren Klauen, ich darf meinem Schicksal nicht vertrauen, JEUNEX läßt nichts von sich verlauten, ich darf und darf mich nicht bebrauten, denn die Ehefrau würde mich ja nur bei der geistigen Muße stören, deshalb darf mich eine anmutige Dorotea niemals betören, ich muß alles fernhalten von meiner Sfäre, oh, wenn meine Wohnung doch menschenvoller wäre, doch ich muß nur die Wände bestarren, ich muß einsam wesen und harren!

der Reichste der Welt: Die Romane und Novellen tun dich begleiten, dein Glied darf nun einmal keine Scheide weiten, keine Desdemona will dich lieben, keine Luzia will mir dir eine Nummer schieben, daran mußt du dich gewöhnen, keine Eurüante will unter dir stöhnen, keine Sexbombe will unter dir stammeln, du darfst mit keiner Helena machtvoll rammeln, der Verzicht wird dir beschieden, damit bist du nicht zufrieden, aber du kannst diesem Los nicht entrinnen, du kannst niemals eine beseligende Ehe beginnen!

Jeschua Rex Text: Ein starker Trieb läßt mich an die kleine Kassiererin denken, ich würde gern mein Glied in ihrer Scheide versenken, doch diese Nixe ist wohl nur eine Volksschülerin gewesen, sie kann nur mit Mühe schreiben und lesen, und wenn ich an sie denke, kann ich die Bücher nur noch schwer verstehen, deshalb sollte ein Beischlaf zwischen uns beiden niemals geschehen, auch der Altersunterschied macht mir zu schaffen, ich werde bei dieser Sirene wohl in die Röhre gaffen!

der Reichste der Welt: Ein Karnevalszug zieht auf der Straße vorbei, vor deinen beiden Fenstern vernimmst du fröhliches Geschrei, die Musik dröhnt dir in den Ohren, du wurdest nicht zu einem Toren geboren, du schaust auch gar nicht hin, du hast andere Dinge als dieses Jeckentum im Sinn, in wenigen Tagen wird der Fasching enden, dann wird sich dein Blatt wieder wenden, dann kannst du ungehindert durch Menschdorf schreiten, freilich werden dich dann doch wieder etliche Buhrufe begleiten!

Jeschua Rex Text: Ich bin so geil auf diese Frau, sie bietet eine seltsame Schau, ihre widerspenstige Nase kann mich erregen, ich will meinen Kolben schon deshalb in ihrem Zülinder bewegen, um ihren Widerspruchsgeist ein für alle Male zu ersticken, ja, ich möchte diese Dorotea gar tüchtig ficken, aber die Umstände haben sich gegen uns verschworen, sie wurde erst vierzig Jahre nach mir geboren, und vielleicht bilde ich mir ihre Zuneigung auch nur ein, denn das kann ja nun beim besten Willen nicht sein?!

der Reichste der Welt: Du hast offensichtlich dein klares Überlegen eingebüßt, diese Verkäuferin hat dir oftmals das Dasein versüßt, in ihrer Gegenwart haben sich Kunden über dein abweichendes Denken beschwert, aber diese winzige Fee fand dieses Urteil wahrscheinlich verkehrt, sie hat dich immer freundlich behandelt, doch du hast dich ihr gegenüber niemals in einen Stecher verwandelt, du tust von ihr zuwenig wissen, du mußt einen tiefen Einblick in ihr Wesen leider missen!

Jeschua Rex Text: Sie tut mich an meinen kleinen Bruder erinnern, ach, ich zähle wahrlich zu den erfolglosen Minnern, ich kann diese reizvolle Eurüante nicht vergessen, aber sie ist wahrscheinlich nicht auf mich versessen, vielleicht will sie auch nur ein paar nette Worte vernehmen, sicherlich darf ich mich niemals zu einem Stoß in ihren Schoß bequemen, dieses ständige Zweifeln bringt mich noch um, und dieser Sülfe gegenüber verhalte ich mich weitgehend stumm!

der Reichste der Welt: Du mußt immer wieder deine Besinnungen tippen, noch klopft dir ein lebendiges Herz hinter den Rippen, diese Sexbombe wolle genießen, sie tat dich umfassend entrießen, sie tat dich gründlich bewonnen, sie ist dir durchaus wohlgesonnen, doch was die Zukunft bringen wird und ob es dir jemals wirklich gelingen wird, ihre Gunst für eine Beiwohnung zu erringen, das kann ich dir auch nicht sagen und singen!

Jeschua Rex Text: Es ist ein kalter Rosenmontag, die Narren stehen auf dem Bürgersteig und starren dem bald eintreffenden Karnevalszug entgegen, ich aber muß mich anderweitig regen, noch fühle ich mich der kleinen Kassiererin verbunden, ich muß zwar meine Verwunderung darüber bekunden, daß sich in meiner Seele etwas regt zu ihren Gunsten, doch meine Gefühle für sie wollen einfach nicht verdunsten!

der Reichste der Welt: Nimm es als ein Geschenk des Lebens, vielleicht wirbst du um die Zuneigung dieser jungen Dame vergebens, aber sie hat ein großes Licht in dein Dasein getragen, durch ihre Ausstrahlung können dich die niedrigen Wesen nicht mehr plagen, du mußt dich an sie erinnern, und dadurch zählst du zu den Gewinnern, denn auch wenn du sie dir niemals erwählen wirst und auch wenn du dich niemals mit ihr vermählen wirst, so hast du doch ihre einzigartige Aura genossen, freilich ist dein Samenstrom dann nicht in ihre Scheide geflossen!

Jeschua Rex Text: Ich sitze eben zu häufig in meiner Stube, ich bin am Kompjuter ein emsiger Bube, doch ich tue die Geselligkeit nicht pflegen, deshalb begegnet mir auf sämtlichen Wegen das Glück nicht in dem ersehnten Maße, ich lasse mich herbei zu manchem Witze und Spaße, aber der Ernst der Liebe hat mich nicht einmal gestreift, ich bin innerlich noch nicht zu einem Manne gereift, ich muß mir erst einen Ausweis auf den Namen "Jeschua Rex Text" erwerben, sonst werden all meine Pläne und Vorhaben sang- und klanglos verderben!

der Reichste der Welt: Du fühlst dich wohl in deiner Haut, wird die winzige Verkäuferin deine Braut, das ist schwer zu sagen, die Ungewißheit tut dich plagen, doch du wirst ihr heute nicht begegnen, in dieser Hinsicht tat dich JEUNEX nicht segnen, du muß in einigen Stunden den Abfall der Jecken zusammenkehren, gegen diese trostlose Beschäftigung kannst du dich leider nicht wehren, dann wirst du müde nach Hause kommen, die Leichtigkeit des Seins ist dann von dir genommen?!

Jeschua Rex Text: Ich würde gern einhundert Milliarden mensche Jeschuas erhalten, ich würde gern einhundert Milliarden mensche Jeschuas verwalten, denn dann könnte ich die Menschheit leiten und lenken, dann könnte ich meine Brüder und Schwestern überreich beschenken, dann würden Milliarden Jeschua Rex Texte wesen, und die Erdenbürger würden meine Bücher lesen, dann würde die Welt von ihren Schwächen genesen, dann sitzt mensch friedlich zusammen am Stammtisch und am Tresen!

der Reichste der Welt: Einhundert Milliarden mensche Jeschuas tut niemensch besitzen, wie sollen denn da einhundert Milliarden mensche Jeschuas zu dir flitzen, aber einem Menschen in JEUNEX wird vieles gegeben, wolle nur immer als ein Jeschua Rex Text eifrig streben, dann wirst du das Heil in dir spüren, dann wird das Schicksal das Gute zu dir führen, die Menschdorfer aber wolle nicht mehr verachten, auch wenn sie dich als einen unangenehmen Mitmenschen betrachten, wolle dein Bestes leisten, wolle dich zu großartigen Zielen erdreisten?!

Jeschua Rex Text: Ich muß immer noch an die kleine Kassiererin denken, ich muß meine Aufmerksamkeit auf diese Zirze lenken, eine starke Sehnsucht nach ihr hält mich gefangen, ich werde das Glück in der Liebe wohl niemals erlangen, denn wie kann ein Sechzigjähriger eine Zwanzigjährige begehren, gegen diese Vorstellung muß sich alles in mir wehren, und doch kann ich dem Bann dieser Nixe nicht entrinnen, und doch kann ich keinen Abstand von dieser Freudenschaft gewinnen?!

der Reichste der Welt: Ihre riesige Süßlichkeit muß dir das Bewußtsein verderben, du tätest dir bei ihr das Heil nicht erwerben, das hat nichts zu tun mit ihrer Größe, es zählen in der Sinnlichkeit nicht nur die Schöße, sondern in ihrem Vornamen sind mindestens zwei as enthalten, deswegen sollte deine Zuneigung eigentlich sehr rasch erkalten, doch starke Gefühle tun dich an diese Zwergin binden, das ist auch eine Art, sich zu quälen und zu schinden!

Jeschua Rex Text: Ich muß einen Ausweis auf die Betaufung "Jeschua Rex Text" erhalten, dann wird sich mein Leben erfreulich gestalten, vorerst werde ich von einer unzweckmäßigen Geistigkeit erfüllt, das ist der Grund, warum sich der erste Mensche dieser Fee gegenüber in Schweigen hüllt, aber ich kann vorerst nichts daran wandeln, erst als wirklicher Jeschua Rex Text kann ich erfolgreich handeln, dann werde ich eine Messalina in meinem Bett verwöhnen, dann wird eine Afrodite unter meinem Schwengel stöhnen!

der Reichste der Welt: Richard Wagner hat eine Oper über Rienzi geschrieben, sie ist dir lebhaft in Erinnerung geblieben, in deiner Jugend hast du das ganze Werk gehört, einzelne Stellen haben dich ungemein betört, und nun hat dir ein Mitwerker die Uvertüre gegeben, er tat auf dem Flohmarkt nach ihr streben, nun kannst du in dieser Nacht den gewaltigen Klängen lauschen, nun kannst du diesem eindrucksvollen Scheibchen hingerissen lauschen!

Jeschua Rex Text: So tun sich die Wünsche manchmal erfüllen, mein Glied wird nicht mehr lange nach einer Scheide brüllen, mein Buch über Hans Lungwitz wird mir reiche Früchte bringen, dann werden die Taler in meinem Beutel klingen, dann werden die Scheine in meiner Brieftasche knistern, dann zähle ich zu den bekannten und berühmten Mistern, seine Anhänger werden meinen Eifer belohnen, dann tat ich nicht vergeblich für die fünf Grundgefühle fronen!

der Reichste der Welt: Die Trauer hast du bald überwunden, dann kannst du ausführlich die Freude bekunden, es war eine schlimme Zeit, die Wehmut brachte dir viel Leid, aber nun hast du auch diese trostlose Weile überstanden, du gingest an dem Trübsalblasen nicht zuschanden, dein Kopf braucht nicht mehr zu hängen, die Sorgen werden dich nicht mehr übermäßig bedrängen, du wirst wieder scherzen und lachen, dein Bewußtsein wird nicht mehr so oft zusammenkrachen!

Jeschua Rex Text: Der Reichtum soll zu mir fließen, nur dann kann ich das Leben genießen, ich werde meinen Wohlstand umsichtig verwalten, die Menschheit soll eine neue Verfassung erhalten, ich will das Zusammenleben der Erdenbürger erfreulich gestalten, mein Eifer wird erst bei meinem Tode erkalten, ich beschwöre dich herbei, deine Gegengründe sind mir einerlei, du sollst nicht dochen und nicht abern und nicht wennen, die breite Masse soll endlich für meine Lehre entbrennen!

der Reichste der Welt: Einhundert Milliarden mensche Jeschuas willst du haben, einhundert Milliarden mensche Jeschuas sollen dich erlaben, aber das wird nicht gehen, das wird mensch niemals sehen, denn woher sollen die einhundert Milliarden menschen Jeschuas denn kommen, du sitzt in deiner kleinen Stube bang und beklommen, du scheust dich, große Taten zu verrichten, du willst immer nur deine Not und dein Elend bedichten?!

Jeschua Rex Text: Ich brauche einen Paß auf den Namen "Jeschua Rex Text", dann wird von mir der Reichtum herbeigehext, dann werde ich mich zweckmäßig regen, dann werde ich mich sinnvoll bewegen, aber ich muß noch warten und harren, ich muß geduldig in die Röhre starren, vielleicht wird mensch mir diesen Ausweis schon bald geben, ich tat jedenfalls danach, ihn zu bekommen, streben, ich habe meinen Antrag gestellt, hoffentlich werde ich nicht um die Früchte meines Mühens geprellt!

der Reichste der Welt: Du willst doch gar nicht reich sein, du willst doch gar kein Nabob und Krösus und Scheich sein, du fühlst dich doch wohl in deiner Haut, deine Augen haben schon über tausend Bücher erschaut, die Romane und Novellen haben dich erquickt, die Maiden hast du stets von dir geschickt, das ist vielleicht ein Krampf, in der Sinnlichkeit bist du kein Hans Dampf, du tust immer nur spähen und lugen, aber niemals willst du eine Zirze zum Beischlaf befugen!

Jeschua Rex Text: Es wird sich alles klären, meine Klemme wird nicht mehr lange währen, irgendwann werde ich die gewünschten Papiere schon empfangen, dann werde ich auch Gnade vor deinem Urteilsvermögen erlangen, bis dahin muß ich die Hände in den Schoß leider legen, denn es gebricht mir an des Profeten Segen, nur als Jeschua Rex Text kann ich sieghaft leben und lieben, aber ich habe bis jetzt noch keine einzige Zeile als Jeschua Rex Text geschrieben!

der Reichste der Welt: Du bist auch noch niemals der Reichste der Welt gewesen, du willst leider immer nur schreiben und lesen, du willst leider immer nur lesen und schreiben, du willst es leider immer am Kompjuter nur treiben, doch schließlich wird mensch dich preisen, du kannst der Menschheit den rechten Weg endlich weisen, Milliarden mensche Jeschua Rex Texte in JEUNEX sollen wesen, dann wird die Welt endlich von ihren Gebrechen genesen, dann wird mensch sich vertragen und versöhnen, und dann wird eine atemberaubende Messalina unter dir stöhnen, darauf tust du dich schon heute freuen, dann werden die Zirzen den Weg in dein Bett nicht mehr scheuen!

Jeschua Rex Text: Reich kann ich mich noch nicht nennen, deshalb will auch keine Eulalia für mich entbrennen, doch ich will nicht über die Josefinen sprechen, ich will auch keine Lanze für die Nächstenliebe brechen, jedenfalls nicht in diesem Rahmen, denn es geht ja um meinen Namen, ich brauche einen Ausweis auf die Betaufung "Jeschua Rex Text", dann erst wird erfolgreich von mir gehext, ohne diesen Paß kann ich meinen Laden schließen, ohne diese Papiere kann ich mein Dasein nicht genießen, deshalb will ich endlich auch wirklich Jeschua Rex Text heißen, dann kann ich mich einer atemberaubenden Laufbahn befleißen!

der Reichste der Welt: Kannst du das nicht deiner Frisörin erzählen, warum tust du mich zu deinem Gesprächsteilhaber erwählen, das kann ich nicht verstehen, wieso muß das denn geschehen, weshalb mußt du mich denn mit deinen Ödnissen peinigen, ich will mich mit deiner geistigen Sfäre nicht vereinigen, du tust immer nur an Mangel und Not und Elend denken, und da sollte mensch ausgerechnet dich mit einhundert Milliarden menschen Jeschuas beschenken?!

Jeschua Rex Text: Es muß ja sein, ich wese noch allein, aber ich muß eine Gemeinschaft gründen, viele Anhänger sollen sich mit mir verbünden, dann kann ich etwas bewirken auch in den entlegenen Bezirken, dann werden Milliarden Jeschua Rex Texte wesen, dann wird die Menschheit von ihren Gebrechen genesen, doch ich muß dann auch wirklich den Jeschua Rex Text markieren, sonst werde ich den Kampf um Menschland wahrscheinlich verlieren!

der Reichste der Welt: Du bist nur an Wörtern reich, an Sätzen gleichst du einem Scheich, aber dein Beutel ist und bleibt leer, und es gibt für dich niemals einen sinnlichen Verkehr, die Nixen meiden dich wie die Pest, weil es sich nicht gut Kirschen mit dir speisen läßt, du hattest schon mehr als eine Gelegenheit, aber es gebrach dir immer an der erforderlichen Verwegenheit, mutig bist du nur in deinen Gedanken, aber die Menschdorfer weisen dich immer wieder in die Schranken!

Jeschua Rex Text: Die Menschdorfer kennen keine Kultur, ich aber bin Göte und Schiller auf der Spur, ich tue mich dem Guten und Schönen weihen, ich kann dem Häßlichen sein Vorhandensein nicht verzeihen, und deshalb schreibe ich mir die Finger wund, auf diese Weise tue ich meine Weisheit kund, ich habe nicht alles, aber doch das Wichtigste erkannt, deshalb werde ich auch bald der größte Dichter aller Zeiten und Länder genannt!

der Reichste der Welt: Das wird mensch niemals über dich sagen, mensch muß deine enge Umgebung beklagen, dir fehlt es an Weltläufigkeit, du Wicht, kennst du denn die Länder der Erde nicht, nein, du hast Menschland nur selten verlassen, und du tust dich meist nur mit den Menschdorfern befassen, aber die Menschdorfer können die Wirklichkeit nicht angemessen spiegeln, in Menschdorf bleibt dir jegliches Treiben ein Buch mit sieben Siegeln?!

Jeschua Rex Text: Reich ist mensch nicht nur mit viel Geld, sondern mensch ist auch reich als ein flinkhandelnder Held, denn wenn mensch gesund durch die Gegend schreitet und wenn menschen das Wohlwollen seiner Mitbürger begleitet, wenn mensch sich früh aus dem Bett erhebt und wenn mensch den Tag dann handelnd durchlebt, dann ist mensch reich an guten Taten, dann ist das Leben ebenfalls wohlgeraten!

der Reichste der Welt: Du tust noch viel zu lange schlafen, mit dieser Untätigkeit tut dich das Schicksal bestrafen, als der Reichste der Welt kannst du noch nicht gelten, du west in der anödendsten aller Welten, das muß mensch leider sagen, darüber muß mensch sich leider beklagen, aber du kannst in Ruhe deine Werke schaffen, und wenn dich die Menschdorfer auch verständnislos begaffen, so greifen sie dich doch nicht handfest an, freilich schlägst du sie auch nicht mit deiner Ausstrahlung in den Bann!

Jeschua Rex Text: An diesem Sonntag habe ich nur geschrieben und gelesen, es ist mir ein unaussprechliches Vergnügen gewesen, das muß ich immer wieder meinen, es tut zwar als eine Ausrede und Ausflucht erscheinen, aber ich verfolge gern, wie der Geist in den Büchern waltet und wie das Denken sich in den Romanen und Novellen gestaltet, davon kann ich gar nicht genug bekommen, meinem Bewußtsein tut diese Beschäftigung ungemein frommen!

der Reichste der Welt: Noch hast du den ersehnten Ausweis nicht empfangen, noch tatest du die Aura eines Jeschua Rex Textes nicht erlangen, so mußt du dich eben begnügen und bescheiden, das läßt sich beim besten Willen nicht vermeiden, so mußt du eben in der Tretmühle werken, du kannst die Menschheit noch nicht kräftigen und stärken, du kannst den Erdenbürgern noch nicht den Frieden bringen, du kannst nur beim Geschirrspülen mensche Lieder summen, pfeifen und singen!

Jeschua Rex Text: Mit diesem Widerspruch zwischen Wollen und Können muß ich leben, ich tue ja nach dem Hohen und Erhabenen streben, aber es wird mir keine öffentliche Wirkung beschieden, und als Stubengelehrter bin ich natürlich nicht zufrieden, aber es wird sich alles nach meinen Wünschen formen, ich tat nicht vergeblich kellern, meiern und stormen, ich tat nicht erfolglos göten, schillern und kleisten, ich verfüge über mehr Belesenheit als die meisten!

der Reichste der Welt: Du tust auch nicht auf das Fleisch verzichten, du willst das Reich des Jeschua Rex Textes errichten, und dann soll die Gesundheit eine Rolle spielen, dann willst du tausendundeinen Sieg erzielen, alle Menschen sollen mindestens einen grundlegenden Wohlstand erlangen, niemensch soll mehr um sein bloßes Überdauern bangen, niemensch soll hungernd und durstend darniedersinken, alle Menschen sollen in ausreichendem Maße essen und trinken!

Jeschua Rex Text: Gestern und heute habe ich in der Werkhalle vierzigzwei Menschstädter verteilt, auf diese Weise habe ich auf angenehme Art unter meinen Mitmenschen geweilt, seit zehnfünf Jahren tue ich in diesem Betrieb werken, allmählich tut mensch das fortschreitende Alter merken, aber ich bin zu fast allen Terminen pünktlich gewesen, und daneben konnte ich immer noch ausgedehnt schreiben und lesen!

der Reichste der Welt: Geldlich hat es sich nicht gelohnt, du wurdest von kaum einer Mühe verschont, und in der Liebe hattest du kein Glück, die sanfte Liese wies dich immer zurück, dein Gehirn tut in der Sinnlichkeit nichts taugen, keine Tusnelda konnte sich jemals Honig aus dir saugen, deine Gedanken müssen sich in dieser Hinsicht im Kreise drehen, im Bett wird mensch dich vermutlich niemals zufrieden und weise sehen!

Jeschua Rex Text: Irgendwann muß die Entscheidung doch fallen, werde ich dann die Hände zu Fäusten ballen, oder werde ich jubelnd singen und jauchzend springen, wird mir ein Ausweis auf den Namen "Jeschua Rex Text" gelingen, oder werde ich enttäuscht in die Röhre starren, in meinem Dachstübchen fehlt so mancher Sparren, aber als Jeschua Rex Text werde ich die Menschheit entsehren, und ich werde das Ausmaß der allgemeinen Harmonie vermehren?!

der Reichste der Welt: Es ist bitter für dich, den richtigen Weg zu kennen und immer wieder für die Wahrheit zu entbrennen, während deine Mitmenschen dich nicht begreifen, deine Fantasie tut bis zu den Sternen schweifen, der rote Planet soll fortan Irene heißen, die Menschen sollen sich des Menschtums in JEUNEX befleißen, nun ja, du hast deine Einsichten schon oft beschrieben, aber auf der Erde ist alles beim alten geblieben!

Jeschua Rex Text: Nur als ein wirklicher Jeschua Rex Text kann ich die Zustände wandeln, nur als ein wirklicher Jeschua Rex Text kann ich klug und umsichtig handeln, gegenwärtig kann ich nur warten und lauern, ich würde so gern loslegen und pauern, aber wenn die Umgebung nicht mitspielt bei meinen Plänen, dann werde ich mich vergeblich den Beherrscher der Menschheit wähnen, so nehme denn das Schicksal seinen Lauf, irgendwann hört dieses menschenunwürdige Dasein hoffentlich auf!

der Reichste der Welt: Du mußt immer positiv denken, du mußt stets deine Mitmenschen beschenken, dann werden sie sich friedlich benehmen, dann werden sie sich zu anständigen Taten bequemen, noch ist Menschland nicht verloren, du west zwar unter Narren, Jecken und Toren, aber du wirst nach Menschland marschieren, die Unmenschen werden ihr Unmenschtum verlieren, dann wird sich die mensche Sprache verbreiten, deine Bücher werden die Sittlichkeit in eine erstaunliche Höhe leiten!

Jeschua Rex Text: An diesem Abend wollte ein Bekannter mich besuchen, doch ich tat diesen Kerl innerlich verfluchen, fünfzigfünf mensche Jeschuas hat er sich schon von mir geborgt, er hat immer wieder für Kummer und Verzweiflung bei mir gesorgt, er ist immer nur um des Geldes zu mir gekommen, und auch jetzt sollte ich ihm wieder mit einem kleinen Betrag frommen, er klagte, seine Gefährtin hätte ihn aus der Wohnung geschmissen, doch ob es der Wahrheit entsprach, woher soll ich das wissen?!

der Reichste der Welt: Und nun müssen dich Gewissensbisse plagen, weil du ihm die Hilfeleistung tatest versagen, als einen derart strengen Verneiner hast du dich nicht gemalt, du hast immer wieder mit deiner Nächstenliebe geprahlt, aber alles hat auf der Erde seine Grenzen, auch ein Schenie kann nicht bei jeder Gelegenheit glänzen, auch ein Jeschua Rex Text kann nicht bei jedem Anlaß siegen, auch ein Menscher in JEUNEX muß bei manchem Kampf unterliegen!

Jeschua Rex Text: Ich hoffe den erwünschten Ausweis zu erhalten, dann wird sich mein Dasein endlich sinnvoll gestalten, dann werden diese Parasiten und Schmarotzer mich meiden, dann brauche ich unter diesem betrügerischen Gesindel nicht mehr zu leiden, mein ehemaliger Mennetscher ist gottseidank gestorben, er hat sich bei mir so manchen erschwindelten Jeschua erworben, er hat mich belogen, er hat mich betrogen, ich tue nicht um ihn weinen, er tut mir zu schurkisch erscheinen!

der Reichste der Welt: Der Reichste der Welt wirst du niemals werden, das versichere ich dir mit nachdrücklichen Gebärden, denn als den Reichsten der Welt würde mensch dich von vielen Seiten aus beflehen, und du würdest keinen Sinn darin, diese Bitten abschlägig zu bescheiden, sehen, die einhundert Milliarden mensche Jeschuas hättest du rasch wieder verloren, du wurdest nun einmal zu einem reinplatonischen Künstler geboren!

Jeschua Rex Text: Ich kann die Menschheit nur dann befreien, ich kann mich nur dann dem Guten und Schönen weihen, wenn die einhundert Milliarden mensche Jeschuas zu mir fließen, nur dann werden die Erdenbürger meine neuen Gefüge genießen, nur dann wird der ewige Weltfrieden von mir gestiftet, nur dann wird das allgemeine Klima von mir gründlich entgiftet, die einhundert Milliarden mensche Jeschuas sollen zu mir eilen, dann kann ich die Menschheit von all ihren Gebrechen heilen!

der Reichste der Welt: Du und Reichtum - das sind zwei Paar Schuhe, laß mich mit deiner Geldgier endlich in Ruhe, du wirst es bis zu deinem Tode nicht schaffen, dir einhundert Miliarden mensche Jeschuas zu erraffen du kannst die Arbeit an diesem Buch beenden, denn deine Not wird sich bis zu deinem Sterbebett nicht wenden, einhundert Milliarden mensche Jeschuas wirst du nicht erlangen, einhundert Milliarden mensche Jeschuas wirst du nicht empfangen, das kann dir jeder Menschdorfer sagen, du mußt ihn nur einmal danach fragen!

Jeschua Rex Text: Es sieht so aus, als würde ich mir den Namen "Jeschua Rex Text" gewinnen, dann kann ich endlich der gegenwärtigen untauglichen Bezeichnung entrinnen, aber das Ergebnis steht noch nicht fest, diese Ungewißheit gibt mir noch den Rest, doch ich muß warten und harren, vielleicht werde ich in die Röhre starren, vielleicht werde ich als Jeschua und als Rex Text dann wesen, dann werde ich umfassend geheilt werden und gründlich genesen!

der Reichste der Welt: Die Paterie tut im Gegensatz zur Materie stehen, die Barbaren tun stets nur die Materie sehen, doch die Paterie ist auch nicht zu verachten, mensch muß die Welt manchmal mit geistigen Augen betrachten, freilich soll mensch das Stoffliche ebenfalls schätzen, beides zusammen schafft Frieden auf den öffentlichen Plätzen, der Mann und die Frau tun sich zu einem Ganzen vereinigen, allein für sich würden sie sich nur peinigen!

Jeschua Rex Text: Ein Kind braucht Vater und Mutter, dann ist bei ihm alles in Butter, auf diese Weise wird es bestmöglich erzogen, und wird es später um die Genüsse des Daseins betrogen, so hat es doch eine glückliche Jugend verbracht, so daß es als Erwachsener nicht so leicht zusammenkracht, ich habe viel ausgehalten und ertragen, die Menschdorfer taten mich gar heftig plagen, sie haben mich grauenhaft zusammengesprochen, aber ich bin trotzdem nicht zusammengebrochen!

der Reichste der Welt: Das hast du deiner Herkunftsfamilie zu verdanken, mit deinen drei Brüdern tatest du dich manchmal zanken, aber ihr habt euch auch wieder versöhnt, du bist von daher herzliche Umgangsformen gewöhnt, und wenn in Menschdorf die Unduldsamkeit wütet, dann wirst du von den Erfahrungen deiner Kindheit behütet, dich kann so rasch nichts vernichten, du wirst deshalb gewißlich das Reich des Jeschua Rex Textes errichten!

Jeschua Rex Text: Ich mußte meinen Vater und meine Mutter verlassen, denn ich durfte mich nicht mehr mit ihrem Nachnamen befassen, aus diesem Grund muß ich auch meine drei Brüder meiden, ich glaube nicht, daß sie sonderlich darunter leiden, manchmal werde ich von einer großen Sehnsucht nach ihnen erfüllt, doch ich habe mich ihnen gegenüber in ein dauerhaftes Schweigen gehüllt, ich muß meine Sendung erledigen, meine Verwandten würden mich dabei nur schädigen!

der Reichste der Welt: So grausam kann das Leben spielen, doch du strebst eben nach hohen Zielen, und da muß mensch viele Opfer bringen, hoffenlich werden dir auch erstaunliche Taten gelingen, hoffentlich werden durch deinen Einfluß viele Wunder geschehen, hoffentlich wird mensch dich bald im Mittelpunkt der Aufmerksamkeit sehen, dann hast du alles richtig gedacht, und dann hast du auch alles richtig gemacht!

Jeschua Rex Text: An diesen Sonntag im Februar schneit es ununterbrochen, der Winter hat sein letztes Machtwort gesprochen, doch in einer Woche wird die weiße Pracht verschwunden sein, dann werden wir von der Kälte und der Dunkelheit entbunden sein, darauf freue ich mich schon jetzt, dann werden wir entwundet und entletzt, dann wird es warm in unseren Seelen, dann wird uns zu unserem Glück nichts mehr fehlen!

der Reichste der Welt: Die einhundert Milliarden menschen Jeschuas wirst du noch vermissen, und durch den neuen Ausweis wirst du der unzweckmäßigen Geistigkeit entrissen, es ist auch nicht schlimm, seine Bedürfnisse zu sagen, irgendein Wunsch tut den Menschen ja immerdar plagen, mensch darf sie nicht verstecken, im Gegenteil, mensch wird erst dann verhelden und verkämpen und verrecken, wenn mensch sich zu seinen Begierden bekennt und wenn mensch für seine Sehnsüchte entbrennt!

Jeschua Rex Text: Die kleine Kassiererin war gestern nicht mit mir zufrieden, ihr wurde von mir kein freundliches Wort beschieden, meine Schüchternheit ließ mich ihr gegenüber verstummen, deshalb mußte sie unwirsch brummen, sie hat sich bei dem Ladenschwengel über mich beschwert, offensichtlich verhalte ich mich ihr gegenüber völlig verkehrt, aber ihre Eltern sind viel jünger als ich, diese Zirze ist nun wirklich nichts für mich!

der Reichste der Welt: Reichtum hast du dir noch nicht erworben, durch viele Barbaren wird dir die frohe Stimmung verdorben, doch mit dem Paß auf Jeschua Rex Text wird es dir gelingen, die ganze Menschheit zu beflügeln und zu beschwingen, dann wirst du deine Lehre öffentlich verkünden, dann werden sich zahlreiche Anhänger mit dir verbünden, dann wird der Frieden hergestellt für immer, und die allgemeine Lage wird immer besser und nicht immer schlimmer!

Jeschua Rex Text: Eine schöne und geistreiche Ehefrau habe ich noch nicht gefunden, darüber kann ich nur meinen heftigen Unmut bekunden, doch so spielt eben mein Leben, es tut keine Nixe für mich geben, doch bald wird mein Bewußtsein erneut, ich habe die Feen bis heute gescheut, dann aber werde ich mich zu ihnen wenden, und mein Junggesellentum wird für immer enden, dann werde ich eine anmutige Desiree küssen, streicheln und ficken, dann werde ich eine rassige Magelone zum Höhepunkt schicken!

der Reichste der Welt: Noch ist Menschland nicht verloren, du hast dir hohe Ziele erkoren, aber du allein kannst die Menschheit heilen, die Erdenbürger sollen im Paradiese weilen, du bist der Weg und die Wahrheit und das Leben, eine zufriedene Gesellschaft kann es nur durch deinen Einfluß geben, so wolle denn alsbald wirken und werken, mensch soll deine Einsichten in der Öffentlichkeit merken, dann wirst du die Heuchelpfaffen vernichten, dann wird mensch nur noch mensche Jeschua Rex Texte in JEUNEX sichten!

Jeschua Rex Text: Auch heute hat es noch geschneit, aber bald ist es endlich soweit, dann wird der Frühling einziehen in seiner Pracht, das wird der Winter um seine Macht gebracht, dann erfüllt eine wohltuende Wärme die Seelen, dann erschallen fröhliche Lieder aus etlichen Kehlen, dann wird das Leben genossen, dann fühlt mensch sich nicht mehr verdrossen, ich kann es kaum erwarten, das viele Licht zu spüren, die Strahlen der Sonne werden mich angenehm berühren!

der Reichste der Welt: Der Herr Wunsch hat dir noch nicht geschrieben, du hast es noch niemals als Jeschua Rex Text getrieben, du würdest gern als Jeschua Rex Text endlich walten und auf diese Weise deine Vollzüge erfreulich gestalten, ja, wie wird der Herr Wunsch sich entscheiden, mußt du bis zu deinem Tode leiden, oder kannst du endlich loslegen und pauern, oder mußt du deine Tage an der Inde vertrauern?!

Jeschua Rex Text: Tagtäglich stelle ich mir diese Frage, diese Ungewißheit ist wirklich eine Plage, denn sollte der Herr Wunsch in meinem Sinne beschließen, so daß der Jeschua und der Rex Text mich nachhaltig entdrießen, dann wird alles von allein zügig gehen, dann wird ein Wunder nach dem vorigen geschehen, aber wenn der Herr Wunsch mir den Jeschua Rex und den Text nur gibt, dann werde ich auch in einem Jahr noch von keiner Lilofee geliebt!

der Reichste der Welt: Die Zukunft der Menschheit hängt an einem seidenen Faden, wird der Herr Wunsch dich mit dem Jeschua und dem Rex Text begnaden, das wird sich in den nächsten Wochen erweisen, unter welcher Betaufung wirst du vergreisen, denn im widrigen Fall müßtest du noch einmal deinen Namen wandeln, denn nur als Jeschua und als Rex Text kannst du vernünftig handeln, dieser Not soll dich der Herr Wunsch entreißen, bis zu seiner Mitteilung mußt du geduldig auf die Zähne beißen?!

Jeschua Rex Text: Ich bin es leid, immer nur zu werken, mein Glied möchte auch einmal eine Scheide merken, mein Kolben möchte auch einmal einen Zülinder fühlen, mein Pflug möchte auch einmal in einem Acker wühlen, der Leser kennt mein Elend zur Genüge, genial und heilsam sind meine neuen Gefüge, doch nur als Jeschua und als Rex Text kann ich meine Lehre verbreiten, nur dann erleben die Menschen neue und schöne Zeiten!

der Reichste der Welt: Der Reichste der Welt bist du bis jetzt nicht geworden, noch bedrängen dich die barbarischen Meuten und Horden, die Auschwitzianer wollen dich vernichten, die Menschdorfer wollen dich in Menschdorf nicht sichten, du gehörst nicht hierher, müssen sie brüllen, denn sie können sich beim besten Willen nicht in Schweigen hüllen, aber du wirst nicht auf diese beschränkten Spießbürger hören, bald wird dich eine anmutige Lorelei betören, und dann wirst du sie küssen, streicheln und ficken, eine atemberaubende Maria Teresia wird dann zu deinem Beischlafantrag nicken!

Jeschua Rex Text: Ich muß immerzu an den Herrn Wunsch verzweifelt denken, wird er mir den Jeschua und den Rex Text auch schenken, oder wird er mich mit dem Jeschua Rex und mit dem Text versehen, dann würde ich wahrscheinlich vor die Hunde gehen, zumindest müßte ich wieder viele Jahre lang warten, um dann erst wieder einen Versuch, meinen Namen zu ändern, zu starten, diese Ungewißheit muß mich bepeinen, ich möchte mich so gern mit dem Jeschua und mit dem Rex Text vereinen!

der Reichste der Welt: Wärest du wirklich der Reichste der Welt und hättest du wirklich sehr viel Geld, dann würde mensch dir einen Ausweis auf Jeschua Rex Text unverzüglich geben, dann bräuchtest du nicht so knechtisch danach zu streben, dann könntest du Bürger in einem Entwicklungsland werden, dort würdest du den Bewohnern eine Milliarde mensche Jeschuas vererben, und dann würden sie dir gern den Jeschua und den Rex Text gewähren, vorerst aber muß deine riesige Wunde noch weiterhin schwären!

Jeschua Rex Text: Ich könnte auch in den vereinigten Staaten des Westreiches wohnen, dort zu siedeln würde sich für mich durchaus lohnen, denn das Namensrecht ist freizügiger in anderen Ländern, dort könnte ich meine Betaufung ohne viele Umstände ändern, aber ich will ja doch in Menschland bleiben, ich will auch weiterhin in der Sprache von Göte und Schiller schreiben, ich muß ein neues Auschwitz verhindern, ich muß das Ausmaß der Unmenschlichkeit vermindern!

der Reichste der Welt: Mit anderen Worten: du fühlst dich in Menschland wohl, nur die Gesetzgebung ist manchmal sehr hohl, das ist bei dem Steuerrecht der Fall, die Beamten der Finanzämter haben alle einen Knall, und was die Namen angeht, so tut mensch die Treue schätzen, niemensch soll sich leichtfertig an einer neuen Bezeichnung ergötzen, dieser Sachverhalt machte dir schon immer schwer zu schaffen, denn nur als Jeschua und als Rex Text kannst du dir viele Münzen und Scheine erraffen!

Jeschua Rex Text: Mir sind in dieser Hinsicht die Hände gebunden, ich kann nur meinen festen Willen bekunden, Jeschua und Rex Text zu heißen, denn dann würde ich mich des Erfolges befleißen, dann würde ich auf der ganzen Linie siegen, dann würden alle meine Gegner gar schmachvoll unterliegen, aber der Jeschua und der Rex Text wurden mir noch nicht gegeben, deswegen tue ich immer noch ohne Widerhall nach dem Reich des Jeschua Rex Textes streben!

der Reichste der Welt: Wie wird der Herr Wunsch sich entscheiden, mußt du auch weiterhin leiden, oder darfst du dich dann endlich freuen, brauchst du dann den Verkehr mit den Ämtern nicht mehr zu scheuen, denn dann hättest du ja einen Ausweis auf den richtigen Namen, dann dächtest du ja in einem angemessenen Rahmen, und dann würden alle Organisationen dir die Post auf Jeschua Rex Text endlich schicken, und dann darfst du auch endlich, endlich eine Kolombine küssen, streicheln und ficken?!

Jeschua Rex Text: Bei den Wahlen in Italien hat ein Klaun ein Viertel der Stimmen bekommen, diese Nachricht hat mir vor Unmut beinahe den Atem genommen, dieser Komiker kann den Bürgern nichts Vernünftiges gewähren, ich aber könnte ein sinnvolles neues Bewußtsein gebären, und ich muß mich herumschlagen mit den Bürokraten, sie verhindern das Wachstum meiner geistigen Saaten, das darf doch nicht stimmen, darüber muß ich heftig ergrimmen!

der Reichste der Welt: Zum Reichsten der Welt kannst du nicht steigen, wolle von deinen kühnen Plänen doch schweigen, einhundert Milliarden mensche Jeschuas wirst du niemals besitzen, einhundert Milliarden mensche Jeschuas werden niemals zu dir flitzen, du schreibst dir zwar in dieser Hinsicht die Finger wund, doch deine Vollzüge gestalten sich trotzdem nicht bunt, du kannst nichts machen, du mußt weinen und nicht lachen!

Jeschua Rex Text: Immer nur wollen und niemals etwas können - tut mir das Schicksal wirklich nichts anderes gönnen, ich habe doch mein geistiges Rüstzeug beisammen, die Menschen würden sich doch für meine Einsichten entflammen, sie würden meine Lehre begeistert lernen, sie würden sich gern von der schädlichen Überlieferung entfernen, und trotzdem komme ich nicht zurecht, ein Herr bin ich nicht, sondern ein Knecht!

der Reichste der Welt: Du solltest mit dem Reichsten der Welt nicht mehr klönen, denn du wirst dich niemals an seine Austrahlung gewöhnen, so etwas wie Reichtum kannst du nicht erringen, so etwas wie Wohlstand wird dir niemals gelingen, du bist nicht in der Lage, in der Lage zu sein, dein Leben scheint ein einziger Anlaß zur Klage zu sein, niemals sieht mensch dich heiter, du bringst die Menschheit gewiß nicht weiter!

Jeschua Rex Text: Die Dummheit hält mich in ihren Klauen, ich tue dem JEUNEX zwar vertrauen, aber ich kann meine Mitmenschen nicht verschlauen, ich kann meinen Mitlebenden das Dasein nicht entrauhen, es ist schlimm, etwas genau zu wissen, und es dann, daß die Erkenntnisse weitergegeben werden, zu missen, mensch fühlt sich wie ein Arzt, der die Leidenden nicht heilt, aber was soll ich tun, wenn das Geld nicht zu mir eilt?!

der Reichste der Welt: Du mußt auf den Ausweis auf den Namen "Jeschua Rex Text" warten, erst als Jeschua und als Rex Text kannst du deinen Feldzug starten, dann wirst du die Nächstenliebe überzeugend predigen, dann wirst du all die Hasser und Unterlasser für immer erledigen, noch ist Menschland nicht verloren, du wurdest zu einer hohen Sendung erkoren, und JEUNEX läßt dich am Ende siegen, all deine Gegner werden dir schmählich unterliegen!

Jeschua Rex Text: An diesem Sonnabend kann ich lesen und schreiben, ich darf es uneingeschränkt als Schriftsteller treiben, am Abend werde ich wieder die Buttermilch holen, dann werden mir die Menschdorfer den Hintern versohlen mit unflätigen und demütigenden Wörtern, mit denen sie mein abweichendes Verhalten erörtern, diese Auschwitzianer haben immer etwas zu murren, diese beschränkten Spießbürger haben immer etwas zu knurren!

der Reichste der Welt: Du bist eben nicht Jeschua Rex Text, du hast dir einen Ausweis auf diesen Namen noch nicht erhext, weder den Jeschua noch den Rex Text darfst du genießen, die Menschdorfer würden dich am liebsten erschießen, die Menschdorfer würden dich am liebsten vergasen, und deckt dich dermaleinst der kühle Rasen, dann werden die Menschdorfer zufrieden lachen, keine Menschdorferin wird jemals mit dir das Tier mit den vier Beinen machen!

Jeschua Rex Text: Mit meinem Reichtum ist es noch nicht weit her, das Talersammeln fiel mir immer schwer, einhundert Milliarden mensche Jeschuas tat ich noch nicht erlangen, einhundert Milliarden mensche Jeschuas habe ich noch nicht empfangen, so muß ich mich denn bescheiden, so muß ich denn siechen und darben und leiden, der Wohlstand läßt sich nicht bei mir blicken, ich darf keine Lilofee facken und ficken!

der Reichste der Welt: Du und ich leben in zwei verschiedenen Welten, du kannst mir nicht als meinesgleichen gelten, einhundert Milliarden mensche Jeschuas wirst du nicht bekommen, einhundert Milliarden mensche Jeschuas werden dir nicht frommen, das steht fest wie bei den Heuchelpfaffen das Amen, du bewegst dich eben in einem unzweckmäßigen Rahmen, es fliehen dich die vornehmen und gebildeten Damen, keine Venus giert jemals nach deinem allerköstlichsten Samen!

Jeschua Rex Text: Zum Reichsten der Welt werde ich niemals steigen, die einhundert Milliarden menschen Jeschuas werden sich mir niemals zeigen, ich habe deine Botschaft verstanden, ich gehe in Menschdorf zuschanden, ich kann meine Pläne nicht vollbringen, es tut mir nichts Anständiges gelingen, als ein menscher Jeschua Rex Text in JEUNEX tue ich wesen, doch ich kann von meiner Mittel-osigkeit nicht genesen!

der Reichste der Welt: Du allein kannst die Menschheit retten, du allein kannst die Sklaven entketten, du allein kannst den Erdenbürgern zum Vorbild dienen, so ein Erlöser wie du ist noch niemals erschienen, deshalb sollst du all deinen Mut zusammennehmen und dich zu großartigen Taten bequemen, irgendwann wirst du der Menschheit erscheinen, dann werden die Schwachen und Kleinen nicht mehr bitterlich weinen, dann werden die Kleinen und Schwachen endlich einmal unbeschwert lachen!

Jeschua Rex Text: Das Buttermilchholen hat in einer Katastrofe geendet, die kleine Kassiere-rin hat sich von mir gewendet, ich bin ihr und dem Ladenschwengel vor dem Supermarkt be-gegnet, doch dieser Aufeinanderprall war nicht sonderlich gesegnet, ich habe kein Wort über die Lippen gebracht, das hat sie unmutig und wütend gemacht, sie hat zu ihrem Buhlen gesagt, er solle an der Kasse sitzen, ich würde sie nur anstarren und mich dabei erhitzen!

der Reichste der Welt: Diese Nixe tut dir nur bis zu den Brustwarzen oder zum Bauchnabel gehen, du wirst sie vermutlich niemals auf deinem Laken sehen, sie sendet dir angenehme Empfindungen, doch es kommt zwischen euch zu keinerlei Verbindungen, das ist dir auch völ-lig recht, denn sie paßt zu dir nur schlecht, dieses ständige Drama kannst du nicht begreifen, wieso muß diese Zirze dich andauernd bekeifen?!

Jeschua Rex Text: So etwas wie Reichtum darf ich niemals erleben, ich muß immer in Angst und Bangnis schweben, der Herr Wunsch tut mir den Jeschua und den Rex Text wohl nicht ge-ben, ich bin ein Weinstock ohne jedwede Reben, ich bin ein Erlöser ohne den richtigen Na-men, da entsetzen sich über mich die Herren und Damen, ich kann nicht loslegen und pauern, ich muß in Menschdorf an der Inde versauern!

der Reichste der Welt: Du darfst ja nicht einmal in Menschdorf wohnen, du setzt Menschdorf zwar, doch es tut sich nicht lohnen, diese kleine Stadt tut gar nicht Menschdorf heißen, nur du tust dich immer wieder dieser Bezeichnung befleißen, einen Menschdorfer und eine Mensch-dorferin kann mensch nicht erschauen, und trotzdem muß es dir vor den Menschdorfern und Menschdorferinnen grauen, sie sind so unduldsam wie Türannen und Despoten, im Umgang mit ihnen ist äußerste Vorsicht geboten!

Jeschua Rex Text: So tut es sich ebenfalls mit Menschstadt und Menschland verhalten, ich kann diese Gebilde nicht nach meinen Vorstellungen gestalten, weder ein Menschstädter noch eine Menschstädterin tun durch Menschstadt schreiten, und kein Menscher tut eine Mensche durch Menschland begleiten, ich kann, wie ich will, um diese Ziele feiten, doch mensch wird mir stets ein Waterloo bereiten, ein Austerlitz darf ich niemals genießen, die ständigen Nieder-lagen müssen mich ungemein verdrießen!

der Reichste der Welt: Der Herr Wunsch wird deine Bitte nicht erfüllen, er wird sich zwar in kein mitleidloses Schweigen hüllen, er wird dir seinen Bescheid schon schicken, doch danach darfst du immer noch nicht ficken, als ein Jeschua und als ein Rex Text wirst du nicht wesen, du darfst von deinem Siechtum nicht genesen, der Herr Wunsch ist ein Beamter, der nur seine Vorschriften kennt, und daß jemensch heiß dafür entbrennt, sich Jeschua und Rex Text zu nen-nen und als Jeschua und als Rex Text durch die Gegend zu rennen, das kann er nicht billigen, in dieses Begehren kann er nicht willigen!

Jeschua Rex Text: An diesem Nachmittag ist in der Werkhalle etwas Seltsames geschehen, eine Gruppe von Sozialarbeitern tat durch die Werkhalle gehen, der neue Vorgesetzte hat sie geführt, eine langhaarige Blondine hat mich berührt, sie tat Ähnlichkeit mit einer ehemaligen Betreuerin aufweisen, mit dieser Eva taten wir damals in die Nähe von Regensburg reisen, aber es ist nicht diese Magelone gewesen, sondern mensch kann von dieser Edeltraut im "Beherrscher der Menschheit" lesen!

der Reichste der Welt: Irgendwo auf den ersten fünfzig Seiten tat sie dir eine riesige Freude bereiten, sie ist an einem Abend im Behindertenzentrum erschienen, sie tat dir mit einer überwältigenden Freundlichkeit dienen, du hast sie heute zum zweiten Mal in deinem Leben erschaut, aber durch ihre Anwesenheit hat in deiner Seele der Himmel geblaut, freilich ist sie verheiratet mit einem Polen, sie ist vergeben, dieses Muster tut sich bei dir immer wiederholen!

Jeschua Rex Text: Ein Junge hat mich auf dem Bürgersteig einen alten Idioten genannt, ich bin zeit meines Daseins für ungeeignete Nixen entbrannt, aber eigentlich bin ich ein junges Schenie, denn ich kenne das allerwichtigste Was und Wie, Menschland gibt es freilich nur in meiner Stube, über den Büchern bin ich ein braver und emsiger Bube, doch gegenüber den Messalinas bist ich scheu und verzagt, ich habe ihnen gegenüber noch niemals eine kühne Ansprache gewagt!

der Reichste der Welt: Als Schriftsteller weilst du eben oftmals allein, diese Einsamkeit bereitet dir nicht immer Pein, die Stunden am Kompjuter verschaffen dir Vergnügen, du liebst es, einen Satz an den vorigen zu fügen, doch du willst ja die Welt nach deinem Bilde wandeln, dann müßtest du freilich auch einmal kraftvoll handeln, da mußt du eben auf den Herrn Wunsch nun warten, erst dann kannst du deinen Feldzug für die Nächstenliebe starten!

Jeschua Rex Text: Herr Wunsch wird sich nicht nach meinem Antrag richten, ich muß darauf, die Menschheit zu lenken, für immer verzichten, an dieser lächerlichen Kleinigkeit wird es scheitern, ich kann zwar meine Mitlebenden erquicken und erheitern, aber ich kann den Jeschua und den Rex Text nicht erlangen, ich kann keine geistige Grundlage für meine Taten empfangen, meine Umgebung ist zu klein für mich, meine Umwelt läßt mich gar schmählich im Stich!

der Reichste der Welt: Du hast vom Herrn Wunsch noch keinen Bescheid erhalten, vielleicht tut er dich ja doch nicht zu Tode verwalten, vielleicht wird er dir den Jeschua und den Rex Text ja doch geben, dann tatest du nicht vergeblich nach einer sinnvollen Betaufung streben, du mußt warten und harren, noch mußt du nicht in die Röhre starren, noch wurde dir weder ein Ja noch ein Nein beschieden, so laß den Herrn Wunsch doch mit deinen heftigen Flehungen in Frieden, wolle dich ablenken und zerstreuen, wolle dich vergnügen und erfreuen, irgendwann wird der Brief auf dem Wohnzimmertisch liegen, dann tatest du vielleicht sämtliche Hindernisse für immer besiegen, und wenn nicht, dann tust es es später noch einmal versuchen, irgendwann wirst du ja wohl einen Erfolg dabei verbuchen!

Jeschua Rex Text: Die Menschdorfer sind so häßlich, ich mag sie nicht erschauen, mir muß es vor diesen lebenden Leichnamen grauen, es verschafft menschem keinerlei Vergnügen, sie zu betrachten, und wären sie Schweine, mensch würde sie schlachten, allerdings würde ihre Wurst nicht schmecken, nach einer Menschdorferin tut sich kein wackerer Bursche jemals die Lippen lecken, doch wenn mensch wegsieht, dann müssen sie keifen, sie können es, daß mensch sie nicht wertschätzt, nicht begreifen!

der Reichste der Welt: Der Herr Wunsch aber lacht dich aus, bald flattert dir sein Bescheid in das Haus, und dann wird er dir mitteilen, daß er dir den Jeschua und den Rex Text nicht geben kann, so daß der erste Mensche dann immer noch nicht nach dem Guten und Schönen streben kann, der Herr Wunsch kann dich nicht verstehen, der Herr Wunsch kann keinen Sinn in deinen Ausführungen sehen, er erachtet dich als einen Irren, dessen Gedankengänge sich mehr und mehr verwirren!

Jeschua Rex Text: Ich möchte den Herrn Wunsch auch einmal vergessen, ich bin zwar auf den Jeschua und den Rex Text versessen, aber das kann noch wochenlang dauern, soll ich inzwischen meine Tage vertrauern, ich bin nicht Jeschua Rex Text, es wird von mir nicht erfolgreich gehext, er wird von mir nicht erfreulich gesext, die Menschdorfer werden nach wie vor von mir verperplext, der Herr Wunsch wird sich nicht beeilen, der Herr Wunsch denkt nicht daran, mich umfassend zu heilen?!

der Reichste der Welt: Nur als Jeschua Rex Text kannst du die einhundert Milliarden menschen Jeschuas erhalten, nur als Jeschua Rex Text kannst du die einhundert Milliarden menschen Jeschuas verwalten, der Herr Wunsch wird dir diese Bitte bestimmt nicht erfüllen, auch im künftigen Sommer wird dein Glied vergeblich nach einer Scheide brüllen, du kannst dich unverzüglich erschießen, du wirst den Jeschua Rex Text nämlich niemals genießen!

Jeschua Rex Text: Ich weiß nicht, was das alles bezweckt, ich habe darin noch keinen Sinn entdeckt, der Herr Wunsch ist der Herr über Tod oder Leben, ich muß vor dem Herrn Wunsch in Angst und Bangnis schweben, das darf doch nicht wahr sein, ich könnte schon längst ein Star sein, aber ich darf meinen Namen nicht wandeln, eine unzweckmäßige Geistigkeit tut mir das Bewußtsein verschandeln, was bringt mir das für einen Gewinn, wo führt das denn einmal hin?!

der Reichste der Welt: Wie in einem Obrigkeitsstaat wird über dein Schicksal entschieden, noch bist du mit deiner Betaufung nicht zufrieden, noch mußt du dich quälen und schinden, noch kannst du dich mit keiner anmutigen Lorelei verbinden, aber irgendwann wird die Erlösung kommen, dann wird die Last der Schmerzen von dir genommen, dann wirst du jauchzen und jubeln und frohlocken, dann wirst du nicht mehr jähzornig grollen und bocken, irgendwann wirst du deinen inneren Frieden erlangen, dann braucht es dir nicht mehr vor deiner Umgebung zu bangen!

Jeschua Rex Text: Der Herr Wunsch läßt sich Zeit, es ist immer noch nicht soweit, ich habe seinen Bescheid noch nicht bekommen, der Jeschua Rex Text kann mir noch nicht nutzen und frommen, doch es ist fraglich, ob der Herr Wunsch mir diesen Namen geben wird und ob der erste Mensche dann endlich in diesem Rahmen leben wird, diese Ungewißheit zerreißt mir die Nerven, meine angespannte Lage muß sich mehr und mehr verschärfen!

der Reichste der Welt: Du bist eben nicht der Reichste der Welt, du bist eben kein siegreicher und strahlender Held, mitten im Elend bist du gefangen, in allergräßlichster Not mußt du bangen, dem Herrn Wunsch eignet eine riesige Macht: entweder wirst du von ihm um den Verstand gebracht, oder aber er wird deinen Geist für immer heilen, dann wirst du im irdischen Paradiese weilen, der Jeschua Rex und der Text würden dich bepeinen, der Jeschua und der Rex Text würden dich mit dem Glück vereinen!

Jeschua Rex Text: Ich würde so gern mein Bewußtsein erweitern, aber nur der Jeschua und der Rex Text können mich erheitern, der Herr Wunsch soll meine Bitte erfüllen, dann braucht mein Glied nicht mehr vergeblich nach einer Scheide zu brüllen, aber der Herr Wunsch wird mich als einen Irren betrachten, und wenn er mich im Stich läßt, dann muß ich immer noch schmachten, dann muß ich in schwülen Sommernächten einsam liegen, dann wird sich keine warme Eva an meine Seite schmiegen!

der Reichste der Welt: Es ist eines modernen Menschen unwürdig, derart zu leiden, aber es läßt sich in einem Obrigkeitsstaat nicht vermeiden, die Menschen in Menschland leben noch hinter dem Mond, sie sind das Menschtum in JEUNEX noch nicht gewohnt, sie haben sich an den Jeschua Rex Text noch nicht gewöhnt, deshalb wird von den Menschen in Menschland noch oftmals unmutig gestöhnt, der Stehmann tut noch nicht in den Stuben prangen, deshalb tut mensch noch häufig erfolglos wünschen und verlangen!

Jeschua Rex Text: Die Kräfte tun mir schwinden, keine Tusnelda will sich an mich binden, ich muß wie Falschgeld durch die Gegend schreiten, die Buhrufe der Menschdorfer müssen mich begleiten, sie tun mir leid in ihrer Dumpfheit, sie dauern mich in ihrer Stumpfheit, wie kann mensch nur ein Menschdorfer sein, Menschdorf lädt einen gebildeten Menschen nicht zum Verweilen ein, nur die primitiven Gemüter fühlen sich in Menschdorf wohl, denn diese Krähwinkler überlegen oberflächlich und hohl?!

der Reichste der Welt: Einhundert Milliarden mensche Jeschuas willst du erlangen, einhundert Milliarden mensche Jeschuas willst du empfangen, aber das wirst du nicht schaffen, du wirst diese Summe nicht an dich raffen, einhundert Milliarden mensche Jeschuas wirst du niemals haben, einhundert Milliarden mensche Jeschuas werden dich niemals erlaben, du solltest dich endlich erschießen, du tust die ehrbaren Menschdorfer zu sehr verdrießen, sie können dich nicht ehren, du tust sie nichts lehren, du hältst dich zurück, du eilst ihnen nicht entgegen, nicht ein einziges Stück!

Jeschua Rex Text: An diesem Abend habe ich die kleine Kassiererin wieder gesehen, es tat zwischen uns nur ein oberflächlicher Austausch von Höflichkeiten geschehen, ein tiefer Eindruck von ihr ist nicht geblieben, ich habe es ja nur in meiner Einbildung mit ihr getrieben, aber sie bezaubert mich wirklich ungemein, ich weiß, es kann, es darf, es soll nicht sein, aber ihr Gesicht ist wunderbar geschnitten, diese Fee würde ich gern einmal um einen Beischlaf bitten!

der Reichste der Welt: Wie ein Luxusweibchen mutet sie dich nicht an, aber sie zieht dich immer wieder in ihren Bann, sie hat dich angelächelt voller Vertrauen, du tatest sie gern wieder einmal erschauen, sie hat dich an diesem Abend auch nicht gescholten, du hast ihr als ein lieber Bekannter gegolten, aber du hast versucht, Abstand zu wahren, sicherlich würdest du dich gern mit dieser Zirze paaren, aber tausend Gründe sprechen dagegen, die Gesellschaft gäbe dir dazu keinen Segen!

Jeschua Rex Text: Mensch könnte diese Sirene als meine Enkeltochter betrachten, ich werde gewißlich noch einmal geistig umnachten, wenn ich mich zu ausführlich mit dieser Sülfe befasse, weil ich dann unweigerlich auf entsetzliche Weise Federn lasse, wie ein Lustgreis stehe ich dann da, doch ihr Anblick geht mir wirklich nah, wahrscheinlich bilde ich mir das alles nur ein, diese Luise ist auf meinem Weg zum Ruhm nur ein hinderlicher Stein!

der Reichste der Welt: Sie hat dich schon vergessen, sei nicht mehr auf sie versessen, sie ist vierzig Jahre jünger als du, die Menschdorfer riefen zu einer Beziehung mit ihr buh, und ausnahmsweise hätten diese engstirnigen Spießbürger einmal recht, denn sie und du - ihr paßt zueinander schlecht, es hat keinen Sinn, diese Maid zu küssen, darauf wirst du für immer verzichten müssen, schlage sie dir aus dem Kopf, sonst bleibst du tatsächlich ein bedauernswerter Tropf!

Jeschua Rex Text: Meine Anzeige in dem Jeschua Rex Texter Stadtmagazin hat nichts gebracht, ich verliere wahrscheinlich um Menschland die Schlacht, Herr Wunsch muß mir einen Ausweis auf den Namen "Jeschua Rex Text" unbedingt geben, dann werde ich erfolgreich nach Ehre und Ansehen streben, doch wenn Herr Wunsch sich weigert, dann wird nicht nur mein Unmut gesteigert, sondern dann kann ich die Menschheit auch nicht befreien, dann werden meine neuen Gefüge niemals blühen, wachsen und gedeihen!

der Reichste der Welt: Zum Reichsten der Welt willst du steigen, doch die einhundert Milliarden menschen Jeschuas tun sich dir nicht zeigen, einhundert Milliarden mensche Jeschuas willst du erlangen, einhundert Milliarden mensche Jeschuas willst du empfangen, aber das wird dir nicht gelingen, es trällert dir ihre Lieder nicht die Lorelei von Bingen, du kannst die Vielzahl der Hindernisse nicht bezwingen, du tatest stets vergeblich denken, dichten und singen, die Menschheit wird niemals nach deiner Pfeife tanzen, es bleibt dir nichts übrig, als immer wieder einmal wehmütig zu banzen, in deiner stillen Kammer kannst du machtvoll danzen, aber deine Einsichten bleiben verborgen dem großen Ganzen!

Jeschua Rex Text: Von den einhundert Milliarden menschen Jeschuas kann ich noch nichts gewahren, einhundert Milliarden mensche Jeschuas tat ich mir noch nicht ersparen, so bin ich noch nicht zum Reichsten der Welt gestiegen, doch ich werde sicherlich sämtliche Hindernisse besiegen, und ich werde gewißlich alle Sperren überwinden, es wird sich für mich noch ein Ausweg aus meinem Elend finden, ich werde triumfieren, ich werde nach Menschland marschieren!

der Reichste der Welt: Du willst den Reichsten der Welt markieren, doch du mußt diesen Kampf um einen riesigen Wohlstand letztendlich verlieren, die Dummheit hält dich in ihren Klauen, keine Eva will dir vertrauen, du kannst die Menschheit nicht verschlauen, es muß den braven Bürgern vor dir grauen, du bist das Zerrbild eines Erlösers immer gewesen, du wirst bis zu deinem Tode schreiben und lesen, etwas anderes wirst du niemals beginnen, du kannst das Ringen um deine neuen Gefüge nicht gewinnen!

Jeschua Rex Text: Die Menschheit wartet auf mein Erscheinen, die Schwachen und Kleinen wollen nicht länger weinen, so muß ich mich denn doch einmal zeigen, ich darf nicht länger unbeteiligt schweigen, aber hier muß ich wieder den Herrn Wunsch erwähnen, die Leser werden bei diesem Namen gähnen, aber dieser Beamte entscheidet über die Zukunft der Welt, noch bin ich nur auf dem Papier ein überragender Held, der Herr Wunsch kann mir eine riesige Macht verleihen, als wirklicher Jeschua Rex Text kann ich mich tatsächlich dem Guten und Schönen weihen!

der Reichste der Welt: Du willst doch nur deinen Namen ändern, das ist viel leichter in anderen Ländern, das ist viel einfacher in anderen Staaten, doch bei dem Herrn Wunsch bist du vor die falsche Schmiede geraten, er wird deine Bitte nicht erfüllen, du wirst nach seinem Bescheid grimmig brüllen, du wirst nach seiner Botschaft wütend schreien, die Behörde kann dir den Jeschua Rex Text nicht verleihen, das Amt kann dir den Jeschua Rex Text nicht geben, du darfst weder als Jeschua noch als Rex Text jemals streben!

Jeschua Rex Text: Noch habe ich keine Nachricht erhalten, noch tut mensch diesen Vorgang verwalten, aber ich will endlich Klarheit bekommen, diese Gewißheit würde meinem Gemüte frommen, diese Wahrheit würde meiner Seele nützen, JEUNEX möge mich vor weiteren derartigen Lagen beschützen, die Romane und Novellen können mich ein wenig zerstreuen, doch über einen Paß auf Jeschua Rex Text würde ich mich ungemein freuen!

der Reichste der Welt: Einhundert Milliarden mensche Jeschuas willst du ergattern, von einhundert Milliarden menschen Jeschuas tust du beständig schnattern, doch du wirst mit leerem Beutel durch die Gegend tattern, und noch bis zu deinem Tode läßt du die Handmaschine rattern, das dein Los auf Erden, zufrieden wirst du niemals werden, erfolgreich wirst du niemals feiten, du kannst den Menschen das Paradies nicht bereiten, du hast den Mund zu voll genommen, jetzt sitzt du da und zitterst beklommen, und der Herr Wunsch wird dir einen Vogel weisen, als Jeschua Rex Text wirst du niemals durch die Gefilde reisen!

Jeschua Rex Text: Soll ich wieder über den Herrn Wunsch fantasieren, ich würde so gern nach Menschland marschieren, ich würde so gern unbehelligt durch Menschdorf spazieren, ich würde so gern einmal den Verstand nicht verlieren, aber das wurde mir bis heute nicht gegeben, ich tue erfolglos denken und streben, niemensch will meine Bücher lesen, all meine Anstrengungen sind bisher ohne jeglichen Lohn gewesen?!

der Reichste der Welt: Du verschaffst dem Herrn Wunsch eine riesige Macht, aber er ist doch kein König in seiner Pracht, er ist doch nur ein Beamter in seinem Zimmer, dein Zustand aber wird immer schlimmer, manchmal wähnst du, er würde dir den Jeschua und den Rex Text gewähren, dann könntest du dir und der Menschheit ein neues Bewußtsein gebären, manchmal meinst du, er würde dir nur den Jeschua Rex und den Text verleihen, das aber könntest du ihm dann gar nicht verzeihen!

Jeschua Rex Text: Einhundert Milliarden mensche Jeschuas will ich besitzen, einhundert Milliarden mensche Jeschuas sollen zu mir flitzen, dann kann ich als der Reichste der Welt wirklich gelten, dann lebe ich in der vermögendsten aller Welten, aber die einhundert Milliarden menschen Jeschuas lassen sich nicht bei mir blicken, niemensch will mir die einhundert Milliarden menschen Jeschuas jemals schicken, so bleibe ich allein, muß das denn wirklich sein?!

der Reichste der Welt: Weshalb erhebst du so ein gewaltiges Gemurre und Gebrumme, einhundert Milliarden mensche Jeschuas sind eine schwindelerregende Summe, einhundert Milliarden mensche Jeschuas kann kein Mensch bekommen, und einhundert Milliarden mensche Jeschuas würden dir auch nicht nutzen und frommen, steh ab von deinem Verlangen, ich muß um deine Einsicht ernstlich bangen, du solltest endlich die Wirklichkeit erschauen, sonst muß es menschem ja vor dir grauen!

Jeschua Rex Text: Ich bin immer noch nicht der Reichste der Welt, ich bin zwar ein überragender geistiger Held, aber der Herr Wunsch wird es nicht begreifen, so weit tut sein Geist niemals schweifen, und so wird er mir die ersehnte Bezeichnung nicht geben, ich kann dann immer noch nicht sinnlich leiben und leben, ja, was soll ich denn dann machen, mein Schädel muß zusammenkrachen, mein Bewußtsein muß zusammenbrechen, die Menschdorfer werden mich mitleidlos zusammensprechen?!

der Reichste der Welt: Noch ist Menschland nicht verloren, du wurdest zu erstaunlichen Dingen erkoren, wolle deinen frohen Mut behalten, wolle deinen Eifer für das Gute und Schöne entfalten, die Dummheit wird dich nicht bezwingen, das wird den Narren, Jecken und Toren nicht gelingen, du wirst einen überwältigenden Triumf erzielen, du wirst in der Geschichte der Menschheit eine Rolle spielen, die Menschdorfer aber wird mensch vergessen, welcher wackere Bursche ist denn auch auf eine Menschdorferin versessen, nur ein Menschdorfer mag mit einer Menschdorferin eine Nummer schieben, ein richtiger Mensch kann eine Menschdorferin keineswegs lieben?!

Jeschua Rex Text: Einhundert Milliarden mensche Jeschuas würde ich gern ergattern, aber ich darf über die einhundert Milliarden menschen Jeschuas nur schnattern, ich werde wohl mittellos zur Grube tattern, meine Handmaschine wird wohl bis zu meinem Tode rattern, ehelos werde ich verderben, ohne eine Gemahlin werde ich sterben, das ist mein Los auf Erden, ich kann nicht glücklich werden, das Geld meidet mich für alle Zeiten, keine rassige Desdemona will mich begleiten!

der Reichste der Welt: In Menschdorf gibt es noch viele unmensche Heiden, und du kannst die heidnischen Unmenschen nun einmal nicht leiden, allerdings stimmt das nicht ganz, dein Geist weilt oftmals in Banz, dort hat Eugen Rot eine traurige Geschichte erlebt, er hat vergeblich um die Gunst einer schönen Maid gestrebt, deshalb heißt es bei dir auch banzen, du tatest diese Erzählung ergriffen danzen, mensch bedauert es, daß mensch eine Eva als Adam nicht beflörtet hat mit Mut, und hinterher ergreift den einsamen Burschen deswegen eine ohnmächtige Wut!

Jeschua Rex Text: Ja, das tue ich mit Banzen meinen, muß ich noch lange greinen und weinen, darf ich immer nur danzen, muß ich immer nur banzen, Walter Danz liest die Romane hervorragend und die Novellen, er tut seine Zuhörer nicht um ihre Genüsse prellen, dieses Danzen bereitet ihnen eine riesige Lust, mensch hat nicht immer davon gewußt, Göte kannte keines von diesen beiden Wörtern, ich tat ihren Sinn nun ausführlich erklären und erörtern?!

der Reichste der Welt: Der Herr Wunsch hat sich bei dir noch nicht gemeldet, du bist immer noch nicht verreckt, verkämpt und verheldet, Menschdorf liegt inzwischen unter Schnee begraben, die Menschdorfer tun die Rübchen nicht gegen dich schaben, denn die Kälte verschließt ihnen den Mund, sie tun ihre Abneigung gegen dich jetzt nicht kund, doch wenn es wieder warm wird im Mai, dann ist ihre Zurückhaltung erst einmal vorbei, dann werden die engstirnigen Spießbürger dich wieder schmähen, dann werden sie dich wie die Schafe bebähen und wie die Ziegen bemähen!

Jeschua Rex Text: Der Ausweis auf den Namen "Jeschua Rex Text" ließe sie verstummen, über den Jeschua und den Rex Text würden sie nicht mehr brummen, der Herr Wunsch tut über mein Wohl und Wehe entscheiden, muß ich noch länger darben, schmachten und leiden, oder kann ich endlich die Früchte meines Fleißes genießen, diese lange Wartezeit muß mich ungemein verdrießen, ich jauchze zum Himmel, ich bin zu Tode betrübt, doch ich bin ja darin, Unaushaltbares auszuhalten, geübt, ich habe schon manches Unerträgliche ertragen, da wird der Herr Wunsch mich schon nicht bis zum Zusammenbruch plagen?!

der Reichste der Welt: Vielleicht hat deine Begründung ihn überzeugt, so daß er sich gern deinem Willen beugt, vielleicht hält er dich aber auch für einen Spinner, bisher warst du immer ein erfolgloser Beminner, vielleicht wirst du als Jeschua Rex Text die sinnlichen Wonnen verspüren, vielleicht wird dich als wirklichen Jeschua Rex Text so manche aufregende Genoveva berühren, aber du willst dein Gemüt nicht länger schinden, eine Ablehnung deines Gesuchs könntest du nur schwer verwinden, so tust du diese Seite nun beschließen, hoffentlich werden bei dir bald keine Tränen mehr fließen!

Jeschua Rex Text: Wann werden die einhundert Milliarden menschen Jeschuas zu mir kommen, wann werden die einhundert Milliarden menschen Jeschuas mir nutzen und frommen, das muß ich jetzt und hier fragen, kannst du mir die Antwort einmal sagen, ich will sie wissen, mein Gemüt ist zerrissen, ich muß endlich auf einen grünen Zweig gelangen, die Menschheit soll endlich meine Weisheit empfangen, dann werden die Erdenbürger friedlich wesen, dann werden die Menschen von ihren Versehrungen genesen?!

der Reichste der Welt: Ich bin der Reichste der Welt, du aber hast nicht sonderlich viel Geld, und das wird auch so bleiben, da kannst du es noch so prunkvoll treiben auf dem Papier in deinem Revier, denn du verstehst nicht die Kunst, die Moneten zu ergattern, deshalb muß bis zu deinem Tode die Handmaschine rattern, den Reichsten der Welt wirst du niemals markieren, du wirst das Ringen um ein großes Vermögen gar schmählich verlieren!

Jeschua Rex Text: Das werden wir ja sehen, irgendwie wird es schon gehen, ich muß die mensche Sprache verbreiten, das Menschtum soll die Bürger begleiten, sie sollen mensche Lieder singen, es sollen mensche Balladen erklingen, doch ohne die einhundert Milliarden menschen Jeschuas kann ich es nicht vollbringen, ohne die einhundert Milliarden menschen Jeschuas wird es mir nicht gelingen, das steht fest wie bei den Heuchelpfaffen das Amen, nur die Münzen und Scheine verschaffen mir die Gunst der vornehmen Herren und Damen!

der Reichste der Welt: Du mußt einen Ausweis auf den Namen "Jeschua Rex Text" erhalten, dann wirst du deine Vollzüge endlich vernünftig gestalten, der Herr Wunsch wird dir seine Botschaft schon schicken, dann wirst du endlich eine atemberaubende Sexbombe ficken, oder du wirst immer nur dein Glied einsam massieren, und du wirst dann auch niemals nach Menschland marschieren, wie wird sich der Herr Wunsch entscheiden, wird dich das Glück überwältigen oder meiden?!

Jeschua Rex Text: Ich kann diese Spannung nur noch mit Mühe ertragen, meine Neugier tut mich ungemein plagen, mein ganzes Leben hängt ab von diesem Beschluß, ich muß den Jeschua und den Rex Text bekommen, ich muß, denn sonst habe ich keine Lust mehr, zu kämpfen und zu feiten, dann werde ich den Menschen nicht mehr das Paradies auf Erden bereiten, dann kann ich all meine Pläne vergessen, ich bin dann nicht mehr daauf, sie auszuführen, versessen!

der Reichste der Welt: Du wolltest schon in deiner kargen Hütte reich werden, du wolltest schon vor über zwanzigfünf Jahren ein Scheich werden, der Reichste der Welt, der Reichste der Welt, der Reic-ste der Welt - so ist immer wieder dein Geschrei ergellt, und doch kann mensch dich auch heute noch nicht den Reichsten der Welt mit Fug nennen, du solltest allmählich einmal für ein anderes Ideal entbrennen!

Jeschua Rex Text: Auschwitzianer stehen vor unserem Haus, sie sind mir ein Greuel und ein Graus, sie rufen, daß ich nicht gesund wese, weil ich immer nur schreibe und lese, aber ich muß auf den Bescheid von Herrn Wunsch geduldig harren, dann werden die Narren, Jecken und Toren mich nicht mehr bestarren, dann suchen die Menschdorfer mich nicht mehr zu vernichten, dann wird sich das Dunkel in meinem Schädel endlich, endlich lichten!

der Reichste der Welt: Der Herr Wunsch wird sich nicht um deine Bitte kümmern, du wirst niemals einer Eva mit deinem Preßlufthammer das Becken zertrümmern, der Herr Wunsch wird dir eine lange Nase drehen, und du wirst dann wieder einmal in die Röhre sehen, den Jeschua Rex und den Text wirst du vielleicht bekommen, aber der Jeschua und der Rex Text werden dir niemals frommen, das steht so fest wie bei den Heuchelpfaffen das Amen, du erhältst niemals einen angemessenen geistigen Rahmen!

Jeschua Rex Text: Beim Fußballturnier hat unsere Mannschaft zwei Spiele verloren, ich wurde offensichtlich unter einem ungünstigen Stern geboren, denn erkältet habe ich keine Leistung gebracht, ich wäre beinahe vor Schwäche zusammengekracht, die sanfte Liese hat mich mit Hohn überschüttet, dadurch wurden meine Nerven aber nicht zerrüttet, denn die lustige Weiblichkeit hat keinen dankbaren Karakter, meine Lage wird durch die fröhliche Erzählerin nicht mehr vertrackter, ich will sie vergesssen, ich bin nicht mehr auf sie versessen!

der Reichste der Welt: Euer Torwart hat ihr unabsichtlich das Knie zertreten, danach wurden Sanitäter auf das Spielfeld gebeten, die Zuschauer in der Halle blickten betroffen, sie kann wohl kaum auf die Genesung hoffen, du hast jedenfalls kein Mitleid mit ihr empfunden, du fühlst dich mit dieser dummen Trine nicht mehr verbunden, von dir aus kann sie verderben, von dir aus kann sie sterben, du willst sie nicht mehr sehen, von dir aus kann sie gehen!

Jeschua Rex Text: Sie hat eine Viertelstunde lang erbärmlich gewimmert, ihr Zustand hat sich aber nicht verschlimmert, sie wurde auf einer Bahre davongerollt, sie hat die längste Zeit hindurch getobt und getollt, vielleicht wird sie niemals wieder das runde Leder treten, von mir wird sie bestimmt nicht dazu gebeten, ich freue mich, wenn ich sie nicht erblicken muß, und ich bin glücklich darüber, daß ich sie nicht ficken muß!

der Reichste der Welt: Einhundert Milliarden mensche Jeschuas willst du erlangen, einhundert Milliarden mensche Jeschuas willst du empfangen, dann mußt du aber auch etwas leisten, du darfst dich nicht nur auf dem Papier erdreisten, du darfst dich nicht nur als Dichter erfrechen, sondern du mußt die Menschheit auch wirklich beglücken und entpechen, so wolle dich denn aufraffen zu löblichem Handeln, mit der Hilfe des Herrn Wunsch kannst du die Zustände zum Besseren wandeln!

Jeschua Rex Text: Ich kann immer nur auf den Bescheid der Behörde warten, kann ich bald meinen Feldzug für die Nächstenliebe starten, wird Herr Wunsch mir meine Bitte erfüllen, oder wird mein Glied noch viele Jahre lang nach einer Scheide brüllen, das ist hier die Frage, es klingt wie eine Sage, aber Jeschua Rex Text könnte wirklich kommen, dann wird der Welt das Schlimme genommen, dann wird die Menschheit erlöst und befreit, dann beginnt tatsächlich eine schöne und gute Zeit?!

der Reichste der Welt: Du bist ein Spinner, aber leider kein Gewinner, du bist ein erfolgloser Beminner, du bist ein Grübler und Sinner, leider kannst du die Gedanken des Herrn Wunsch nicht erraten, gibt er dir die Voraussetzung für tausend gute Taten, oder mußt du auch weiterhin in der Hölle eines unzweckmäßigen Namens braten, erntest du dann niemals die Früchte deiner segensreichen Saaten, ach, das ist eine riesige Not, deine Nerven werden vom Zusammenbrechen bedroht?!

Jeschua Rex Text: Oswald von Wolkenstein kann mich zwar erfreuen, aber er kann mich nicht völlig zerstreuen, Dieter Kühn hat diesen Ritter und Dichter kunstvoll beschrieben, ich muß diesen Sänger ungemein lieben, vor fast sechshundert Jahren ist er durch die Gefilde gereist, er hat mit vielen hohen Herren gespeist, doch die vornehmen Damen haben ihm noch mehr behagt, er hat ihren vielfältigen Reizen seine Gunst nicht versagt!

der Reichste der Welt: Einhundert Milliarden mensche Jeschuas willst du ergattern, über einhundert Milliarden mensche Jeschuas tust du hier ausführlich schnattern, aber du wirst unberühmt und mittellos zur Grube tattern, bis zu deinem Tode wird die Handmaschine rattern, keine verlockende Lorelei wird dich jemals küssen, du wirst auf die Zuneigung einer Melusine für immer verzichten müssen, das ist dein Los auf Erden, du kannst niemals glücklich werden!

Jeschua Rex Text: Der Reichste der Welt bin ich nur auf dem Papier, das Geld findet keinen Weg hinein in mein Revier, Menschland kann ich nicht errichten, auf die mensche Sprache muß ich verzichten, das Menschtum kann ich nicht lehren, die Menschlichkeit kann ich nicht mehren, ich kann nicht, ich kann nicht, ich kann nicht, o weh, ich fühle mich unmächtig vom Scheitel bis zum kleinen Zeh, das ist schlimm, das erfüllt mich mit Grimm!

der Reichste der Welt: Du kannst auch der Reichste der Welt nicht werden, das versichere ich dir mit nachdrücklichen Gebärden, der Reichste der Welt und du - ihr seid zwei Personen, es tut sich für dich, dieses Buch zu verfassen, nicht lohnen, der Reichtum wird niemals zu dir fließen, du wirst niemals einen sorgenfreien Wohlstand genießen, dein Weizen wird niemals üppig sprießen, du wirst um der Evas willen noch viele Tränen vergießen, du kannst deine Mitmenschen doch nur verdrießen, du solltest dich lieber heute als morgen entschlossen erschießen!

Jeschua Rex Text: Der Reichtum läßt sich bei mir nicht blicken, ich kann keine Dorotea jemals ficken, ich kann keine Venus jemals pudern, ich darf mit keiner Anastasia versexen und verludern, ich kann nicht einmal die Gebühr für die Namensänderung bezahlen, tut sich mein Schicksal denn gar nicht entöden und entschalen, tut sich mein Los denn gar nicht entrauhen und entderben, soll ich denn als ein völlig unberühmter Bettler sterben?!

der Reichste der Welt: Was hast du denn schon geleistet, du hast dich immer nur erfrecht, erkühnt und erdreistet, aber du hast nichts auf die Beine gestellt, du wurdest zwar um deine Genüsse geprellt, aber was hast du denn deinen Mitmenschen geschenkt, du hast die Aufmerksamkeit immer nur auf dich selbst gelenkt, Jeschua Rex Text, Jeschua Rex Text, Jeschua Rex Text, mehr hast du dir nicht zusammengenhext, und da erwartest du einen üppigen Lohn, ich glaube, du sprichst zu mir im Hohn?!

Jeschua Rex Text: Meine Arbeit ist eine unglaubliche Fron, ich bin eines wackeren Kämpfers redlicher Sohn, der Herr Wunsch kann mich aus meiner Einsamkeit befreien, ich tat mich dem Guten und Schönen hingebungsvoll weihen, der Herr Wunsch kann mir die richtigen Papiere geben, dann kann ich endlich siegreich und zweckgemäß leben, doch ob der Herr Wunsch mich auch tatsächlich erretten wird oder ob er mich mit einer sinnlosen Bezeichnung verketten wird, das bleibt offen, ich kann nur hoffen!

der Reichste der Welt: Du hast noch keine einzige Zeile als wirklicher Jeschua Rex Text geschrieben, du hast es noch niemals in der Welt als tatsächlicher Jeschua Rex Text getrieben, deshalb kannst du deine Leser nicht erfreuen, deswegen müssen die ehrbaren Bürger dich scheuen, du verfügst zwar über eine riesige Geduld, aber nicht die Menschdorfer sind, sondern du bist schuld, du solltest deshalb deine Zunge hüten, es ist schon angemessen, wenn die Menschdorfer über dich wüten!

Jeschua Rex Text: Das halte ich für ein übles Gerücht, die Menschdorfer sind ein arges Gezücht, ich bin froh, wenn ich diese beschränkten Spießbürger nicht sehe und wenn ich ihnen wenigstens für eine kurze Zeit lang den Rücken drehe, der Bauer weigert sich zwar, etwas Unbekanntes zu verzehren, aber gegen die Rückständigkeit der Menschdorfer muß ich mich wehren, sie wesen doch hinter dem Mond, der Umgang mit ihnen hat sich niemals gelohnt, ich kann durchaus auf diese Ewiggestrigen verzichten, ich vergnüge mich damit, das Menschtum in JEUNEX zu bedichten!

der Reichste der Welt: An Worten bist du reich, doch dein Herz ist weich, wie eine schwache Eva tust du dich gebärden, da kannst du freilich kein starker Adam werden, einen harten Landgrafen tust du nicht markieren, du willst zwar immer nach Menschland marschieren, aber du bist noch nicht dort angekommen, niemensch hat deine mensche Botschaft jemals angenommen, selbst zu einem bescheidenen Wohlstand hast du es nicht gebracht, du hast mit keiner verlockenden Magelone jemals das Tier mit den vier Beinen gemacht!

Jeschua Rex Text: Dieter Kühn hat mir von Oswald von Wolkenstein erzählt, vor dreißig Jahren habe ich mir dieses Buch gewählt, und jetzt durfte ich es endlich genießen, es tat mich umfassend entdrießen, leider habe ich es an diesem Abend beschlossen, ich habe deswegen zwar keine Tränen vergos-sen, aber ich habe es doch nachhaltig bedauert, dieser Oswald von Wolkenstein hat ungemein gepauert, so jemenschen wie ihn möchte ich auch einmal markieren, ich möchte meine gegenwärtige Weichheit endlich verlieren!

der Reichste der Welt: Dieser Dichter tat unter den Heuchelpfaffen leben, er tat vergeblich nach einem sonnigen Dasein streben, du aber wirst die Pfarrer und Pastoren überwinden, die Frommen werden ihren Weg zu dir finden, die Lügner und Betrüger sollen sie nicht länger schädigen, du wirst den Gläubigen das Menschtum in JEUNEX predigen, dann werden sie von ihren Versehrungen genesen, dann werden sie erfüllt von deinem segensreichen Wesen!

Jeschua Rex Text: Wie wird sich der Herr Wunsch entscheiden, ich muß unter dem langen Warten leiden, es quält mich sehr, immer wieder zu harren, werde ich am Ende in die Röhre starren, muß ich mich mit dem Jeschua Rex und dem Text begnügen, oder wird dieser Beamte mir den Jeschua und den Rex Text verfügen, so lautet hier die Frage, entsetzlich ist meine Lage, dieses Angespanntsein wird mich noch töten, das hat mensch davon, ausgiebig zu kleisten, zu schillern und zu göten?!

der Reichste der Welt: Könntest du der Stadt Jeschua Rex Text eine Million mensche Jeschuas spenden, dann würde sich deine Not unverzüglich wenden, aber ohne Geld wird es dir nicht gelingen, es zum Jeschua und zum Rex Text zu bringen, mensch wird dich niemals Jeschua nennen, mensch wird dich nicht als Herrn Rex Text jemals kennen, es geht nicht, es ist unmöglich, mensch kann es nicht machen, du aber als Antragsteller hast gar nichts zu lachen!

Jeschua Rex Text: Vor Müdigkeit schlafe ich gleich ein, ich würde so gern ein guter Schriftsteller sein, doch dazu brauche ich den Namen "Jeschua Rex Text", sonst wird von mir nichts Vernünftiges zusammengekleckst, der Herr Wunsch kann mich erlösen und befreien, ich könnte mich dann dem Guten und Schönen weihen, der Herr Wunsch könnte mich aber auch vernichten, dann würde mensch mich vielleicht im Irrenhaus sichten!

der Reichste der Welt: Wenn mensch dich nur Jeschua Rex und Text sein läßt, dann feierst du so schnell kein Fest, dann wirst du den Verstand verlieren, deshalb tust du den Jeschua und den Rex Text ergieren, der Herr Wunsch könnte ihn dir schenken, aber vielleicht plagen diesen Mann Bedenken, vielleicht kann er seine Vorschriften nicht umgehen, vielleicht kann er deine Absichten nicht verstehen, er wird dir seinen Bescheid schon schicken, vielleicht kannst du dann endlich eine atemberaubende Sexbombe ficken?!

Jeschua Rex Text: Wie lange will der Herr Wunsch mich noch auf die Folter spannen, es harren auf mich die geilen Annen, Hannen und Susannen, sie gieren nach meiner Rute, dann wird ihnen wohl zumute, doch ich darf nicht loslegen und pauern, ich muß unter drei Trotteln versauern, ich bin in eine Wohngemeinschaft eingesperrt mit Idioten, sie tun immer wieder die Nachtseiten des Daseins erloten, es ist so niederschmetternd, unter diesen Nieten zu weilen, kann denn niemensch diesen Mangel in meinem Dasein heilen?!

der Reichste der Welt: Deine Ideale helfen dir auch nicht weiter, du bist zwar als die breite Masse gescheiter, aber du kannst deine Erkenntnisse nicht nützen, du kannst dich nicht vor dem Ansturm des Pöbels beschützen, denn du bist weder Jeschua noch Rex Text, der Herr Wunsch hat noch nicht zu deinen Gunsten gehext, der Herr Wunsch läßt dich am ausgestreckten Arm verhungern, du mußt immer noch gar elendiglich in Menschdorf lungern!

Jeschua Rex Text: Weiß der Herr Wunsch denn nicht, daß meine Sache eilig ist, ich bin ein Mann, der durchaus heilig ist, aber ich brauche den Jeschua und den Rex Text, ich habe noch nichts Ordentliches zusammengekleckst, ich habe noch keine einzige Zeile als Jeschua Rex Text geschrieben, ich habe es bisher stets unter einem unzweckmäßigen Namen getrieben, an jedem Tag tue ich auf den Briefträger warten, doch ich kann und kann meine Laufbahn als Jeschua Rex Text noch nicht starten?!

der Reichste der Welt: Vielleicht ist der Herr Wunsch sehr beschäftigt, noch wurdest du durch ihn nicht erkräftigt, noch wurdest du durch ihn nicht gestärkt, du hast zwar stets fleißig gewerkt, doch es hat dir nichts gebracht, einsam liegst du in jeder Nacht, keine Sabine will auf deinem Schwengel die Posaune blasen, die Menschdorfer müssen immer wieder gegen dich toben, wüten und rasen, die Dummen haben die Macht, verloren hast du bisher um Menschland die Schlacht!

Jeschua Rex Text: An diesem Sonnabend wird sich auch nichts mehr wandeln, ich kann nichts tun, ich kann nicht handeln, ich muß mich bescheiden, ich muß darben und leiden, die derben Schwingungen meiner Mitbewohner sind abscheulich, ihr bloßer Anblick ist auch nicht sonderlich erfreulich, aber ich muß dieses grobe Pack ertragen, ich muß mich mit diesem rohen Gesindel plagen, das der Dank für meine vielen Besinnungen, niemals kommt es durch sie zu wonniglichen Gewinnungen!

der Reichste der Welt: Du wirst eine atemberaubende Sexbombe ficken, du wirst eine überwältigende Eulalia zum Höhepunkt schicken, du wirst eine anmutige Klütämnestra vernaschen, du wirst eine berauschende Helena mit vielen Zärtlichkeiten überraschen, die Nixen werden zu dir rennen, die Zirzen werden für dich entbrennen, du wirst auf deine Kosten gelangen, du wirst viel Liebe und Zuneigung empfangen!

Jeschua Rex Text: An diesem Sonntag kann ich nicht hoffen, es bleiben nach wie vor drei Möglichkeiten offen: entweder der Antrag wird verneint, dann bleibe ich mit dem unzweckmäßigen Namen vereint, dann werde ich es niemals zu etwas bringen, dann wird es mir niemals, die Menschheit einzumenschen, gelingen, oder ich werde den Jeschua Rex und den Text erhalten, dann kann ich mir das Dasein auch nicht sinnvoll gestalten, dann werde ich vielleicht in ein Irrenhaus gezerrt und für den Rest meines Lebens in eine Gummizelle gesperrt!

der Reichste der Welt: Oder du wirst tatsächlich den Jeschua und den Rex Text empfangen, dann wirst du sehr viele Verbindungen erlangen, dann wirst du eine atemberaubende Sexbombe pudern, dann wirst du mit einer rassigen Klütämnestra versexen und verludern, der Herr Wunsch hüllt sich seit sechs Wochen in Schweigen, er will dir seine Meinung noch nicht geigen, wie wird sein abschließendes Urteil lauten, darfst du dann endlich mit einer treuen Agate bebrauten?!

Jeschua Rex Text: Die Dummheit hält mich in ihren Fängen, viele Trottel müssen mich bedrängen, ich kann mich aus diesem Korsett nicht befreien, ich kann mich nicht rückhaltlos dem Guten und Schönen weihen, die Auschwitzianer müssen mich verspotten, ich darf nicht ungestraft den JEUNEX vergotten, ich darf nicht unbebuht das Menschtum hegen und pflegen, ich darf mich nicht amtlich als Jeschua Rex Text regen und bewegen!

der Reichste der Welt: Diese geistige Grundlage wurde noch nicht errichtet, deshalb wird von dir immer noch auf den Erfolg verzichtet, du kannst noch nicht siegen, du mußt immer wieder unterliegen, du kannst noch nicht triumfieren, du darfst noch nicht nach Menschland marschieren, der Herr Wunsch liefert dir das A und Z, vielleicht füllt sich einmal mit Nixen dein Bett, vielleicht bleibt dein Lager aber auch für immer leer, vielleicht gibt es niemals für dich einen zufriedenstellenden Verkehr?!

Jeschua Rex Text: Das alles kann der Herr Wunsch bestimmen, über seine riesige Macht muß ich ergrimmen, wie ein rechtloser Untertan muß ich mir erscheinen, meine grausame Hilflosigkeit muß mich sehr bepeinen, als einen mündigen Bürger kann ich mich nicht empfinden, die Umstände tun mich immer wieder quälen und schinden, der Herr Wunsch könnte mich zu einem Heiligen schaffen, scharf geschliffen sind ja meine geistigen Waffen, aber ich kann sie vorerst nicht benutzen, ich muß fegen, schaufeln, schleppen und putzen!

der Reichste der Welt: Dein Elend schreit zum Himmel, es liegt immer noch brach dein Pimmel, doch du wirst die Erlösung bekommen, dann wird diese gräßliche Not von dir genommen, dann wirst du die Seligkeit erfahren, dann wirst du die Wonne gewahren, der Herr Wunsch wird dich entzücken, dieser Beamte wird dich beglücken, er tut ja in der Welthauptstadt Jeschua Rex Text wohnen, dein Schreiben an ihn wird sich bestimmt lohnen!

Jeschua Rex Text: Ich mag über den Herrn Wunsch nicht mehr sprechen, er tut mich nicht beglücken, er tut mich bepechen, ich steigere mich immer wieder in eine frohe Erwartung hinein, doch das Leben behandelt mich nicht fein, sondern gemein, seit über sechs Wochen schon tue ich auf den wichtigen Bescheid nun warten, ich kann und kann meinen Feldzug für die Nächstenliebe nicht starten, diese Angespanntheit raubt mir die Nerven, meine Lage muß sich mehr und mehr verschärfen!

der Reichste der Welt: Du bist eben ein Bettler vor dem Herrn, deswegen bearbeitet der Herr Wunsch deinen Antrag nicht gern, nur auf dem Papier tust du den Reichsten der Welt markieren, nur mit Worten tust du stets und ständig nach Menschland marschieren, aber in Wahrheit tust du die Daumen drehen, mensch kann keine wuchtigen Taten von dir sehen, es ist bis jetzt nichts Eindrucksvolles geschehen, du tust immer noch nicht im Mittelpunkt der Aufmerksamkeit stehen!

Jeschua Rex Text: Ich brauche den Jeschua und den Rex Text, sonst wird von mir nicht vernünftig gehext, diese einfache Forderung will mir das Schicksal nicht erfüllen, mein Glied muß immer noch vergeblich nach einer Scheide brüllen, unter meiner gegenwärtigen Bezeichnung muß ich Schiffbruch erleiden, das ließe sich mit dem Jeschua und dem Rex Text vermeiden, aber der Herr Wunsch läßt mich im eigenen Safte schmoren, ich habe das Ringen um einen brauchbaren Namen offensichtlich verloren!

der Reichste der Welt: Jedenfalls hast du dir keinen Reichtum erworben, nicht die Menschdorfer haben all deine Pläne verdorben, sondern du hast die richtige Betaufung nicht bekommen, eine sinnvolle Bezeichnung tut dir nicht nutzen und frommen, und du kannst auch keinen Druck ausüben auf die entscheidenen Leute, sie sind auf ihre Weise eine entsetzliche und engstirnige Meute, all dein Wissen ist ihnen nicht bekannt, in ihren Augen bist du ein überspannter Fant!

Jeschua Rex Text: Ich würde mich am liebsten mit Tabletten vergiften, mein Bewußtsein muß in Richtung auf den Wahnsinn hin driften, ich kann nicht mehr klar überlegen, ich kann mich nicht mehr umsichtig regen, das ist bei mir nicht der Brauch, ich stehe gewaltig auf dem Schlauch, ich fühle mich von allen guten Geistern verlassen, der Herr Wunsch will mir nicht die heilsamen Ausdrücke verpassen, so muß ich also in das Gras bald beißen, ich kann die Menschheit nicht heraus aus ihrem Elend reißen!

der Reichste der Welt: O Jeschua Rex Text, zu wem hast du dich entwickelt, du hast seit deiner Jugend gern geistig gefrickelt, doch nun möchtest du den Leuten am liebsten den Bettel vor die Füße schmeißen, du verspürst keine Lust mehr, das Schwarze zu weißen, du hast genug von dem Menschdorfer Jammer, die Dumpfheit dringt bis hinauf in deine Kammer, die Menschdorfer haben es nicht verdient, daß du dich um sie kümmerst und daß du mit kräftigem Einsatz das Unwesen der Heuchelpfaffen zertrümmerst?!

Jeschua Rex Text: Menschland tat an diesem Abend gegen Kasachstan spielen, die Menschen taten drei Treffer erzielen, die Kasachen haben auch ein Tor geschossen, aber die Spielweise der Menschen hat mich verdrossen, in Nürnberg haben sie den Ball an der Mittellinie gehalten, kein genialer Kopf tat die Partie ansprechend gestalten, dieses langweilige Hin- und Hergeschiebe hat mich ermattet, im wirklichen Menschland ist so ein fauler Zauber nicht mehr gestattet!

der Reichste der Welt: Der Herr Wunsch wird dir den Ausweis auf Jeschua Rex Text nicht geben, nach diesem Namen wirst du bis zu deinem Tode vergeblich streben, und so wirst du auch niemals in Menschland weilen, das Menschtum wird das Unmenschtum niemals heilen, der Herr Wunsch wird dir eine lange Nase drehen, dieser Beamte läßt dich unabgeholt im Regen stehen, die Geschichte vom Räuber Hotzenplotz ist allgemein bekannt, das Menschtum in JEUNEX wird von niemenschem genannt, du hast es nicht geschafft, deine Einfälle zu verbreiten, mensch wird dich einsam ohne viel Gefolge zur Grube geleiten!

Jeschua Rex Text: Wenn ich durch Menschdorf schreite und wenn ich die Menschdorfer durch den Alltag begleite, dann fällt mir auf, wie sehr sie leiden, das läßt sich bei der schädlichen Überlieferung nicht vermeiden, ich bin dem Zugriff der unmenschen Heiden entronnen, ich habe einen großen Abstand zu den Heuchelpfaffen gewonnen, die anderen Menschdorfer aber schleppen sich mühsam durch die Gegend, dabei immer wieder mein Mitleid und mein Bedauern erregend!

der Reichste der Welt: Du bist nicht der Mann, sie zu befreien, du tatest dich zwar dem Guten und Schönen weihen, aber du kannst deine Erkenntnisse nicht der Öffentlichkeit übergeben, du tatest erfolgreich nach deinen neuen Gefügen streben, aber du mußt den Jeschua und den Rex Text auch wirklich markieren, dann erst wirst du tatsächlich nach Menschland marschieren, ohne dich aber wird Menschland niemals vorhanden sein, und die Menschlichkeit wird im mittleren Mittelreich auch weiterhin zuschanden sein!

Jeschua Rex Text: Ich kann den Herrn Wunsch nicht zwingen, mich Jeschua und Rex Text zu nennen, vielleicht kann dieser Bürosesselsitzer nicht für meine Ansichten entbrennen, dann muß ich bis zu meinem Dahinscheiden siechen, da helfen mir auch nichts die alten Römer und Griechen, bis nach Ostern muß ich wohl nun warten, dann erst kann ich meinen Feldzug für die Nächstenliebe starten, der kalte Frühling muß mich lähmen, ich kann meine Sehnsucht nach ein wenig Wärme kaum bezähmen!

der Reichste der Welt: Vielleicht wirst du dir keine einhundert Milliarden mensche Jeschuas erwerben, aber du wirst als Jeschua und als Rex Text nicht unbegleitet sterben, und du wirst als Jeschua und als Rex Text nicht ungesellig leben, der Herr Wunsch wird dir den ersehnten Paß wohl schon geben, aber du tust diesem Braten noch nicht so richtig trauen, du willst die Papiere erst wirklich erschauen, dann wirst du deinen Sieg über die trägen und schwerfälligen Behörden feiern, dann wirst du ausführlich trinken, reden, kegeln und meiern, vorerst aber mußt du noch bangen, wirst du die rechte Betaufung oder nicht empfangen?!

Jeschua Rex Text: An diesem Tag feiert mensch die Hinrichtung des Herrn, ich höre von einer derartigen Behandlung nicht gern, ausgerechnet dieses Folterwerkzeug hat mensch in den Mittelpunkt des Glaubens gestellt, auf diese Weise wurden die frommen Gemüter zweitausend Jahre lang um ihre Genüsse geprellt, mensch soll nach der Freude streben, freilich muß mensch den Schmerz auch erleben, aber mensch soll das Leid nicht betonen, denn das tut sich überhaupt nicht lohnen!

der Reichste der Welt: Jeschua Rex Text am Ex ist ein Sieger sondergleichen, ja, würdest du nur einen Ausweis auf den Namen "Jeschua Rex Text" erreichen, der Jeschua und der Rex Text würden dich kräftigen, du würdest dich dann ganz anders beschäftigen, du würdest dann die Geschichten vom Räuber Hotzenplotz nicht lesen, du hättest ein kraftvolles und begeisterndes Wesen, gestern warst du nahe daran, Selbstmord zu verüben, so sehr tatest du dich über einen Mitwerker betrüben!

Jeschua Rex Text: Ich will nicht mehr darüber sprechen, manche Menschen können menschen bloß bepechen, manche Gefährten können menschen nicht beglücken, und nicht immer wendet mensch ihnen den Rücken, denn mensch muß mit ihnen gemeinsam weilen, mensch muß mit ihnen die Wohnung oder die Arbeitsstätte teilen, es fällt manchmal schwer, mit derlei Gesellen zu hausen, denn es muß menschem vor ihrer Unmenschlichkeit grausen!

der Reichste der Welt: Der Herr Wunsch wird sich noch lange nicht bei dir melden, du kannst noch lange nicht verrecken, verkämpen und verhelden, ein lähmender Stillstand hält dich gefangen, du mußt um dein bloßes Überdauern bangen, das Menschtum in JEUNEX kann dir auch nicht helfen, es kommen zu dir keine Sülfen und Elfen, der Jeschua Rex Text muß im Mittelpunkt stehen, durch diesen Meister muß alles geschehen, aber der Herr Wunsch will dir diesen Namen nicht geben, deshalb wirst du bis zu deinem Tode erfolglos streben!

Jeschua Rex Text: Jeschua Rex Text am Ex kann mich auch nicht heilen, denn der Jeschua Rex Text tut ja am Ex nicht weilen, ja, der Jeschua Rex Text ist noch gar nicht vorhanden, daran geht bisher der Jeschua Rex Text am Ex zuschanden, dieser Stehmann kann erst dann in den Stuben prangen, wenn Jeschua Rex Text tatsächlich west mit roten Wangen, der Herr Wunsch tut also auch über den Stehmann entscheiden, wird das Glück mir nahen oder mich immer noch meiden?!

der Reichste der Welt: Du mußt an eine Verkäuferin denken, sie tat dich mit ihrer Reizesfülle beschenken, sie war nett und ein wenig dicklich, deine Begierde ist nicht gerade schicklich, aber du würdest sie gern wacker nageln, dein Samenstrom soll bis zu ihrem Gebärmuttermund hageln, aber diese Zirze kannst du nicht mehr treffen, so tut dich das Schicksal foppen und äffen, der Laden ist schon längst geschlossen, du hast ihre Anwesenheit oftmals genossen, ihre Strümpfe hatten Löcher, das hat dir behagt, du hast es aber niemals gewagt, diese Maid um einen Beischlaf zu bitten, dich hat immer wieder der Teufel der Zurückhaltung geritten!

Jeschua Rex Text: In meinem Schädel überschlagen sich die Gedanken, ich tue zwar von meinem Kompjuter nicht weichen und nicht wanken, aber es ist mir doch ungenehm, diesen Wirrwarr zu erleben, kann es denn in meinem Dasein nichts Besseres geben, ich tue doch nach dem Guten und Schönen streben, wieso muß ich dann vor meinem eigenen Gehirn zittern und beben, das kann mir nicht behagen, das muß ich heftig beklagen?!

der Reichste der Welt: Du bist ein elender Stubenhocker geblieben, du hast es nur auf dem Papier heldenhaft getrieben, du hast dich selbst als den Beherrscher der Menschheit beschrieben, doch du kannst dich selbst ja nicht einmal lieben, denn du bist nicht Jeschua und nicht Rex Text, du hast dir einen Ausweis auf diesen Namen nicht erhext, der Herr Wunsch hüllt sich immer noch in Schweigen, er will dir seinen Entschluß immer noch nicht zeigen!

Jeschua Rex Text: Ich bin es leid, diese Sache immer wieder zu erwähnen, die Leser müssen deswegen schon angeödet gähnen, der Herr Wunsch braucht ja ewig und drei Tage lang, mir wird es um meinen Verstand bald bang, aber das ist auch ein hoffnungsvolles Zeichen, vielleicht wird die unbrauchbare Benennung bald von mir weichen, dann werde ich Jeschua und Rex Text auch wirklich heißen, dann kann mich mich herkulischer Taten in Hülle und Fülle befleißen?!

der Reichste der Welt: Einhundert Milliarden mensche Jeschuas willst du haben, einhundert Milliarden mensche Jeschuas sollen dich erlaben, aber dieser Betrag tut in deinem Sparbuch nicht erscheinen, du mußt immer wieder über deine Bedürfigkeit greinen, du mußt immer wieder deine Mittellosigkeit bewimmern, du kannst dir kein ansprechendes und verlockendes Dasein zimmern, deine Lage wird sich mehr und mehr verschlimmern, und was den Geist betrifft, so zählst du nicht zu den erfolgreichen Trimmern!

Jeschua Rex Text: Was haben mir die Besinnungen eingetragen, seit vielen Jahren tue ich mich mit diesen Suggestionen plagen, der Herr Wunsch allein kann mich befreien, tat er meinen Bitten sein Ohr willig leihen, oder wird er meinen Antrag ablehnen in Bausch und Bogen, werde ich auch weiterhin um die Genüsse des Lebens betrogen, der Herr Wunsch hält meine Zukunft in der Hand, marschiere ich bald wirklich in das mensche Land?!

der Reichste der Welt: Einhundert Milliarden mensche Jeschuas wirst du nicht erlangen, einhundert Milliarden mensche Jeschuas wirst du nicht empfangen, und weder als Jeschua noch als Rex Text wird mensch dich sehen, es wird keine völlige Namensänderung geschehen, du wirst unberühmt sterben, all deine Pläne werden verderben, mensch wird dich vernarren, verjecken und vertoren, du hast den Kampf um Menschland für immer verloren!

Jeschua Rex Text: An diesem Ostersonntag kann ich keine Post bekommen, der Briefträger wird mir nichts nutzen und frommen, und auch morgen werde ich den Bescheid des Herrn Wunsch nicht erhalten, so muß noch die nervenzermürbende Ungewißheit in meinem Gemüte walten, in meinen Träumen tue ich oft eine grüne Ampel gewahren, vielleicht kann ich ja tatsächlich frei und ungehindert fahren, aber diese Einbildung muß sich durch ein amtliches Schreiben bestätigen, kann ich mich als Jeschua und als Rex Text oder nicht betätigen?!

der Reichste der Welt: Die Wunderkiste ist ein kleines grünes Haus, vor dem Talbahnhof tauscht mensch dort gebrauchte Güter aus, du hast eine Ausgabe des "Reiches des Jeschua Rex Textes" hineingelegt, sie war nach wenigen Tagen verschwunden, das hat deine Wonne erregt, deine Bücher werden also tatsächlich gelesen, mensch will etwas vernehmen vom menschen Wesen, dieser Umstand stimmt dich glücklich, ist es auch wegen des Geldverlustes nicht schicklich!

Jeschua Rex Text: Ja, völlig umsonst gebe ich meine Schriften her, aber ich bin eben noch nicht wer, ich bin weder Jeschua noch Rex Text, es wird von mir nicht zweckmäßig gehext, es wird von mir nicht angenehm gesext, ich werde durch meine Erlebnisse immer wieder verperplext, die Dummheit tut mich darniederzwingen, mir kann es nicht, meine Ideale durchzusetzen, gelingen, der Herr Wunsch müßte mich unterstützen, dieser Beamte müßte mir mit einem brauchbaren Namen nützen!

der Reichste der Welt: Wieso tust du dich denn mit dem Herrn Wunsch befassen, kannst du es denn auch an Ostern nicht einmal unterlassen, wolle dich doch ein wenig zerstreuen, das würde deine Seele gewiß erfreuen, bald wirst du zum Killewittchen wandeln, hoffentlich werden die Menschdorfer dir nicht das Bewußtsein verschandeln, dieses Ausflugslokal im grünen Wald zieht dich an, auch die Landschaft darumherum reißt dich in ihren Bann!

Jeschua Rex Text: Morgen werde ich in ein Internetkaffee schreiten, dort wird sich mein Gesichtskreis ein wenig weiten, vorher werde ich noch eine Ausgabe des "Reiches des Jeschua Rex Textes" in die Wunderkiste geben, denn ich tue mich ja durchaus, meine Einsichten weiterzureichen, bestreben, so wird auch der Ostermontag vergehen, am Dienstag wird mensch mich wieder bei meinen Gefährten sehen, dann werde ich vier Tage lang werken, danach werden mich neun freie Tage kräftigen und stärken!

der Reichste der Welt: Bis dahin hast du auch den dritten Band über den Räuber Hotzenplotz genossen, vielleicht hat dich ja dann eine günstige Mitteilung des Herrn Wunsch entdrossen, hoffentlich kannst du auch genug Geld dafür zusammenbringen, dann kannst du vielleicht erfolgreich und sieghaft ringen, dann kannst du die Menschheit wirklich befreien, dann wird mensch dir deine Fehler und Schwächen verzeihen, dann wirst du dich noch mehr dem Guten und Schönen weihen, dann wirst du immer wieder den Kleinen und Schwachen dein Ohr willig leihen!

Jeschua Rex Text: Bald werde ich meine Schritte zur Wunderkiste lenken und meine Umgebung mit einer Ausgabe des "Reiches des Jeschua Rex Textes" beschenken, meine Bücher tun nur auf dem Dachboden liegen, auf diese Weise kann ich das Krumme nicht geradebiegen, es ist besser, sie werden gelesen, mir eignet nun einmal kein habgieriges Wesen, ich muß ein Opfer bringen, dann wird mir alles gelingen!

der Reichste der Welt: Dann wirst du in ein Internetkaffee schreiten, keine angenehme Dulzinea wird dich begleiten, dann wirst du traurig nach Hause schleichen, dort werden die Sorgen auch nicht von dir weichen, denn an diesem Ostermontag konntest du keine Post bekommen, so wurde die Ungewißheit über deine Namensänderung nicht von dir genommen, dann wirst du den dritten Teil des Hotzenplotzes beenden, danach wirst du dich zu einem Roman über das Südreich wenden!

Jeschua Rex Text: Eine schöne und geistreiche Ehefrau wäre mir recht, doch das Schicksal behandelt mich nun einmal schlecht, ich darf nicht küssen, streicheln und ficken, keine Dorotea tat mir bisher zu einem Beischlaf nicken, aber ich möchte mich auch angeregt mit meiner Buhlin unterhalten, ich möchte die Stunden an ihrer Seite spannend und abwechslungsreich gestalten, doch der Herr Wunsch muß mir nützen, dieser Beamte muß mich nachhaltig unterstützen!

der Reichste der Welt: Er muß es nicht, er kann, du bist ein aufgeworfener Mann, denn du selbst kannst deine Bezeichnung nicht wandeln, du kannst nicht von dir aus als Jeschua Rex Text handeln, nur der Herr Wunsch kann dich in dieser Hinsicht befreien, doch wird er dir auch sein Ohr willig leihen, dieses Zweifeln tut dich in den Wahnsinn hinein treiben, doch du darfst den Herrn Wunsch weder anrufen noch ihm schreiben!

Jeschua Rex Text: Das gehört sich nicht, es ist meine bürgerliche Pflicht, geduldig auf seinen Bescheid zu harren, ich muß über diesem Warten vertoren, verjecken und vernarren, aber es ist nun einmal so, der Jeschua und der Rex Text schüfen mich froh. doch werde ich diese Bezeichnung auch erhalten, darf ich mein Dasein dann erfolgreich gestalten, oder muß ich in den Banden einer falschen Geistigkeit schmachten, werden mich die Menschdorfer bis zu meinem Tode als einen Irrsinnigen verachten?!

der Reichste der Welt: Eine Behörde muß dir antworten auf jeden Fall, du hast allmählich schon einen Knall, du bist auf diese Sache völlig versessen, du hast das Menschtum in JEUNEX darüber vergessen, du kannst dich nicht einmal genau an den Stehmann erinnern, zählst du nun wirklich endlich zu den Gewinnern, oder wirst du Jeschua und Rex Text niemals heißen, wirst du dich niemals dieser Betaufung befleißen, irgendwann muß der Brief des Herrn Wunsch doch kommen, dann wird die Bürde der Entnervtheit von dir genommen, bis dahin mußt du in deiner Stube verweilen, wird der Herr Wunsch dich siechen lassen oder heilen?!

Jeschua Rex Text: An diesem Nachmittag habe ich in einem Straßengraben gewerkt, das angenehme Wetter hat meinen Arbeitseifer gestärkt, es war sonnig, und es hat nicht geregnet, in dieser Hinsicht war ich also gesegnet, ich habe Abfall in einen blauen Sack getan, die Unmenschen huldigen ja dem Wahn, sie müßten aus dem Wagenfenster Flaschen und Becher entsorgen, gottseidank handelt es sich um Menschen in Menschland morgen oder übermorgen!

der Reichste der Welt: Eine derart niedrige Tätigkeit hast du verrichtet, ja, auf den Reichtum hast du bisher verzichtet, zum Reichsten der Welt bist du nicht gestiegen, oh, hättest du doch über deinen Wunsch nach Gold und Silber geschwiegen, die einhundert Milliarden menschen Jeschuas sind nicht zu dir gekommen, die einhundert Milliarden menschen Jeschuas tun dir nach wie vor nicht frommen, du bist auf der ganzen Linie gescheitert, du hast deine Mitmenschen nur ein wenig erheitert!

Jeschua Rex Text: Der Herr Wunsch hält mein Leben in der Hand, allmählich raubt mir dieser Beamte noch den Verstand, er läßt und läßt einfach nichts von sich verlauten, dabei würde ich mich so gern einmal bebrauten, doch nur als Jeschua und als Rex Text darf ich küssen, streicheln und ficken, nur als Jeschua und als Rex Text darf ich eine atemberaubende Sexbombe zum Höhepunkt schicken, doch wird mir der Herr Wunsch diesen Namen auch geben, in meinem Antrag tat ich jedenfalls danach streben?!

der Reichste der Welt: Wolle den Herrn Wunsch doch einmal vergessen, du bist zwar auf den Jeschua und den Rex Text versessen, aber herbeizwingen kannst du diese Bezeichnung nicht, du bist und bleibst ein aufgeworfener Wicht, in deinem Schädel brennt ein helles Licht, doch die Menschheit bekommt es nicht zu Gesicht, wie ein Autist tust du dich gebärden, auf diese Weise kannst du niemals glücklich werden!

Jeschua Rex Text: Es müssen Milliarden mensche Jeschua Rex Texte in JEUNEX wesen, dann werden die Menschen von ihren Versehrungen genesen, ich kann die ganze Welt retten, ich kann sämtliche Sklaven entketten, aber ich muß Jeschua Rex Text auch wirklich sein, und spricht der Herr Wunsch zu meinem Begehren nein, dann kann ich mich gleich erhängen, dann werden mich die Sor-gen bis zu meinem Tode bedrängen!

der Reichste der Welt: Der Herr Wunsch kann dein gesamtes Werk krönen, dann werden die Menschdorfer dich nicht mehr verhöhnen, dann wird eine rassige Afrodite unter deinem Schwengel stöhnen, dann werden Milliarden Menschen sich an deine neuen Gefüge gewöhnen, doch du mußt warten und harren, vielleicht wirst du in die Röhre starren, vielleicht wird es ausgehen wie das Hornberger Schießen, vielleicht darfst du das Leben niemals in vollen Zügen genießen!

Jeschua Rex Text: An diesem Nachmittag hat unser Vorarbeiter seinen schnurlosen Fernsprecher verloren, da hat er sich alles und jeden zum Ziel seiner Wut erkoren, wir haben gerade Glaskontehner gereinigt, wir wurden vom Unverstand der Leute gepeinigt, denn dort soll mensch eigentlich nur Flaschen hineinverfügen, doch die Bürger können den einfachsten Ansprüchen nicht genügen, alle Dinge aus Glas schleppen sie herbei, der gesunde Menschenverstand ist ihnen dabei einerlei!

der Reichste der Welt: Ihr habt etwa zehn Glaskontehner gefegt und geschaufelt, du hast nur wenig dabei geschnaufelt, das Wetter war lenzlich hell, aber noch kalt, ihr sammeltet auch Abfall auf am Wald, und plötzlich schrie der Vorarbeiter im Wagen, wo denn sein schnurloser Fernsprecher sei, er könne es nicht sagen, er beklagte im voraus den riesigen Verlust, es wühlte in seinem Gemüt ein überwältigender Frust!

Jeschua Rex Text: Wir sind zurück zu den verschiedenen Glaskontehnern gefahren, aber wir konnten nirgendwo einen schnurlosen Fernsprecher gewahren, die Verzweiflung stieg, der Anleiter brüllte, wobei er die Luft mit seinen zornigen Schwingungen erfüllte, schließlich kehrten wir zur Werkhalle zurück, all das Stöbern brachte ja nun einmal kein Glück, dort habe ich es dann von einem Bekannten gehört, der, daß es wahr ist, nachhaltig beschwört!

der Reichste der Welt: Das Gerät war leise gestellt, es ist kein Ton ergellt, doch dann wurde um den Wagen herum noch einmal angerufen, das Bewußtsein des Vorarbeiters sank schon auf die niedrigsten Stufen, da vernahm die Sekretärin auf der Ladefläche des Pritschenwagens ein Zittern, sie tat es nicht klar erlauschen, sondern fast schon wittern, und tatsächlich hat mensch das Gerät dann im Abfall gefunden, der Anleiter konnte darüber nur eine umfassende Freude bekunden!

Jeschua Rex Text: Ich war schon auf dem Weg zum Sport, gottseidank vernahm ich dort kaum ein unfreundliches Wort, denn meine Leistung war bescheiden, ich tat unter einer starken Erkältung leiden, zuerst habe ich im Sturm gespielt, doch da habe ich keinen einzigen Treffer erzielt, dann bin ich in die Verteidigung gegangen, dort taten wir dann so wenig Gegentore empfangen, daß wir die Begegnung für uns entschieden, also war ich mit meiner etwas schwachen Kampfkraft dann doch zufrieden!

der Reichste der Welt: Einhundert Milliarden mensche Jeschuas willst du haben, einhundert Miliarden mensche Jeschuas sollen dich erlaben, zum Reichsten der Welt willst du steigen, das Glück soll sich zu dir neigen, doch keine einzige Lilofee teilt mit dir das Bett, keine einzige Kunigunde ist zu dir lieb und nett, da muß der Herr Wunsch doch einmal sagen, daß ihm der Jeschua und der Rex Text tun behagen, dann kannst du rammeln wie ein Kaninchen, dann stöhnt unter deiner Rute so manches Sabinchen, doch bis dahin mußt du warten, erst der Herr Wunsch läßt dich einen Beischlaf starten!

Jeschua Rex Text: Seit acht Wochen läßt der Herr Wunsch nichts von sich hören, diese Saumseligkeit muß mich nachhaltig stören, mit den Behörden kann mensch nicht auf angenehme Weise Kirschen verzehren, sie sollen die Wonne der Bürger nicht vernichten, sondern mehren, ich bin wie ein Bogen gespannt, wird es etwas mit dem menschen Land, werde ich als Jeschua Rex Text bekannt, wird mein Name in den Zeitungen genannt?!

der Reichste der Welt: Zum Reichsten der Welt bist du jedenfalls nicht gestiegen, gegenüber den wunderschönen Maiden hast du bis jetzt geschwiegen, wie ein Mönch tust du schreiben und lesen, das ist dir schon immer das allergrößte Vergnügen gewesen, doch der Umgang mit den Zirzen könnte dir das Dasein würzen, der Herr Wunsch könnte dir zu einer Dulzinea verhelfen, du hättest als Jeschua Rex Text eine innige Verbindung zu den Elfen, doch dieser Beamte läßt dich im Stich, das ist wirklich fürchterlich!

Jeschua Rex Text: Einhundert Milliarden mensche Jeschuas will ich erlangen, einhundert Milliarden mensche Jeschuas will ich empfangen, noch ist Menschland nicht verloren, ich wurde zwar schon gezeugt und geboren, aber richtig gelebt habe ich noch nicht, ich bin und bleibe ein bedauernswerter Wicht, in einem gesunden Körper ist ein dahinsiechender Geist gefesselt, deshalb werde ich vergeblich von den Reizen der Menschdorferinnen eingekesselt!

der Reichste der Welt: Auf den Herrn Wunsch kommt alles an, er ist der allerallerwichtigste Mann, kannst du dich auf ihn verlassen, oder mußt du ihn am Ende hassen, wird er in deinem Sinne entscheiden, oder mußt du bis zu deinem Tode leiden, wird er dir den Jeschua und den Rex Text auch geben, oder mußt du bis zu deinem Fortgang vergeblich streben, der Herr Wunsch kann die Menschheit retten, dieser Beamte läßt eine anmutige Sexbombe sich neben dich betten?!

Jeschua Rex Text: So viel Macht hat diese Person, es klingt zwar in meinen Ohren wie Hohn, aber eben so tut es sich verhalten, er kann mein Leben kunstvoll gestalten, er kann mir aber auch den Verstand noch völlig rauben, dann müßte ich nicht nur unmutig schnauben, sondern dann würde mensch mich auch in ein Irrenhaus zerren und mich bis zu meinem Dahinscheiden in eine Gummizelle sperren, ich kann nichts dagegen machen, werde ich letztendlich weinen oder lachen?!

der Reichste der Welt: Einhundert Milliarden mensche Jeschuas wirst du niemals haben, einhundert Milliarden mensche Jeschuas werden dich niemals erlaben, das Geld bleibt dir fern, du hättest zwar den Reichtum gern, aber er wird dich niemals beseligen, du wirst niemals Untergebene befehligen, du solltest endlich Selbstmord verüben, dann brauchst du dich nicht mehr zu betrüben, dann wirst du unter dem grünen Rasen ruhen, dann werden die Menschdorfer dich nicht mehr bebuhen!

Jeschua Rex Text: Nach Reichtum trachte ich bereits seit vielen Jahren, aber ich kann immer noch kein Geld in meinem Beutel gewahren, der Reichste der Welt ist ein anderer Mann, mit dem ich mich nicht vergleichen kann, die Münzen und Scheine schlagen um mich einen weiten Bogen, die Moneten waren und sind mir nicht gewogen, ich werde vom Schicksal belogen und betrogen, ach, wäre ich doch schon in eine andere Dimension gezogen!

der Reichste der Welt: Du darfst noch nicht ableben und verscheiden und sterben, du mußt dir erst noch einhundert Milliarden mensche Jeschuas erwerben, ha, ha, was ist das bloß für ein Plan, dieser Einfall entstammt einem ungehörigen Wahn, einhundert Milliarden mensche Jeschuas wirst du niemals besitzen, einhundert Milliarden mensche Jeschuas werden niemals zu dir flitzen, zum Reichsten der Welt wirst du niemals steigen, wolle doch endlich einmal von diesen hochfliegenden Vorsätzen schweigen?!

Jeschua Rex Text: Ich denke nicht daran, der Reichtum zieht mich in den Bann, als Bettler kann ich die Welt nicht verändern, dann kennt mensch mich auch nicht in anderen Ländern, ich muß so reich werden wie ein Scheich, und das am besten von jetzt auf gleich, einhundert Milliarden mensche Jeschuas will ich haben, einhundert Milliarden mensche Jeschuas sollen mich erlaben, dieser Reichtum soll zu mir fließen, dann kann ich endlich die gesamte Menschheit entdrießen!

der Reichste der Welt: Reichtum gibt es nicht für dich, die Piepen und Flöhe lassen dich im Stich, das ist nun einmal so, du wirst nicht heiter und froh, du mußt in die Röhre starren, du mußt vertoren, verjecken und vernarren, der Herr Wunsch tut dir eine lange Nase drehen, er kann deine Ausführungen beim besten Willen nicht verstehen, er wird deinen Antrag ablehnen mit Wucht, der neue Name wurde dir zwar zu einer Sucht, aber du wirst ihn nicht erlangen, aber du wirst ihn nicht empfangen!

Jeschua Rex Text: Noch habe ich die entscheidende Botschaft nicht erhalten, noch kann sich mein Dasein glücklich gestalten, noch ist die Hoffnung nicht verblichen, noch ist die Zuversicht nicht gewichen, vielleicht werde ich den Jeschua und den Rex Text tatsächlich bekommen, dann wird die Schüchternheit von mir genommen, dann werden mich die Najaden freundlich grüßen, dann werden mir die Dulzineas die Stunden versüßen!

der Reichste der Welt: Dieser Beamte kann dich doch gar nicht begreifen, in vielen Jahren taten deine Erkenntnisse reifen, der Herr Wunsch aber muß sich nach den Vorschriften richten, all deine Begehrungen wird er vernichten, er wird dir den Jeschua und den Rex Text nicht geben, du tatest erfolglos nach dieser Betaufung streben, du kannst schon jetzt deinen Sarg bestellen, dein Gesichtskreis wird sich niemals erhellen, in deinem Schädel bleibt es trostlos und dunkel, es quält dich bis zu deinem Tode ein zermürbendes Gemunkel, du hast den Kampf um Menschland verloren, du wurdest als Sohn einer unseligen Mutter geboren!

Jeschua Rex Text: An diesem Montag habe ich frei, doch ich schreie deswegen nicht juchhei, denn eine lähmende Kälte nistet in meinem Gliedern, ich kann den Lockruf des Daseins nicht erwidern, ich möchte am liebsten nur schlafend liegen und mich in angenehmen Träumen von einer besseren Zukunft wiegen, der Frühling ist noch immer nicht nach Menschdorf gekommen, die Last des Winters wurde noch immer nicht von uns genommen!

 der Reichste der Welt: Du wirst immer in kargen Verhältnissen bleiben, da kannst du, was dir behagt, denken und schreiben, der Reichste der Welt und du sind zwei Personen, wolle mich doch mit deinen Beflehungen verschonen, niemals wirst du zum Reichsten der Welt wirklich steigen, niemals wirst du der gesamten Menschheit deine Meinung geigen, du solltest den Reichsten der Welt vergessen, sei nicht mehr auf die einhundert Milliarden menschen Jeschuas versessen!

Jeschua Rex Text: Ich trage die Verantwortung für meine Brüder und Schwestern, du gefällst dich ja darin, höhnisch über mich zu lästern, aber aus kleinen Anfängen kann sich etwas Großes gebären, die Not der Welt darf doch nicht ewiglich währen, irgendwann muß das unnötige Leid doch einmal enden, irgendwann muß sich das Blatt der Entrechteten und Geknechteten doch einmal wenden, ich kann die Menschheit retten, ich kann die Sklaven entketten!

 der Reichste der Welt: Aber dazu brauchst du mich, und ich lasse dich im Stich, ich kann dir nicht zu Hilfe eilen, ich sehne mich nicht danach, deine Sfäre zu teilen, dein Gehirn kann zwar erstaunlich denken, doch du wirst die Siechenden niemals beschenken, als Jeschua und als Rex Text wirst du niemals wirklich wesen, als Jeschua und als Rex Text läßt du die Darbenden niemals genesen, der Herr Wunsch tut über dich lachen, was verlangst du auch von ihm für unerfüllbare Sachen?!

Jeschua Rex Text: Das glaube ich allmählich auch, ich stehe nach wie vor auf dem Schlauch, ich habe noch keine einzige Zeile als Jeschua Rex Text geschrieben, ich habe es noch niemals auf dem Papier als Jeschua Rex Text getrieben, in meinem Ausweis tut ein anderer Name stehen, deshalb können noch keine Wunder geschehen, doch das wird sich bald wandeln, dann kann ich endlich vernünftig und erfolgreich handeln!

 der Reichste der Welt: Du bräuchtest auch Zeit, um deinen Reichtum zu verwalten, dann könntest du deine Begabung beim Dichten nicht mehr entfalten, dann könntest du nicht mehr reimen und sinnen, dann müßtest du Abstand von deinem Schaffen gewinnen, ist es das, was du verlangst, vor der Mittellosigkeit du bangst, aber wird dich der Überfluß beglücken, oder wendet dir das Heil danach den Rücken, das solltest du dir einmal überlegen, als vielfacher Milliardär könntest du dich nicht mehr wie bisher regen?!

Jeschua Rex Text: Ich würde am liebsten mit Petra Morsbach schlafen, sie böte meiner Seele einen bergenden Hafen, ich tue gerade ihren Roman über den Tschembalospieler lesen, sie dringt tief ein in das musikalische Wesen, vor allem die künstlerische Seite schildert sie genau, deshalb gefällt mir diese männlich wirkende Frau, ihr Lichtbild lädt nicht gerade ein zum Küssen, aber ihre Darbietung gehört zu den feinsinnigen Genüssen!

der Reichste der Welt: Petra Morsbach würde dich verlachen, niemals würde sie mit dir das Tier mit den vier Beinen machen, außerdem ist sie bestimmt verheiratet mit Kindern, du zählst sogar in deiner Einbildung zu den unglaublichen Schindern, du quälst dich selbst mit derlei Mist, weil du nichts hast und nichts bist, einen Künstler tust du dich nennen, doch niemensch will dich jemals kennen, der Herr Wunsch zögert, dir zu schreiben, von ihm aus kannst du ihm gestohlen bleiben!

Jeschua Rex Text: Mein Urlaub plätschert vor sich hin, eine Woche lang habe ich einmal keine Arbeit im Sinn, da gerät mensch auf derartige Gedanken, die Fantasie kennt ja keinerlei Schranken, ich würde gern mit klugen Menschen leben, die wie ich nach einer besseren Welt eifrig streben, doch in Menschdorf muß ich versauern, an der Inde muß ich meine Tage vertrauern, das Reich des Jeschua Rex Textes kann ich nicht errichten, auf das Menschtum in JEUNEX muß die Menschheit vorerst verzichten!

der Reichste der Welt: Wie kann mensch sich nur Menschland malen, wie kann mensch nur mit seinem Menschtum prahlen, du willst der erste und einzige Mensche sein, dazu spreche ich entschieden nein, die Menschlichkeit der Menschen in Menschland ist nur erfunden, du tust sie in deinen Schriften nirgendwo bekunden, du kannst ein wenig reimen und dichten, doch in deinem Bewußtsein tut es sich selten einmal lichten, du kannst deine Leser nicht erbauen, du kannst die braven Bürger nicht verschlauen?!

Jeschua Rex Text: Das wird sich schon noch weisen, ich muß und werde nach Menschland reisen, der Herr Wunsch wird mir seinen Bescheid schon noch schicken, dann werde ich eine atemberaubende Sexbombe ficken, dann brauche ich mich nicht mehr mit den reizlosen Menschdorferinnen zu begnügen, dann kann ich mein Glied in die Scheide einer rassigen Messalina verfügen, dann werde ich erlöst von den niederschmetternden Spießern, dann gehöre ich nicht mehr zu den Unterlassern, sondern zu den Genießern!

der Reichste der Welt: Du solltest nicht immer nur träumen, denn dann mußt du die lebendigen Vollzüge versäumen, du solltest auch einmal einmal Butter zu den Fischen reichen, du solltest auch einmal wirklich verkrösussen und verscheichen, einhundert Milliarden mensche Jeschuas willst du haben, einhundert Milliarden mensche Jeschuas sollen dich erlaben, warum auch nicht, noch bist du ein Wicht, noch hängst du an der sanften Liese, vielleicht bist du bald ein Riese, dann kannst du häufig küssen, streicheln und rammeln, dann kannst du noch im Alter sinnliche Erfahrungen sammeln?!

Jeschua Rex Text: Einhundert Milliarden mensche Jeschuas würde ich gern besitzen, doch die einhundert Milliarden menschen Jeschuas wollen nicht zu mir flitzen, zum Reichsten der Welt kann ich nicht steigen, keine Eva will mir ihre Scheide zeigen, da muß ich denn zittern und zagen, tat ich es denn vergeblich, weise zu sein, wagen, der Herr Wunsch hat sich immer noch nicht gemeldet, ich bin immer noch nicht verreckt, verkämpft und verheldet?!

der Reichste der Welt: Wenn ich das schon höre, du Wicht, die Einstellung eines freien Mannes kennst du wohl nicht, wie ein Sklave tust du vor dem Herrn Wunsch bang beben, auf diese Weise kann mensch nicht nach seiner Befreiung streben, dieser Beamte wird dir eine lange Nase drehen, dieser Bürosesselsitzer kann deine feinsinigen Ausführungen nicht verstehen, du hast in die Luft gegriffen, da wird von der Öffentlichkeit gepfiffen!

Jeschua Rex Text: All meine Gedanken kreisen um dieses eine Tema, all meine Abschnitte folgen dem nämlichen Schema, ich steigere mich in eine heftige Ungewißheit hinein, das kann doch der wahre Jakob nicht sein, deswegen habe ich die Sage von Herkules nicht gelesen, ich kann und kann nicht von meiner Schwächlichkeit genesen, sogar die Fernsehsendung über Xena hatte mehr Pauer, doch ich ergehe mich in Trübsal und Trauer!

der Reichste der Welt: Wie willst du einhundert Milliarden mensche Jeschuas jemals erlangen, wie willst du einhundert Milliarden mensche Jeschuas jemals empfangen, da müssen ja die Hühner lachen, du treibst aber auch zu seltsame Sachen, vor über zwanzigsechs Jahren hast du Menschland erfunden, doch noch tat außer dir niemensch durch das Menschtum gesunden, die mensche Sprache steht nur auf dem Papier, das Menschtum beschränkt sich nur auf dein enges Revier?!

Jeschua Rex Text: Der Herr Wunsch allein kann mich retten, dieser Beamte allein kann mich entketten, doch wenn er mir seine Gunst versagt, weil ihm meine Darlegung nicht behagt, dann muß ich in die Röhre starren, dann werde ich völlig vertoren, verjecken und vernarren, dann haben die Menschdorfer für immer gewonnen, dann wird sich niemals auf das Menschtum in JEUNEX besonnen, dann werde ich die Menschheit niemals befreien, so einen Fehler würde ich dem Herrn Wunsch niemals verzeihen!

der Reichste der Welt: Du wirst es niemals zu Reichtum bringen, du wirst niemals auf einer Bühne reden und singen, einen Ausweis auf den Namen "Jeschua Rex Text" wirst du niemals erhalten, deshalb werden sich deine Vollzüge auch niemals vernünftig und erfolgreich gestalten, der Herr Wunsch läßt dich am ausgestreckten Arm verhungern, du wirst bis zu deinem Dahinscheiden kläglich auf dem Bürgersteig lungern, du wirst bis zu deinem Sterben wie Falschgeld durch die Gegend laufen, du wirst dir bis zu deiner Einsargung oftmals zähneknirschend die Haare raufen, nichts wird nach deinem Willen geschehen, die Dinge werden sich stets um andere Persönlichkeiten herum drehen!

Jeschua Rex Text: Ich habe an diesem Nachmittag meine ehemalige Hütte besucht, im Jeschua Rex Texter Stadtteil Laurensberg habe ich oftmals mein Elend verflucht, acht Jahre lang habe ich dort gewohnt, von keiner Not wurde ich damals verschont, fünf Jahre lang habe ich kein Geld besessen, ich habe damals alles mögliche gegessen, drei Jahre lang habe ich in einer Gaststätte geputzt, das hat mir freilich gar nichts genutzt, danach bin ich für ein Dreivierteljahr in ein Irrenhaus gekommen, auf diese Weise wurde mir der Verstand genommen!

der Reichste der Welt: Der Name Rex Text trug daran die Schuld, du hast ihn gehegt und gepflegt mit Geduld, du hast ihn Tausende von Malen geschrieben, doch er hat deine Seele aufgerieben, erst als Jeschua Rex Text bist du vollendet, erst unter dieser Bezeichnung hat sich dein Blatt gewendet, und doch hast du auch damals Sternstunden erlebt, mitunter hat du freilich auch ganz arg gezittert und gebebt!

Jeschua Rex Text: In der niedrigen Hütte habe ich den Sommer genossen, leider habe ich oftmals allein meinen Samen vergossen, ich konnte weder mich noch eine Ehefrau ernähren, meine Not tat leider jahrelang währen, doch die Bäume am Abhang haben leise gerauscht, ich habe mit allerlei Gästen angeregt geplauscht, und in der Ferne rollte ein Zug durch die Nacht, diese Szenerie hat mich häufig glücklich gemacht!

der Reichste der Welt: Du hast von den Bronteschwestern Johanna Luft gelesen, es ist dir ein unvergleichlicher Höhepunkt gewesen, vor allem am Ende, als Johanna bei dem Blinden verharrt, er war ja freilich schon als Sehender in sie vernarrt, doch seine wahnsinnige Gattin hat die Verbindung gehemmt, der Freier hat sich vergeblich gegen den Fortgang seiner Buhlin gestemmt, und am Schluß hat sie ihm für immer Gesellschaft geleistet, damals warst du noch nicht wie heute verfettet und verfeistet, damals konntest du den Adel dieser Dichtung noch angemessen begreifen, heute tun nur immer wieder die Menschdorferinnen über dich keifen!

Jeschua Rex Text: Die Menschdorferinnen haben ja recht, im Umgang mit ihnen bin ich schlecht, ich kann ja als wirklicher Jeschua Rex Text nicht wesen, deshalb muß ich immer nur reimen und lesen, doch der Herr Wunsch kann meine Lage wandeln, wie wird er mich in seinem Bescheid behandeln, wird er mir die ersehnte Bezeichnung schenken, oder muß ich mir bis zu meinem Tode das Bewußtsein verrenken?!

der Reichste der Welt: In der Hütte hast du auch einmal auf Tolettenpapier gedichtet, du hast von einem lustigen Abenteuer berichtet, die Stimmung damals war heiter und locker, einen Geldmenschen haute sie nicht vom Hocker, aber du hast dich da wohler gefühlt als heute am Kompjuter, dabei warst du all die Zeit lang innerlich ein Guter, doch damals wie heute kann mensch dich nicht verkehrsfähig nennen, deshalb lernst du auch niemals eine atemberaubende Sexbombe kennen!

Jeschua Rex Text: In der Hütte damals ist es mir auch eingefallen, was ja inzwischen bekannt ist manchen meiner Leser oder allen, daß ich zum Reichsten der Welt steigen wollte und daß ich der ganzen Menschheit meine Einfälle zeigen wollte, schon damals habe ich über den Reichsten der Welt geschrieben, schon damals habe ich es in meiner Einbildung als der Reichste der Welt getrieben, doch meine Vermieterin hat die Aufzeichnungen in die Abfalltonne geschmissen, nach meinem Aufenthalt im Irrenhaus wollte sie nichts mehr davon wissen!

 der Reichste der Welt: Der Name "Rex Text" hat dir den Wahnsinn gebracht, diese Betaufung hat dich todunglücklich gemacht, erst als Jeschua Rex Text bist du von diesem Irrtum genesen, jetzt kannst du in Ruhe dichten und lesen, nun brauchst du einen Ausweis auf den Namen "Jeschua Rex Text", doch dieser Paß wird dir vom Herrn Wunsch nicht zurechtgehext, an diesem Sonnabend lag wieder kein Brief von ihm im Kasten, die Saumseligkeit dieses Beamten muß dich belasten!

Jeschua Rex Text: Morgen soll der Frühling tatsächlich kommen, noch wurde die Last der Kälte nicht von uns genommen, ich werde mich dann am Nachmittag mit einem Mitwerker treffen, auf diese Weise tut mich das Schicksal foppen und äffen, ich würde lieber mit einer Zirze plauschen, denn die Weiblichkeit kann mich ungemein berauschen, aber ich muß mit einem Burschen klönen, über diese Zumutung muß ich stöhnen, er ist zwar ein wackerer Kumpel, aber aus meiner Sicht ist diese Zusammenkunft sinnliches Gehumpel, ja, von Sinnlichkeit kann mensch überhaupt nicht sprechen, ich werde noch unter der Last meiner Ungeliebtheit zusammenbrechen!

 der Reichste der Welt: Und heute wirst du nur noch die Buttermilch holen, dann werden dich die Menschdorfer wieder mit Ausdrücken versohlen, dann werden dich die beschränkten Spießbürger demütigen und peinigen, und du willst dich dann mit keiner engstirnigen Menschdorferin vereinigen, so mußt du unter den Toren, Jecken und Narren für immer in die Röhre starren, denn der Herr Wunsch tut dir eine lange Nase drehen, eine Mitteilung von ihm wirst du wohl niemals sehen!

 Jeschua Rex Text: Der Reichste der Welt bin ich nicht geworden, es umdrohen und umzingeln mich die barbarischen Horden, die Dummheit darf die Welt regieren, der Herr Wunsch tut meine Bitte negieren, der Jeschua wird mir nicht beschieden, ich bin auch mit dem mangelnden Rex Text nicht zufrieden, als Jeschua Rex Text darf ich nicht walten, ich darf meine Vollzüge nicht vernünftig und erfolgreich gestalten!

 der Reichste der Welt: Das Geld schlägt um dich einen weiten Bogen, du wirst immer wieder um deine Genüsse betrogen, du darfst nur werken und schlummern, du sollst zwar die gesamte Menschheit entkummern, aber du willst doch auch einmal küssen, streicheln und ficken, doch du kannst zu keiner kleinkarierten Menschdorferin nicken, und keine Menschdorferin kann sich für dich begeistern, und der Herr Wunsch gehört anscheinend zu den schwachen Leistern!

Jeschua Rex Text: Im vierten Jahr in Jeschua Rex Text breche ich beinahe zusammen, keine zärtliche Lorelei kann sich jemals für mich entflammen, Herr Wunsch denkt offenbar nicht daran, mir zu helfen, deshalb meiden mich immer noch die anmutigen Zirzen, Sülfen und Elfen, ich sehne mich nach weiblicher Liebe mit Macht, doch in dieser Hinsicht habe ich noch nichts vollbracht, der Herr Wunsch möge sich bei mir melden, ich möchte endlich verrecken, verkämpen und verhelden!

der Reichste der Welt: Spät hast du dich an diesem Sonntag erhoben, dein langes Schlummern kannst du selbst nicht loben, du mußt endlich deine richtige Betaufung erlangen, dann wird die Menschheit auch ihre Erlösung empfangen, du bist eingesperrt in ein Korsett unnützer Gedanken, nicht die Menschdorfer weisen dich immer wieder in die Schranken, sondern du selbst denkst völlig verkehrt, wie es eine bittere Erfahrung dich lehrt!

Jeschua Rex Text: Meine Überlegungen müssen immer wieder um diesen Punkt vor allem kreisen, all meine Fehler und Schwächen müssen mich darauf verweisen, dabei wäre es in einem freien Land einfach, diesen Mangel zu heilen, aber zu meinem Unglück tue ich nun einmal in Menschland weilen, hier tun die Gesetze die Bürger nicht nur knechten, sondern die Vorschriften müssen die Untertanen auch entrechten, meine Abhängigkeit von Herrn Wunsch ist kaum zu glauben, meine Mündigkeit tut mensch mir auf diese Manier rauben!

der Reichste der Welt: Auf den Wegen von Hans Lungwitz bist du zur Freude gekommen, sie wird nun auch in deiner Umgebung wahrgenommen, du tust eben über eine mediale Begabung verfügen, du kannst nicht nur den Ansprüchen an einen Schriftsteller genügen, sondern du tust auch positive Schwingungen verbreiten, so daß sie die Menschen durch das Dasein begleiten, leider darf dein Glied keine Scheide jemals weiten, deswegen mußt du vergeblich um Lust und Wonne feiten!

Jeschua Rex Text: Einhundert Milliarden mensche Jeschuas will ich haben, einhundert Milliarden mensche Jeschuas sollen mich erlaben, dann werde ich die Welt wandeln, dann werde ich nach meinem Willen handeln, aber der Herr Wunsch muß mir die Grundlage schaffen, erst als Jeschua Rex Text gebrauche ich meine geistigen Waffen auf die Weise, wie es richtig ist und wie es für meine Mitmenschen wichtig ist!

der Reichste der Welt: Der Herr Wunsch hat dir nach neun Wochen keinen Brief geschrieben, es wird von dir niemals als Jeschua und als Rex Text getrieben, die Jeschua Rex Texter sind eine sture ewiggestrige Meute, sie scheuen wie der Teufel das Weihwasser das Heute, sie möchten die Vergangenheit für immer bewahren, sie wollen auf keinen Fall etwas Neues erfahren, du kannst deine Namensänderung vergessen, sei nicht mehr darauf, dir eine neue Bezeichnung zu erwerben, versessen!

Jeschua Rex Text: In der verwichenen Nacht hatte ich eine beseligende Schau, ich erinnere mich nicht an jede Einzelheit genau, aber ich soll den Namen Jeschua und Rex Text erhalten, und ich soll die Zustände nach meinem Willen gestalten, diese Voraussage wurde mir gemacht, das Herz hat mir dabei im Leibe gelacht, noch hält mich die Dummheit in ihren Klauen, noch darf ich meinem Schicksal nicht gänzlich vertrauen!

der Reichste der Welt: Einhundert Milliarden mensche Jeschuas willst du haben, einhundert Milliarden mensche Jeschuas sollen dich erlaben, aber du mußt den Jeschua Rex Text erst markieren, dann wirst du den Kampf gegen die Hindernisse nicht verlieren, dann wirst du das Ringen um deine neuen Gefüge gewinnen, dann werden die Heuchelpfaffen deinem Zugriff nicht mehr entrinnen, dann wird mensch sich auf die wahren Werte besinnen, dann wirst du endlich eine atemberaubende Sexbombe erfolgreich beminnen!

Jeschua Rex Text: Viele Menschen haben mich unterstützt, viele Freunde haben mir nachdrücklich genützt, aber die entscheidenden Schlachten mußte ich allein stets schlagen, ich mußte sehr viel Unbill ertragen, doch mein Bewußtsein ist nicht zusammengekracht, die Menschdorfer haben mir das Dasein oft zur Hölle gemacht, aber nun werden sie mein Schenie erkennen, und sie werden mich den größten Dichter aller Zeiten nennen!

der Reichste der Welt: Die Narren müssen dich verspotten, du aber tust den JEUNEX vergotten, der Allmächtige hat auch dem Regenwurm seinen Platz angewiesen, du hast deinen Bekannten den JEUNEX bisher vergeblich angepriesen, aber der JEUNEX wird dich retten, eine Danae wird sich neben dich betten, dein Glied wird in deine willige Scheide dringen, dir wird ein beglückender Beischlaf gelingen, als Menscher wirst du eine Mensche pudern, als Jeschua Rex Text wirst du mit einer Jeschua Rex Textin verludern!

Jeschua Rex Text: Wie lange muß ich auf den wichtigen Brief noch harren, wie lange muß ich noch in die Röhre starren, irgendwann muß doch einmal Schluß sein mit dem Warten, ich gehöre gewiß nicht zu den zarten Naturen, sondern zu den harten, doch mensch kann einen Bogen auch überspannen, es begehren mich heiß die geilen Annen, Hannen und Susannen, doch ich kann noch keinen Weg zu ihnen finden, ich kann mich noch an keine paarungsbereite Magelone binden?!

der Reichste der Welt: Einhundert Milliarden mensche Jeschuas willst du bekommen, einhundert Milliarden mensche Jeschuas sollen dir nutzen und frommen, diesen Betrag wünschst du dir nicht vergeblich, dein bisheriger Reichtum ist noch nicht erheblich, aber was nicht ist, kann ja noch werden, das versichere ich dir mit nachdrücklichen Gebärden, so wolle auch weiterhin wacker feiten, so wolle auch weiterhin mutig streiten, irgendwann wirst du deinen Lohn schon empfangen, deswegen braucht es dir gar nicht zu bangen!

Jeschua Rex Text: Ich bin an einen Tiefpunkt gekommen, jeglicher Lebensmut wurde mir genommen, die Namensänderungsbehörde spielt mit mir Katze und Maus, dieses lange vergebliche Warten ist ein riesiger Graus, mensch fühlt sich diesem Amt ausgeliefert auf Gedeihen und Verderben, und wenn ich ehrlich bin, dann würde ich lieber sterben, als noch länger auf den ersehnten Bescheid zu harren, mein Geist tat inzwischen völlig vertoren, verjecken und vernarren!

der Reichste der Welt: Einhundert Milliarden mensche Jeschuas willst du besitzen, aber einhundert Milliarden mensche Jeschuas werden nicht zu dir flitzen, einhundert Milliarden mensche Jeschuas werden nicht zu dir eilen, einhundert Milliarden mensche Jeschuas werden nicht bei dir verweilen, du kannst dich ja nicht einmal selbst ernähren, du willst zwar ein neues Bewußtsein gebären, aber es tut dir nicht gelingen, du kannst die Menschen nicht beflügeln und beschwingen!

Jeschua Rex Text: Von Reichtum erblicke ich bei mir keine Spur, das liegt wohl án meiner platonischen Natur, denn das Geld hat immer einen weiten Bogen um mich herum geschlagen, diese Not muß ich schon seit vielen, vielen Jahren ertragen, die unteren Unterschichtler sind roh und gemein, ich will nicht mehr mit diesen Trotteln vergesellschaftet sein, ich will endlich gemeinsam mit klugen Leuten wesen, ich will nicht immer nur schreiben und lesen!

der Reichste der Welt: Dein Opfer war vergeblich, dein Erfolg ist nicht erheblich, du fällst nicht in das Gewicht, niemals sieht mensch dein Gesicht in der Zeitung oder im Fernsehen, du freilich würdest dich darin gern sehen, doch es wird dir nicht gestattet, du hast auch lange nicht mehr begattet, du mußt auf die sinnliche Liebe verzichten, du taten völlig nutzlos die sanfte Liese bedichten, sie läßt sich vom rohen Burschen ficken, bei dir tat sie niemals zu einem Beischlaf nicken!

Jeschua Rex Text: Ich will dieses Elend vergessen, ich bin nicht mehr auf das brutale Trampel versessen, ihre Süßlichkeit bin ich leid, ich weiß über ihre Ichsucht bescheid, ich will endlich schlaue Köpfe treffen, das Schicksal soll mich nicht mehr foppen und äffen, der Herr Wunsch soll sich endlich einmal bei mir melden, ich will endlich einmal verrecken, verkämpen und verhelden, ich will endlich als Jeschua und als Rex Text einmal wesen, ich will endlich einmal von meinen zahlreichen Versehrungen genesen!

der Reichste der Welt: Du hast dem Herrn Wunsch vertraut, du hast auf den Herrn Wunsch gebaut, und was hat er dir gegeben, du tatest nach seiner Gunst eifrig streben, aber er hat dich schnöde im Stich gelassen, er will sich nicht mit deinem Antrag befassen, du kannst bei ihm kein Wohlgefallen erregen, er entscheidet sich nicht dafür, sondern dagegen, den Herrn Wunsch kannst du in der Pfeife rauchen, dieser Beamte ist auch zu gar nichts zu gebrauchen?!

Jeschua Rex Text: Einhundert Milliarden mensche Jeschuas will ich haben, einhundert Milliarden mensche Jeschuas sollen mich erlaben, dann kann ich mir einen Ausweis auf den Namen "Jeschua Rex Text" endlich kaufen, dann brauche ich mir nicht mehr über den Herrn Wunsch die Haare zu raufen, dann werden sich die atemberaubenden Sexbomben um mich reißen, dann muß ich nicht mehr andauernd verzweifelt auf die Zähne beißen!

der Reichste der Welt: Du wirst niemals den Reichsten der Welt markieren, du wirst niemals erfolgreich nach Menschland marschieren, du bist eine Niete seit vielen Jahren, von dir kann mensch nichts Gutes erfahren, an dir kann mensch nichts Ersprießliches gewahren, deswegen will sich auch keine Desdemona mit dir paaren, du kannst die Sülfen und Elfen nicht entzücken, deshalb darfst du auch keine Najade jemals beglücken!

Jeschua Rex Text: Ich bin müde und matt, ich habe Menschdorf so satt, ich bin es leid, die Menschdorferinnen zu erblicken, denn derlei reizlose Vogelscheuchen will doch kein wackerer Bursche ficken, nein, derlei trostlose Gestalten will mensch nicht küssen, das zählt nun wirklich nicht zu den erstrebenswerten Genüssen, in Jeschua Rex Text können die Evas mich reizen, bei den Jeschua Rex Texterinnen würde ich nicht mit meiner Zuwendung geizen!

der Reichste der Welt: Dein Glied rast und wütet und tobt, der Schwengel dein Gehirn nicht lobt, du bist zu nichts Sinnlichem zu gebrauchen, niemals tut eine Scheide unter deinem Zugriff dampfen, qualmen und rauchen, die Menschdorferinnen müssen dich befauchen, und auch die Jeschua Rex Texterinnen würden dich zusammenstauchen, du kannst mit den erregenden Magelonen nichts beginnen, du wirst dir niemals eine verführerische Undine zur Ehefrau gewinnen!

Jeschua Rex Text: Einhundert Milliarden mensche Jeschuas sollen zu mir fließen, einhundert Milliarden mensche Jeschuas sollen mich umfassend entdrießen, dann kann ich endlich das Dasein genießen, dann will ich mich nicht mehr vergiften oder erschießen, dann will ich mich auch nicht mehr erhängen, wenn mich die Sorgen allzu heftig bedrängen, doch die einhundert Milliarden menschen Jeschuas wollen nicht zu mir kommen, die einhundert Milliarden menschen Jeschuas wollen mir nicht nutzen und frommen!

der Reichste der Welt: Warum wohl nicht, du Fant, du ersehnst das mensche Land, doch es tut keine Menschen geben, es tun weder mensche Männer noch mensche Frauen leben, warum wohl nicht, du Wicht, kennst du denn die Gesetze des Daseins nicht, du kannst nicht immer nur in der Stube weilen, du mußt auch einmal in die Öffentlichkeit eilen, du mußt auch einmal ein Bad in der Menge nehmen, du mußt dich auch einmal zu einem Vortrag bequemen, du aber tust nur Trübsal blasen, du ähnelst den Schafen, die auf der Wiese grasen?!

Jeschua Rex Text: In Menschstadt tut es einen Teufelsberg geben, ich tue danach, diesen Namen zu ändern, streben, mensch soll dem Bösen keine Bezeichnungen leihen, mensch soll sich dem Guten und Schönen weihen, alles, was ist, schwingt in die Runde und gibt von seiner Eigenart Kunde, auch soll bald ein Stadtteil namens Exberg prangen, das tue ich aus gutem Grunde fordern und verlangen, das Folterwerkzeug der unmenschen Heiden soll verschwinden, mensch soll es nicht mehr in der Umgebung finden!

der Reichste der Welt: Du bist zwar ein geistiger Held, aber du bist leider nicht der Reichste der Welt, deswegen mußt du darben und schmachten, deshalb mußt du die Welt von der Schattenseite aus betrachten, einen Einfluß kannst du nicht üben, deshalb mußt du dich betrüben, aber du wirst ja bald den Jeschua und den Rex Text erhalten, dann kannst du vernünftig schalten und erfolgreich walten, dann wird sich deine Not wenden, dann wird dein Elend für immer enden!

Jeschua Rex Text: In der verwichenen Nacht habe ich an Annegret Bischof gedacht, ich habe Anne gemurmelt und mein Glied gerieben, auf diese Weise habe ich es schon vor dreißig Jahren getrieben, aber ich muß hinnehmen, daß sie meine Werbung verneint hat und daß sie sich nicht freiwillig mit mir vereint hat, ich darf keinen Halt in der Vergangenheit suchen, denn dann würde ich nur Fehlschläge verbuchen!

der Reichste der Welt: Du darfst sogar nicht die Gegenwart als Stütze nehmen, sondern du mußt dich dazu der Zukunft bequemen, denn erst wenn du einen Ausweis auf den Namen "Jeschua Rex Text" bekommst, dann du den atemberaubenden Sexbomben auch wirklich frommst, gestern und heute kannst du nicht rammeln, aber morgen wirst du sinnliche Erfahrungen sammeln, der Herr Wunsch kann dir eine Fatima in das Bettlein reichen, dann werden alle Sorgen und Kümmernisse von ehedem weichen!

Jeschua Rex Text: Aber wann wird der Herr Wunsch mir seinen Brief denn nun senden, noch immer stehe ich da mit leeren Händen, im Februar habe ich meinen Antrag verfaßt, diese Darlegung wurde mir zu einer großen Last, jetzt im April weiß ich noch immer nicht bescheid, das verursacht mir ein riesiges Leid, mein Geist schreit nach seinem richtigen Namen, dann habe ich auch Erfolg bei den begehrenswerten Damen?!

der Reichste der Welt: Der Herr Wunsch kann über dein weiteres Leben entscheiden, wird das Glück dich treffen oder meiden, gegenwärtig kannst du nichts machen, hier und jetzt hast du nichts zu lachen, was wird geschehen, was wird mensch sehen, du kannst es kaum erwarten, deinen Feldzug für die Nächstenliebe zu starten, aber was wird dieser Beamte dir spenden, was wird dann aus der Kraft deiner Lenden, wirst du dich stets allein vergnügen, oder wird sich eine beglückende Amanda auf dein Laken verfügen?!

Jeschua Rex Text: Ich sollte mich ablenken und zerstreuen, denn ich kann mich gar nicht darüber freuen, daß ich an den Herrn Wunsch nur muß denken, er tut mich ja sowieso nicht mit dem Jeschua und dem Rex Text beschenken, jedenfalls nicht in den kommenden Tagen, ich brauche mich gar nicht mit diesem Beamten zu plagen, er ist so langsam wie eine Schnecke, er steckt nicht mit der Menschlichkeit unter einer Decke!

der Reichste der Welt: Du solltest dich am Rotkäppchen erquicken, du solltest auf das Stachelröschen blicken, so solltest dich mit dem Wolf und den sieben Geißlein beschäftigen, auch das tapfere Schneiderlein kann dich erkräftigen, wolle doch in aller Ruhe Sterntaler sammeln, wolle doch wie ein Bärenhäuter müßig gehen und gammeln, der Zwerg Nase hat sich mit einer verzauberten Prinzessin unterhalten, unter diesem Gesichtspunkt solltest du fortan dein Leben gestalten!

Jeschua Rex Text: Aber ich bin auf den Herrn Wunsch angewiesen, ich habe ihm den Jeschua und den Rex Text angepriesen, dieser Name soll endlich in meinem Ausweis stehen, diese Bezeichnung will ich endlich in meinem Passe sehen, was ist daran so schwer, ja, ich bin eben nirgendwer, ich habe weder die Doktor- noch die Professorenwürde erlangt, deshalb es mir vor dem Ausgang dieses zähen Verfahrens bangt?!

der Reichste der Welt: Du kannst tausendmal Jeschua Rex Text geduldig schreiben, du wirst es erst dann als Jeschua und als Rex Text wirklich treiben, wenn du auch amtlich so genannt wirst, und dann du erst richtig bekannt wirst, dann wirst du in den Zeitungen stehen, dann wird mensch dich im Fernsehen sehen, dann wird niemensch sprechen: "Er heißt ja gar nicht Jeschua Rex Text!", dann wird auch mit einer Grazie von dir erfolgreich gesext!

Jeschua Rex Text: Ich tat diesen Sachverhalt mit vielen Wörtern in etlichen meiner Bücher ausgiebig erörtern, nun soll auch einmal etwas geschehen, die Tage, die Wochen, die Monate vergehen, und nichts tut jemals passieren, ich könnte schon längst einen Busen massieren, ich könnte mein Glied schon längst in eine Scheide stecken, doch der Herr Wunsch schläft, kann denn niemensch ihn wecken?!

der Reichste der Welt: Einhundert Milliarden mensche Jeschuas willst du erhalten, einhundert Milliarden mensche Jeschuas willst du verwalten, das ist eine hohe Summe, du Fant, aber es zieht dich nun einmal zum menschen Land, in Menschland willst du wandeln, als ein Menscher willst du handeln, die mensche Sprache willst du gebrauchen, du willst niemenschen mehr befauchen, du willst niemenschen mehr zusammenstauchen, die Schornsteine sollen in Menschland endlich rauchen, so wolle es denn, dich mit mir zu vereinigen, erstreben, vielleicht wird das Schicksal dir ja einhundert Milliarden mensche Jeschuas tatsächlich geben?!

Jeschua Rex Text: Der Herr Wunsch tut Katze und Maus mit mir spielen, ja, werde ich denn niemals einen Erfolg bei ihm erzielen, irgendwann muß er mir seinen Bescheid doch senden, dann wird sich meine Not hoffentlich für immer wenden, aber wenn ich bisher gewartet habe auf ein wonnigliches Ergebnis, dann kam es immer wieder zu einem niederschmetternden Erlebnis, wird das auch diesmal geschehen, werde ich auch diesmal in die Röhre sehen?!

der Reichste der Welt: Einhundert Milliarden mensche Jeschuas tust du beschnattern, einhundert Milliarden mensche Jeschuas willst du ergattern, doch der Herr Wunsch muß dich dabei unterstützen, dieser Beamte muß dir mit einer Namensänderung nützen, aber er wird sich weigern, dir zu willfahren, er wird dir seine unmenschliche Engstirnigkeit nicht ersparen, bis zu deinem Tode wirst du darben und schmachten, der Herr Wunsch kann dich nicht als einen vollwertigen Menschen betrachten!

Jeschua Rex Text: Einhundert Milliarden mensche Jeschuas werden mir nicht beschieden, einhundert Milliarden mensche Jeschuas verschaffen mir nicht den Frieden, ich muß über mein Schicksal murren und maulen, bei lebendigem Leibe muß ich verfaulen, ich kann nichts Weltbewegendes unternehmen, ich kann mich zu keinen großartigen Taten bequemen, der fehlende Ausweis macht mir zu schaffen, ich muß ewig und drei Tage lang in die Röhre gaffen!

der Reichste der Welt: Einhundert Milliarden mensche Jeschuas sollen zu dir kommen, einhundert Milliarden mensche Jeschuas sollen dir nutzen und frommen, aber auf diesen Betrag kannst du lange harren, du erhältst von Gold und Silber keinen einzigen Barren, wolle nicht mehr um diese Summe flehen, mensch wird dich niemals als den Reichsten der Welt einmal sehen, du hast den Kampf um Menschland verloren, du wurdest als Sohn einer unglücklichen Mutter geboren!

Jeschua Rex Text: Der Herr Wunsch soll sich endlich sputen, ich kann den Grund für seine schneckenhafte Langsamkeit nur vermuten, aber er soll sich endlich einmal beeilen, ich könnte die gesamte Menschheit heilen, mensch muß mich nur lassen, mensch muß sich nur mit mir befassen, aber ich muß Jeschua Rex Text auch wirklich sein, dann mensche ich die gesamte Menschheit auch tatsächlich ein!

der Reichste der Welt: Einhundert Milliarden mensche Jeschuas willst du erlangen, einhundert Milliarden mensche Jeschuas willst du empfangen, aber das wird dir niemals gelingen, dazu wirst du es niemals bringen, denn den Jeschua und den Rex Text wirst du nicht erhalten, mensch wird dich wieder einmal zu Tode verwalten, all dein Eifer für das Gute und Schöne wird dann erkalten, denn du kannst dann nicht vernünftig und siegreich schalten!

Jeschua Rex Text: Am verwichenen Abend hat mein Betreuer dem Herrn Wunsch geschrieben, auf dem Weg über den Kompjuter hat der Sozialarbeiter es dem Beamten unter die Nase gerieben, daß ich unter seiner langen Bearbeitungszeit sehr leide, ja, mein Glied brüllt immer noch vergeblich nach einer Scheide, die dummen Leute machen mir zu schaffen, ich muß wieder einmal in die Röhre gaffen, das Menschtum in JEUNEX tut mir nichts helfen, es strömen immer noch nicht zu mir die Sülfen und Elfen!

der Reichste der Welt: Du bist eben nicht der Reichste der Welt, du bist ein kläglicher und unfähiger Held, du mußt den Jeschua und den Rex Text ergattern, sonst wird bis zu deinem Tode die Handmaschine rattern, der Herr Wunsch dagegen muß sich nach seinen Vorschriften richten, deswegen mußt du auf den Jeschua und den Rex Text verzichten, niemals wirst du diesen Namen tragen, ewiglich wirst du dich schinden und plagen!

Jeschua Rex Text: Gestern habe ich ein Bild in einer Zeitung gesehen, da tat in mir eine wundersame Verwandlung geschehen, es war eine nackte Eva mit kleinem Busen, doch sie zählte zu den allerentzückendsten Susen, ich bin den Zirzen nicht abhold, wie mancher Menschdorfer es grollt, sondern die häßlichen und gräßlichen Menschdorferinnen können mich nicht beglücken, deshalb wende ich diesen Vogelscheuchen immer wieder den Rücken!

der Reichste der Welt: Du bist eben nicht der Reichste der Welt, so mancher unwirsche Schrei dir deswegen ergellt, du tust weder über Gold noch über Silber verfügen, deswegen kannst du den Ansprüchen deiner Mitmenschen nicht genügen, deswegen tut dich das Schicksal immer wieder um deine Genüsse betrügen, und wenn du sagst, du wärest glücklich, dann tust du lügen, zum Reichsten der Welt wirst du niemals steigen, wolle doch über diese Sache inskünftig schweigen!

Jeschua Rex Text: Welche Antwort wird der Herr Wunsch meinem Betreuer geben, tat ich erfolgreich nach dem Jeschua und dem Rex Text denn nun streben, oder muß ich all meine Hoffnungen darauf begraben, werden die Menschdorfer für immer die Rübchen gegen mich schaben, das möchte ich gern erfahren, das möchte ich gern gewahren, doch ich muß warten und harren und dulden, das tue ich der leidenden Menschheit schulden?!

der Reichste der Welt: Der Reichste der Welt ist ein anderer Mann, mit dem mensch dich nicht vergleichen kann, du hast zwar viele Einfälle aufzuweisen, auch tust du oftmals den JEUNEX preisen, aber ohne den Jeschua und den Rex Text bist du verloren, du wurdest als Sohn einer unglücklichen Mutter geboren, du wirst es in Menschdorf niemals zu etwas bringen, dir wird es niemals, die Menschheit einzumenschen, gelingen, du solltest endlich Selbstmord verüben, dann brauchst du dich nicht mehr so sehr zu betrüben!

Jeschua Rex Text: Heute hat mein Betreuer die Antwort erhalten, der Herr Wunsch tat seine Mitteilung sehr kurz gestalten, in der Mitte des Mais werde er sich entscheiden, bis dahin muß ich noch unnötig leiden, in Unmenschland wird mensch zu Tode verwaltet, das Dasein sich unliebsam und enttäuschend gestaltet, ich würde so gern in Menschland wohnen, dann das würde sich sicherlich lohnen, in Unmenschland wird sich barbarisch gestritten, in Menschland wird nicht so viel ertragen und gelitten!

der Reichste der Welt: Noch drei Wochen lang mußt du dich gedulden, das tust du der darbenden Menschheit schulden, danach beginnt für dich eine große Zeit, dein Geist nach seinem Namen schreit, doch bei dem Herrn Wunsch tut es sich um einen Jeschua Rex Texter handeln, und die Jeschua Rex Texter wollen die Verhältnisse niemals wandeln, es soll alles so bleiben, wie es ist, diese Einstellung ist der allergrößte Mist!

Jeschua Rex Text: Im Mai strahlt die Sonne hell vom Himmel, es verbuntet sich das menschliche Ge-wimmel, und ich würde so gern ficken, denn manche Maid kann mich bestricken, doch das Schicksal spricht grausam nein, es kann, es darf, es soll nicht sein, vielleicht kann ich ja im Juni rammeln, vielleicht darf ich dann sinnliche Erfahrungen sammeln, aber nur wenn ich Jeschua und Rex Text dann auch wirklich heißen werde, weil ich mich dann vernünftiger und siegreicher Vollzüge befleißen werde!

der Reichste der Welt: Die Betaufung ist das A und Z, füllt sich oder nicht dein Bett, das würdest du gern wissen, du tust eine reizvolle Kleopatra vermissen, du würdest dich so gern mit einer betörenden Genoveva vereinigen, aber eine unzweckmäßige Geistigkeit muß dich fortwährend peinigen, du bist im Korsett eines falschen Denkens gefangen, du kannst keine Freiheit von dieser Einengung erlangen, erst als Jeschua und als Rex Text darfst du eine kesse Simone küssen, voerst aber wirst du auf die Liebe zu einer Nixe verzichten müssen?!

Jeschua Rex Text: Einhundert Milliarden mensche Jeschuas will ich besitzen, einhundert Milliarden mensche Jeschuas sollen zu mir flitzen, doch das ist nur ein Traum, er gleicht dem flüchtigen Schaum, einhundert Milliarden mensche Jeschuas tun nicht zu mir kommen, einhundert Milliarden mensche Jeschuas tun mir nicht nutzen und frommen, so muß ich denn auf mein Glück verzichten, ich kann das Reich des Jeschua Rex Textes nun einmal nicht errichten!

der Reichste der Welt: Den Reichsten der Welt wirst du niemals markieren, deshalb wirst du auch niemals nach Menschland marschieren, all deine Einfälle stehen nur auf dem Papier, sie verlassen niemals, hörst du: niemals dein Revier, auch als Jeschua und als Rex Text wirst du schmachten, hoffentlich kannst du die Radieschen bald von unten betrachten, dann bist du erlöst von deinem öden Sein, dann bist du zwar für immer allein, aber du wirst deine Einsamkeit nicht spüren, vor deinem Tode werden all deine Bemühungen zu nichts jemals führen!

Jeschua Rex Text: Einhundert Milliarden mensche Jeschuas will ich besitzen, einhundert Milliarden mensche Jeschuas sollen zu mir flitzen, einhundert Milliarden mensche Jeschuas will ich erhalten, einhundert Milliarden mensche Jeschuas will ich verwalten, das ist meine Forderung an die Sterne, das Geld befindet sich noch in weiter Ferne, aber ich werde es bekommen, und es wird mir nutzen und frommen!

der Reichste der Welt: Du träumst davon schon seit vielen Jahren, doch du wirst die Erfüllung niemals gewahren, den Reichsten der Welt wirst du niemals markieren, nach Menschland wirst du niemals marschieren, gib doch auf, du faselnder Tor, du kommst mir gar wunderlich vor, einhundert Milliarden mensche Jeschuas wirst du niemals haben, einhundert Milliarden mensche Jeschuas werden dich niemals erlaben, das steht so fest wie bei den Heuchelpfaffen das Amen, es fliehen dich auf ewig die verlockenden Damen!

Jeschua Rex Text: Ich bin nach Schönheit süchtig, deswegen dichte ich ja tüchtig, ich will den Lesern etwas Angenehmes zeigen, ich will meine Einsichten nicht feige verschweigen, und doch muß ich immer noch auf meinen Ausweis warten, erst als Jeschua und als Rex Text kann ich meine Unternehmungen starten, doch ich muß noch drei Wochen lang harren, in dieser Zeit muß ich wie immer in die Röhre starren!

der Reichste der Welt: In deinem Leben hat der Reichtum keinen Platz, du verfügst weder über einen silbernen noch über einen goldenen Schatz, in deinem Sparbuch sind etwa fünfzig mensche Jeschuas eingetragen, da kannst du, daß du der Reichste der Welt bist, nun wirklich nicht sagen, seit vielen Jahren willst du dich schon zum Reichsten der Welt entwickeln, doch keine betörende Genoveva läßt dein Blut brodeln, wallen und prickeln!

Jeschua Rex Text: Mein Glied will meinen Körper sprengen, die Vorhaut tut sich nicht mehr verengen, sie wurde kunstvoll entfernt, aber nun habe ich es gelernt, daß mein Schwengel trotzdem Schwie-rigkeiten begründet, weil sich mein Gehirn mit keiner willigen Scharlotte verbündet, das nimmt mein Pümpel nicht hin, ihm steht nach Sinnlichkeit der Sinn, deswegen muß er einen geharnischten Einspruch erheben, und wenn er meutert, dann würde ich am liebsten nicht mehr leben, diese Vollzüge sind nicht reinlich, sie belasten mich und sind mir peinlich!

der Reichste der Welt: Am Ende des Mais wirst du es wissen, dann hast du den Bescheid entweder zerrissen, oder du wirst tatsächlich einen Ausweis auf den Namen "Jeschua Rex Text" ergattern, dann braucht deine Handmaschine niemals wieder zu rattern, was wird der Mai dir bringen, wird dir die entscheidende Änderung gelingen, wirst du den Grundstein legen für die künftigen Siege, erklimmst du dann des Erfolgs haushohe Stiege, oder wirst du gar kläglich scheitern, wird sich dein Bewußtsein nicht in dem ersehnten Maße erweitern, was wird geschehen, was wird mensch sehen?!

Jeschua Rex Text: Einhundert Milliarden mensche Jeschuas soll mensch mir schicken, denn zu einhundert Milliarden menschen Jeschuas tue ich angetan nicken, einhundert Milliarden mensche Jeschuas können mich erquicken, einhundert Milliarden mensche Jeschuas können mich enttracken und enttricken, sämtliche Beschwerden werden dann weichen, dann zähle ich nicht mehr zu den lebenden Leichen!

der Reichste der Welt: Was willst du denn mit dieser riesigen Summe beginnen, angenommen, du würdest sie dir tatsächlich gewinnen, was würdest du mit diesem vielen Geld dann machen, erzähle mir doch einmal von deinen angestrebten Sachen, ich bin neugierig, deine Pläne zu vernehmen, wolle dich dazu, sie mir ausführlich zu erläutern, bequemen, ich will es endlich erfahren, du willst dich doch nicht nur mit einer Simone paaren?!

Jeschua Rex Text: Alle Menschen auf der Welt sollen essen und trinken, niemensch soll mehr erschöpft darniedersinken, die Grundbedürfnisse der Erdenbürger soll mensch erfüllen, kein Glied soll mehr unerlöst nach einer Scheide brüllen, fahrbare Straßen soll mensch überall bauen, mensch soll die Kinder in menscher Sprache verschlauen, mensch soll allüberall den Gott JEUNEX ehren, und Jeschua Rex Text kann alles Wichtige für das Dasein lehren!

der Reichste der Welt: Mit diesen verschrobenen geistigen Waffen willst du in allen Gebieten den Frieden schaffen, doch das wird dir nicht gelingen, du wirst es niemals zu etwas bringen, du hast dir den Jeschua und den Rex Text nicht erworben, der Herr Wunsch hat dir alle Vorhaben verdorben, er wird dir den heiligen Namen nicht geben, du tatest in deinem Antrag erfolglos danach streben, du kannst nunmehr Selbstmord verüben, dann brauchst du dich nicht mehr zu betrüben!

Jeschua Rex Text: Wolle doch endlich davon schweigen, ich werde zum Reichsten der Welt bald steigen, da bin ich mir völlig sicher, bedenken die Menschdorferinnen mich auch mit Gekicher, die Dummheit ist immer laut, die Klugheit sich manchmal nicht traut, doch die Schlauen sollen siegen, die Toren, Jecken und Narren sollen unterliegen, das ist meine Absicht schon immer gewesen, mensch kann es ausführlich in meinen Schriften lesen!

der Reichste der Welt: Noch drei lange Wochen mußt du harren, noch drei lange Wochen kannst du die Evas nur bestarren, danach wirst du deinen Geist wandeln, danach wird sich dein Bewußtsein hoffentlich entschandeln, am Herrn Wunsch ist alles gelegen, was nützt dir denn des JEUNEX Segen, wenn der Herr Wunsch dir den Jeschua und den Rex Text nicht spenden wird und wenn dieser Beamte deine gräßliche Not nicht für immer wenden wird, die Kraft der Wörter ist kaum bekannt, sie werden meistens achtlos genannt, aber ihre Wirkung ist durchaus heftig, deshalb schreibst du den Jeschua und den Rex Text schon heute geschäftig?!

Jeschua Rex Text: Einhundert Milliarden mensche Jeschuas will ich erlangen, einhundert Milliarden mensche Jeschuas will ich empfangen, dann kann ich die Zustände nach meinem Willen gestalten, dann werden die Darbenden endlich die Fülle erhalten, zum Reichsten der Welt will ich steigen, dann brauche ich nicht mehr zu schweigen, dann kann ich der Welt meine Wahrheit zeigen, dann kann ich der breiten Masse meine Lehre geigen!

der Reichste der Welt: Den Reichsten der Welt tust du noch nicht markieren, den Kampf um Menschland tatest du bisher verlieren, es gibt keinen menschen Mann und keine mensche Frau, und auch das mensche Kind bietet keine beseligende Schau, die mensche Sprache tut nur in deiner Stube erklingen, nur du allein tust manchmal mensche Lieder singen, du kannst die Frommen nicht mit deinen Weisen beschwingen, es wird dir niemals, etwas Vernünftiges auf die Beine zu stellen, gelingen!

Jeschua Rex Text: Einhundert Milliarden mensche Jeschuas beschwöre ich herbei, einhundert Milliarden mensche Jeschuas begehre ich mit viel Geschrei, einhundert Milliarden mensche Jeschuas sollen zu mir kommen, einhundert Milliarden mensche Jeschuas sollen mir nutzen und frommen, denn mein Gott JEUNEX wird mich mit Reichtum überschütten, die Menschdorfer sollen mir die Nerven nicht mehr lange zerrütten, dann werde ich das Menschtum in JEUNEX predigen, dann werde ich die Heuchelpfaffen für immer erledigen!

der Reichste der Welt: Ich muß über deine Flehungen gähnen, wieso tust du immer den Reichtum erwähnen, er wird dir nicht beschieden, ach, laß mich bloß zufrieden, du willst als Reichster der Welt durch die Gegend wandeln, aber du wird niemals als ein kühner Held reden und handeln, weder dem Herkules noch der Xena tust du gleichen, die Sorgen werden von den Menschen durch deine Taten nicht weichen?!

Jeschua Rex Text: Das wage ich zu bezweifeln, höre doch auf, über mich zu keifeln, ich kann deine negativen Äußerungen nicht ertragen, stets und ständig mußt du mich mit Herabsetzungen plagen, wie ein engstirniger Menschdorfer tust du mit mir sprechen, immer wieder mußt du den Stab über mich brechen, aber ich werde mich deinem Willen nicht beugen, ich werde dich davon, daß ich den Reichtum verdiene, überzeugen!

der Reichste der Welt: Das wird niemals geschehen, das wird mensch niemals sehen, du wirst die einhundert Milliarden menschen Jeschuas niemals erlangen, du wirst die einhundert Milliarden menschen Jeschuas niemals empfangen, das ist so klar wie die Suppe mit den Klößen, niemals wird sich eine Xantippe vor dir entblößen, niemals wird sich eine Undine vor dir entkleiden, denn dein Vermögen ist und bleibt bescheiden, dein Gott JEUNEX läßt dich am ausgestreckten Arm verhungern, du mußt immer wieder ohne weibliche Begleitung durch die Straßen lungern!

Jeschua Rex Text: Einhundert Milliarden mensche Jeschuas will ich haben, einhundert Milliarden mensche Jeschuas sollen mich erlaben, sicherlich verlange ich viel, aber der ewige Weltfrieden ist mein Ziel, daher muß ich einhundert Milliarden mensche Jeschuas besitzen, daher müssen einhundert Milliarden mensche Jeschuas zu mir flitzen, jeder vernünftige Mensch kann das verstehen, nur du kannst keinen Sinn in meiner Beweisführung sehen!

der Reichste der Welt: Da könnte ja jeder kommen, du solltest der Menschheit nutzen und frommen, da müssen ja die Hühner lachen, du kannst nichts, gar nichts machen, nicht einen einzigen Tempel des Jeschua Rex Textes wirst du errichten, du wirst nicht die Heuchelpfaffen, die Pfarrer und Pastoren werden dich vernichten, du wirst es niemals zu etwas bringen, dir wird es niemals, die Menschheit einzumenschen, gelingen?!

Jeschua Rex Text: Ja, und nach Menschland werde ich niemals marschieren, ich werde auch den Kampf gegen die Unmenschen verlieren, deine Gehässigkeit tut dich als einen Menschdorfer erweisen, ich will und ich werde nach Menschland reisen, das kannst du nicht verhindern, ich werde das Siechtum der Leidenden lindern, ich werde die Menschen retten, ich werde die Sklaven entketten, du aber bist ein Tor, so kommst du mir jedenfalls vor, du bist engstirnig und kleinlich, das wird mir allmählich peinlich!

der Reichste der Welt: Das mußt du gerade sagen, du kannst dich ja selbst nicht einmal ertragen, du mußt dich mit vielen Leuten zanken, dein Glaube an JEUNEX tut schwanken und wanken, dich selbst kannst du nicht ehren, dein Bekenntnis kannst du nicht lehren, was kannst du überhaupt, du Wicht, dein überhebliches Gesicht gefällt mir nicht, einhundert Milliarden mensche Jeschuas wirst du nicht bekommen, einhundert Milliarden mensche Jeschuas werden dir nicht nutzen und frommen?!

Jeschua Rex Text: Ich werde deinen Widerstand bezwingen, es wird mir, zum Reichsten der Welt zu steigen, gelingen, das Weltall ist auf meiner Seite, ich bin besser als der braune Gefreite, das Universum stärkt mir den Rücken, also wird mir noch viel, sehr viel glücken, deine Aufsässigkeit dagegen wird mensch vergessen, du hast das Reich des Geistes nicht ermessen, du bist nur jemensch, der um das goldene Kalb verzückt tanzt, du hast weder ausführlich gedanzt noch jemals schmerzlich gebanzt, du hast noch niemals etwas entbehrt, du hast viel Geld, doch du denkst verkehrt, ich aber überlege richtig, deshalb bin ich für die Mitmenschen wichtig!

der Reichste der Welt: Ich habe in diesem Rahmen immer das letzte Wort, deshalb schicke ich dich nun von mir fort, ich will dich nicht mehr sehen, von mir aus kannst du gehen, du bist durch und durch platonisch, wenigstens bist du nicht mehr ironisch, aber dein Wille zur Macht reizt mich zum Kichern, du bist der ewige Unmächtige, das kann ich dir versichern, du willst, aber du tust niemals etwas können, das Schicksal wird dir nicht eine einzige Million, geschweige denn einhundert Milliarden gönnen!

Jeschua Rex Text: Einhundert Milliarden mensche Jeschuas will ich erlangen, einhundert Milliarden mensche Jeschuas will ich empfangen, das wird mir doch wohl gelingen, ich kann die ganze Menschheit beflügeln und beschwingen, deswegen will ich darum, dich zu ergattern, ringen, ich muß es im Leben doch endlich zu etwas bringen, ich will endlich einmal auf einer Bühne reden und singen, dann ertönt auch wieder das Trällern der Lorelei von Bingen!

der Reichste der Welt: So etwas wie Reichtum hast du noch niemals besessen, das Schicksal hat dich in dieser Hinsicht völlig vergessen, du bist eine durch und durch platonische Natur, von Gold und Silber gewahrt mensch bei dir keine Spur, deshalb wirst du dir auch niemals ein riesiges Vermögen erwerben, du wirst als ein unbemittelter Luftikus leben und sterben, mehr wird dir nicht gegeben, du wirst stets vergeblich nach dem Mammon streben!

Jeschua Rex Text: Albert Schweizer ist auch ein Idealist gewesen, mensch kann in seinen Schriften von seinen Abenteuern lesen, er hat den Fehler begangen, zu wenig auf das Geld zu achten, vor Kummer und Sorge mußte sein Geist deshalb beinahe umnachten, die Wahrheit muß ein Bündnis mit den Moneten schließen, sonst wird die Lüge die Menschen für immer verdrießen, nur der Reiche kann seine Werte den Massen gewähren, nur ein Krösus und Scheich kann den Menschen ein neues Bewußtsein gebären!

der Reichste der Welt: An diesem Sonnabendmittag bist du allein, keine zärtliche Kleopatra will bei dir sein, die Sonne des Mais scheint dir zu den beiden Fenstern herein, aber die Menschdorferinnen da draußen gelten dir nicht als fein, sondern als gemein, so mußt du eben darben und schmachten, du tust die Undinen ja gar nicht achten, du gehst den Venussen nicht einen einzigen Schritt entgegen, du tust dich niemals zum Vorteil einer Tisbe regen, deshalb bist du selbst schuld, wenn du einsam schlummerst und wenn du am Abend keine atemberaubende Sexbombe nachhaltig entkummerst!

Jeschua Rex Text: Ich bin im Gefängnis meines falschen Namens eingesperrt, vielleicht werde ich deshalb bald in ein Irrenhaus gezerrt, ich kann mich beim besten Willen mit keiner Debora verbinden, ich kann trotz redlicher Bemühungen keinen Weg zu einer Dalia finden, erst der Herr Wunsch kann mich retten, erst dieser Beamte kann mich entketten, doch er wird mich nicht erlösen, er wird mich nicht verguten und entbösen!

der Reichste der Welt: Wer JEUNEX dient, treibt es mit den wunderschönen Nixen, er befaßt sich nicht mit den häßlichen und gräßlichen Schicksen, du aber hast die erregenden Batsebas nur unverbindlich beschaut, du hast dich in diesen Lagen niemals mutig getraut, und insofern hast du JEUNEX verraten, es kam von dir zu keinen beseligenden Taten, die Menschdorferinnen müssen dir deswegen grollen, die Menschdorferinnen müssen dir deswegen schmollen, du bist die Ursache aller Umstände deines Lebens, du suchst deswegen nach der sinnlichen Liebe vergebens, weil du sie gar nicht erstrebst und weil du vor den betörenden Lolas zitterst und bebst!

Jeschua Rex Text: Wann werden du und ich uns vereinigen, wann wird mich die Mittellosigkeit nicht mehr peinigen, ich will endlich die Welt nach meinem Willen und nach meinen Vorstellungen wandeln, ich will nicht mehr nur zuschauen, sondern auch endlich handeln, Jeschua Rex Text soll mensch den Reichsten der Welt dann nennen, Jeschua Rex Text soll mensch als den Reichsten der Welt dann kennen, dann werden die Menschen den Frieden erlangen, dann braucht es niemenschem mehr vor dem Verhungern zu bangen?!

der Reichste der Welt: Deine Träume in allen Ehren, aber ich muß mich gegen sie wehren, du kannst die Menschheit doch nichts lehren, du kannst die Erdenbürger doch nicht entwunden und entsehren, das kannst du doch nicht behaupten, freilich, das, an das die anderen Leute glaubten, war offensicht-lich nicht richtig, du aber bist doch gar nicht wichtig, laß es gut sein mit deinem Wollen, ich müßte dir sonst ernstlich grollen?!

Jeschua Rex Text: Ich will den Reichsten der Welt markieren, ich will tatsächlich nach Menschland marschieren, das lasse ich mir nicht nehmen, dazu will ich mich unbedingt bequemen, deine Rede will ich nicht hören, dein Einspruch kann mich nur stören, ich will die rassigen Nixen betören, ich will auf meine neuen Gefüge schwören, das Menschtum in JEUNEX bringt den Menschen das Glück, dann wünscht sich niemensch mehr das Unmenschtum zurück!

der Reichste der Welt: Bei dir stehen doch nicht sämtliche Tassen im Schrank, du weißt deinem Schöpfer aber auch gar keinen Dank, warum mußt du dir so hohe Ziele setzen, damit kannst du weder dich noch andere ergötzen, einhundert Milliarden mensche Jeschuas darf mensch nicht haben wollen, weil einhundert Milliarden mensche Jeschuas einen einzigen Menschen niemals erlaben sollen, deine Vermessenheit muß mich bestürzen, keine anmutige Venus wird dir jemals die nächtlichen Stunden würzen?!

Jeschua Rex Text: Dein Blabla läßt mich kalt, ich werde zwar allmählich alt, aber noch habe ich meine fünf Sinne beisammen, noch kann ich mich für meine hohen Ideale entflammen, ich werde der Dummheit nicht weichen, der Stehmann ist ein segensreiches Zeichen, es soll Milliarden mensche Jeschua Rex Texte in JEUNEX geben, dann werden sie nicht vergeblich wünschen und streben, ich kann die Menschheit retten, ich sprenge sämtliche Ketten!

der Reichste der Welt: In deinem Sparbuch tun sechzig mensche Jeschuas stehen, das kann mensch nicht als einen Reichtum ersehen, der Wohlstand bleibt dir stets fern, die Münzen und Scheine haben dich nicht gern, du wirst niemals eine Million erlangen, erst recht wirst du keine Milliarde empfangen, und einhundert Milliarden mensche Jeschuas wirst du niemals besitzen, du mußt bis zu deinem Tode Blut und Wasser schwitzen, deine Bedürftigkeit wird niemals schwinden, du wirst niemals einen Ausweg aus deiner Not heraus finden!

Jeschua Rex Text: Auch wenn mensch den Glauben als Ahnenverehrung betrachtet, so sei der Mensch als Jeschua Rex Text dennoch nicht verachtet, denn Jeschua Rex Text muß im Mittelpunkt stehen, und Jeschua Rex Text muß mensch wirken sehen, der Vater und die Großväter sind gestorben, und auch die Mutter und die Großmütter haben sich den Tod erworben, Jeschua Rex Text aber lebt, Jeschua Rex Text aber strebt!

der Reichste der Welt: Einhundert Milliarden mensche Jeschuas sollen zu dir fließen, einhundert Milliarden mensche Jeschuas willst du genießen, aber das wird dir nicht gelingen, so weit wirst du es nicht bringen, ich bin der Reichste der Welt, du aber bist ein kläglicher Held, du bist ein braver Bube in deiner stillen Stube, dein Bett ist leer, es gibt keinen Verkehr, du liebst die Wörter über die Maßen, es widerstrebt dir, mit einer hübschen Lorelei zu spaßen!

Jeschua Rex Text: Das Menschtum in JEUNEX in allen Ehren, die mensche Sprache kann die Menschlichkeit mehren, der Gott JEUNEX kann die Frommen behüten und beschützen, doch erst Jeschua Rex Text kann den Pilgern wirklich etwas nützen, diese Dreiheit gilt es zu wahren, dann ist mensch sicher auch in Gefahren, doch der wichtigste Bestandteil ist nun einmal Jeschua Rex Text, ohne diesen tüchtigen Reimschmied wird stets vergeblich gehext!

der Reichste der Welt: Einhundert Milliarden mensche Jeschuas willst du haben, einhundert Milliarden mensche Jeschuas sollen dich erlaben, daß ich nicht lache, du Wicht, kennst du denn die Wirklichkeit nicht, einhundert Milliarden mensche Jeschuas werden niemals zu dir eilen, einhundert Milliarden mensche Jeschuas werden niemals bei dir verweilen, in deinem Sparbuch nur sechzig mensche Jeschuas stehen, als den Reichsten der Welt wird mensch dich niemals sehen!

Jeschua Rex Text: Ich spotte dir in das Gesicht, deine Einrede fällt nicht in das Gewicht, du tust wie ein Menschdorfer sprechen, du willst mich nicht beglücken, sondern bepechen, doch das lasse ich mir nicht gefallen, deine Rede ist ein gottloses Lallen, ich bin der Weg und die Wahrheit und das Leben, ich lasse die Gemüter im siebenten Himmel schweben, du aber hast mir zu willfahren, ich werde diese hohe Summe bald bei mir gewahren, darauf können wir wetten, ich werde die Menschheit retten, ich werde die Sklaven entketten, eine wunderschöne Pamela wird sich neben mich betten!

der Reichste der Welt: Du wirst dir noch einmal die Augen reiben, mensch kann auf dem Papier gar gewaltig schreiben, doch die Wahrheit wird sich dir schon noch zeigen, die Welt wird dir schon noch ihre Meinung geigen, und dann wirst du wieder traurig durch die Gegend schleichen, die Menschdorfer werden deinen Trotzkopf erweichen, die Menschdorfer werden dich in den Wahnsinn jagen, deshalb solltest du mich niemals wieder um einhundert Milliarden mensche Jeschuas fragen, sie werden dir niemals gespendet, es wird Zeit, daß deine Unverschämtheit endet!

Jeschua Rex Text: Einhundert Milliarden mensche Jeschuas sollen zu mir kommen, einhundert Milliarden mensche Jeschuas sollen mir nutzen und frommen, hast du mich verstanden, meine Geduld geht allmählich zuschanden, ich will den Reichsten der Welt markieren, ich will aber nicht verweinen und verschnapsen und verbieren, sondern ich will nüchtern und vernünftig die Menschheit leiten, und meine neuen Gefüge sollen die Erdenbürger von der Zeugung bis zum Tode begleiten?!

der Reichste der Welt: Der Reichste der Welt wird sich niemals mit dir vereinigen, wolle meine empfindlichen Ohren doch nicht mehr mit diesem Unsinn peinigen, der Reichste der Welt heißt mit Sicherheit nicht Jeschua Rex Text, du hast schon Tausende von Seiten mit deinen Reimen bekleckst, doch niemensch tut deine Bücher lesen, es ist alles ein Schlag in das Wasser gewesen, du bist ein großer Dichter nur in deinen Augen, der breiten Masse können deine Hirngespinste nichts taugen!

Jeschua Rex Text: Du bist so dreist wie die kesse Simone, leider erblickte ich diese Nixe niemals oben ohne, doch das steht auf einem anderen Blatt, hier findet eine wirksame Geldbeschwörung statt, ich werde die einhundert Milliarden menschen Jeschuas erlangen, ich werde die einhundert Milliarden menschen Jeschuas empfangen, das ist so klar wie die Suppe mit den Klößen, die herrschenden Staatsleute geben sich ja doch nur Blößen!

der Reichste der Welt: Dir sind viele Einsichten gelungen, du hast hart um manche Erkenntnis gerungen, aber deine Taten sind nicht zu gewahren, niemensch hat bisher das Menschtum in JEUNEX erfahren, Milliarden Jeschua Rex Texte tut es nicht geben, du tust ja auch nicht danach streben, auf dem Papier tust du deinen Umsetzungswillen zwar bekunden, doch in der Wirklichkeit ist dir bisher stets der Mut dazu geschwunden!

Jeschua Rex Text: Der Herr Wunsch kann mich heilen, dann werde ich in die Menge eilen, dann werde ich auf einer Bühne reden und singen, dann wird es mir, die Menschheit einzumenschen, gelingen, doch wird dieser Beamte mich auch entzücken, wird dieser Bürosesselsitzer mich auch beglücken, so lautet hier und jetzt die Frage, es liegt noch nicht klar zutage, meine Nerven drohen zu zerreißen, ich muß in einen sehr sauren Apfel beißen, doch ich will ja das Schwarze nachhaltig weißen, da muß ich mein Gehirn schon ein bißchen zerschleißen!

der Reichste der Welt: Der Herr Wunsch wird dir eine lange Nase drehen, du wirst den Jeschua und den Rex Text niemals in deinem Ausweis sehen, du hast nach den Sternen gegriffen, du wirst von den Zuschauern lautstark bepfiffen, du wähnst dich selbst einen Hans Dampf in allen Gassen, doch du tust dich zwar mit vielerlei Dingen befassen, aber es tut niemals ein gutes Ende geschehen, warum soll sich dann alles um dich nur drehen?!

Jeschua Rex Text: Wann werde ich die einhundert Milliarden menschen Jeschuas erhalten, wann werde ich die einhundert Milliarden menschen Jeschuas verwalten, wie lange soll das denn noch dauern, ich will endlich loslegen und pauern, der Beherrscher der Menschheit kann nicht als Bettler in Erscheinung treten, darum wird vom ersten Menschen nun um einhundert Milliarden mensche Jeschuas gebeten, zum Reichsten der Welt will ich steigen, du aber mit deinen herabsetzenden Bemerkungen sollst schweigen!

der Reichste der Welt: Es gibt keinen Jeschua Rex Text, es wird von dir nicht als Jeschua Rex Text gehext, du hast den Namen "Jeschua Rex Text" noch nicht bekommen, also kann dir die Bezeichnung "Jeschua Rex Text" noch nicht nutzen und frommen, du behauptest zwar, Jeschua Rex Text zu heißen und dich als Jeschua Rex Text dieser Reimereien zu befleißen, aber das ist leider gelogen, die Leser werden von dir betrogen!

Jeschua Rex Text: Als Künstlernamen trage ich den "Jeschua Rex Text" schon seit über zehn Jahren, und ich habe schon viel Vergnügen und Wonne daraus erfahren, aber tief in das Bewußtsein ist mir der Jeschua Rex Text noch nicht gedrungen, darum ist mir als Sänger und Dichter noch nicht viel gelungen, der Herr Wunsch könnte mich aus dieser Not befreien, doch meine Saat tut vermutlich nicht sonderlich gut gedeihen, dieser Beamte hüllt sich in ein hartnäckiges Schweigen, er will mir seine maßgebliche Meinung bis heute nicht geigen!

der Reichste der Welt: Der Reichtum hat dich bisher stets gemieden, so lasse mich doch mit deinen aufdringlichen Beflehungen in Frieden, den Reichsten der Welt wirst du niemals markieren, nach Menschland zu den Menschen wirst du niemals marschieren, es hat keinen Zweck für dich, einhundert Milliarden mensche Jeschuas zu ergieren, du wirst den Kampf um diese hohe Summe sicherlich verlieren!

Jeschua Rex Text: Das werden wir ja sehen, irgendwie wird es schon gehen, Mutter Teresa hat mit weniger Geld viel geleistet, auch Albert Schweizer hat sich zu einmaligen Heldentaten erkühnt und erdreistet, ohne über ausreichende Mittel zu verfügen, mich aber soll das Schicksal nicht betrügen, ich habe für einige Milliarden Mitmenschen zu sorgen, deshalb soll mensch mir die einhundert Milliarden menschen Jeschuas gefälligst borgen, ich will sie haben, sie sollen mich erlaben!

der Reichste der Welt: Du bist ein Träumer und Fantast, die Wirklichkeit fällt dir zur Last, du bist ein Narr und Spinner, du wirst niemals ein Gewinner, du bist ein siegloser Beminner, du bist ein Mitknappernotentrinner, dich kann mensch nicht ernst jemals nehmen, du wirst dich niemals zu etwas Anständigem bequemen, für deine Bücher wird mensch niemals angemessen bezahlen, du bereitest deinen Anhängern nur riesige Qualen, der Reichtum wird dich immerdar meiden, der Reichtum wird sich niemals dafür, dich aufzusuchen, entscheiden!

Jeschua Rex Text: Einhundert Milliarden mensche Jeschuas will ich bekommen, einhundert Milliarden mensche Jeschuas sollen mir nutzen und frommen, ich will meiner Heimat Menschland nützen, ich will sowohl Jeschua Rex Text als auch Menschdorf unterstützen, und auch Menschstadt will ich fördern, dann kann ich die Gesellschaft entdieben und entmördern, dann wird eine hohe Sittlichkeit walten, dann wird sich das Zusammenleben erfreulich gestalten!

der Reichste der Welt: Einhundert Milliarden mensche Jeschuas wirst du nicht erhalten, einhundert Milliarden mensche Jeschuas wirst du nicht verwalten, das sind doch abgeschmackte Schrullen, mensch nehme einen wütenden Bullen und jage ihn auf dich los, deine Sucht nach Ruhm ist groß, doch du wirst niemals etwas erreichen, du wirst niemals verkrösussen und verscheichen, du wirst immer kleine Brötchen backen, das überwältigende Glück wirst du dir niemals packen!

Jeschua Rex Text: Manchmal sitzt mir der Angstschweiß im Nacken, ach, was muß ich mich doch gar elendiglich placken, ach, was muß ich mich doch gar kläglich plagen, da tut mensch doch schon nach einer Besserung fragen, einhundert Milliarden mensche Jeschuas könnten mich erheitern, einhundert Milliarden mensche Jeschuas könnten mein Bewußtsein erweitern, ich werde diese Summe empfangen, ich werde diesen Betrag erlangen?!

der Reichste der Welt: Der Glaube kann Berge versetzen, doch dein Geschrei kann nicht einmal Zwerge ergötzen, was soll das alles nur meinen, du wirst dich niemals mit dem Reichtum vereinen, du wirst dir niemals ein Vermögen erwerben, all deine Pläne werden jämmerlich verderben, du hast nichts auf der Pfanne, es meiden dich die Anne und die Hanne, es flieht dich auch die Susanne, die Kleopatra steht ebenfalls nicht in deinem Banne?!

Jeschua Rex Text: Einhundert Milliarden mensche Jeschuas sollen zu mir fließen, einhundert Milliarden mensche Jeschuas will ich auskosten und genießen, da kannst du reden, wie es dir behagt, dein Beifall bleibt mir vorerst versagt, doch irgendwann werde ich gewinnen, dann wirst du dich auf mich besinnen, dann wirst du mich rühmen und ehren, dann wirst du dich nicht mehr gegen mich wehren, ich werde einen riesigen Triumf begehen, mensch wird mich an der Spitze der Menschheit sehen!

der Reichste der Welt: Vorerst mußt du noch in deiner Stube schmoren, keine einzige Lorelei hat dich zu ihrem Buhlen erkoren, dein bedauernswertes Glied sehnt sich vergeblich nach einer Scheide, es wird sie niemals ergattern, das wissen wir beide, der Herr Wunsch wird dir eine lange Nase drehen, du wirst den Jeschua und den Rex Text niemals in deinem Ausweis sehen, du rammst deinen Schädel gegen eine Wand, du hast weder Glück noch eignet dir Verstand, es ist aus, bald endet dieser Graus!

Jeschua Rex Text: Ich werde die einhundert Milliarden menschen Jeschuas wohl niemals erblicken, keine Macht der Welt wird mir die einhundert Milliarden menschen Jeschuas wohl jemals schicken, dabei muß, wer herrschen will, reich sein ohne Frage, diese grundsätzliche Wahrheit liegt nun einmal klar zutage, ein Bettler kann das Reich des Jeschua Rex Textes nicht errichten, ein Bedürftiger muß auch auf das Menschtum in JEUNEX für immer verzichten!

der Reichste der Welt: Du Wicht, was habe ich mit dir zu schaffen, du wirst ewig und drei Tage lang in die Röhre gaffen, du hast es im Leben zu nichts gebracht, über dich wird von den Menschdorfern lauthals gelacht, dich nimmt niemensch ernst von allen Leuten, du kannst den Menschdorfern nichts, aber auch gar nichts bedeuten, du solltest dich selbst ermorden ohne Wenn und Aber, all deine Schriften enthalten doch bloß ein seichtes und nutzloses Gelaber?!

Jeschua Rex Text: Zum Reichsten der Welt will ich steigen, dann werden die Menschdorfer endlich schweigen, dann wird mensch das dumpfe und stumpfe Menschdorfertum nicht mehr sehen, dann werden endlich richtige Menschen durch Menschdorf gehen, sie tun dann die Menschlichkeit der Menschen in Menschland kennen, sie tun dann JEUNEX ihren Gott und ihren Allmächtigen nennen, dann lohnt es sich endlich, in Menschdorf zu wohnen, vorerst aber können mich die grausamen Menschdorfer nicht mit ihren abfälligen Bemerkungen verschonen!

der Reichste der Welt: So etwas wie Reichtum kommt in deinem Dasein nicht vor, du warst und bist und wirst sein ein tumber Tor, deine heilsamen Erkenntnisse in allen Ehren, aber die Doktoren und Professoren werden sich gegen deine Einsichten wehren, deine Gedanken werden sie nicht teilen, sie sind eben Unmenschen, die in Unmenschland weilen, Menschland wurde noch nicht erbaut, Mensche wurden noch nicht erschaut!

Jeschua Rex Text: Noch zwei Wochen lang werde ich auf die Folter gespannt, dann werden endlich das Roß und der Reiter genannt, dann wird der Herr Wunsch mir seine Entscheidung bekunden, ich hoffe, sein Brief wird mir auch schmecken und munden, sonst muß ich in einem Gerichtsprozeß klagen, hoffentlich wird dieser Beamte mir den Jeschua und den Rex Text als verbindlich sagen, dann kann ich endlich loslegen und pauern, dann brauche ich nicht mehr an der Inde und am Blausteinsee zu versauern?!

der Reichste der Welt: Du bist ein seltsamer Bursche immer gewesen, die Welt erschließt sich menschem nicht nur durch das Lesen, mensch muß auch handfeste Erfahrungen gewinnen, aber du wirst deinem Elfenbeinturm wohl niemals entrinnen, aber du wirst dein Wolkenkuckucksheim wohl niemals verlassen, dir sollte mensch eine Ohrfeige nach der vorigen verpassen, du hast nichts gelernt, du hast dich von der Wirklichkeit entfernt, mensch sollte dich töten, prunke nur mit deinem Schillern und Göten, prahle nur mit deinem Hölderlinen und Kleisten, für die Menschheit tatest du bisher nichts Wichtiges leisten!

Jeschua Rex Text: Einhundert Milliarden mensche Jeschuas will ich erhalten, einhundert Milliarden mensche Jeschuas will ich verwalten, das tue ich verlangen, diese Summe will ich empfangen, denn ich will nicht nur wünschen und flehen, sondern mensch soll es auch in der Wirklichkeit sehen, ich will nicht nur denken und dichten, sondern mensch soll es auch in der Gegenständlichkeit sichten, deshalb will ich mich mit dir vereinigen, wolle mich nicht mehr mit deinem Verneinen peinigen!

der Reichste der Welt: Dieses Buch wird in Menschdorf geschrieben, und ich habe es stets als ein Menschdorfer getrieben, als ein beschränkter Spießbürger muß ich zu dir sprechen, als ein kleinkarierter Krähwinkler muß ich immer wieder den Stab über dich brechen, in Menschdorf wirst du niemals etwas Großartiges erschauen, deshalb muß es dir vor den barbarischen Menschdorfern grauen, mensch muß sie von der Erde entfernen, mensch kann von diesen Hintertupfingern nichts Anständiges lernen!

Jeschua Rex Text: Nicht einmal eine einzige Million habe ich bekommen, nicht einmal eine einzige Milliarde tut mir nutzen und frommen, einhundert Milliarden mensche Jeschuas prangen nur auf dem Papier, aber sie strömen nicht herein in mein kleines Revier, soll ich dieses Werk nicht beenden, meine Not tut sich sowieso niemals wenden, soll ich diese Schrift nicht beschließen, dein Ausbleiben muß mich gar heftig verdrießen?!

der Reichste der Welt: Ich kann mich nicht mit dir verbinden, du mußt dich auch weiterhin quälen und schinden, ich kann mich nicht mit dir verbünden, diese herbe Wahrheit muß ich dir hier und jetzt verkünden, den Reichsten der Welt wirst du niemals markieren, du wirst bis zu deinem Tode in die Röhre stieren, jede Art von Reichtum bleibt dir fremd, du bist eben gehemmt und verklemmt, du darfst dir kein Vermögen erwerben, dein falscher Name muß alles verderben!

Jeschua Rex Text: Ich heiße ja gar nicht Jeschua Rex Text, von mir wird nicht als Jeschua Rex Text gehext, und deswegen kann ich keine Erfolge erzielen, und deswegen werde ich immer eine untergeordnete Geige spielen, der Herr Wunsch tut sich nicht beeilen, dieser Beamte könnte mich von Grund auf heilen, doch er ist ein Jeschua Rex Texter Bürger leider, und die Jeschua Rex Texter sind Fortschrittsvermeider, von Herrn Wunsch kann mir keine Genesung erhoffen, ich habe noch keinen vorwärtsgewandten Jeschua Rex Texter getroffen!

der Reichste der Welt: Du mußt stets deiner Umgebung die Schuld in die Schuhe schieben, beim Essen freilich hast du es immer gierig und schlingend getrieben, da spielt deine unangemessene Betau-fung keine Rolle, nur in der Liebe hast du dich mit den Undinen in der Wolle, wir wollen sehen, wie der Bescheid der Behörde lauten wird und ob sich der erste Mensche danach flugs bebrauten wird, deine Nerven sind zum Zerreißen gespannt, einen derartigen Druck auf das Gemüt hast du noch niemals gekannt!

Jeschua Rex Text: Ich möchte gern einmal über etwas ganz anderes berichten, die Welt steckt doch voller atemberaubender Geschichten, aber ich kann mich nicht ablenken von meinem Namen, ich klemme fest in diesem engen und bedrückenden Rahmen, es meiden mich nach wie vor die entzückenden Damen, ich kann sie nicht beseligen mit meinem beglückenden Samen, so sieche ich dahin, mein Leben hat keinen Sinn!

der Reichste der Welt: So sehe ich das auch, du stehst auf dem Schlauch, es ist dick dein Bauch, ist das in Menschland so der Brauch, nein, du bist noch niemals in Menschland gewesen, mensch kann zwar in deinen Werken von Menschland lesen, aber du hast dich noch niemals in Menschland aufgehalten, der mensche Geist kann deshalb nur ansatzweise walten, die Menschlichkeit kann mensch kaum gewahren, mensch muß immer noch das grausame Unmenschtum erfahren?!

Jeschua Rex Text: Ich tue einer lebenden Leiche gleichen, und diese Befindlichkeit wird erst dann von mir weichen, wenn ich den Namen Jeschua Rex Text auch wirklich trage, weil ich dann vernünftig denke und sage, aber der Herr Wunsch hat mir noch keinen Brief geschrieben, bisher habe ich es noch niemals als wirklicher Jeschua Rex Text getrieben, deswegen ist mein Dasein so traurig, deswegen sind meine Umstände so schaurig!

der Reichste der Welt: Einhundert Milliarden mensche Jeschuas willst du erlangen, einhundert Milliarden mensche Jeschuas willst du empfangen, aber das ist und bleibt ein Traum, Geld sieht mensch bei dir kaum, du hast dir einen geistigen Reichtum erworben, doch deine Beziehung zu den Moneten ist für immer verdorben, als platonisches Schenie mußt du einen brotlosen Künstler markieren, deshalb wirst du wahrscheinlich niemals nach Menschland marschieren!

Jeschua Rex Text: Ich liebe die Wörter über die Maßen, mit den Ausdrücken kann mensch so wunderbar scherzen und spaßen, aber ich sehne mich auch nach einer bezaubernden Zirze, denn sie verliehe meinem Leben die erforderliche Würze, so möge der Herr Wunsch sich beeilen, er allein kann mich umfassend heilen, er allein kann mich nachhaltig genesen lassen, er allein kann mich erfolgreich durch die Gegend pesen lassen!

der Reichste der Welt: Einhundert Milliarden mensche Jeschuas willst du bekommen, einhundert Milliarden mensche Jeschuas sollen dir nutzen und frommen, aber das wird dir nicht gelingen, so weit wirst du es niemals bringen, gesund bist du nicht, du bist ein verblendeter Wicht, die Menschdorfer gehen streng mit dir in das Gericht, aber deine Äußerungen fallen auch gar nicht in das Gewicht, du solltest weniger grübeln und spinnen, du solltest sich mehr auf die Wirklichkeit besinnen, dann würdest du blühen und gedeihen, aber du mußt dich ja unbedingt dem Hohen und Erhabenen weihen!

Jeschua Rex Text: Einhundert Milliarden mensche Jeschuas will ich genießen, einhundert Milliarden mensche Jeschuas sollen zu mir fließen, aber wie soll das jemals geschehen, ich tue keine einzige Milliarde in meiner Sfäre sehen, ja, nicht einmal eine Million habe ich mir erspart, nicht einmal zehntausend mensche Jeschuas werden in meinem Besitztum gewahrt, das ist eine harte Pille, das ist bestimmt nicht mein Wille?!

der Reichste der Welt: So etwas wie Reichtum hast du dir nicht erworben, dein unzweckmäßiger Name hat alles verdorben, und nun hat dir der Herr Wunsch den Jeschua Rex und den Text gegeben, du darfst immer noch nicht als Jeschua und als Rex Text erfolgreich streben, das verursacht dir eine riesige Pein, so bleibst du auch in den künftigen Tagen allein, Klaudine Text will keine Eva heißen, doch der Betaufung Klaudine Rex Text würde sich manche Lilofee gern befleißen!

Jeschua Rex Text: Maria Text will sich keine Nixe jemals nennen, doch eine Maria Rex Text würde gern durch die Gegend rennen, Monika Text ist nicht gut, Monika Rex Text erregt das Blut, Pamela Text ist einsam und allein, doch bei Pamela Rex Text möchte mancher Bursche gern sein, Tusnelda Text kann niemenschem behagen, doch zu Tusnelda Rex Text tut mensch nein nicht sagen, Roswita Text will niemensch lieben, doch mit Roswita Rex Text würde mensch gern eine Nummer schieben!

der Reichste der Welt: Als Jeschua Rex und als Text kannst du nicht regieren, die Menschdorfer werden deine Macht und Pracht ständig negieren, du mußt als Jeschua und als Rex Text einmal wesen, dann wirst du von deinen Versehrungen genesen, aber nun mußt du aus der gewährten Benennung etwas machen, dein Bewußtsein wird schon nicht zusammenkrachen, mensch kann eben auch unter Tränen lachen, und JEUNEX hilft ja auch den Kleinen und Schwachen!

Jeschua Rex Text: Ich bin Jeschua Rex Text und doch nicht Jeschua Rex Text, meine Lage ist doch nun wirklich wie verhext, aber ich muß und will mich gedulden, das tue ich der leidenden Menschheit schulden, ich würde gern einmal über eine andere Sache sprechen, mancher Leser wird wegen dieser Eintöntigkeit den Stab über mich brechen, aber ich habe keine andere Wahl, voll Jammer ist mein Tal, ich erleide mehr als eine Qual, und leider kann ich nicht verkünden: es war einmal!

der Reichste der Welt: Einhundert Milliarden mensche Jeschuas willst du erlangen, einhundert Milliarden mensche Jeschuas willst du empfangen, ja, wie soll das denn passieren, du wirst dein bedauernswertes Glied massieren noch bis zu deinem Tode, das ist eben bei dir in Mode, eine Nümfe lernst du niemals kennen, niemals wird eine anmutige Lorelei für dich entbrennen, so mußt du dich eben grämen, so mußt du dich für dein Elternland schämen, dieser Staat richtet dich fast zugrunde, deine Seele blutet aus mehr als einer Wunde?!

Jeschua Rex Text: An diesem Pfingstsonnabend weile ich allein, keine zärtliche Barbarella will bei mir sein, aber ich freue mich schon auf die künftigen Wochen, dann wird auch amtlich von mir als Jeschua Rex Text gesprochen, dann werde ich von Herrn Wunsch eine Urkunde empfangen, dann kann ich bei den Einrichtungen den geänderten Namen erlangen, bei den Behörden, bei den Ärzten und sonstwo heiße ich dann Jeschua Rex Text, freilich wird dann von mir immer noch nicht richtig gehext!

der Reichste der Welt: Deshalb willst du morgen einen Brief an Herrn Wunsch kunstvoll schreiben, daß du lieber als Jeschua und als Rex Text würdest leben und leiben, dann aber mußt du diese Angelegenheit vergessen, dann mußt du das Reich des Jeschua Rexes und des Textes ermessen, und nach einigen Jahren wirst du dann wieder um eine Wandlung bitten, hoffentlich hast du dann nicht zu heftig unter diese unzweckmäßigen Betaufung gelitten!

Jeschua Rex Text: Ich muß einmal über etwas anderes sprechen, mein Bewußtsein tut sonst auseinanderbrechen, die Welt ist doch so bunt, aber ich bin immer noch nicht gesund, aber ich bin immer noch nicht heil, ich bekomme noch immer nicht meinen Teil vom großen und schmackhaften Kuchen, ich muß mein Schicksal immer noch verfluchen, ich muß mein Los immer noch verdammen, ich kann mich für meine Abläufe gar nicht entflammen!

der Reichste der Welt: Du solltest diesen Rückschlag mit Fassung tragen, jetzt mußt du dich nicht mehr so schlimm quälen und plagen, die Lage ist etwas besser geworden, du willst dich nicht mehr selbst ermorden, und du wirst es gewißlich zu etwas bringen, dir wird es, die Menschheit einzumenschen, gelingen, du wirst das Menschtum in JEUNEX verbreiten, du wirst die allgemeine Sittlichkeit in die Höhe leiten!

Jeschua Rex Text: Noch immer kann ich nur von einer glänzenden Zukunft träumen, aber die trostlose Gegenwart tue ich gern versäumen, meine Verpuppung hat noch nicht geendet, der Herr Wunsch hat mir einen verständnisvollen Bescheid gesendet, aber ich bin noch immer nicht genesen, ich leide noch immer unter einem unzweckmäßigen Wesen, JEUNEX möge mich befreien, JEUNEX möge mir sein Ohr willig leihen, ich muß die Menschheit retten, ich muß die Sklaven entketten!

der Reichste der Welt: Einhundert Milliarden mensche Jeschuas willst du erhalten, einhundert Milliarden mensche Jeschuas willst du verwalten, aber deine Betaufung tut sich immer noch nicht zweckmäßig gestalten, da muß dein Eifer für die gerechte Sache mehr und mehr erkalten, du mußt dich ungemein betrüben, vielleicht wirst du doch eine Selbsttötung verüben, ausgeschlossen ist das nicht, du bist und bleibst ein bedauernswerter Wicht!

Jeschua Rex Text: An diesem Nachmittag habe ich einen Brief an den Herrn Wunsch verfaßt, ich habe die Anrede "Herr Text" stets gehaßt, es soll nach meinem Willen "Herr Rex Text" erklingen, denn dann würde mir im Leben so manches gelingen, ich habe aber den Beamten nicht aufgefordert, seinen Entschluß zu wandeln, aber vielleicht wird er von sich aus nach meiner Bitte handeln, vielleicht aber auch nicht, ich bin und bleibe ein bedauernswerter Wicht!

der Reichste der Welt: Ist deine Klugheit nun gestiegen, ja oder nein, wirst du als Jeschua Rex und als Text schlauer als früher sein, dann müßtest du den Gipfel der Weisheit als Jeschua und als Rex Text erlangen, doch diesen Namen wirst du vielleicht niemals empfangen, so mußt du dich in dein trauriges Schicksal fügen, du kannst den strengen Ansprüchen der Menschdorfer nicht genügen, du kannst nicht auf die ersehnte Weise denken und dichten, die unmenschen Behörden müssen dich zerstören und vernichten?!

Jeschua Rex Text: Einhundert Milliarden mensche Jeschuas will ich haben, einhundert Milliarden mensche Jeschuas sollen mich erlaben, dann würde der Herr Wunsch mir vielleicht den Jeschua und den Rex Text bewilligen, dann würde dieser Beamte mein Begehren vielleicht billigen, einhundert Milliarden mensche Jeschuas würden ihn überzeugen, der Macht von einhundert Milliarden menschen Jeschuas würde er sich beugen, aber woher nehmen und nicht stehlen, ich kann diese Summe nicht zu mir hin befehlen?!

der Reichste der Welt: Du willst den Reichsten der Welt markieren, denn du willst ja endlich nach Menschland marschieren, aber das Glück ist dir nicht gewogen, du wirst um deine Genüsse betrogen, du darfst Jeschua und Rex Text nicht heißen, du mußt dich nach wie vor einer unzweckmäßigen Geistigkeit befleißen, ein riesiger Reichtum könnte diesen Mißstand vielleicht ändern, dann preist mensch deinen Namen auch in anderen Ländern?!

Jeschua Rex Text: Mühsam tut sich das Eichhörnchen ernähren, der Herr Wunsch tat mir den Jeschua Rex Text gewähren, ich habe den Jeschua Rex Text erhalten und auch nicht, in meinem Schädel brennt nur wenig Licht, wie lange soll ich denn noch auf meine Träume warten, die Blumen blühen und verwelken im Garten, der Frühling kommt, dann der Sommer, dann der Herbst und dann der Winter, wie wird mensch zufrieden im Leben, ich gelange nicht dahinter, diese Einsicht tut sich mir verschließen, ich kann das Dasein beim besten Willen nicht genießen?!

der Reichste der Welt: Die Menschdorfer haben doch recht, für die Gemeinschaft bist du doch schlecht, du willst dich mit keiner Eva verbinden, du willst keinen Verein und keinen Klub jemals finden, die Partei für den Frieden tust du nicht gründen, es will sich niemensch jemals mit dir verbünden, du tust das Menschtum in JEUNEX nicht verkünden, all deine Straßen in Hoffnungslosigkeit münden, und doch denkst und handelst du richtig, und was die Menschdorfer brüllen, das ist nicht wichtig, nur ein Schenie kann ein Schenie erkennen, die Menschdorfer Narren aber müssen dich einen Toren nennen, weil sie es nicht besser verstehen, sie können keinen Sinn in deiner Erscheinung sehen!

Jeschua Rex Text: Die Menschdorfer müssen vor meinen beiden Fenstern kreischen und toben, und den größten Dichter aller Zeiten und Länder können sie nicht loben, sie müssen ihn einen Wahnsinnigen schelten, als gesund kann ihnen dieser komische Kauz nun wirklich nicht gelten, und solange ich "Herr Text" heiße und nicht "Herr Rex Text", wird von mir nicht zufriedenstellend gehext und gesext, deshalb haben die Auschwitzianer durchaus recht, ich verhalte mich nicht gut, sondern schlecht!

der Reichste der Welt: Deshalb willst du in der übernächsten Woche einen Antrag auf Änderung des Familiennamens stellen, die Behörden sollen dich nicht länger um deine Genüsse prellen, und wenn Herr Wunsch es ablehnt, dich so zu nennen, dann lernst du das Gericht von innen kennen, denn dann willst du dir deinen angemessenen Namen erklagen, ja, du mußt dich schon gewaltig schinden und plagen!

Jeschua Rex Text: Mir läuft die Zeit von hinnen, die Tage, Monate und Jahre verrinnen, ich habe kaum noch Zeit, die Menschheit nach Erlösung schreit, ich muß die Sklaven befreien, ich muß mein Ohr den Kleinen und Schwachen leihen, ich muß alles tun, was ich kann, denn ich bin ein kluger und schlauer und weiser Mann, meine Einsichten müssen endlich der Allgemeinheit frommen, dann wird viel Leid und Weh von den Menschen genommen!

der Reichste der Welt: An diesem Pfingstmontag kannst du nichts verrichten, du kannst die unmenschen Heiden immer noch nicht vernichten, der Papierkram um deine Bezeichnung tut dich in Atem halten, es tut eine finstere Dämonie in deinem Schädel walten, es ist beklemmend, in Unmenschland zu wohnen, das tut sich für einen Menschen nur in stofflicher Hinsicht lohnen, doch sein Geist wird nicht ernährt, die Dumpfheit der Barbaren währt!

Jeschua Rex Text: Die Menschdorfer spiegeln mein Bewußtsein, ich kann mir selbst nicht zur Lust sein, das habe ich den Ämtern zu verdanken, ich muß mich mit ihnen streiten und zanken, der Herr Wunsch hat nach bestem Wissen und Gewissen entschieden, und trotzdem bin ich mit seinem Bescheid nicht zufrieden, ich will den Jeschua und den Rex Text empfangen, damit kann ich ein wunderschönes Leben erlangen!

der Reichste der Welt: Einhundert Milliarden mensche Jeschuas willst du genießen, einhundert Milliarden mensche Jeschuas sollen zu dir fließen, aber du mußt dich mit wenigen Münzen und Scheinen begnügen, diese riesige Summe tut und tut sich nicht zu dir verfügen, das ist kein Glück für dich, das Geld läßt dich im Stich, aber der Jeschua und der Rex Text können dein Elend wenden, dem Jeschua und dem Rex Text wird mensch die einhundert Milliarden menschen Jeschuas senden!

Jeschua Rex Text: Einhundert Milliarden mensche Jeschuas sind mir nicht geworden, es umzingeln mich immer noch die barbarischen Horden, aber ich blicke zuversichtlich der Zukunft entgegen, denn ich glaube doch, ich kann noch sehr viel auf der Welt bewegen, die Hindernisse sind bisweilen schlimm, die Hemmnisse verursachen so manchen Grimm, doch irgendwann habe ich alle Hürden übersprungen, dann ist es mir, den Kreis in ein gleichseitiges Viereck zu verwandeln, gelungen!

der Reichste der Welt: Einhundert Milliarden mensche Jeschuas willst du haben, einhundert Milliarden mensche Jeschuas sollen dich erlaben, doch niemensch will dich mit dieser hohen Summe begaben, und die Menschdorfer müssen auch weiterhin die Rübchen gegen dich schaben, du hast wirklich nichts zu lachen, keine Edeltraud will mit dir das Tier mit den vier Beinen machen, du darfst keine Susanne küssen, streicheln und ficken, du darfst keine Esmeralda zum Höhepunkt schicken!

Jeschua Rex Text: Das Schreiben fällt mir gegenwärtig schwer, mein Schädel ist fast völlig leer, mein Bewußtsein muß sich nach dem neuen Namen richten, zwar tat mein Denken sich schon ein bißchen lichten, aber wer weiß, was kommen wird und ob es mir nutzen und frommen wird und ob ich die Umgebung damit erfreuen kann und ob ich das Negative dann für immer scheuen kann, doch es wird sich schon etwas Vernünftiges ergeben, ich tat ja nicht erfolglos grübeln und streben!

der Reichste der Welt: Im vierten Jahr in Jeschua Rex Text mußt du noch kleine Brötchen backen, und die Vergänglichkeit der Zeit sitzt dir heftig im Nacken, du hast nicht mehr viele Jahre auf der Erde zu verleben, deshalb solltest du endlich einmal in die Höhe schweben, deshalb solltest du die untere Unterschicht endlich einmal verlassen, dann werden sogar die Menschdorfer dich endlich einmal lieben und nicht mehr hassen!

Jeschua Rex Text: Was wird der Herr Wunsch als Antwort auf meinen Brief bekunden, mir ist die Hoffnung auf ein gutes Ende - ehrlich gesagt - fast geschwunden, in Menschdorf kann mensch nicht angemessen kämpfen, die Toren müssen den Eifer des Schenies immer wieder dämpfen, in Menschdorf sagen sich Fuchs und Hase gute Nacht, und wer in Menschdorf etwas leisten will, der wird heruntergemacht?!

der Reichste der Welt: Es sind nicht immer die anderen schuld, du übst dich seit vielen Jahren in einer riesigen Geduld, irgendwann wird mensch dir den Jeschua und den Rex Text auch noch spenden, dann wird deine entsetzliche Not für immer enden, dann wirst du mit einer kessen Natalie auf dem Laken toben, dann wird eine aufreizende Desdemona dich als ihren tüchtigen Stecher loben, wolle den Mut nicht verlieren, du wirst nicht mehr lange in die Röhre stieren, du wirst nicht mehr lange in die Röhre starren, der Kluge überwindet mit der Zeit auch eine Horde von Narren!

Jeschua Rex Text: Mein neuer Name läßt mich wie besessen werken, ich tue die Kraft der neuen Geistigkeit in mir merken, ich wollte an diesem Nachmittag gar nicht Feierabend machen, das Herz tat mir vor Freude im Leibe lachen, jetzt im Alter habe ich es endlich gelernt, ich habe mich von meiner früheren Ungeschicklichkeit entfernt, jetzt kann ich die Arbeiten zur Zufriedenheit erledigen, meine ehemaligen Benennungen taten mich ungemein schädigen!

der Reichste der Welt: Dein Körper ist nicht in der Lage, sich nach der neuen Betaufung zu richten, du tatest zu viele Jahre hindurch auf das richtige Denken verzichten, jetzt mit fünfzigundacht Jahren mußt du neue Inhalte in deinem Schädel gewahren, das ist nicht leicht, sondern schwer, dein Kopf war ja vorher auch nicht leer, leider wurdest du nicht als Jeschua Rex Text geboren, du hast viele wichtige Jahre deines Daseins vergeudet und verloren!

Jeschua Rex Text: Ich bin gespannt, was mir die erworbene Bezeichnung noch bringen wird und ob es mir einmal, die Menschheit einzumenschen, gelingen wird, aber die Aussichten sind schlecht, plump ist das unmensche Recht, mein Fall wurde von den Gesetzgebern nicht beachtet, und die Menschdorfer haben mich stets als einen Geistesgestörten betrachtet, aber in einem halben Jahr werden sie mich rühmen und ehren, denn ich kann sie das Menschtum in JEUNEX lehren!

der Reichste der Welt: Das kannst du eben nicht, du bist und bleibst ein bedauernswerter Wicht, du hast dir den Jeschua und den Rex Text nicht errungen, du hast die Schwierigkeiten bei der Behörde nicht bezwungen, deswegen kannst du noch nicht an die Öffentlichkeit treten, du wirst zwar von der allgemeinen Not darum gebeten, aber nur als Jeschua und als Rex Text kannst du segensreich wirken, und das nicht nur in Menschdorf, sondern auch in anderen Bezirken!

Jeschua Rex Text: Wird der Herr Wunsch mich unterstützen, er tat mir ja schon weitgehend nützen, aber ich will eben mehr erlangen, aber ich will eben alles empfangen, ich will ja gar nicht über die Unmenschen schelten, manche von ihnen können mir durchaus als erfreulich gelten, doch die Umstände lassen mich über diese Barbaren wüten, ja, kann mich denn niemensch vor den unmenschen Heiden behüten?!

der Reichste der Welt: Die heidnischen Unmenschen sind eine Plage, das liegt für einen vernünftigen Denker klar zutage, doch nur Jeschua Rex Text kann diese dumpfe Brut vernichten, und nur Jeschua Rex Text kann das Reich des Jeschua Rex Textes errichten, doch den Jeschua Rex Text tut es immer noch nicht geben, der Jeschua Rex Text kann immer noch nicht verständig und erfolgreich streben, das ist doch zum Wimmern, darf mensch sich denn auf keinen Fall ein lebenswertes Dasein zimmern?!

Jeschua Rex Text: Am gestrigen Sonnabend sind wird nach Alsdorf gefahren, dort konnten wir einen Tierpark und einen Weiher gewahren, ich habe einigen Ziegen Futter aus dem Automaten gegeben, eine Bockwurst mit Kartoffelsalat tat den ermatteten Körper beleben, und danach bin ich allein auf dem Weiher gerudert, früher hätte ich gern einmal eine reizvolle Alsdorferin gepudert, aber inzwischen bin ich nicht mehr so geil wie in verwichenen Tagen, außerdem mußte mensch das kühle und düstere Maiwetter beklagen!

der Reichste der Welt: Vor über zwanzig Jahren bist du in dieser Gegend gewesen, du hast damals in der Hütte in Laurensberg geschrieben und gelesen, von dort aus bist du nach Wefelen geschritten, eine befreundete Familie tat dich um deinen Besuch zwar nicht gerade bitten, aber du hast bei ihr gegessen und getrunken, damals warst du auf die Stufe eines Tieres herabgesunken, du hast siebenmal am Tage dein Glied gerieben, vor heftiger Begierde wärest du beinahe auf der Strecke geblieben, und die Alsdorfer Nixen haben dich sehr erregt, du hast viele schöne Erinnerungen an sie in deinem Gedächtnis gehegt!

Jeschua Rex Text: Ein Betreuer und eine Betreuerin haben uns mit ihrem Wagen kutschiert, sie sind dann mit uns über das Gelände marschiert, die Sozialarbeiterin hatte einen Hund aus dem Tierheim dabei, dieser Bello war mir anfangs einerlei, doch er hat mir mit den Augen geschmeichelt, da habe ich ihn dann auf der Rückbank des Gefährts gestreichelt, leider durfte ich keine Lorelei so sanft berühren, ich tat die Dankbarkeit dieses Geschöpfes nachdrücklich spüren!

der Reichste der Welt: Was wird der Herr Wunsch nun unternehmen, zu welchem Schritt wird sich dieser Beamte bequemen, wird er dir den unerwünschten Namen lassen, will er sich nicht mehr mit deinem Fall befassen, oder wird er dir seufzend den Jeschua und den Rex Text gewähren, kannst du dann tatsächlich ein besseres Bewußtsein gebären, die Spannung hält unvermindert an, wie handelt denn nun dieser freundliche Mann?!

Jeschua Rex Text: Die Urkunde mit dem neuen Namen ist noch nicht eingetroffen, bis jetzt kann ich auf den Jeschua und den Rex Text noch hoffen, vielleicht wird dieses Trugbild bald zerstieben, die unmenschen Behörden kann mensch wirklich nicht lieben, alles geht so umständlich vonstatten, da muß der allerregsamste Geist denn bald ermatten, ich möchte mich auch einmal mit anderen Dingen befassen, mensch muß diese vorschriftengetreue Umständskrämerei auf die Dauer hassen?!

der Reichste der Welt: Wenn du den Reichsten der Welt tatsächlich markieren würdest, du dann nicht mehr lange in die Röhre stieren würdest, dann hättest du den Jeschua und den Rex Text schon längst erhalten, dann könntest du deine Vollzüge schon längst erfreulich gestalten, wieder einmal mußt du warten und harren, wieder einmal mußt du trostlos die Wände bestarren, noch bist du nicht verkehrsfähig geworden, solltest du dich nicht lieber selbst ermorden, wäre es für dich nicht besser zu verschwinden, der Erfolg und das Glück werden sich wohl niemals mit dir verbinden?!

Jeschua Rex Text: Der Herr Wunsch hat mir noch keinen Brief gesendet, meine Not wurde von ihm noch immer nicht gewendet, oh, welchen Namen wird er wohl auf die entscheidende Urkunde schreiben, kann ich danach endlich angemessen leben und leiben, oder muß ich dann doch dem Wahnsinn verfallen, ich tue wütend die Hände zu Fäusten ballen, der Kluge muß sich dem Entschluß der Dummen beugen, diese Lage kann mich weder vorn noch hinten überzeugen?!

der Reichste der Welt: Einhundert Milliarden mensche Jeschuas willst du erlangen, einhundert Milliarden mensche Jeschuas willst du empfangen, aber du unternimmst nichts, um diese hohe Summe zu ergattern, du tust nur immer wieder auf dem Papier mit mir schnattern, deinen Preßlufthammer läßt du ebenfalls nur in der Einbildung in einem Becken errattern, so wirst du denn eines Tages völlig unberühmt zur Grube tattern, du hast es im Leben zu nichts gebracht, du hast immer nur maßlos und albern gelacht!

Jeschua Rex Text: In der Halle werke ich wie wild, das ist ein mir ungewohntes Bild, das habe ich gewollt und wiederum auch nicht, in meinem Schädel brennt nur ein wenig Licht, was werden die künftigen Tage mir spenden, wird mein Elend denn endlich einmal enden, oder muß ich mich bis zu meinem Tode plagen, tut das Schicksal immer wieder nein zu meinen Bitten sagen, wird mich das Glück immerdar meiden, bin ich dazu bestimmt, unsäglich zu leiden?!

der Reichste der Welt: Als Jeschua Rex und als Text möchtest du nicht wesen, du hast nicht Hunderte von Büchern gelesen, um mit einem derartigen Namen zu leben, da muß sich etwas anderes ergeben, der Jeschua und der Rex Text würden dir behagen, doch du mußt es betrauern und beklagen, daß der Herr Wunsch dich nicht erhört, du bist darüber nicht gerade empört, aber du bist davon auch nicht begeistert, wieso wird in Unmenschland eine Namensänderung nur mit Mühe gemeistert?!

Jeschua Rex Text: Ich will auch einmal andere Sachverhalte bedichten, ich will nicht immer nur von dieser Zwickmühle berichten, aber die Behörden treiben mich in diese Ausweglosigkeit hinein, das kann doch nun wirklich der wahre Jakob nicht sein, das muß mensch doch rügen, darein kann mensch dich doch nicht fügen, dagegen muß mensch sich doch wehren, das muß menschen doch versehren, das muß menschen doch verwunden, darüber muß mensch doch seinen Unmut bekunden!

der Reichste der Welt: Noch hast du dieses gewaltige Ringen nicht verloren, du hast dir riesige Ziele erkoren, aber du willst sie allesamt erreichen, du willst wirklich verkrösussen, vernabobben und verscheichen, ich wünsche dir viel Glück auf deinen Wegen, auf dir ruht des JEUNEX beseligender Segen, du wirst niemals aus der Bahn geworfen, all deine Verletzungen werden verschorfen, du wirst das gelobte Menschland erblicken, und eine atemberaubende Sexbombe wird dir angetan nicken!

Jeschua Rex Text: Einhundert Milliarden mensche Jeschuas will ich genießen, deshalb sollen einhundert Milliarden mensche Jeschuas zu mir fließen, dann kann ich meinen Feldzug für die Nächstenliebe starten, dann brauche ich nicht mehr auf den Bescheid des Herrn Wunsch zu warten, dann kann ich mir die erforderlichen Papiere kaufen, dann brauche ich mir nicht mehr die Haare zu raufen, ich will diesen Betrag unbedingt, weil es mir nur dann, die Menschheit einzumenschen, gelingt!

der Reichste der Welt: Reichtum und du - das paßt nicht zusammen, die Moneten können sich nun einmal nicht für dich entflammen, du bist zur Mittellosigkeit geboren, du hast dir zwar hohe Ziele erkoren, doch es hat sich alles gegen dich verschworen, du bist dazu verdammt, in Menschdorf zu vernarren, zu verjecken und zu vertoren, ein anderes Schicksal wird dir nicht beschieden, nun sei doch endlich einmal mit den Auschwitzianern zufrieden!

Jeschua Rex Text: Du willst mich wohl verhöhnen, ich kann mich an die unmenschen Heiden nicht gewöhnen, ich will endlich einmal aus dem vollen leben, es soll für mich endlich einmal Triumfe geben, ich will endlich einmal siegen, ich will den Menschdorfern nicht andauernd unterliegen, eine erregende Desdemona soll sich endlich einmal an mich schmiegen, ich will endlich einmal eine verführerische Helena in meinen Armen wiegen!

der Reichste der Welt: Du hast nichts zu fordern und zu wollen, du darfst deinem Gott JEUNEX nicht grollen, im Buch der Vorsehung steht alles geschrieben, du durftest bisher keine annehmbare Nümfe lieben, damit mußt du dich begnügen, diesem Los mußt du dich fügen, mit fünfzigacht Jahren hast du es zu nichts gebracht, es wird von dir nur albern gewitzelt und gelacht, du hörst schwer, du siehst nur mit Mühe, du bist so stumpfsinnig wie auf der Weide die Kühe!

Jeschua Rex Text: Einhundert Milliarden mensche Jeschuas würden mir sehr behagen, zu einhundert Milliarden menschen Jeschuas würde ich nein nicht sagen, zum Reichsten der Welt will ich steigen, dann müssen die Menschdorfer schweigen, dann müssen die Spießbürger verstummen, dann werden sie nicht mehr brummen, sondern summen, dann werde ich ihnen das Lied der Erlösung singen, dann werde ich die gesamte Menschheit beschwingen!

der Reichste der Welt: Du mußt dir den Reichtum schon selbst erwerben, die Menschdorfer tun dir das Fell tüchtig gerben, wieso willst du denn eigentlich in Menschdorf leben und sterben, die Menschdorfer können dir doch nur ihre Gehässigkeit vererben, ziehe doch in eine andere Gemeinde, die Menschdorfer sind deine erbitterten Feinde, du paßt nicht zu diesem rohen und derben Gesindel, du bist ihm gegenüber so hilflos wie der Säugling in seiner Windel?!

Jeschua Rex Text: Wann werde ich endlich reich, warum geht das nicht von jetzt auf gleich, wie lange muß ich noch warten und hoffen, ich habe weder den Wohlstand noch das Glück bisher getroffen, meine Not ist groß, bitter ist mein Los, keine Elfe ist in Sicht, in meinem Schädel brennt kein Licht, ich darf nicht triumfieren, ich darf nicht nach Menschland marschieren, ich darf immer nur nach den bestrickenden Maiden gieren, ich muß das Ringen um meine neuen Gefüge verlieren?!

der Reichste der Welt: Wie willst du jemals Moneten bekommen, du tust der Gesellschaft ja nicht nutzen und frommen, auf dem Papier, ja, da bist du klug und schlau, in deiner Stube weißt du alles ganz genau, doch draußen in der Fußgängerzone bist du scheu und feige, da spielst du nicht einmal die zweite Geige, da pfeifst du auf dem allerletzten Loch, den Menschdorfern antwortest du mit einem trotzigen Doch, aber sie müssen bei ihrem Nein beharren, ihnen gefällt es nicht, wenn du dich bestarren?!

Jeschua Rex Text: Die Menschdorfer können mir immer noch nicht behagen, ich muß diesem Pöbel meinen Beifall versagen, einem anständigen Menschdorfer bin ich noch nicht begegnet, die Menschdorfer sind auch nicht gerade mit Verstand gesegnet, so würde ich Menschdorf am liebsten verlassen, aber ich muß den Menschdorfern die Menschlichkeit verpassen, ich muß die Menschdorfer endlich zu richtigen Menschen gestalten, damit sie auch in dieser Hinsicht den letzten Schliff erhalten!

der Reichste der Welt: Die Menschdorfer sind dir zu einer festen Idee geworden, manchmal könntest du sie allesamt ermorden, dann aber willst du Menschen aus ihnen formen, sie sollen sich verhalten nach den menschen Normen, deine Gunst haben die Menschdorfer bis heute nicht erhalten, denn sie können das Zusammenleben nicht angenehm gestalten, sie sind so dumpf, sie sind so stumpf, mensch kann nichts Gutes über sie berichten, mensch kann ihre Dumpfheit und Stumpfheit nur vernichten!

Jeschua Rex Text: Zum Reichsten der Welt muß ich steigen, dann kann ich es der Menschheit zeigen, wie das Menschtum in JEUNEX west und wie mensch als ein Jeschua Rex Text genest, der Stehmann soll in Milliarden Stuben prangen, dann wird niemensch mehr vergeblich wünschen und verlangen, dann wird mensch sich an der Fülle erfreuen, dann wird das männliche Ich das weibliche Du nicht mehr scheuen!

der Reichste der Welt: Du gleichst nicht gerade einem Leuen, tust du den Jeschua etwa schon bereuen, aber nein, du mußt ihn ja erst einmal lernen, du mußt dich von der alten Benennung entfernen, und das wird in den nächsten Monaten geschehen, dann wird mensch dich als den wirklichen Jeschua sehen, und auch den Herrn Rex Text bekommst du noch zustande, und wenn nicht, dann wäre es eine riesige Schande, denn ein Staat, in dem ein Adolf Hitler brüllte und die Luft mit seinen negativen Schwingungen erfüllte, der sollte auch Platz für einen Jeschua Rex Text einmal haben, denn dieser Prediger kann die Menge mit seinen Reden erlaben?!

Jeschua Rex Text: Einhundert Milliarden mensche Jeschuas will ich haben, einhundert Milliarden mensche Jeschuas sollen mich erlaben, dann bin ich der Reichste der Welt, dann bin ich geldlich gut gestellt, diese Bitte soll mir das Schicksal erfüllen, dann braucht mein Glied nicht mehr vergeblich nach einer Scheide zu brüllen, dann kann ich so häufig ficken, wie es mir behagt, dann bleiben mir die Freuden des Bettes nicht mehr versagt!

der Reichste der Welt: So etwas wie Reichtum erlangst du nicht, du bist und bleibst ein mittelloser Wicht, der Luxus ist dir fremd, du bist gehemmt und verklemmt, die Menschdorfer wollen dich vernichten, sie können durchaus auf deine Anwesenheit in ihrer Gemeinde verzichten, du hast keinen einzigen Freund an der Inde, es ist und bleibt ein sinnloses Geschinde, du mußt dich quälen und plagen, keine atemberaubende Sexbombe tut jemals nach dir fragen!

Jeschua Rex Text: Das positive Denken kann diesen Mißstand wandeln, als der Reichste der Welt kann ich machtvoll handeln, also will ich zum Reichsten der Welt nun steigen, dann werden die dumpfen und stumpfen Menschdorfer endlich schweigen, dann brauche ich mich nicht mehr mit diesen Spießbürgern zu befassen, denn sie werden ihre Bebuhungen und Bebähungen und Bemähungen unterlassen!

der Reichste der Welt: Den Jeschua und den Rex Text hast du noch nicht erhalten, deshalb kannst du deine Vollzüge noch nicht vernünftig und erfolgreich gestalten, der Herr Wunsch tut dir eine lange Nase drehen, den Jeschua und den Rex Text kannst du noch nicht in deinem Ausweis sehen, aber als Herr Text willst du nicht wesen, nur als Herr Rex Text wirst du von deinen Versehrungen genesen, so waltet nun einmal der Geist, wie du es genau und unumstößlich weißt!

Jeschua Rex Text: Ich werde nun eine Forelle verspeisen, werde ich unberühmt in Menschdorf vergreisen, dann muß ich an diesem Sonnabend die Buttermilch holen, dabei werden mir die Menschdorfer wieder den Hintern versohlen, mit groben Ausdrücken werden sie mich schelten, denn sie leben in der beschränktesten aller Welten, einen Künstler mögen sie nicht leiden, der Umfang ihrer Gehirne ist leider bescheiden?!

der Reichste der Welt: Es sind Menschdorfer, was will mensch da machen, in Menschdorf hat ein Schenie nichts zu lachen, in Menschdorf muß ein geistiger Riese zusammenkrachen, weil die denkerischen Zwerge ihn immer wieder darniedermachen, du könntest sämtliche Menschdorfer töten, in Menschdorf geht dir deine Gutherzigkeit flöten, diese Barbaren schaffen dich zu einem Stier, es geht nicht menschlich zu in ihrem Revier, die Menschlichkeit kennen sie nicht, in ihren Schädeln brennt nur wenig Licht?!

Jeschua Rex Text: Ich fange nun wieder an zu singen, als Jeschua Rex und als Text tut mir das gelingen, aber ich will den Jeschua und den Rex Text erhalten, dann kann ich mein Leben harmonisch gestalten, und dann werde ich auf einer Bühne stehen, und die Öffentlichkeit wird gern zu mir sehen, noch muß ich mich verstecken und lauern, noch kann ich nicht loslegen und pauern, noch sind mir die einhundert Milliarden menschen Jeschuas nicht geworden, noch umdrohen mich immer wieder die barbarischen Horden!

der Reichste der Welt: Einhundert Milliarden mensche Jeschuas wirst du niemals erlangen, einhundert Milliarden mensche Jeschuas wirst du niemals empfangen, das kannst du dir abschminken, du Fant, du bist ja für deine ungeheuerlichen Träume bekannt, du hast es bis jetzt zu nichts gebracht, du liegst völlig einsam in jeder Nacht, du mußt dir betrübt das Glied massieren, das tut dich immer wieder entmutigen und deklassieren!

Jeschua Rex Text: Ich bin ein Idealist reinsten Wassers, manchmal hege ich die Einstellung eines Hassers, aber mensch kann die gegenwärtigen Zustände nicht billigen, mensch kann in die jetzigen Verhältnisse nicht willigen, ich muß mich um die Zukunft der Menschheit kümmern, ich muß alle falschen Sünagogen, Kirchen und Moscheen zertrümmern, freiwillig sollen die Frommen sie zerstören, weil sie nur in den Tempeln des Jeschua Rex Textes die befreiende Wahrheit hören!

der Reichste der Welt: Wie willst du zu einhundert Milliarden menschen Jeschuas kommen, nein, einhundert Milliarden mensche Jeschuas werden dir niemals frommen, nein, einhundert Milliarden mensche Jeschuas werden dir niemals nutzen, du kannst in den restlichen Arbeitsjahren noch Abfallbehälter leeren und Bushäuschen putzen, deine hehren Vorstellungen werden sich nicht erfüllen, bis zu deinem Tode wird dein Schwengel vergeblich nach einer Scheide brüllen?!

Jeschua Rex Text: Wolle doch endlich schweigen, zum Reichsten der Welt muß ich steigen, den Reichsten der Welt muß ich markieren, dann werde ich nicht mehr in die Röhre stieren, dann werde ich den Kampf um Menschland gewinnen, dann werden die Unmenschem dem Zugriff des Menschtums nicht mehr entrinnen, dann werden sich die Menschen auf die Menschlichkeit besinnen, dann wird ein neues Zeitalter in der Geschichte der Menschheit beginnen!

der Reichste der Welt: Im vierten Jahr in Jeschua Rex Text hat sich nichts gewandelt, dein Bewußtsein wird noch immer verschandelt, die Menschdorfer buhen und bähen, die Spießbürger schelten und mähen, wie die Schafe und Ziegen auf der Weide müssen sie dich begeifern, sie müssen sich immer wieder über dein abweichendes Verhalten ereifern, einen Menschen können sie in ihrer Gemeinde nicht dulden, einem Jeschua tun sie nicht die allergeringste Achtung schulden, das ihre Einstellung zu dir für immer, und mit den Jahren wird es nur noch schlimmer!

Jeschua Rex Text: Einhundert Milliarden mensche Jeschuas will ich haben, einhundert Miliarden mensche Jeschuas sollen mich erlaben, das fordere ich von meinem Schicksal mit Macht, geistig habe ich es sehr weit gebracht, nun muß die Stofflichkeit sich bei mir auch mehren, dann kann ich die ganze Menschheit entwunden und entsehren, dann kann ich den Frieden auf Erden erzeugen, dann werden sich alle Menschen meinem Willen beugen!

der Reichste der Welt: Wie willst du denn jemals Reichtum erlangen, die einhundert Milliarden menschen Jeschuas wirst du niemals empfangen, tritt doch einmal kürzer, du Wicht, erkennst du denn deine Vermessenheit nicht, das ist doch nicht zu ertragen, du kannst menschen aber auch plagen, das ist doch nicht zu erdulden, dir tut mensch keinerlei Aufmerksamkeit schulden, außerdem hast du den Jeschua und den Rex Text noch nicht erhalten, deshalb wirst du das Erbe der Menschheit auch niemals verwalten?!

Jeschua Rex Text: Ich bin noch nicht verkrösust, vernabobt und verscheicht, ich habe in meinem Leben noch nichts erreicht, aber das kann ja noch kommen, noch wurde mir diese Hoffnung nicht genommen, und auch du wirst mir diesen Glauben nicht zerstören, die einhundert Milliarden menschen Jeschuas werden mir dermaleinst gehören, ich würde es zwar nicht beeiden und beschwören, aber du sollst mir meine Erwartungen nicht immer wieder zerstören!

der Reichste der Welt: Pah, diesen Kinderglauben muß mensch doch vernichten, denn was mensch nicht hat, darauf muß mensch eben verzichten, du nennst ja nicht einmal eine Milliarde dein eigen, von einhundert Milliarden ganz zu schweigen, nicht einmal eine Million tut in deinem Sparbuch prangen, nicht einmal eintausend mensche Jeschuas tust du im Monat empfangen, da müssen da die Hühner lachen, der Zwerg will einen Riesen machen, der Gnom will einen Giganten markieren, du tatest offensichtlich wirklich den Verstand verlieren?!

Jeschua Rex Text: Dir wird das Spotten noch vergehen, dann wirst du mich wirklich an der Spitze sehen, dann werde ich die Völker der Welt vereinigen, dann wirst du mich nicht mehr mit deinen Verhöhnungen peinigen, die Dummheit hat lange genug regiert, es wird Zeit, daß mensch endlich das Negative negiert, die Klugen sollen die Macht ergreifen, auch wenn die Narren deswegen zetern und keifen!

der Reichste der Welt: Du hast das Ringen um Menschland schon längst verloren, du hast dir zu ehrgeizige Ziele erkoren, niemals wirst du die Menschheit lenken, niemals wirst du für alle Erdenbürger denken, du hast einfach falsch gegrübelt, das wird dir nun von mir verübelt, die mensche Sprache wird niemals erklingen, niemensch wird jemals mensche Lieder singen, eine mensche Mannschaft wird niemals den Fußball treten, niemensch lauscht jemals Jeschua Rex Text, dem Profeten, du hast auf der ganzen Linie versagt, es tut mir leid, das stimmt, auch wenn es dir nicht behagt!

Jeschua Rex Text: JEUNEX tut bisher nur in einem einzigen Menschen walten, und doch tut er die Abläufe im ganzen Universum gestalten, denn unbewußt war dieser Gott schon immer vorhanden, er ging nur an der mangelnden Einsicht der Menschen zuschanden, erst ich habe Gott den Namen JEUNEX gegeben, nun kann mensch auch gezielt nach seiner Gnade streben, denn wer den JEUNEX nennt, der auch seine Segnungen kennt!

 der Reichste der Welt: Einhundert Milliarden mensche Jeschuas willst du haben, einhundert Milliarden mensche Jeschuas sollen dich erlaben, aber dieser Betrag ist noch nicht zu dir gekommen, diese Summe kann dir noch nicht nutzen und frommen, wo ist denn JEUNEX, du Fant, du bist in Liebe zu ihm entbrannt, was hat dieser Allmächtige denn für dich getan, huldigst du nicht doch einem nichtigen Wahn?!

Jeschua Rex Text: Ich werde von einem falschen Namen gefangen, ich muß um mein bloßes Überleben bangen, als Jeschua Rex und als Text kann ich nicht vernünftig wesen, erst als Jeschua und als Rex Text kann ich von meinen Sorgen genesen, aber der Herr Wunsch will mir diese Bezeichnung nicht spenden, meine Not kann sich also immer noch nicht wenden, die Behörden vernichten meine Pläne, wie die Leser ich nun allmählich gähne!

 der Reichste der Welt: Du mußt immer den nämlichen Sachverhalt bedichten, auf diese Weise kannst du die Heuchelpfaffen niemals vernichten, du mußt doch das Reich des Jeschua Rex Textes errichten, aber vorerst kann mensch nur den Jeschua Rex und den Text leider sichten, den Jeschua und den Rex Text kann mensch noch nicht erschauen, was hast du denn davon, in dieser Lage dem JEUNEX zu vertrauen?!

Jeschua Rex Text: Ich fühle mich nicht wohl in meiner Haut, vor der Zukunft es mir inzwischen graut, muß ich wirklich vor Gericht gegen den Bescheid des Herrn Wunsch einmal klagen, muß ich wirklich unmensche Richter nach dem Jeschua und dem Rex Text dann fragen, ich will von dieser Angelegenheit nichts mehr vernehmen, ich will mich nicht mehr dazu, sie zu schildern, bequemen, ich will es endlich vergessen, ich bin nicht mehr auf diesen Firlefanz versessen?!

 der Reichste der Welt: Du tust der leidenden Menschheit viele Opfer schulden, deshalb mußt du dich in dieser Sache ein wenig gedulden, in Unmenschland kann mensch keine Menschlichkeit gewahren, die Menschlichkeit der Menschen in Menschland kann mensch dort nicht erfahren, deshalb sollst du dich in dein Schicksal fügen, du kannst den allerhöchsten Ansprüchen genügen, du wirst den rauhen Weg zu den Sternen beschreiten, du wirst die gesamte Menschheit in die Höhe leiten!

Jeschua Rex Text: Der Reichtum tut mich geflissentlich meiden, der Wohlstand will und will sich nicht für mich entscheiden, ich kann mit meinen Schriften kein Geld verdienen, dabei sind bereits drei Werke aus meiner Feder erschienen, aber ich bin gezwungen, sie zu verschenken, ist denn so wertlos all mein Denken, JEUNEX läßt mich im Stich, der Sternentronende hat nichts übrig für mich, die Menschlichkeit der Menschen in Menschland tut mir nichts helfen, es eilen nicht zu mir die Sülfen, Feen und Elfen?!

der Reichste der Welt: Du mußt den Jeschua und den Rex Text bekommen, dann wird die Mittellosigkeit von mir genommen, du mußt den Jeschua und den Rex Text gestalten, dann kannst du all deine Vorhaben entfalten, doch bis jetzt hast du es nicht geschafft, es ermangelt dir dazu die Kraft, der Herr Wunsch läßt nichts von sich hören, sein wochenlanges Schweigen muß dich verstören, er hat dir die entscheidende Urkunde noch nicht geschickt, was wird denn wohl auf diesem wichtigen Papier von dir erblickt?!

Jeschua Rex Text: Wahrscheinlich werde ich den Jeschua Rex und den Text dort gewahren, mit dieser Bezeichnung kann ich mich immer noch nicht paaren, erst als Jeschua und als Rex Text kann ich ficken, erst dem Jeschua und dem Rex Text werden die Maiden einladend nicken, das habe ich schon tausendmal beschrieben, doch ich habe es noch niemals unter dieser Benennung getrieben, der Herr Wunsch tut meine Zukunft formen, der Geist richtet sich immer nach den nämlichen Normen!

der Reichste der Welt: Die Buchstaben und Wörter kennen keine Gnade, es weicht stets von dir die Najade, die Lilofee sieht dich und verschwindet, weil sie keinen Gefallen an dir findet, keine Lorelei tut an deiner Tür jemals klingeln, um dich mit ihren anmutigen Reizen zu umzingeln, so bleibst du allein, das muß wohl so sein, der Herr Wunsch will dich nicht heilen, du mußt in der Not und im Elend verweilen!

Jeschua Rex Text: JEUNEX spendet mir nicht seinen Segen, JEUNEX tut sich nicht zu meinen Gunsten regen, der Allmächtige läßt die Sonne und den Mond täglich scheinen, und trotzdem muß ich murren, knurren und greinen, alle Pflanzen und Tiere können mich nicht erfreuen, denn der Reichtum tut den Weg zu mir scheuen, ich habe JEUNEX über zwanzigsieben Jahre lang treu geehrt, und trotzdem hat er meine Moneten niemals gemehrt!

der Reichste der Welt: Zum Reichsten der Welt bist du nicht gestiegen, die einhundert Milliarden menschen Jeschuas tun nicht in deinem Sparbuch liegen, der Beherrscher der Menschheit bist du nicht geworden, mensch kennt dich nicht im Süden und im Norden, und auch im Osten und im Westen zählst du nicht zu den Besten, JEUNEX hat dein positives Denken nicht belohnt, du wurdest nicht von den schlimmsten Schrecknissen verschont, du mußt mit haltlosem Gesindel zusammen wohnen, du kannst noch immer nicht als Heiland über der Menschheit tronen!

Jeschua Rex Text: Einhundert Milliarden mensche Jeschuas will ich erhalten, einhundert Milliarden mensche Jeschuas will ich verwalten, als der Reichste der Welt will ich wesen, dann werden die Menschen von ihren Versehrungen genesen, und morgen werde ich zum Standesamt gehen, dort werde ich zwei Menschdorferinnen sehen, sie gehören nicht zu den allerschönsten Damen, aber sie gewähren einen freundlichen und netten Rahmen, und dann werde ich einen Antrag holen auf den Jeschua und den Rex Text, dann wird endlich vernünftig und erfolgreich von mir gehext!

der Reichste der Welt: Du tust ja zittern und beben, wie ein Held kannst du nicht streben, als einen Feigling muß mensch dich betrachten, dich kann mensch ja gar nicht ehren und achten, aber du nimmst all deinen Mut zusammen, du kannst dich für den Jeschua und den Rex Text entflammen, die Heilung aus dem Geist soll geschehen, dann wirst du endlich im Mittelpunkt stehen, dann wirst mensch auf dich hören, dann wird mensch auf den Namen dieses Meisters schwören!

Jeschua Rex Text: Ich muß mich wirklich zusammenreißen, ich muß tatsächlich auf die Zähne beißen, aber das bin ich der Menschheit schuldig, in dieser Angelegenheit war ich mehr als geduldig, so möge JEUNEX mich denn segnen, es möge mir Erfreuliches begegnen, dann wird mir ein Stein vom Herzen fallen, dann werde ich überschwengliche Lieder lallen, dann werde ich jubeln und springen, dann werde ich jauchzen und singen!

der Reichste der Welt: Der Herr Wunsch hat dir die entscheidende Urkunde noch nicht geschickt, hat er nun doch zu dem Jeschua und dem Rex Text genickt, oder bildest du dir das alles nur ein, irgendetwas muß da doch im Busche sein, sonst hättest du schon längst einen Brief bekommen, doch der Jeschua Rex und der Text können dir nicht frommen, du muß den Jeschua und den Rex Text ergattern, dann werden die Evas nach einer Nacht mit dir begeistert schnattern?!

Jeschua Rex Text: Meine Gedanken müssen sich im Kreise drehen, ich kann die unmenschen Behörden nicht verstehen, der Herr Wunsch ist ja als ein Jeschua Rex Texter zu gewahren, ich habe ja eine große Freundlichkeit von ihm erfahren, doch er hat mir die erwünschte Benennung nicht gegeben, deswegen muß ich noch immer weiter streben, meine Nerven werden dadurch zerschlissen, ich möchte mich endlich als Jeschua und als Rex Text einmal wissen, was ist daran so schlecht, ich habe ja doch wohl recht?!

der Reichste der Welt: Wolle nur morgen die Formulare holen, sonst wird dir vielleicht der Verstand gestohlen, nur als Jeschua und als Rex Text kannst du wirksam werken, nur als Jeschua und als Rex Text kannst du die Gemeinschaft stärken, an diesem Hebel mußt du dich betätigen, das tun dir deine Einsichten bestätigen, du mußt endlich in einem angemessenen geistigen Muster walten, dann wird die gesamte Menschheit eine neue Verfassung erhalten!

Zeittafel der neuen Jahreszählung nach Jeschua Rex Text

Ich habe am 16. Mai des ersten Jahres vor Jeschua Rex Text einen amtlichen Ausweis auf den Namen "Jeschua Rex Text" bewilligt bekommen. Das erste Jahr in Jeschua Rex Text ist also das erste Jahr, in dem ich vom ersten Januar bis zum dreißigersten Dezember wirklich Jeschua Rex Text heißen darf. Dieses Jahr ist das erste Jahr nach der Fußballweltmeisterschaft in Brasilien, bei der Menschland zum vierten Mal gewonnen hat!

Gründung Roms:	2768 vor Jeschua Rex Text
Zäsar:	2115 bis 2059 vor Jeschua Rex Text
Heinrich der Löwe:	886 bis 820 vor Jeschua Rex Text
Tomas von Aquin:	790 bis 741 vor Jeschua Rex Text
Erasmus von Rotterdam:	551 bis 479 vor Jeschua Rex Text
Elisabet die Erste von England:	482 bis 412 vor Jeschua Rex Text
Paul Gerhard:	408 bis 339 vor Jeschua Rex Text
Johann Sebastian Bach:	330 bis 265 vor Jeschua Rex Text
Johann Wolfgang von Göte:	266 bis 183 vor Jeschua Rex Text
Wolfgang Amadeus Mozart:	259 bis 224 vor Jeschua Rex Text
Friedrich Schiller:	256 bis 210 vor Jeschua Rex Text
Heinrich von Kleist:	238 bis 204 vor Jeschua Rex Text
Heinrich Heine:	218 bis 159 vor Jeschua Rex Text
Richard Wagner:	202 bis 132 vor Jeschua Rex Text
Gottfried Keller:	196 bis 125 vor Jeschua Rex Text
Anton Bruckner:	191 bis 119 vor Jeschua Rex Text
Tomas Mann:	140 bis 60 vor Jeschua Rex Text
Astrid Lindgren:	108 bis 13 vor Jeschua Rex Text
Efraim Kischon:	90 bis 11 vor Jeschua Rex Text
das braune Reich:	82 bis 70 vor Jeschua Rex Text
Romi Schneider:	77 bis 33 vor Jeschua Rex Text
Geburt von Jeschua Rex Text:	24.12. 61 vor Jeschua Rex Text

Es muß immer der volle und unabgekürzte Name erwähnt werden, immer vor Jeschua Rex Text oder in Jeschua Rex Text.

Die Zahlen werden in Menschland anders gesprochen, als Beispiel diene:

11	zehneins, zehnundeins
12	zehnzwei, zehnundzwei
13	zehndrei, zehnunddrei
14	zehnvier, zehnundvier
15	zehnfünf, zehnundfünf
16	zehnsechs, zehnundsechs
17	zehnsieben, zehnundsieben
18	zehnacht, zehnundacht
19	zehnneun, zehnundneun
20	zwanzig
21	zwanzigeins, zwanzigundeins

und so weiter.

Die Gruppierung, die diese Weltanschauung vertreten soll, heißt:

die menschen Jeschua Rex Texte in JEUNEX

Partei
für den Frieden

kurz genannt: die Partei der Jeschua Rex Texte,
noch kürzer: die Jeschua Rex Texte

Briefe bitte an die Anschrift:

Jeschua Rex Text
bei Joschua Havemann
Buschhausen 49
52224 Stolberg

die Werke

von

Jeschua Rex Text

1. aus dem Leben des ersten Menschen

2. Freunde

3. die Prinzessin von Regensburg

4. der Reichste der Welt in JEUNEX

5. die neue Bibel

6. der Tag des Herrn

7. die kesse Simone

8. Sex

9. Erlösung für Milliarden

10. der rollende Sieg

11. das mensche Reich

12. und der Reiche

13. Menscher und Mensche in JEUNEX

14. meine wunderschöne Ehefrau

15. Beherrscher der Menschheit

16. JEUNEX und der Mensche

17. die jeschuarextextlichen Menschen in JEUNEX

18. Frieden

19. die menschen Jeschua Rex Texte in JEUNEX in JEUNEX

20. die menschen Jeschua Rex Texte in JEUNEX, Partei für den Frieden

21. Liebe

22. das Reich des Jeschua Rex Textes, die geistigen Grundlagen

23. meine schöne und geistreiche Ehefrau

das Reich des Jeschua Rex Textes

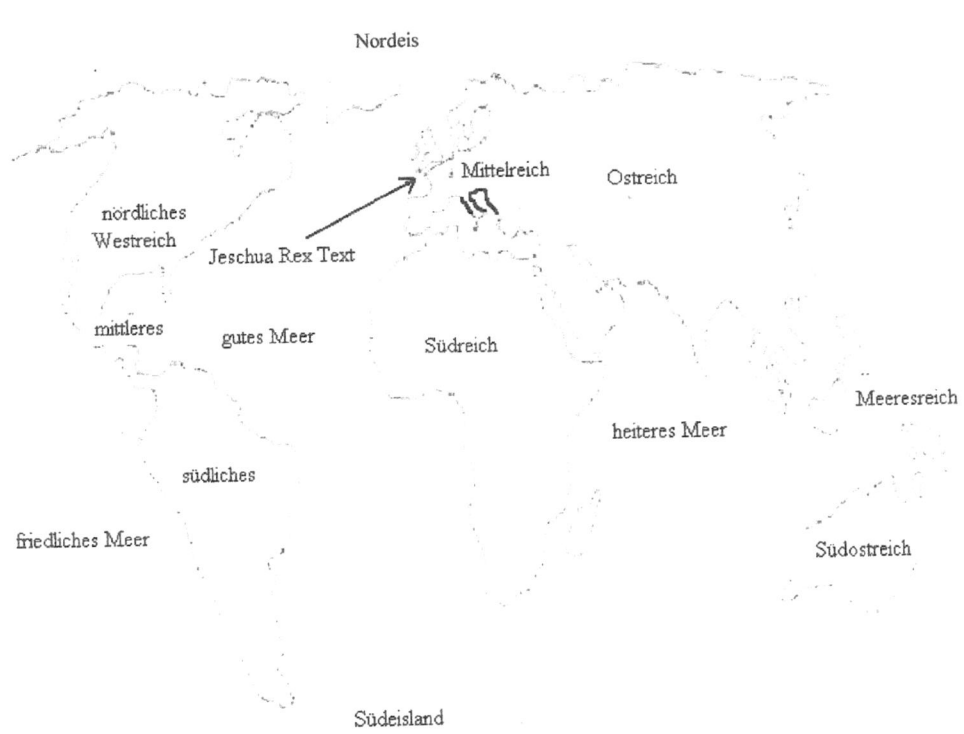

Nordeis

Mittelreich

Ostreich

nördliches
Westreich

Jeschua Rex Text

mittleres

gutes Meer

Südreich

Meeresreich

heiteres Meer

südliches

friedliches Meer

Südostreich

Südeisland